最高人民检察院数字检察办公室　审定

# 数字检察办案指引

贾　宇◎主编

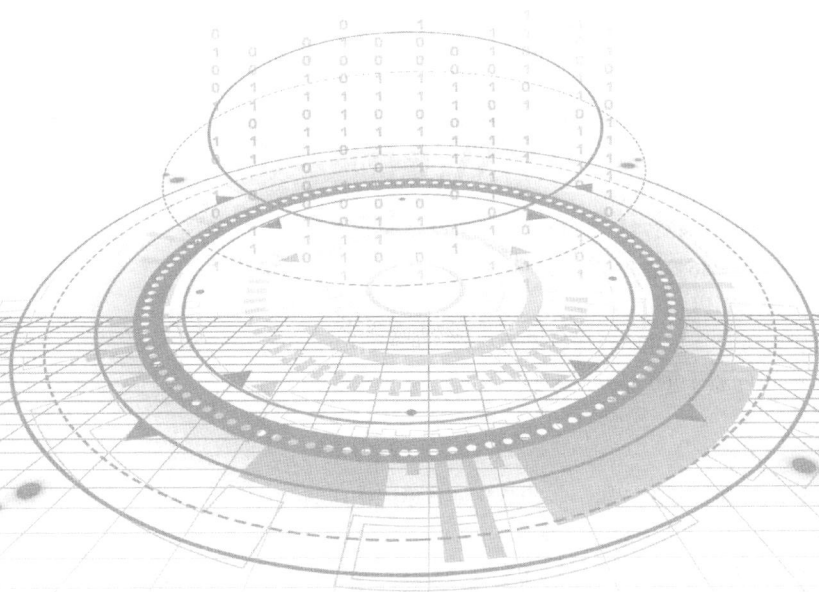

中国检察出版社

## 图书在版编目（CIP）数据

数字检察办案指引 / 贾宇主编 . -- 北京：中国检
察出版社，2023.2

ISBN 978-7-5102-2879-7

Ⅰ．①数… Ⅱ．①贾… Ⅲ．①数字技术—应用—检察
机关—工作—中国 Ⅳ．① D926.3-39

中国国家版本馆 CIP 数据核字（2023）第 028978 号

**数字检察办案指引**

贾　宇　主编

**责任编辑：**王伟雪

**技术编辑：**王英英

**美术编辑：**龙　惠

**出版发行：**中国检察出版社

**社　　址：**北京市石景山区香山南路 109 号（100144）

**网　　址：**中国检察出版社（www.zgjccbs.com）

**编辑电话：**（010）86423797

**发行电话：**（010）86423726　86423727　86423728
　　　　　　（010）86423730　86423732

**经　　销：**新华书店

**印　　刷：**北京联合互通彩色印刷有限公司

**开　　本：**710 mm × 960 mm　16 开

**印　　张：**31.5

**字　　数：**434 千字

**版　　次：**2023 年 2 月第一版　　2023 年 4 月第二次印刷

**书　　号：**ISBN 978 - 7 - 5102 - 2879 - 7

**定　　价：**98.00 元

# 目　录

以 "数字革命" 驱动新时代检察工作现代化 ············ 张　军 / 1

论数字检察 ························································· 贾　宇 / 13

## 车辆保险诈骗类案监督

对大数据排查发现的类案监督线索，运用审查、调查、侦查 "三查融合" 方式推动案件深入办理。民事检察部门汇总裁判文书信息发现异常，通过信息验证、关联查询、联系相对方等方法实现案件外围排查，将线索移送公安机关，促成刑事诈骗犯罪案件立案侦查。刑事检察部门紧密衔接，引导公安侦查取证，协助获取民事检察监督证据。刑事、民事检察部门密切配合，深度合作，促推保险行业综合治理。

·········································· 绍兴市人民检察院 / 52

## 吸毒人员逃避强制戒毒类案监督

由于强制隔离戒毒和刑罚执行程序存在衔接不畅问题，通过伪造轻微刑事案件被判处一年以下短刑期到看守所服刑，成为被隔离戒毒人员逃避两年强制隔离戒毒的一种非法手段。在此过程中，个别司法工作人员收受贿赂、徇私枉法帮助吸毒人员伪造轻微刑事案件。检察机关通过对刑事裁判文书进行关键词检索，排查出吸毒人员在被决定强制隔离戒毒前后或强制隔离戒毒期间存在自首的轻微刑事案件，再通过数据分析锁定虚假案件，并综合运用调查、侦查手段，深入查办司法工作人员职务犯罪，推动完善强制隔离戒毒与刑罚执行间的衔接管理机制，堵塞漏洞。

·········································· 绍兴市人民检察院 / 68

## 知识产权行刑衔接类案监督

碰撞分析涉知识产权行政处罚、移送案件、立案侦查、审查起诉、审判各环节数据,提取当事人姓名、商标数量、涉案金额、侵权物品仓储地等数据要素特征,发现知识产权以罚代刑、不罚不刑等行政检察类案监督线索,以及应立不立、应撤未撤、久侦未决等刑事检察类案监督线索。通过个案研判,对涉案当事人调查核实、对扣押物品鉴定查证,一方面向公安机关开展立案监督、撤案监督和纠正违法监督并引导侦查;另一方面向行政执法机关制发检察建议,促进依法行政。建设"知识产权保护一件事"多跨场景,形成一体保护长效机制,促进类案监督、系统治理。

························· 义乌市人民检察院 / 77

## 刑事"下行案件"类案监督

提取公安机关受案、刑事立案、刑事拘留、提请批准逮捕、移送起诉等数据,进行分步对比,批量发现下行或变相下行案件线索,进一步通过人工分析研判,针对性开展立案监督和侦查活动监督。刑事检察部门与检察侦查部门联动配合,挖掘下行案件中的职务犯罪线索,充分运用"三查融合"方式,推动线索有效转化成案。

························· 诸暨市人民检察院 / 94

## "数字画像"毒品类案监督

提炼毒品案件的四大要素特征:身份信息、社交账号信息、金融账号信息、上下家关系信息,构建涉毒人员"数字画像"的数据库。结合到案人员手机中存储的电子数据,通过检索身份要素,发现批量贩卖毒品的犯罪线索。由贩毒监督向关联犯罪监督延伸,形成对贩毒人员、渎职人员、洗钱人员的全方位监督并拓展禁毒工作路径,融入寄递渠道治理,实现监督和治理双赢。

························· 湖州市吴兴区人民检察院 / 108

## 平台类案件"两项监督"数字化应用

依托于信息网络技术的平台类犯罪案件，由于涉及人员众多，存在一定的立案监督空间。检察机关通过检察数据应用平台进行"数据建模＋关键词"智能化检索，以涉案平台的数据库文件为切入口，根据案件核心字段截取有效数据，结合案情设定符合立案标准的敏感阈值，筛选出价值数据，与银行流水、被害人陈述等证据进行碰撞、比对，发现证据链完整程度较高的立案监督线索。注重拓展平台类案件"两项监督"数字化办理场景应用，加强与公安机关的沟通，在实现程序公正基础上提升办案质效。

……………………………………………… 宁海县人民检察院 / 118

## 涉卖淫案件徇私枉法类案监督

分析公安民警查处涉卖淫刑事案件徇私枉法个案，评估全市涉卖淫刑事案件总体情况，通过提取检察机关立案监督、犯罪活动持续时间、涉案人员前科、涉案场所、异地管辖等要素特征，发现司法工作人员相关职务犯罪的类案线索。检察侦查部门在侦查办案中注重向刑事检察部门移送监督线索，实现由刑事检察监督促进检察侦查办案，再由检察侦查办案反哺刑事检察监督的良性循环。

……………………………………………… 湖州市人民检察院　长兴县人民检察院 / 128

## 空壳公司监管类案监督

解析涉空壳公司刑事犯罪个案，提炼空壳公司类违法犯罪特征要素，构建数字监督模型，深挖空壳公司法律监督类案线索。在办案中充分发挥检察一体化办案机制优势，上下一体联动、内部职能融合，实现检察资源配置最优化，有力提升检察监督质效，并透过案件发现深层次问题，深化"检行共治"，推动跨部门高效协同全省推广，促进诉源治理。

……………………………………………… 杭州市拱墅区人民检察院 / 139

## 医保基金诈骗类案监督

通过个案办理，总结医保基金诈骗的类案作案模式，提炼"公益""免费""基金会"等特征要素，结合医保报销数据中医疗机构手术数量明显偏高、患者自负比例极低等异常数据，发现批量骗取医保基金违法犯罪线索。在追诉犯罪的同时，融合"四大检察"职能，引导开展联合整治行动，促进医疗保障行业完善监管机制，守护好人民群众的"救命钱"。

………………………………………… 绍兴市越城区人民检察院 / 150

## "醉驾"案件酒精含量异常降低下行处理类案监督

深入分析"醉驾"案件特点规律，对"血液乙醇含量"与"呼气酒精测试值"进行比对发现异常点，结合犯罪嫌疑人职业、车型、鉴定意见等特征要素，锁定职务犯罪线索。通过个案办理，推动全市开展"醉驾"案件异常下行数字检察专项监督，加强上下内外协同，建立健全线索移送、协助取证、一案双查等配合机制，查处司法工作人员职务犯罪，推进"醉驾"案件系统化治理。

………………………………………… 平阳县人民检察院 / 161

## 集装箱专用 ETC 诈骗类案监督

通过比对道路运输证经营范围变更的车辆信息、集装箱车辆运输明细与高速出口车辆流水明细，发现集装箱专用 ETC 诈骗类案监督线索，确定冒充集装箱专用车辆并使用 ETC 偷逃高速通行费的车辆信息。运用大数据平台打通部门之间数据壁垒，用好检察建议助力社会治理，同时充分发挥检察主导作用，跨部门协作治理行业漏洞、整治行业乱象。

………………………………………… 平湖市人民检察院 / 171

## 涉企"挂案"清理类案监督

分析比对法院因刑事立案被驳回、中止的民事诉讼数据和公安机关立案数据、检察业务应用系统数据，提取"立案一年以上未侦结""未对犯罪嫌疑人采取强制措施"等关键词，筛查出用刑事手段插手经济纠纷、不应当立案而立案、长期"挂案"等违法线索。应用大数据手段，灵活贯通数据壁垒，依法开展撤案监督，保障企业合法权益，营造更优法治化营商环境。

……………………………………… 杭州市西湖区人民检察院 / 187

## 特殊人群指定法律援助权利保障类案监督

解析指定法律援助阻碍律师权利个案，将法律援助中心受援人数据与被采取刑事强制措施的未成年人、盲聋哑等特殊人群数据进行碰撞比对，发现批量"应援助未援助""未及时援助"等违法线索，开展类案专项监督。进一步完善政法一体化指定法律援助应用场景，对该领域违法行为进行系统性治理，维护律师合法执业权利，保障特殊人群法律援助权益。

……………………………………… 慈溪市人民检察院 / 197

## 社区矫正对象无证驾驶收监执行类案监督

解析社区矫正对象无证驾驶收监执行个案，提取交通肇事罪、危险驾驶罪、驾驶证被吊销、驾驶机动车等要素特征，批量发现社区矫正对象无证驾驶的类案监督线索，督促公安机关对被判处交通肇事罪等罪名的社区矫正对象依法吊销驾驶证，同步监督公安机关和社区矫正机构对无证驾驶社区矫正对象履行监管、惩治职责。

……………………………………… 德清县人民检察院 / 210

## 社区矫正交叉巡回检察类案监督

解析社区矫正对象保外就医个案，查阅当事人病历资料、社区矫正档案等材料，发现其并不属于法定保外就医的范围。通过审查个案，针对存在的"纸面服刑"问题，及时组织开展交叉巡回检察，对不符合保外就医的对象依法监督收监，对涉嫌渎职犯罪的相关司法工作人员依法立案查处，同时出台相应规范，完善对暂予监外执行对象的监督管理。

……………………………………… 宁波市人民检察院 / 219

## 虚假诉讼类案监督

解析民间借贷纠纷个案，提炼同一原告、密集起诉、公告送达、缺席判决等数据要素特征，发现涉"套路贷"虚假诉讼线索。通过对线索梳理研判，对重点放贷人员进行深入调查、移送侦查，与刑事检察部门联合开展融合监督，打击黑恶势力犯罪，纠正错误民事裁判，促进社会长效治理。

………………… 绍兴市人民检察院  绍兴市上虞区人民检察院 / 230

## 网络司法拍卖民事执行违法犯罪类案监督

计算机智能提取网络司法拍卖页面租赁、评估报告、执行依据、税费承担、成交金额等信息，自动进行大数据碰撞比对，批量发掘并移送全省拍卖案件异常信息。对丽水市域异常信息线下调查核实，发现违法拍卖案件；通过民事检察监督，督促法院纠正违法行为；检察侦查部门开展调查、侦查，查办审执人员职务犯罪案件；向公安机关移送被执行人拒不执行判决、裁定犯罪线索，依法追究相关人员的刑事责任。

………………………………… 松阳县人民检察院 / 245

## 虚假调解司法确认类案监督

解析司法确认民事裁定个案，提取纠纷标的额较小、债务人扎堆履行义务、劳动报酬畸高且为整数等数据要素特征，筛查出一批调解员造假型和虚构劳动报酬型虚假司法确认线索。通过统筹市县两级检察院力量开展调查核实，在监督个案纠正、依法追究刑事责任的同时，推动人民法院、司法行政部门完善司法确认、人民调解员聘用管理工作机制，构建联防共治新格局。

………………………………… 云和县人民检察院 / 263

## 涉诉讼主体失格检察类案监督

解析民事执行中对当事人死亡后的财产处置个案，提取涉诉讼主体在民事诉讼不同阶段死亡的清单，发现批量问题裁决线索。通过调卷审查、核对户籍材料以及对代理律师、当事人调查核实，纠正错误民事裁判，推动法院自查，联合出台治理机制，健全民事诉讼中自然人民事权利能力审查，同时促进辖区内律师执业规范、律师行业高质量健康发展。

………………………………… 瑞安市人民检察院 / 273

## 涉住房公积金终结本次执行类案监督

　　紧扣"执行难"民生热点，解析涉住房公积金终结本次执行（以下简称终本执行）个案特征，构建数字监督模型，批量筛查出法院终本执行案件被执行人住房公积金应执行而未执行的监督线索，制发检察建议，督促法院加大执行力度，维护申请人合法权益。开展"三查融合"，向公安机关移送拒不执行判决、裁定犯罪线索，依法惩治相关人员，促使部分被执行人主动履行义务。

………………………………………… 温州市鹿城区人民检察院 / 280

## 查封车辆民事执行活动数字检察类案监督

　　调取法院终结本次执行案件信息、车管所查封车辆信息及税务局车船税征收信息等数据，通过数源分析、系统建模、数据碰撞等方式，筛查法院终结本次执行程序不当线索。制发检察建议，监督法院加大执行力度。对符合刑事立案标准的，依法向公安机关移送刑事犯罪线索。同时，依托办案，建章立制，明确公检法三家在民事执行车辆查封领域信息互通共享、联合执法工作机制。

……………………………………… 安吉县人民检察院 / 289

## 纺织品花型著作权恶意诉讼类案监督

　　提取行为频次偏高、占数据总量的比例远高于平均值等数据要素，发现编造纺织品花型著作权申请登记材料非法取得著作权登记证书，后以该著作权证书为凭向经营同类纺织品花型的商户恶意诉讼索赔，骗取钱财的犯罪线索。检察机关移送公安机关立案并引导侦破，挖掘出批量的错误民事裁判线索，有力打击知识产权领域违法犯罪行为，为知识产权健康发展提供有效的司法保障。

………………………………………… 绍兴市柯桥区人民检察院 / 298

## 行政罚款终结本次执行类案监督

解析人民法院终结本次执行程序案件（以下简称终本执行案件），并通过相关数据平台提取被执行对象银行账户资金流水记录、房产和车辆登记信息、工商登记信息，发现被执行人有可供执行的财产但法院在终本执行程序前应发现而未发现的、应追加个体工商户经营者财产而未追加的，或者在终本执行程序后五年内发现被执行人有可供执行财产的，检察机关应予以监督。在类案监督基础上，针对行政机关一般不积极或较难获取被执行人财产信息等问题，检察机关可与法院搭建执行案件信息共享平台，与政府部门搭建行政执法信息共享平台等，以强化监督预警。

…………………………………… 永嘉县人民检察院 / 312

## 建设工程领域发承包违法行为类案监督

解析建设工程合同民事裁判纠纷个案，提取"工程验收合格""依法认定无效"以及"发包""分包""转包"或"挂靠"等关键词进行数据建模，发现建设工程施工过程中存在违法发承包及挂靠等线索。通过线下核查，对尚未超过行政处罚追诉期的违法主体建议主管机关进行处罚，并联合相应主管部门建立行政执法与刑事司法衔接机制，推动完善建筑市场信用体系。

…………………………… 宁波市人民检察院　象山县人民检察院 / 322

## 特种作业行政处罚类案监督

在审查伪造、买卖国家机关证件罪等刑事案件中，通过梳理上下游人物关系，提取疑似买卖、使用伪造特种作业操作证的人员数据，经过交集要素比对，发现批量人员持伪造证件从事特种作业的违法行为，监管机关怠于履行监管职责的监督线索。通过调查核实，在追诉刑事犯罪的同时，开展行业系统性诉源治理，对安全生产管理机关开展行政违法行为监督，制发检察建议，督促行政机关依法履职，促进特种行业领域有序规范。

…………………………… 湖州市吴兴区人民检察院 / 334

## 虚假婚姻登记行政违法行为类案监督

早期婚姻登记行政事项未录入婚姻登记系统导致婚姻登记信息不全，民政部门在婚姻登记时存在重复登记、冒名顶替登记的问题亟须监督纠正。检察机关通过调取档案局内乡镇办事处婚姻登记记录、民政部门现有系统平台婚姻登记记录对比碰撞，深挖虚假婚姻登记的类案线索，以检察建议助推专项治理，推动民政部门开展专项整治活动，促进社会治理创新发展。

…………………………………………………… 开化县人民检察院 / 346

## 海警部门未依法查处海上船舶航行违法行为类案监督

检察机关将行政检察职能融入海洋治理体系，通过分析研判刑事案件，发现海警部门可能存在遗漏处理的行政违法事项，进而对海警办理的刑事、行政案件数据与海事办理的行政案件进行建模比对，发现应当行政处罚而未处罚的线索。后制发检察建议并建章立制，联合海警和海事部门强化执法司法衔接，堵塞制度漏洞，为构筑海上航运安全管控格局织密法网。

…………………………………………………… 舟山市普陀区人民检察院 / 356

## 非标油偷逃税、危害公共安全、污染环境类案监督

根据大型危化品车辆装卸货时间长、需储油设施接驳和运输成本高等特点，通过对比分析关联车辆运行轨迹时间、空间地理信息等数据，精准锁定油品装卸货地点和数量，碰撞税务数据挖掘偷逃税违法线索。通过对装卸货点开展深入调查，查明违法事实，有效打击加油站偷逃税、无证无照非法经营等违法行为，推动成品油市场突出问题综合整治。

…………………………………………………… 嵊州市人民检察院 / 367

## 政府补（救）助资金监管类案监督

运用数据碰撞手段，将来源于十多个行政主管部门的9类补（救）助资金领取者数据与涉刑、死亡、高收入、由第三人承担医疗费等不符合领取资格的特定人员数据进行比对分析，精准锁定违规领取人名单。针对法律监督过程中发现的资金监管漏洞，推动有关行政部门建章立制，破除数据壁垒，完善资金核查系统，实现资金闭环监管。

………………………………………………… 仙居县人民检察院 / 384

## 醇基燃料全链条安全监管类案监督

解析餐饮单位使用醇基燃料个案线索，提取数据中的名称、姓名、地址、电话、送气量等关键要素，锁定违规使用醇基燃料餐饮单位户数。通过审查个案书证，调查违规使用的当事人，引导公安机关侦查，有效斩断醇基燃料运输、经营、生产和储存黑色产业链，促进建立醇基燃料全流程闭环监管机制。

………………………………………………… 海宁市人民检察院 / 401

## 非法储存危险化学品危害公共安全类案监督

通过解析借用资质非法经营危险化学品个案，梳理危险化学品经营链条，提取危险化学品许可证、企业涉危险化学品进销项发票等数据要素，发现非法储存、分装危险化学品类案线索。针对危险化学品在销售、运输、储存等环节存在的重大安全隐患，全链条开展调查核实工作，联合相关职能部门查处违法犯罪，督促落实整改，有效加强危险化学品经营的源头治理。

………………………………………………… 嵊州市人民检察院 / 415

## 外卖平台虚假健康证类案监督

从外卖平台配送站点的骑手信息中提取外卖骑手上岗所持有的健康证制发信息，以身份证号码、健康证有效日期、制发机构名称等数据要素特征，与本地在册健康证持有人身份信息进行大数据碰撞，发现批量骑手使用虚假健康证线索。通过线索移送、调查核实，引导公安机关分层次、区分化处理骑手入刑问题，并就外卖站点管理人员伪造事业单位印章犯罪开展刑事立案监督，追诉上游制假犯罪。通过融合贯通检察职能，有效推进外卖平台虚假健康证问题治理。

················································· 台州市黄岩区人民检察院 / 424

## "劳动者权益保护 + 失业保险基金安全监管" 类案监督

通过提取失业保险金发放数据、个人银行资金流水数据、市场主体数据中的时间段、姓名、身份证号码等数据要素，经比对筛查发现批量违法不参加社会保险、恶意骗取失业保险金线索。督促监管部门监督企业为当事人缴纳社会保险，追缴违规领取的失业保险待遇，健全失业保险基金监管体系；向公安机关移送犯罪线索，追究相关人员的刑事责任。

················································· 海盐县人民检察院 / 434

## 性侵害未成年人犯罪类案监督

聚焦强制报告落实不到位问题，以医疗领域责任主体为切口，立足 "未检融合监督" 职能，挖掘立案监督线索并推动数据资源共建共享。分析研判强制报告制度关键要素，系统归集涉未成年人异常诊疗记录、涉未成年人性侵报案及立案记录等核心数据，批量发现涉未成年人性侵立案监督线索。通过刑事立案监督、民事监护干预以及行政检察监督，加大对性侵害未成年人犯罪的打击力度，推行未检业务办案、监督、治理的一件事改革。针对涉未成年人性侵领域的共性问题，推动数字化应用场景建设，推进强制报告制度落地落实，形成未成年人保护的社会综合治理。

························· 湖州市人民检察院 / 442

### 涉未成年人药品安全监管类案监督

归集未成年人购买药物时间间隔短、数量大、非医用用途等数据，比对异常购买记录、未成年人违法犯罪记录等，挖掘一定区域内存在的未成年人滥用药物问题和线索。通过厘清个案基本规律，实现从个案办理到类案监督的转变，并统筹运用机制构建、工作信息层报等方式，推动涉未成年人药物滥用的数字化监管和行业系统治理，进一步健全涉未成年人药品管理体系。

······················湖州市人民检察院　安吉县人民检察院 / 458

### 涉未成年人网约房、电竞酒店业态治理类案监督

通过对网约房、电竞酒店业态相关数据与未成年人异常入住记录和罪错、不良行为、严重不良行为未成年人数据等信息进行碰撞比对，排查出涉未成年人异常线索，搭建网约房、电竞酒店业态监督模型。联合相关部门开展分级干预、矫治教育，牵头研发网约房业态治理多跨应用场景，为未成年人营造无毒绿色、清朗健康的成长环境。

·················· 杭州市临平区人民检察院　诸暨市人民检察院 / 472

后　记··································· 484

深入学习贯彻党的二十大精神

# 以"数字革命"驱动新时代检察工作现代化

张 军[*]

党的二十大擘画全面建成社会主义现代化强国、以中国式现代化全面推进中华民族伟大复兴的宏伟蓝图，特别强调加快建设数字中国、加快发展数字经济。习近平总书记在对政法工作的重要指示中强调："奋力推进政法工作现代化。"政法工作现代化是中国式现代化的重要组成部分，检察工作现代化是政法工作现代化的题中应有之义。推进检察工作现代化，既要提升传统监督办案业务水平，也要以"数字革命"赋能新时代法律监督。数字检察战略是提高法律监督能力的重要依托，契合数字中国、数字经济建设，契合经济社会高质量发展。新时代新征程上推进检察工作现代化，必须坚定不移把数字检察战略这项前瞻性、基础性工程做实做深做强。

---

[*] 最高人民检察院党组书记、检察长。

## 深刻认识数字化时代的革命性变化
## 增强加快推进数字检察战略的紧迫感责任感

20世纪90年代以来，随着信息、网络、人工智能等新技术日新月异发展，我们国家飞速步入信息化、数字化时代。信息化与数字化是相互关联、层次递进的历史进程。信息化，加快了信息传递、流通速度，极大提升了效率、降低了成本，推动经济社会发展进步；数字化在信息化基础上，把生产生活行为转化为数据形态，实现对数据价值深度挖掘、应用，形成新的生产力模式，驱动经济社会发展变革。信息化条件下，信息技术、系统是"主角"，数据只是"产品"；而数字化条件下，技术、应用系统只是工具，数据成为"主角"。大数据就是经由数字化产生的海量数据。对其深度挖掘、利用，可发现事物原有的内在关联和发展规律，数据价值得以充分运用。随着经济社会数字化水平的提高，一个大规模产生、分享、应用数据的时代早已开启，"数字革命"正以新理念、新业态、新模式全面融入各领域、各行业，大数据正在极为深刻地影响、改变着人们的思维方式和生产生活方式。

党的十八大以来，习近平总书记敏锐把握世界技术革命先机，统筹国内国际两个大局，深刻指出："大数据是工业社会的'自由'资源，谁掌握了数据，谁就掌握了主动权"。党的十八届五中全会提出实施"国家大数据战略"。党中央高度重视数字化、大数据在法治建设中的重要作用。中共中央印发的《法治中国建设规划（2020—2025年）》提出："推进法治中国建设的数据化、网络化、智能化。"《中共中央关于加强新时代检察机关法律监督工作的意见》(以下简称党中央《意见》)明确要求:"运用大数据、区块链等技术推进公安机关、检察机关、审判机关、司法行政机关等跨部门大数据协同办案。"最高检认真贯彻落实党中央决策部署,设立最高检数字检察办公室,召开全国数字检察工作会议,大力推进数字检察战略,统筹推进信息化基础上的检察数字化建设,不断取得发展和进步:建成检察业务应用系统 2.0,系统整合 "四大检察" "十大业务" 各类案件信息,汇集形成检察业务 "数据池",有效将办案数据统起来;积极推动、助力政法协同,在中央层面,推进检察工作网与电子政务外网、全国一体化政务服务平台对接;大力促推 24 个省级检察院开展政法协同平台建设与应用,有效将各类执法司法数据汇起来;积极推动信息化辅助办案,搭建 "检答网" 和民事行政案件专家咨询网,依托案例库、辅助办案和知识检索等应用为检察官办案提供参鉴,有效把数据用起来;深化网上便民服务,大力推进 12309 中国检察网和信访系统建设,部署应用律师互联网阅卷系统,有效让检察数据 "跑" 起来;开展季度业务数据分析研判,从 "三个规定" 填报数据中发现队伍管理问题,创制 "案 - 件比" 质效评价指标,科学运用数据管起来。经过持续努力,检察工作信息化、数字化建设取得初步成效,基本做到了统一、集中、准确、安全管理和利用,"业务数据化" 基础初具规模。检察工作已经步入数字时代,"数据" 正在深刻改变着新时代检察工作。

在检察信息化、数字化建设、应用过程中,核心是大数据的充分、深度运用。"业务数据化"只是数字检察建设万里长征的第一步，更重要的是实现"数据业务化"：紧紧围绕经济社会高质量发展、法律监督的深层次需求，把虽活跃但总体还沉睡着的各类数据唤醒，让它们按内在规律链动起来，进而实现关联分析、深度挖掘，为强化法律监督、深化能动履职、做实诉源治理提供前所未有的线索、依据。在传统的"被动受案、个案办理"监督办案模式基础上，正在发生由个案向类案、由被动向主动、由办理向治理深化延伸的深刻变革。

一方面，以"数字革命"赋能法律监督，是适应社会治理现代化更高需求，更好承担统筹发展和安全政治责任的必然要求。数字化时代，大数据、人工智能、区块链等技术在渗透、影响社会各领域的同时，也被各类违法犯罪所利用，包括通过窃取个人信息，掌握大量数据后，以"数字画像"实施针对性经济金融诈骗，利用数字管理漏洞逃避政府监管、偷逃税款等，对国家经济金融安全、社会和谐稳定构成威胁。违法犯罪"魔高一尺"，法律监督如何"道高一丈"？"万物互联"时代，任何违法犯罪都不可能孤立存在。加快推进数字检察战略，运用大数据思维，通过大数据筛查、比对、碰撞，看似孤立、偶然、平常的信息点之间就有了交集、串连，问题线索就能清晰显露出来。大数据思维与运用就是检察机关有力惩治违法犯罪，积极主动、更深参与国家治理的利器。

另一方面，以"数字革命"赋能法律监督，是补足法律监督短板，更好维护社会公平正义的必然要求。新时代新发展阶段，人民群众在民主、法治、公平、正义等方面有更高水平、更丰富内涵的新需求。党中央《意见》明确指出，与人民群众新需求相比，法律执行和实施仍然是亟需补齐的短板，检察机关法律监督职能作用发挥还不够充分。重要原因就在于，传统的监督办案模式，总体是"别人送来什么检察办理什么"，监督线索来源渠道窄、发现获取难，致使法律监督工作总体处于被动状态。加快推进数字检察战略，通过大数据赋能，实现从个别、偶发、被动、人力监督，转变为全面、系统、主动、智能监督，执法司法制约监督的堵点、难点将有效破解，法律监督的质效将明显提升。

各级检察机关、全体检察人员要深入贯彻习近平法治思想和习近平总书记关于数字中国建设的一系列重要指示精神，全面贯彻党的二十大精神，持续落实党中央《意见》，主动跟上、适应数字化时代大势，以高度的政治自觉、法治自觉、检察自觉，努力探索"业务主导、数据整合、技术支撑、重在应用"的大数据法律监督模式，以"数字革命"赋能新时代法律监督整体提质增效，不负党和人民赋予的职责使命。

## 把大数据运用充分融入检察履职全过程<br>实现新时代检察工作质的嬗变

习近平总书记强调："推动大数据、人工智能等科技创新成果同司法工作深度融合。"加快推进数字检察战略，深化大数据法律监督，关键在转变理念。不能仅从"器"的层面去认识，简单把数字检察战略、大数据法律监督当作助推检察履职的"工具"，而要从"道"——经济社会发展本质、规律性的层面去领悟，深刻认识数字检察战略是检察机关更深更实贯彻习近平法治思想，实现监督办案理念、模式、机制变革，推动法律监督质效飞跃的关键变量和科技翅膀，以此更高质量为大局服务、为人民司法。

充分运用大数据实现"智慧监督"。深化大数据法律监督，并不是说有了"数据池"就能伸手"抓鱼"了，首先要科学设定目标、遵循经济社会发展规律，把大数据理念、方法正确运用到履职监督中，实现"智慧监督"。这就要求我们准确把握大数据法律监督的"一般模式"，大致可分三个步骤：首先，深入解析个案，梳理数据要素。大数据法律监督的突破点，就在检察官日常办理的个案和异常数据中。首先要判断手中的个案一时一地是否常见多发、具有普遍性？是，就要敏于发现个案背后的异常现象、共性问题，梳理出一般特征，以满足数据需求和明确碰撞方向，可将其称为数据要素。其次，构建监督模型，获取监督线索。针对发现的异常情况、梳理出的数据要素，创建监督模型，针对性开展大数据碰撞、比对、分析。再次，认真核实线索，开展类案监督。通过数据模型比对获取的只是异常数据线索，还不能确定为监督案件。必须对线索深入核查，进而实现对类案的监督。

充分运用大数据推进法律监督全面深化变革。"四大检察""十大业务"各条线都要增强大数据赋能法律监督意识，推进法律监督全面深化变革。立案和侦查活动监督，要结合推进侦查监督与协作配合办公室建设，强化信息共享、实时监督。注重运用大数据将监督触角延伸至刑事案件办理前端，通过分析研判公安机关立案、撤案等数据，及时发现和纠正应当立案而不立案、不应当立案而立案、长期"挂案"等违法情形。行政执法与刑事司法双向衔接，要深化行政和刑事办案数据碰撞式监督，切实监督纠正有案不移、有案难移、以罚代刑等问题。审判活动监督，通过推进裁判文书数据共享，增强类案统计分析结果对个案裁量监督的引导作用。通过梳理、分析类案裁判文书，构建针对性数据模型，深化类案监督，促进诉源治理。刑罚执行监督，要积极推进与监管场所信息联网、监控联网，构建"减假暂"案件智能审查监督模型，提升发现违法办理"减假暂"案件的能力。通过刑事判决中判处实刑的人员数据与看守所、监狱收押人员数据进行比对，可筛查出"判实刑而未执行"人员名单，进而发现、治理"纸面服刑"问题。司法工作人员相关职务犯罪侦查，要深化运用司法工作人员办理案件、律师代理及特定涉案人情况等关联分析机制，运用大数据分析研判异常情况，及时发现司法队伍中的"蛀虫"。民事诉讼监督，要积极落实"两高"《关于建立全国执行与法律监督工作平台进一步完善协作配合工作机制的意见》，大力推进信息共享、深度运用，促进解决执行难问题。行政检察，通过对行政诉讼监督申请进行分类、汇集、积累相关审判、行政处罚文书，分析类案问题，促进行政争议实质性化解，监督纠正行政执行活动违法等问题。公益诉讼检察，涉及领域广泛、数据庞大，更要充分发挥大数据在发现线索、调查核实等方面的作用。在生态环境和自然资源保护、耕地保护、国有土地使用权出让等领域，就可以让卫星遥感数据"说话"。

实践中，运用大数据发现的线索大多跨区域、越层级、多条线，必须强化检察一体履职理念，实现数据运用更科学、更充分。上下级检察院要统筹数据资源运用，形成监督合力。检察机关各业务部门在运用大数据中，应自觉加强横向协作配合，敏于发现其他检察业务问题线索。综合履职的未成年人检察、知识产权检察，更要运用大数据促进各项业务实质性融合，形成"化学反应"。比如，落实侵害未成年人案件强制报告制度，对制度关键数据要素对比、分析，既能发现违法犯罪线索，也要注意发现监护缺失、监管缺位等问题，更要通过一体履职促进综合治理。再比如，最高检与国家知识产权局会签的协作意见明确提出，推动跨部门跨区域信息共享，实现有关案件行政、司法信息互联互通。各级检察院要积极会同知识产权管理部门共抓落实。

充分运用大数据促进诉源治理。多发、高发的违法犯罪，背后无不具有大量共同、深层社会治理问题。习近平总书记强调："要运用大数据提升国家治理现代化水平"。受以往传统法律监督方式被动性、碎片化、浅层次的影响，监督办案促进治理的力度、广度、深度往往有限。大数据法律监督，能够更加主动发现批量监督线索，更加精准发现类案背后的系统性、链条性治理漏洞，通过制发检察建议、专项监督等，与相关职能部门一体提升执法司法科学管理水平，促进从顶层设计健全机制、堵塞漏洞，实现前端治理、治未病。要结合大数据运用，更加及时、精准发布检察办案数据、发案特点及趋势，以"检察专报"引导动态防治，助力国家治理体系和治理能力现代化。

充分运用大数据加强科学管理。科学管理是检察工作高质量发展的"源头"。检察机关监督办案、司法行政等各项活动产生的海量数据，首先就要运用在助力检察科学管理上，促进提高管理质效。在"案"的管理方面，要充分利用检察业务应用系统的办案流程数据，加强案件办理全流程监控、案件质量评查监督、案件管理智慧研判，提升科学监管质效。特别是要深化"案－件比"评价指标与各项业务数据关联比对结果的科学评断，有效预警预防内生案件、程序空转，更加精准引导办案"求极致"。在"人"的管理方面，要探索建立检察队伍管理数据分析研判模型，以大数据指引检察队伍选、训、管、用，不断提升检察队伍管理的科学化水平。有效整合监督办案、司法行政等数据，不断优化符合检察工作规律的考核方式、指标体系和数据分析。将检察人员违纪违法信息、"三个规定"重大事项填报数据与案件办理数据关联分析，做实"上下联动、相互印证"。

## 以"融合"为导向深化数字检察战略
## 为大数据法律监督提供坚实支撑

政务信息化、数字化经历了网络建设、应用构建、平台优化等发展阶段，融合发展的趋势和方向不容置疑。目前，检察机关实现了网络纵向贯通、应用横向联通，要进一步推进实现"大融合"。各级检察机关必须跟上数字化发展趋势，聚力大数据法律监督运用，重点推进网络、平台、数据、应用、监督模型融合。

推进网络融合，消除数据交换共享断点。构建互联互通的网络体系是数据汇集、交换、共享的坚实基础。要持续深化检察机关内部网络融合，积极稳妥整合网络资源。要主动推进检察网络与外部网络规范融通，做到能融即融、能通即通、能连即连。要积极探索开展移动办公，延伸网络体系。

推进平台融合，补强数据资源配置弱点。大数据监督依赖数据碰撞、比对、分析，必须加强基础平台建设，提供充足的存储和运算资源。检察机关通过监督履职，产生汇聚大量执法司法数据，要做大做强平台计算能力，坚持资源集中导向，探索建立全国及区域大数据运算中心，深化"云"技术、"云"平台应用，跟上、适应大数据算力资源需求。

推进数据融合，破除数据汇集利用堵点。深化大数据法律监督，数据获取是基本前提、数据利用是重中之重。没有融合就无法充分获取！首先要充分挖掘检察机关内部数据，同时促进现有数据充分开发、运用，不断做实从中发现监督线索，进而深研监督办案规律。其次是打通外部数据壁垒，积极配合政法协同平台建设和应用，同时以务实、开放的态度主动提供检察数据。还要充分利用互联网开放数据，高度重视从互联网获取监督数据。要全面汇集、整合内外部各类数据，注重数据管理，统一数据标准，努力建设好规范化、体系化的"检察大数据库"。

推进应用融合，解决数据深度运用痛点。大数据技术对信息化应用系统有更高要求、全新定义，必须加强应用系统整合。全国检察业务应用系统2.0将辅助办案、知识服务等与相关系统整合为统一平台，发挥了"龙头"作用。要在"大应用"理念下，将综合办公、干部人事、检务保障等各种应用系统充分整合，最终实现与业务办案系统融合，实现检察全部各类数据完整汇集、充分运用。

推进监督模型融合，破解大数据监督难点。拥有海量数据资源，实现法律监督手段深刻变革，构建有效、管用的监督模型至关重要。监督模型好比数据的"过滤器""反应堆"，功能就是从海量数据中"淘出"有价值数据、碰撞形成监督线索。掌握传统监督办案能力的检察官必须适应新时代、现代化、数字化对检察业务建设提出的全新要求，敏于、善于从数字检察业务中提炼规则、总结规律，利用数据、算法建立实用、好用的类案监督模型，助力传统办案能力大幅跃升。要树立监督模型融合、共享理念，根据统一标准规范开发监督模型，构建"应用商店"式的模型共享平台，汇集、整合各地优秀模型，各地检察院、所有检察官一体共建、共用，让监督模型效能最大化。同时，建立激励机制，通过模型冠名、优秀模型评选等活动，让构建监督模型的主要贡献者有更实的获得感、成就感。

## 切实加强组织保障
## 确保数字检察战略稳健推进

加快推进数字检察战略，关键是以更优的制度机制、更强的素质能力抓好"九分落实"。要加强组织领导。最高检已成立数字检察工作领导小组及其办公室，各省级检察院可参照设立，加强组织领导和统筹推进。检察机关各业务部门是大数据法律监督的责任主体，要敢于、更要善于用好大数据监督办案。技术信息部门要全力提供技术保障。各级检察机关要积极争取党委领导、政府支持，把数字检察建设纳入地方数字化、法治信息化建设总体规划，争取政策支持和保障。要建强人才队伍。最高检和省级检察院要聚焦数字时代对"四大检察"提出的新要求，努力培养一批讲政治、精业务、懂"数字"的高素质复合型人才。全体检察人员特别是业务部门、技术信息部门人员都要注重能力培养，持续提升数字思维、数字技能和数字素养，不断提高大数据运用、模型构建、使用、类案分析能力。要积极借助"外脑"，深化与高校、科研院所、高科技企业等合作，充分利用各方资源力量，在共同开展理论研究、科技攻关中破解难题、培养人才。要加强安全管理。健全数据安全保障体系，筑牢网络安全防护堤坝。要优化评价机制。将运用大数据法律监督纳入检察人员考核评价体系，设置符合规律、体现实绩的评价指标，切实发挥考核"指挥棒"作用。最高检和省级检察院要探索建立年度大数据法律监督工作绩效分析与通报制度，促进各地比学赶超，推进工作积厚成势。

新时代新征程上，加快推进数字检察战略事关党的检察事业长远发展。各级检察机关要坚持以习近平法治思想为指引，深入学习贯彻党的二十大精神，创新求变、善作善成，以"数字革命"驱动新时代检察工作现代化，更好服务中国式现代化，为全面建设社会主义现代化国家、全面推进中华民族伟大复兴作出新的更大贡献！

# 论数字检察

## 贾 宇[*]

习近平总书记强调："当今世界，信息技术创新日新月异，数字化、网络化、智能化深入发展，在推动经济社会发展、促进国家治理体系和治理能力现代化、满足人民日益增长的美好生活需要方面发挥着越来越重要的作用。"[①] 党的二十大报告鲜明提出，加快建设"数字中国"。[②] 数字技术的创新发展和迭代提升、社会联结形式和方式的迅速变更，促使司法发生数字化转型。在数字化浪潮下，国家治理对象和社会环境发生深刻变化，对国家治理能力提出更高要求。"人民检察院是国家的法律监督机关，是保障国家法律统一正确实施的司法机关"[③]，在国家治理体系中居于重要地位。"无论是推进国家治理体系和治理

　*上海市高级人民法院院长，浙江省人民检察院原检察长。本文系2022年度最高人民检察院检察理论研究重大课题"贯彻落实习近平法治思想全面提升新时代检察机关法律监督质效研究"（项目批准号：GJ2022A01）的阶段性成果。

①习近平：《致首届数字中国建设峰会的贺信》，载《人民日报》2018年4月23日，第1版。

②参见习近平：《高举中国特色社会主义伟大旗帜为全面建设社会主义现代化国家而团结奋斗——在中国共产党第二十次全国代表大会上的报告》（2022年10月16日），人民出版社2022年版，第30页。

③《中共中央关于加强新时代检察机关法律监督工作的意见》（2021年6月15日），人民出版社2021年版，第1页。

能力现代化，还是推进法治体系建设，都离不开大数据。检察机关监督办案必须跟上、适应，既要抓'本'的提升，更要有'质'的嬗变。"① 检察机关传统办案方式依赖案卷进行被动审查，无法完全适应数字化形势并成为有效治理手段。面对这一监督困境，数字检察改革需要向大数据充分借力，对新型违法犯罪现象形成有效监督，对检察工作运行机制进行前沿探索。为此，本文立足检察机关作为国家法律监督机关这一宪法定位，以法律监督模式重塑变革为主线，剖析数字检察改革的动因和要义，在厘清基本原理的基础上提出数字检察改革的实施路径。

## 一、数字检察改革动因

党的二十大报告指出，全面依法治国是国家治理的一场深刻革命，关系党执政兴国，关系人民幸福安康，关系党和国家长治久安。检察机关法律监督是全面依法治国的重要一环。报告专章部署"坚持全面依法治国，推进法治中国建设"，突出强调必须"在法治轨道上全面建设社会主义现代化国家"，并强调"加强检察机关法律监督工作"。② 2021 年 6 月，党中央印发《中共中央关于加强新时代检察机关法律监督工作的意见》（以下简称《意见》），这在百年党史上是第一次，充分彰显了以习近平同志为核心的党中央深入推进全面依法治国的坚定决

---

① 张军：《坚持以习近平法治思想为指引加强新时代检察机关法律监督》，载《求是》2022 年第 4 期。

② 参见习近平：《高举中国特色社会主义伟大旗帜为全面建设社会主义现代化国家而团结奋斗——在中国共产党第二十次全国代表大会上的报告》（2022 年 10 月 16 日），人民出版社 2022 年版，第 40—42 页。

心、对完善党和国家监督体系特别是加强检察机关法律监督工作的高度重视。[①] 对标新时代党和人民对检察履职的更高期望，检察机关当前最现实、最紧迫的任务，就是要直面《意见》指出的新发展阶段人民群众在民主、法治、公平、正义、安全、环境等方面的新需求，针对法律执行和实施的短板，破解"检察机关法律监督职能作用发挥还不够充分"这一核心问题。如何更充分发挥检察机关法律监督的职能作用，如何更好依法能动履职，为大局服务、为人民司法，对新时代检察工作提出了迫切需求。

（一）检察工作现代化背景下传统法律监督模式的现状和问题

党的二十大报告提出要"以中国式现代化全面推进中华民族伟大复兴"[②]。检察机关要以检察工作高质量发展服务保障经济社会高质量发展，以检察工作现代化服务保障推进中国式现代化。[③] 人民检察院是国家的法律监督机关。法律监督质效从根本上决定着检察职能的发挥和监督价值的彰显，是检察履职和检察改革的永恒主题。检察工作现代化最根本的就是要实现法律监督的高质效，做到法律监督的质量硬、效率高、效果好。

---

① 参见中共最高人民检察院党组：《加强新时代检察机关法律监督工作更实担起党和人民赋予的更重责任》，载《人民日报》2021年9月2日，第6版。

② 参见习近平：《高举中国特色社会主义伟大旗帜 为全面建设社会主义现代化国家而团结奋斗——在中国共产党第二十次全国代表大会上的报告》（2022年10月16日），人民出版社2022年版，第21页。

③ 参见《最高检：把学习贯彻党的二十大精神作为首要政治任务》，载最高人民检察院网，https://www.spp.gov.cn/tt/202210/t20221024_590576.shtml，2022年10月29日访问。

传统法律监督模式在监督质效上存在亟须补齐的短板，主要表现为三方面特征：

1. 被动性。在传统法律监督模式中，检察机关的法律监督线索主要来自诉讼程序和当事人举报申诉，总体属于"别人送什么检察办什么"，监督线索发现难、来源渠道窄、获取不及时，导致法律监督工作总体处于被动状态、等靠状态，监督的主动性、能动性不足。总的来说，检察机关缺乏相关配套措施保障主动履职，难以全面有效挖掘违法犯罪法律监督线索。

2. 碎片化。在传统的法律监督模式中，监督手段局限于人工审查，监督范围局限于个案审查，监督方式局限于卷宗审查。同时，"四大检察""十大业务"① 部门之间若融合不够、各自为战，监督重点也易局限于单一职能、单一事项。这就容易导致法律监督工作零散化、碎片化，缺乏系统性、规模性，进而导致法律监督的整体效应不强，与检察机关"保障国家法律统一正确实施"的职能要求仍存在一定距离。

3. 浅层次。法律监督属性要求检察工作对深层次制度体系形成治理效能，推动相关领域建章立制，进而形成具有长效性的系统治理。但是，受监督方式、监督手段、监督渠道、监督能力等多方面的掣肘，法律监督工作在发现和纠正深层次问题上不够有力，在促进执法司法制约监督中不够有为。实践中还

---

① "四大检察"指刑事检察、民事检察、行政检察和公益诉讼检察；"十大业务"指普通刑事犯罪检察业务、重大刑事犯罪检察业务、职务犯罪检察业务、经济金融犯罪检察业务、刑事执行和司法人员职务犯罪检察业务、民事检察业务、行政检察业务、公益诉讼检察业务、未成年人检察业务、控告申诉检察业务。

存在为了追求监督数据，更多地监督一些执法司法小瑕疵、办理一些简单案件凑数的情况，导致法律监督流于形式化、浅表化，人民群众获得感不强，被监督对象的认可度不高，检察官的自我成就感也不大。

"被动性、碎片化、浅层次"，这三者既是现阶段法律监督质效不高的集中体现，更是长期阻碍检察机关破解监督职能虚化、弱化等难题的短板。特别是进入新时代，人民群众在民主、法治、公平、正义、安全、环境等方面提出了更高要求，传统法律监督模式的这些短板更为凸显。因此，迫切需要找到一把关键"钥匙"、一个关键变量，强有力地驱动法律监督工作解题破局，化被动为能动、化碎片为系统、从浅层次走向深层次，全方位地提质量、增效率、强效果，实现法律监督高质效。

**（二）社会治理现代化形势下法律监督促进治理的职责和要求**

推进国家治理体系和治理能力现代化是中国式现代化建设的主体内容和必然要求。社会治理现代化是国家治理现代化的重要方面。党的二十大报告强调完善社会治理体系，健全共建共治共享的社会治理制度，提升社会治理效能。① 进入新时代，参与社会治理不仅仅是检察机关履行法律监督职能的必然延伸，更是深入贯彻习近平法治思想的应有之义，是心怀"国之大者"、坚持以人民为中心、依法能动履职的使命担当。近年

---

① 参见习近平：《高举中国特色社会主义伟大旗帜为全面建设社会主义现代化国家而团结奋斗——在中国共产党第二十次全国代表大会上的报告》（2022 年 10 月 16 日），人民出版社 2022 年版，第 54 页。

来，检察机关以高度的政治自觉、法治自觉、检察自觉，积极促进提升国家治理效能，有力推动监督效果由一案一事拓展到同类问题治理，通过制发社会治理类检察建议、发布典型案例、实施法律监督年度报告制度等，不断创新社会治理举措，取得积极效果。[①] 但在中国式现代化建设的新形势下，受传统法律监督工作被动性、碎片化、浅层次的影响，法律监督促进治理的力度、广度、深度受到制约。如何运用行之有效的手段和路径，充分、高效发挥法律监督在社会治理现代化中的职能作用，是摆在检察机关面前的重大课题。具体而言，新形势下加强法律监督促进社会治理主要出于三方面考虑：

1. 履行法律监督治理职责的内在要求。中国特色社会主义检察制度是国家治理体系的重要组成部分。在新发展格局下，根据党的十八届四中全会作出的重大改革部署，修改后的《民事诉讼法》和《行政诉讼法》赋予检察机关公益诉讼检察新职能，这是以法治思维和法治方式推进国家治理体系和治理能力现代化的一项重要制度安排，通过积极稳妥的检察实践，形成了公益司法保护的"中国方案"。[②] 党的十九届四中全会进一步要求"拓展公益诉讼案件范围""完善生态环境公益诉讼制度"。

---

① 参见黄文艺、魏鹏：《国家治理现代化视野下检察建议制度研究》，载《社会科学战线》2020 年第 11 期。

② 自 2017 年修改后的《民事诉讼法》和《行政诉讼法》正式实施，到 2022 年 6 月底，五年来全国检察机关牢记党和人民嘱托，依法履行公益诉讼检察职能，共立案办理公益诉讼案件 67 万余件，取得了积极的法治效果。中国特色公益诉讼制度设计以及检察公益诉讼工作得到党中央和人民群众的充分肯定。参见《最高检发布检察机关全面开展公益诉讼五周年工作情况 五年共立案公益诉讼案件 67 万余件》，载最高人民检察院网，https://www.spp.gov.cn/xwfbh/wsfbt/202206/t20220630_561637.shtml#1，2022 年 10 月 5 日访问。

党的二十大报告进一步明确要求"加强检察机关法律监督工作""完善公益诉讼制度"。①《意见》明确检察机关刑事、民事、行政、公益诉讼"四大检察"职能，并丰富发展了行政检察职能，要求检察机关全面深化行政检察监督，依法督促行政机关纠正违法行使或者不行使职权的行为，开展行政争议实质性化解工作，促进案结事了。检察机关法律监督职能得到进一步拓展和优化，社会治理功能进一步明确和彰显，检察工作涉及的社会治理领域更加广泛，与社会治理的融合更加紧密，在满足人民群众的新需求上肩负着更重的责任。检察机关通过履行法律监督职能，在社会各领域发挥治理效能，才能更好彰显司法权威，更好维护社会公平正义。

2. 放大法律监督治理优势的迫切需要。监督实质上是发现问题、纠正问题、预防问题的过程。作为国家法律监督机关，检察机关在促进社会治理现代化方面有着独特优势。一方面，具有专责性优势。我国检察机关是行使法律监督职能的专责机关，对执法司法办案活动进行监督，是在诉讼程序中履职的专门职能部门。基于鲜明的政治属性和独立的宪法定位，我国检察机关法律监督的启动更加多元，既可以依申请启动，也能依职权启动；手段更加多样，不仅个案"治标"，更能类案"治本"；范围更加开放，党和国家根据形势、任务的需要，赋予法律监督更多内涵，使之具有与时俱进的品格。另一方面，具

---

① 参见习近平：《高举中国特色社会主义伟大旗帜 为全面建设社会主义现代化国家而团结奋斗——在中国共产党第二十次全国代表大会上的报告》（2022年10月16日），人民出版社2022年版，第42页。

有程序性优势。作为执法司法活动的参与者，检察机关"在办案中监督、在监督中办案"，直接、全面了解案件办理全过程，在具体办案过程中履行监督职责，遵循必要程序，是一种参与、跟进、融入式监督，在准确认定事实和适用法律的基础之上，能够确保及时发现、有力监督、有效纠正。就此而言，法律监督的特殊路径和方式在国家监督体系中具有不可替代作用，对于构建严密法治监督体系至关重要。因而，要更好发挥检察机关法律监督在完善社会治理体系中的职能作用，关键就是要放大检察履职的治理优势，在畅通从个案办理到类案监督、系统治理的路径上，打开更大的切入口、突破口。

3. 提升法律监督治理效能的价值追求。基于中国特色社会主义国家制度视角，检察机关参与社会治理，既是法律监督职能的必然要求，更是对法律监督功能的极致追求。紧扣服务大局大势、社会治理薄弱环节、公共利益短板弱项、执法司法突出问题，检察机关通过开展高质效法律监督，为找准、破解、预防隐蔽性、深层次、"老大难"问题发挥重要作用，如同"行医看病"一般，由外在的"病征"挖出内在的"病根"，促进某一类堵点难点痛点问题的系统治理，在充分发挥检察职能的同时，也有力提升了法律监督的功能价值。促进社会治理现代化，也是监督者与被监督者的共同目标，是"双赢多赢共赢"的生动体现。通过协力破解社会治理深层次问题，检察机关法律监督工作既增强了党委政府和人民群众的获得感，也提升了被监督者的认同感、信服感，继而更能凝聚社会治理共同体的共识，更好发挥法治在国家治理体系和治理能力现代化中的积极作用。

但总体而言，当前检察机关在社会治理的参与度、覆盖度、贡献度上作用发挥还不够充分，与党委政府、人民群众的期待还存在差距，亟须找到一个关键变量，破解掣肘因素，把关键变量转化为最大增量，充分展现法律监督在国家社会治理体系中的功能价值。

（三）新时代科技革命浪潮下法律监督模式变革的契机和路径

当今时代，大数据是生产资料，云计算是生产力，互联网是生产关系，数字技术是未来竞争的利器。[1]新一轮科技革命通过优化社会资源配置，对社会联结方式产生深刻影响，社会环境变迁虽然对国家治理形成挑战，但也为治理能力突破提供重要契机。新时代检察工作要实现法律监督高质效、促进社会治理现代化的目标，重点就是要找到关键变量和核心路径，实现"一子落而满盘活"的裂变效应。基于三个层面的考虑，可知答案就在于新科技革命的核心——数字革命。

1. 时代层面。近年来，数字经济发展速度之快、辐射范围之广、影响程度之深前所未有。"数字技术的广泛应用，在不断改变人们生活和交往方式的同时，也深刻影响着人们的行为和思考方式以及价值观念和道德观念，并带来潜在风险。"[2]与之相应，新型违法犯罪也更趋网络化、科技化、智能化，社会治理

---

[1] 参见董慧、李菲菲：《大数据时代：数字活力与大数据社会治理探析》，载《学习与实践》2019年第12期。

[2] 中国网络空间研究院：《加强数字化发展治理推进数字中国建设》，载《人民日报》2022年2月15日，第7版。

形势呈现新变化新特征。基于此，检察机关必须关注、回应数字革命，深刻认知其内涵、特征、作用以及对检察工作的巨大影响。正所谓"不进则退"，与数字化的脱节，就是与现代化的脱节。

2.全局层面。党的十八大以来，以习近平同志为核心的党中央着眼全局、顺应大势、把握未来，作出建设数字中国的战略决策。十三届全国人大四次会议通过的《国民经济和社会发展第十四个五年规划和2035年远景目标纲要》明确指出，迎接数字时代，激活数据要素潜能，推进网络强国建设，加快建设数字经济、数字社会、数字政府。在这一时代背景下，数字化改革对社会治理的体制机制、组织架构、方式流程、手段工具进行系统性重塑，"是一项重大集成创新的硬核改革"[①]。对检察机关来说，数字化改革推动了检察改革的转型升级和全面深入。积极适应、投身这场硬核改革，是融入数字战略全局的必然要求，更是把握检察工作未来发展制高点的崭新机遇。

3.战略层面。习近平总书记强调："当今时代，数字技术、数字经济是世界科技革命和产业变革的先机，是新一轮国际竞争重点领域，我们一定要抓住先机、抢占未来发展制高点。"[②]数字革命不仅仅是一场技术变革，更是一场生产、生活、治理方式的系统性重塑变革。检察机关适应数字革命，不能仅仅停留在检察工作的技术化、信息化、网络化层面，而是要紧扣法律监

---

[①] 袁家军:《改革突破争先建设数字浙江》，载《人民日报》2021年3月17日，第7版。

[②] 习近平:《不断做强做优做大我国数字经济》，载《求是》2022年第2期。

督职责使命和功能价值，让数字化为从根本上实现监督质效大飞跃、社会治理大作为，提供开创性、变革性、颠覆性的巨大动力和发展源泉。这也不仅仅是要重视大数据的开发利用，更是要抓住数字革命的本质，从整体上系统重塑法律监督功能、模式、流程、手段和体制机制，使其能够促进社会治理从低效到高效、从被动到主动的深刻转变，真正实现新时代检察工作高质量发展的现代化"蝶变"。

在全球性的数字化时代语境下，检察制度要在传统法学理论基础上深入检讨、开拓创新，促使传统检察制度在新的司法环境下，能动推进法律监督模式重塑变革，深度契合数字化时代司法环境的变迁。

## 二、数字检察改革要义

习近平总书记强调："推动大数据、人工智能等科技创新成果同司法工作深度融合。"① 对检察机关而言，数字化时代的到来，为法律监督模式深层次变革提供了重大机遇，为检察机关契合新时代高质效履职开辟全新路径。数字检察作为一项革命性、战略性的系统工程，核心要义在于法律监督模式的"重塑变革"，这既是"本"的提升，更是"质"的嬗变。把数字革命作为检察工作创新发展的"新引擎"，是检察机关聚焦新时代检察事业发展的重要使命职责。以浙江省为例，该省检察机

---

① 习近平：《维护政治安全、社会安定、人民安宁》（2019年1月15日），载习近平：《论坚持全面依法治国》，中央文献出版社2020年版，第248页。

关从 2018 年开始率先探索实践大数据法律监督，研究开发了民事裁判智慧监督、财产刑执行一体化监督等智慧检察系统，以及"非羁码""案件码"等一批数字检察品牌，[①] 并率先针对"套路贷"虚假诉讼、违规领取养老金等在全国具有普遍性、突出性的问题开展大数据法律监督，有力解决人民群众反映强烈的痛点难点问题，促进社会治理现代化。[②] 在数字检察改革进路中，需要不断迭代深化对数字检察理念、思路、目标、任务的认识，积累适应数字革命的规律性经验，以此持续推进"数字赋能监督，监督促进治理"的法律监督模式重塑变革，探索实践"个案办理—类案监督—系统治理"的数字检察路径，以数字化改革创造检察机关法律监督工作前所未有、通向未来的新跨越。[③] 具体而言，要从五个维度认知和实践数字检察的整体改革架构，从而有效驱动法律监督模式重塑变革。

（一）理念：从技术理性到制度理性的新跨越

与传统信息化工作不同，新时代数字化改革"关键在于推动生产方式、生活方式、治理方式按照现代化的方向和要求发生基础性、全局性和根本性改变"[④]。在此理念下，数字化不仅是"器"，更是"道"，是技术理性向制度理性的新跨越。数字

① 参见范跃红、龚婵婵：《数字潮涌，浙江检察探路大数据蓝海》，载《检察日报》2022 年 7 月 7 日，第 1 版。
② 参见贾宇：《"数字检察"助力社会治理现代化》，载《人民日报》2021 年 9 月 10 日，第 7 版。
③ 参见童建明：《以大数据赋能新时代法律监督》，载《检察日报》2022 年 7 月 18 日，第 3 版。"数字赋能监督，监督促进治理"的法律监督模式重塑变革，也已写入浙江省人大常委会《关于进一步加强新时代检察机关法律监督工作的决定》。
④ 杜伟杰、邱靓：《知往鉴来，深化数字化改革理解认识》，载《浙江经济》2022 年第 3 期。

检察也是如此，不能停留在工具论上去认识把握。它不单是推进法律监督提质增效的"器"，更是检察工作从根本上实现高质量发展、迈入现代化的"道"，与以往的检察工作信息化有本质区别。具体而言，主要体现在三个方面：

1. 引领性。数字检察旨在把数字化、一体化、现代化贯穿到检察工作的全过程各方面，使之发挥全方位的引领作用，最大化激发检察机关法律监督的职能优势和功能潜力，实现法律监督工作质量变革、效率变革、动力变革。数字检察在微观层面和现象上是经数据归集和数据碰撞导出批量类案线索，但在宏观层面和本质上是数字时代法律监督新战略、检察工作现代化新征程。它不仅注重数字化技术，更强调数字化意识、数字化思维、数字化认知；不仅注重数字赋能，更强调改革的一体化、全方位和制度重塑，是检察工作打牢高质量之基、激活竞争力之源、走好现代化之路的总抓手。

2. 整体性。数字检察是从整体上对法律监督工作传统思维方式和路径的革新，是一次对法律监督运行机制"横向到边、纵向到底"的重塑变革。其不仅是法律监督手段的颠覆性创新，更是对检察工作的业务流程、组织架构和体制机制的系统性重塑，是对检察干警的数字意识、数字思维和数字能力的全方位培育。这是一项全方位、一体化的系统工程，需要检察系统各层级、各部门、各条线一体推进、全面贯通、高效协同，需要"四大检察"的全面融合和全体检察干警的整体参与。在纵向上，实现自上而下的顶层设计和自下而上的应用场景创新相结合；在横向上，实现系统融合、综合集成，发挥全局一体的最大效应，共同打开法律监督功能价值的新空间。

3.撬动性。以往的检察信息化建设，更多侧重于研发应用卷宗内容自动抓取、瑕疵证据智能分析、量刑建议智能研判等办案辅助系统，或者搭建智能化、便民化的司法服务平台和检务工作平台。与此类偏向辅助性、服务性、事务性的信息化建设显著不同，数字检察基于法律监督主责主业，围绕监督质效上如何更加依法能动履职为大局服务、为人民司法，监督模式上如何摆脱个案审查、案卷审查的被动性和局限性，监督手段上如何破解信息不畅、线索不多、刚性不足等瓶颈难题，通过践行"数字赋能监督，监督促进治理"的法律监督模式重塑变革，着力实现从"个案办理"到"类案监督"再到"系统治理"的监督质效跃升和检察价值追求，是在更高层次、更高水平上释放检察生产力的系统性变革，对新时代法律监督工作发挥鲜明的撬动性、主导性、支撑性作用。

（二）数据：从被动监督到能动检察的新跨越

在"万物互联"的当今社会，数据迸发出的巨大价值，让人们更加坚信数字时代的必然走向和实现路径。当然，海量数据中也隐藏着各类违法犯罪活动、执法司法不公不严不廉、社会治理漏洞和薄弱环节等问题线索，为检察机关法律监督提供了全新视角和巨大空间。要深化研究运用大数据促进执法司法公正、助力国家治理，提高运用大数据的意识和能力，以"数字革命"赋能新时代法律监督。① "任何违法犯罪都有一个信息链条，孤立看链条上的每个信息点很难发现异常，运用大数据筛查、比对、碰撞，信息点之间就有了交集、串连。"② 比如，通过比对海量民事裁判文书的数据，可排查出大量非正常借贷纠纷案件线索，相关的"虚假诉讼"问题线索便能清晰展现出来，从而为促进"虚假诉讼"深入整治提供重要手段。③ 数据是数字检察的基石，是变被动监督为主动出击的撬杠。实践表明，通过数据发现违法犯罪问题线索如同"过筛子"，往往在数据碰撞后呈现出来的交集点、异常点中显露出线索。数字检察改革，就是要激发"数据"这一生产要素对法律监督工作的放大、叠加、倍增作用，破解监督线索发现难、监督工作被动性、监督实效不明显等突出难题，全面激发内生监督动力，更加精准、有力、高效践行能动检察，在推进国家治理体系和治理能力现代化中展现更大作为。④ 要利用好大数据这座"富矿"，首要前提就是获取数据资源。聚焦这一先决条件，检察机关应从内、外两方面下功夫。

1.盘活内部数据资源。检察机关在数据资源方面并非天然

---

① 参见张军:《加强新时代检察机关法律监督工作助力书写法治中国建设新篇章》，载《学习时报》2021年10月8日，第1版。

② 张军:《坚持以习近平法治思想为指引加强新时代检察机关法律监督》，载《求是》2022年第4期。

③ 以浙江省为例，浙江省检察机关运用大数据排查研判，深入开展虚假诉讼专项监督:2019年，查办案件2861件，同比增长2倍多;至2021年，共查办虚假诉讼8133件，涉案金额26亿余元，涉案领域也从民间借贷拓展至劳动纠纷、车辆保险理赔、人民调解协议司法确认等新领域。

④ 参见《以"数字检察"促进更高水平能动履职》，载《检察日报》2022年5月29日，第1版。

"一穷二白"，只是很多时候内部办案数据处于"沉睡"状态，数据价值还没有被最大化地挖掘出来。公益损害与诉讼违法举报中心、12309 检察服务中心、全国检察机关统一业务应用系统等渠道，都蕴藏着宝贵的数据"财富"。通过充分开发、整合、运用检察机关办案数据资源，唤醒激活检察机关内部"沉睡的数据"，将之运用到分析研判中，可为检察机关提供大量的法律监督信息线索，为推进数字检察、开展大数据法律监督提供重要的数据支撑。比如，实践中存在不法分子通过虚假注册公司，即利用"空壳公司"从事电信网络诈骗、合同诈骗、非法经营、虚开增值税专用发票等违法犯罪活动的情形。实践中，某基层检察院在办理一起行政争议案中发现，涉案公司存在通过冒用他人身份信息、虚构注册地址、伪造租赁合同等方式虚假注册登记公司的情况，且部分公司涉及电信网络诈骗刑事犯罪。通过分析案件特性，该检察院对检察业务应用系统中涉及虚假注册登记公司的刑事案件进行数据摸排，梳理出异常企业 200余家，发现工商注册监管漏洞，从而有效推动市场监管部门开展"空壳公司"专项治理，并通过协同建立信息共享、会商研判、案件线索移送等机制，协力促进"空壳公司"问题整治，堵塞监管漏洞，有效维护了当地公司登记秩序和营商环境。[①]

2.攻克外部数据壁垒。长久以来，执法司法部门"信息孤岛""数据壁垒"问题较为突出，成为掣肘执法司法制约监督

---

[①] 参见贾宇主编：《大数据法律监督办案指引》，中国检察出版社 2022 年版，第 190 页。

体系改革和建设的瓶颈难题。其中有技术因素，也有政策因素和执法司法部门思想认识因素，导致打通数据壁垒困难重重。因而，破除"信息孤岛"，促进公权力部门之间信息数据的互联互通，建立信息公示与共享制度，是数字中国建设的重要内容。① 2019 年，中央全面深化改革委员会审议通过的《关于政法领域全面深化改革的实施意见》，要求推动科技创新成果同政法工作深度融合，抓紧完善权力运行监督和制约机制。同年，政法领域全面深化改革推进会抓住"推进跨部门大数据办案"关键环节，进一步深化落实。② 2021 年，中央政法委印发《关于充分运用智能化手段推进政法系统顽瘴痼疾常治长效的指导意见》，再次强调加快推动跨部门大数据办案平台建设、打破数据壁垒，明确主要任务和保障措施，提出了一系列创新举措。可见，中央对推进执法司法信息共享有明确规定和要求。地方也在积极推进跨部门大数据协同办案。例如，浙江省从 2017 年开始推进"政法一体化办案系统"建设，着力打通政法各单位办案平台。目前，该系统已实现全省三级 777 家单位全贯通，完成 257 个业务流程上线，99% 以上的刑事案件实现全数字化线上移送。③ 2021 年 11 月，浙江省出台《政法机关执法司法信息共享工作办法（试行）》，进一步对全省政法机关信息共享的

---

① 参见王伟、任豪:《数字中国建设的法治保障》，载《法律适用》2021 年第 12 期。

② 参见陈慧娟:《聚焦政法领域全面深化改革推进会：力争每年推出一两项重大改革新举措》，载光明网，https://m.gmw.cn/baijia/2019-07/21/33014383.html，2022 年 6 月 16 日访问。

③ 参见范跃红、龚婵婵、陈乃锋:《浙江："政法一体化"推动信息壁垒等办案顽瘴痼疾常治长效》，载《检察日报》2021 年 11 月 24 日，第 1 版。

范围、方式、要求作出明确规定，完善政法跨部门数据汇集共享机制，推进省内执法司法信息资源共享和有效利用。

在推进执法司法信息共享、破解"信息孤岛""数据壁垒"这一难题的同时，要把确保执法司法信息数据安全摆在不可忽略、重中之重的位置。数据共享是先决条件，数据安全是必然要求，要始终把"共享"和"安全"作为并驾齐驱的要素和原则来研究和考虑，统筹推进数据共享与数据安全防护，做到既充分共享，又保障安全。因此，一方面，要建立健全执法司法领域跨部门信息共享机制，加快深入推进执法司法信息数据的分类采集、充分汇集、及时交换和实时共享，切实打破执法司法部门数据壁垒，以执法司法信息数据的高效运用，有力促进执法司法的高效协同，整体提升执法司法的质效和公信力。另一方面，要同步建立健全执法司法信息数据的使用和管理机制，严格执行信息网络安全和保密规定，制定并实施周密、可靠的执法司法信息数据安全使用和管理措施，将数据安全贯穿于信息数据采集、共享、使用和销毁的全过程，时刻警惕数据安全隐患，及时开展安全评估，严格落实数据安全工作责任，切实防止数据被非法获取、篡改、泄露或者不当利用，确保信息真实、完整、安全、保密。

（三）平台：从应用辅助到模式变革的新跨越

实现执法司法信息共享、拥有海量数据资源，并非就直接拥有了监督线索，而是需要进一步开展数据的运用、碰撞和演算。因而，必须建设一个行之有效的"检察大数据法律监督平台"，综合集成数据、算法、模型、算力等要素，形成以数据计算分析、知识集成运用、逻辑推理判断为核心的智能化系统，来承接"个案办理—类案监督—系统治理"的大数据法律监督运行机制。浙江省已率先探索建设这一平台，并将之运用到法律监督实践中。该平台的架构、功能和运用，贯穿了数字检察的改革理念、目标任务和实践要求，不是普通的应用辅助，而是践行法律监督模式重塑变革的重要载体，在检察数字化改革中发挥"大脑"的作用。其特性主要体现在三个方面：

1. 其是数据平台，更是建模平台。"有"数据是重大前提，"用"数据是更大关键。数字检察的重点就是通过构建数字监督模型，开展大数据的碰撞、比对和分析，从而发现深藏其中的监督线索。"检察大数据法律监督平台"围绕数据的归集管理和建模分析，重点构建了"数管中心"和"建模中心"。"数管中心"对检察机关已收集的检务、政务、政法、社会数据等各类信息资源予以汇总，检察官根据大数据法律监督的实践需求，在该中心"一站式"完成数据检索和使用申请。获取执法司法信息数据后，检察官则进入"建模中心"创建监督模型，通过模型算法从海量数据中碰撞、筛选出监督线索。"建模中心"将数据输入、输出和常用分析算法封装成"算子"，检察官基本上无须书写代码，运用"算子"可直接创建监督模型，实现建模过程"零代码"。比如，某基层检察院通过深入研判近年来辖区内毒品案件，发现个案信息碎片化导致未能查证一些毒贩的真实身份和毒品流转去向，便通过大数据法律监督平台"数管中心"集中采集录入涉毒人员的身份、社交账号、支付交易账号、上下家关系等信息数据，并获取吸毒人员行政处罚数据、强制隔离戒毒人员数据等，搭建涉毒、吸毒人员信息数据库；继而通过"建模中心"构建数字模型，依托"算子"进行大数据碰撞，发现80多条贩卖毒品刑事犯罪立案监督线索，联合公安机关查实、破获相关贩毒案件以及关联的洗钱、新型毒品寄递犯罪案件，促进了当地涉毒犯罪领域治理。①

2.其是技术平台，更是办案平台。"检察大数据法律监督平台"具有技术性，但本质是办案平台。其目标不是供技术人员专享，而是要紧扣法律监督模式重塑变革要求，深度嵌入每位检察官的日常办案过程，做到"人人都懂、人人会用"。平台是统一的，但数字模型构建是开放的，无论是"一站式"检索申请数据，还是建模过程"零代码"，都最大程度地为检察官开展大数据法律监督提供便利，大大降低技术门槛、提高大数据法律监督效率，既实现从数据查询、建模分析到线索输出的数字办案业务闭环，又实现数字技术和监督工作的深度融合、日常融合。② 检察官依托模型算法，便能从海量数据中碰撞、筛选出法律监督线索，实现从个案办理到类案监督的跨越。比如，某市检察机关在办案中发现，个别基层人民调解员通过虚构调解案件、伪造材料骗领调解补贴，导致部分群众不知情地被"司法确认"；还有一些当事人通过虚构劳动报酬纠纷等形式恶意串通，利用虚假司法确认使平等债务获得优先受偿或规避债

---

① 参见贾宇主编：《大数据法律监督办案指引》，中国检察出版社2022年版，第97页。

② 截至2022年6月，浙江省三级检察院已在该平台构建法律监督数字模型2500余个，其中经测试和检验，投入实战的办案模型有480余个。

务执行。该市检察机关通过大数据法律监督平台汇集民事裁判文书、人民调解案件等信息数据，并开展数字建模，依托大数据碰撞，精准筛选出一批违法犯罪线索，统筹市县两级院民事检察部门、刑事检察部门、检察侦查部门开展联合调查取证，查获虚假司法确认案件578件、涉案金额630余万元，追究相关刑事责任人员6人，并联合法院、司法局等相关部门开展虚假司法确认程序专项治理，形成虚假司法确认联防共治的新格局。①

3. 其是监督平台，更是治理平台。该平台通过数据建模，在为开展类案监督输出批量线索的同时，也为促进特定领域系统治理提供了方向。"检察大数据法律监督平台"为此专门构建"场景中心"，立足类案监督，打造面向领域治理的数字监督具体场景，为检察机关深入开展监督治理专项行动输出线索。平台上所有数字监督场景都按照"业务端"和"治理端"分类，将法律监督职能和社会治理职能有效融合。"业务端"基于"四大检察"监督职能，集成普通刑事犯罪检察、重大刑事犯罪检察、经济刑事犯罪检察、刑事执行检察、民事检察、行政检察、公益诉讼检察、未成年人检察8个领域；"治理端"聚焦监督领域，集成执法司法、经济秩序、社会秩序、国资保护、民生保障、公共安全、食药安全、生态环境8个社会治理领域。目前，平台已上架"套路贷"虚假诉讼、违规领取社会保障资金、车

---

① 参见贾宇主编：《大数据法律监督办案指引》，中国检察出版社2022年版，第170页。

辆保险诈骗、司法网络拍卖等 30 多个监督治理场景，且在不断增加新的场景，充分展现和有力践行"数字赋能监督，监督促进治理"的法律监督模式重塑变革。

上述特性使得"检察大数据法律监督平台"在数字检察改革实践中发挥着不可或缺、至关重要的作用。依托平台开展从个案到类案、从类案到系统治理、从数据共享到工作协同、从规则提炼到复制推广的数字检察工作，有望实现乘数倍增的监督效应、聚焦治理的穿透效应、部门多跨的协同效应和一体贯通的整体效应。中央政法委印发的《关于充分运用智能化手段推进政法系统顽瘴痼疾常治长效的指导意见》把"探索建立检察大数据法律监督平台"作为构建规范高效的执法司法制约监督体系重要举措之一。该平台在提供基础支撑的同时，也强有力地引导、驱动着检察官不断转变监督思路、适应技术革新、把握改革要义，从而不断深入推进法律监督模式变革，促进法律监督质效跃升。

（四）赋能：从个案办理到类案监督的新跨越

"数据、算法和算力成为新兴的发展动力和技术支撑。"[1] 从"检察大数据法律监督平台"的架构和特征中可看出，数字检察的重点工作不在于研发各类智能软件和数字应用，而在于以数据为基础、以平台为支撑，使检察官将算法、算力运用到法律监督工作中，系统重塑法律监督模式，用数字空间打破传统法律监督的时域限制，为法律监督提供发展动力和技术支撑，实

---

[1] 马长山：《数字社会的治理逻辑及其法治化展开》，载《法律科学》2020 年第 5 期。

现从"办一案"到"牵一串"的跨越性一步。围绕"赋能"目标，通过不断探索实践，可逐渐梳理出大数据法律监督的一般规律。

1.解析个案、梳理要素。大数据的比对、碰撞首先要有明确方向，数字监督模型的构建也不可能凭空臆造。实践中，数字检察的发起点和突破点在检察官日常办理的个案当中。大数据法律监督通过敏锐挖掘个案背后可能存在的共性问题，运用数字思维、数字方法，从个案中梳理分析出所需的具体数据和碰撞方向。比如，某基层检察院在办理一起行政非诉执行监督案时发现，执行期间在被执行公司法人对公银行账户中存在大量转入流水和余额的情况下，当地法院裁定终结本次执行程序，并在该公司此后多年正常纳税、经营的情况下未恢复执行。通过分析该案特性，检察机关认为可能存在对被执行对象财产情况调查不彻底、终本执行程序不当、终结程序后未及时恢复执行等类案情形，进而梳理出了法院行政非诉执行终结本次执行案件信息以及执行对象工商登记、银行账户、资金流水、房产车辆信息等数据要素，开启了"数字赋能监督"的第一步。①

2.构建模型、输出线索。检察机关围绕典型个案"解剖麻雀"，根据数据需求和碰撞方向，依托"检察大数据法律监督平台"，调取所需数据，创建监督模型，有的放矢地开展大数据的比对、碰撞，发挥大数据对法律监督工作的放大、叠加、

---

① 参见贾宇主编：《大数据法律监督办案指引》，中国检察出版社2022年版，第180页。

倍增作用，输出批量问题线索。以上述行政非诉执行终结本次执行程序案件为例，检察机关通过提取相关数据，构建数字模型，对银行账户及资金流水信息、房产和车辆登记信息、工商登记信息等进行大数据碰撞，发现了一批可能存在执行期间被执行对象有可供执行财产而未执行等违法情形的案件线索。

3. 问题核实、类案监督。通过数字监督模型输出的只是异常数据线索，并不直接等于已查实的监督案件。要使线索最终成案，仍然需要有效融合"四大检察"职能，特别是要以审查、调查、侦查"三查融合"的思维和方法贯穿其中，对问题线索展开全面、深入、高效的核查，把线索查深查透、把事实查清查明。比如，上述基层检察院在数据筛查后，对问题线索开展进一步核实工作：核实相关房产是否被执行人的唯一房产；核实涉案车辆的品牌、车型、年限以及是否被强制报废等信息，估算车辆现有残值，结合涉案标的金额以判断涉案车辆是否具有执行价值等相关情况。在核实的基础上，最终查明有50起案件存在终结本次执行违法情形。检察机关就此向法院制发检察建议，监督纠正当地法院及时恢复执行一批案件。该基层检察院同时以本次监督为契机，与当地法院联合开展行政非诉执行终结本次执行程序案件集中清查工作专项行动，建立民事行政执行法律监督工作机制，共同促进执行规范，实现"双赢多赢共赢"。

4. 一地突破、全域共享。数字化改革的一大特征和要求就是"贯通"，贯通是实战实效的前提，实战实效是贯通的目的。① "贯通"也是数字检察的重大理念，是大数据法律监督取得重大实战成果的关键所在。所谓"贯通"，就是要求检察机关坚持全局观念和系统思维，一体推动实现大数据法律监督的集成突破和整体效应。在各地有力突破某一领域类案监督的基础上，及时总结、提炼经验，按照"系统抓、抓系统""领域抓、抓领域"的方式，部署开展全域专项行动，推动类案监督在省域层面全面铺开、滚动发展。比如，在总结、提炼上述基层检察院行政非诉执行终结本次执行数字检察监督的经验基础上，及时在省域层面部署开展专项行动，扩大类案监督成果。2021年，该省检察机关共排查出行政非诉执行终结本次执行监督线索2739条，立案办理2012件，有效实现"一地突破，全域共享"。

由此可见，要做好、做成"数字赋能监督"，并非在大数据海洋里随手"摸鱼"，而是要有章有法、摸索规律，实现有方向、有成果、有价值的赋能。上文提到的各地检察机关在"空壳公司"案件、贩卖毒品案件、虚假司法确认等领域开展的大数据法律监督，都是牢牢把握"数据"这一关键要素，依托"检察大数据法律监督平台"，按照上述"解析个案、梳理要素""构建模型、输出线索""问题核实、类案监督"的路径，发现并查实一批法律监督线索。其成功经验经过总结、推广，推动形成省域数字检察专项监督，实现"一地突破，全域共享"。

---

① 参见浙里改：《实战实效擦亮数字化改革金名片》，载《浙江日报》2022年5月9日，第1版。

## （五）治理：从职能延伸到价值重塑的新跨越

在数字赋能下，法律监督数量会产生指数级的增长。但监督数量不代表监督力量，更不代表监督价值。依托大数据赋能开展类案监督，要以发现和监督纠正深层次问题为导向，更加有力发挥法律监督职能作用，而不是盯着无关痛痒的小问题小瑕疵，用大数据来追求监督数据的冲量。追求法律监督高质效，绝不能就案办案，而要以"监督促进治理"为更高层次的目标。在以往传统检察工作中，参与社会治理是检察办案监督的职能延伸，但正如上文所述，受以往法律监督工作被动性、碎片化、浅层次的影响，检察机关在社会治理体系中的优势发挥和功能体现还不够全面、充分。数字检察为解决这一难题提供了重大突破口和最佳切入口，通过将类案监督打造成"治理场景"，在全面激发法律监督内生动力的同时，也从根本上促进了法律监督与社会治理的深度融合，是实现从传统检察职能延伸到新时代法律监督价值重塑新跨越的关键桥梁，让法律监督在数字赋能下不仅有量的增长，更有质的跃升。

1. 类案监督势必引向系统治理。类案监督透过一个个具体的案件，总结、发现共性、普遍性问题，进而提出解决方案，达到"办理一案、治理一片"的效果，具有扩散效应。[①] 数字检察依托大数据赋能，具有线索发现更具主动性、全面性和充分性，以及类案监督更为精准、深入、系统等显著优势，在实现

---

[①]　参见张薰尹：《践行习近平法治思想发挥类案监督优势》，载《检察日报》2021年11月24日，第7版。

个案办理到类案监督跨越的同时，也自然地把监督工作引向系统治理。比如，某市检察机关通过个案办理发现部分服刑人员在服刑期间依然享受养老保险待遇，通过比对刑事生效判决和养老金发放数据，在发现批量问题线索、开展类案监督的同时，进一步发现服刑人员违规领取养老金的监管漏洞，相继推动市级、省级、国家层面建立健全防范查处长效机制。[①] 又如，某市检察机关在办案中发现一强制隔离戒毒人员通过虚构轻微刑事案件来逃避强制隔离戒毒，随后通过分析研判这一个案，充分运用刑事生效判决数据和被决定强制隔离戒毒人员数据、强制隔离戒毒执行人员数据等进行碰撞，不仅发现了此类情形的类案线索，还挖掘出有关司法工作人员接受请托帮助虚构犯罪情节的徇私枉法犯罪线索，并推动有关部门完善刑满释放与继续强制戒毒的衔接，实现"办一案、牵一串、治一片"。[②]

2.系统治理有力放大监督价值。监督促进治理，不仅仅是在发现监管漏洞后制发一份检察建议了事，也不是要"大包大揽"，而是要在运用大数据开展类案监督的同时，以立足法律监督职能的"我管"，积极协同并促进其他职能部门的"都管"，通过完善机制、堵塞漏洞、解决问题等，依法能动履行好"治已病"与"治未病"的诉源治理职责。在切实促进一域治理、使同类普遍性问题得到根治过程中，检察机关在社会治理体系

---

① 参见贾宇主编：《大数据法律监督办案指引》，中国检察出版社2022年版，第217页。

② 参见贾宇主编：《大数据法律监督办案指引》，中国检察出版社2022年版，第57页。

和治理能力现代化中的关键作用也得到充分展现。① 比如，某基层检察院通过办理非标油（未达到国家标准的汽油、柴油）公益诉讼个案，发现部分用油企业和民营加油站存在违规销售、使用非标油问题，严重威胁公共安全和生态环境。检察机关从个案办理入手，运用数字思维、数字手段，根据大型危化品车辆装卸货时间长、需储油设施接驳和运输成本高等特点，通过对比分析关联车辆运行轨迹、时间、空间地理信息等数据，精准锁定油品装卸货地点和数量，进而展开深入调查，并通过碰撞税务数据挖掘出偷逃税违法线索，查明违法事实，有效打击成品油经销商偷逃税、无证无照非法经营等违法行为。检察机关以此构建数字类案监督和系统治理场景，联合税务、交通运输、市场监管等部门开展专项监督，挖出地下非标油黑灰产业链，有力推动全省"成品油综合智治"一件事多跨场景改革，为该省乃至全国破解地下非标油市场监管难题贡献检察智慧和力量。② 可见，数字检察有力地将数字效能和法治效能紧密融合，形成更大的社会治理效能，为检察机关将社会治理"后半篇文章"做成保障"中国之治"的"大文章"提供了前所未有的重大契机和强劲动力。因此，"监督促进治理"既是数字检察的工作要求，更是具有重塑性质的价值追求，把追求个案正义提升到实现类案监督、促进系统治理的更高追求上，是对传统办案

---

① 参见徐日丹、刘亭亭：《通过类案监督治理一个领域解决一类问题》，载《检察日报》2022年4月19日，第1版。

② 参见贾宇主编：《大数据法律监督办案指引》，中国检察出版社2022年版，第200页。

价值的升华与重新定义。

## 三、数字检察改革路径

数字检察改革是一次重大集成创新的硬核改革，事关贯彻落实《意见》的全局，事关检察事业高质量发展的长远。面对这场全新、艰巨的硬核考验，检察机关既要有清晰、连贯的改革战略，也要有一致向前的改革实施路径，应紧扣数字检察"重塑变革"的核心要义，注重系统性、整体性、协同性，在大局中谋划、在大势中推进、在大事上作为，以钉钉子精神做实做细做好各项工作，推动数字检察改革实践不断深化、拓展、升华。

（一）建立高效工作推进机制

数字检察作为一项复杂的系统工程，也是一项长期的螺旋式迭代工程，需要强有力的推进机制，以打造纵向联动、横向协同的工作体系，实现工作闭环管理，如此方能确保各项任务高效精准落地。

1.建立组织领导机制。数字检察的全方位、整体性决定了其应当且必须是"一把手工程"，一定要坚持检察长亲力亲为，既要挂帅，也要出征，扑下身子亲自谋、亲自抓、亲自干。在具体开展工作过程中，要注重成立由检察长担任组长的数字检察改革领导小组，通过定期召开工作例会，听取改革进度汇报、分析难点堵点问题、研究部署下阶段重点，统筹推进数字检察工作。检察长不仅要抓统筹抓落实，更要亲自参与大数据法律监督具体案件办理。特别是随着数字检察的深入实践，在发现、解决执法司法领域深层次问题的过程中，会遭遇不少工作难点堵点，需要检察长靠前指挥、担当作为，凝聚各方力量，实现数字办案最佳效果。同时，要建立完善专班机制，组建跨部门、跨层级、跨地域的数字检察工作专班，形成高效协同、一体推进的工作格局，明确工作推进的时间表、路线图，建立健全清单式、项目化运行机制，强化工作协同，紧盯任务进度。在专班化运作下，按照责任清单化、履职具体化、进度可视化、结果可量化的要求，既抓质量又抓效率，确保所有任务按时保质逐一落实到位。

2. 创新实战实效机制。数字化改革撬动法律监督，就是要体现在实实在在的数字检察办案实战和监督成效上。要紧扣大数据法律监督实战实效，探索建立数字检察办案指挥中心，并设立研判综合组、数据保障组、协调督查组等专业工作组，着力发挥"中枢大脑"的作用。指挥中心要做好大数据管理归集、监督线索分析研判、监督经验复制推广、数字监督专项行动部署开展等重点工作，打造检察机关纵横一体的数字检察办案格局，实现"一地突破，全域共享"。同时，加强对在办数字检察重点案件"一本账"清单式管理，将专项监督或新领域监督取得重大推进成效、对推动重大领域社会治理或多跨场景建设有较高价值等大数据法律监督案件，纳入"一本账"清单并实行动态管理，持续滚动推进大数据法律监督，集中力量抓重点、抓进度、抓成效。此外，要积极借鉴企业搭建"增长团队"、激活企业效益的做法，集中一批精干检察官组建专门研判数字检察办案的"监督增长团队",打造大数据法律监督的快速增长机制,不断深化、扩大实战成果。

3.优化评价激励机制。改革应当遵循顶层设计和基层探索双向发力的规律,坚持规范和创新相统一,既加强自上而下系统谋划推进,又鼓励支持基层积极创新。[①]上级检察机关要加强统筹引领、工作指导,坚持系统思维、系统观念,建立健全科学考核评估体系,加大数字检察在考核中的比重,量化目标、明确要求,形成上下"一盘棋",确保工作扎实推进、积厚成势。同时,实行争先创优的"赛马机制",通过定期召开数字检察工作推进会、举办创新应用创意设计方案评选活动、开展数字检察示范院评比等多种形式,鼓励各地检察机关既重视全省性专项行动的统一部署,又重视充分发挥地方特色优势,开展差别化探索、创造性实践,积极比学赶超、互促互进,有针对性、精准地抓好各项任务落地,在数字检察实战中奋勇争先、突出实干实效,形成百舸争流、千帆竞发的改革局面。

## (二)完善数字办案配套体制机制

数字化改革的一大关键词就是"多跨",即围绕改革需求积极打造跨业务、跨部门、跨层级、跨区域的应用场景。[②]检察机关与有关单位的数字化办案一体化、信息共享和治理协同,都是对外"多跨"的体现。在检察机关内部,数字检察模式也

---

① 参见徐斌:《基层探索与顶层设计的辩证统一关系》,载《人民论坛》2019年第25期。

② 参见黄学:《以多跨场景应用突破数字化改革》,载《信息化建设》2021年第6期。

面临着"多跨"的紧迫需求。数字检察让法律监督工作不再局限于个案和卷宗，也不局限于单一事项、单一职能，而是打破区域和空间限制，覆盖执法司法流程的每个节点，呈现跨条线、跨职能、跨区域的特征，因而必须建立与之相适应的配套组织体系和运行机制，有效承接法律监督模式变革的要求，这也是数字检察"重塑变革"内涵要义的重要体现。归根结底，就是要充分发挥检察一体化优势，在"融合"上做文章，实现检察机关内部的"多跨"。

1. 探索打造最小数字检察办案单元。数字检察要求检察机关把大数据法律监督作为常态，深度融入检察官日常办案全过程。要落实好这一要求，就要着力打造数字办案的一个个最小办案单元，由一定的人员组成一个数字检察办案团队，把数字办案工作量化、压实到每一个团队。这种办案单元，不是一般意义上的人员叠加，而是打破"四大检察""十大业务"固有分工，推进融合式办案、团队式研判。要围绕数字检察实战要求，强化常态化运用大数据法律监督平台，统一履行各项法律监督职能，跨业务跨部门开展类案监督、促进系统治理。这不仅仅是人员的"合"，更是职能的"融"。比如，运用大数据开展"套路贷"虚假诉讼类案监督，既涉及对民事"假官司"的民事检察监督，要依法监督纠正错误民事裁判；又涉及刑事检察职能的发挥，要依法打击涉"套路贷"刑事犯罪。因而，可由刑事检察、民事检察以及检察技术部门的检察人员组建成数字检察办案单元，融合开展大数据法律监督，着力形成"兵团作战"的最优模式，充分发挥法律监督效能。

2. 强化审查、调查、侦查"三查融合"机制。个案审查是开展法律监督的传统路径，也是开启数字检察"个案办理—类案监督—系统治理"办案模式的关键起点。但大数据法律监督不仅要从个案审查中发现问题，更要强化数字分析研判，核实查明数据碰撞筛选出的类案线索，深入挖掘和促进解决执法司法领域深层次问题。因此，整个过程除案件审查之外，同时需要充分运用法律赋予检察机关的调查权、对司法工作人员相关职务犯罪的侦查权以及机动侦查权、自行（补充）侦查权。[1] 审查、调查、侦查是检察机关调查核实工作的三种法定手段，在法律许可的范围内，三者之间具有融合性、同质性，特别是所获得的证据对任何法律监督事项都有证据力，可以全部或者部分共存于同一个监督事项之中。审查、调查、侦查的融合，既是思维的融合，也是方法的融合；既是手段的融合，也是线索的融合；既增强了法律监督的系统性，也增强了法律监督的刚性。要做好数字检察工作，就要在思维方法上从单一调查向"三查融合"转变，结合数字办案单元的打造，推进履行法律监督职能的人员、线索、手段等各方面融合。上文所举净化"空壳公司"、整治"非标油"、依法监督纠正违规领取养老金等数字检察案例，都充分运用了"三查融合"的思维和方法。

3. 推进数字监督事项案件化办理。监督事项案件化办理，是指检察机关将法律监督事项作为案件办理，将内部的监督流

---

[1] 参见陈国庆：《刑事诉讼法修改与刑事检察工作的新发展》，载《国家检察官学院学报》2019 年第 1 期。

程管理和外部的监督程序结合为一体，这是法律监督工作规范化、专业化的重要途径，[①] 也是数字检察实现"数字赋能监督，监督促进治理"的必然要求。按照监督事项案件化办理的要求，检察机关应从每一个法律监督个案入手，建立"个案挖掘、线索建档、数据筛查、调查核实、实施监督、系统治理、跟踪反馈、结案归档"的完整流程，并在这一过程中综合运用审查、调查、侦查"三查"手段、融合"四大检察"职能，力求把每一条数字监督线索真正查深、查透，把事实查清查明。这不仅有利于避免有数字监督线索但不解析、不建模、不核查，或者重监督轻治理、重制发检察建议轻跟踪问效等问题，也有利于落实"三查融合"机制、发挥数字办案单元作用，确保大数据法律监督有序、有责、有力、有效，切实形成"个案办理—类案监督—系统治理"的闭环管理。

（三）构建专门理论、制度和话语体系

数字检察作为一项新生事物，要实现一步步深化、拓展和提升，必须在推进应用实践的同时，重视加强理论研究、制度规范和话语体系建设，为凝聚改革思想、锚定改革方向、深化改革实践提供更加清晰的指引，同时也通过理论创新、制度重塑，更加全面、系统地呈现改革成果。

1.重视理论体系构建。数字时代的变革发展是数字法治的强劲驱动力。理论通常是先导，但在数字法治方面则是实践先

---

[①] 参见李辰：《检察监督视野下重大监督事项案件化办理制度的建构》，载《法学杂志》2018 年第 8 期。

行，数字法治的实践已经远远跑到了数字法治理论的前头。① 数字检察也是如此，实践跑在了理论前头，无前人经验可供借鉴，是片"新蓝海"。在此情形下，数字检察的理论体系建设显得尤为重要。要在探索实践的基础上，加强对数字检察基本概念、基本理论、基本方法、基本规律以及重点领域改革创新实践的总结提炼和理论研究，形成包含数字检察本质属性、总体定位、主要目标、重点任务、方法路径等内容的一整套完备的理论体系，推动改革实践上升为理论成果，以健全、成熟的理论体系引领实践进一步提升，集中展示检察数字化改革的理论认知水平。

2. 重视制度体系构建。从长远看，数字化改革能否落地，关键在于能否实现制度重塑。只有通过制度重塑，才能更好地固化改革成果、放大改革成效。制度重塑的关键，是要在组织架构、方式流程、作战方法上适应改革需求，激活内生动力，促进实战实效。② 围绕这一要求，要依循数字检察实践规律，构建一整套与数字检察相适应的实战方法、方式流程、工作规范和体制机制等，有针对性、实效性地承接、推进法律监督模式重塑变革。对于上述数字检察组织领导机制、实战实效机制、评价激励机制，以及打造数字检察最小办案单元、"三查融合"、监督事项案件化办理等一系列改革实践，都要提炼、固化为制度成果，形成制度规范体系，以持续推动数字检察改革更加规范化、制度化、体系化，展现检察数字化改革的制度理性。

---

① 参见马长山：《数字法治的理论吁求》，载《人民法治》2021年第10期。
② 参见兰建平：《以制度重塑促进数字文明》，载《浙江经济》2021年第10期。

3.重视话语体系构建。数字检察在实践过程中会产生"大数据法律监督""应用场景""多跨协同""个案办理—类案监督—系统治理"等一系列的新概念新术语,对这些关键概念和术语进行汇总、梳理、研究,对其内涵定义加以提炼固化,打造统一、明确的话语体系,对于解决改革过程中因术语不统一而导致的信息沟通受阻和工作不协调等问题,促进检察机关各地各条线"大兵团"作战、校准工作跑道、提炼复制实践成果、塑造数字检察文化具有重要意义。因此,要重视数字检察话语体系的标准化构建,推进概念术语的统一规范,形成通用基础的改革语境,引领检察人员迅速融入数字检察话语体系,精准把握检察数字化改革要求。

**（四）夯实数字检察队伍建设基础**

数字检察是对检察人员履职能力的一次重大实战考验,更是适应时代变革、引领现代化的全方位能力重塑。要紧扣数字检察的核心要义,把学习培训摆在更加突出的位置,以数字检察推动新时代检察人员法律监督理念、本领的革新和跃迁,不断提高其对现代化、数字化的把握能力、引领能力、驾驭能力。这需要重点突出三个方面:

1.突出理念转变。要深刻认识培养"数字检察人才",不是简单等同于培养"数字技术人才",而是培养能够统筹运用数字认知、数字思维、数字技术,践行"数字赋能监督,监督促进治理"的大数据法律监督人才。要推动每一位检察人员都自觉朝着既懂检察业务又懂数字化改革的复合型人才方向努力,破除法律监督工作的传统思维定势和路径依赖,把数字化意识与"三查融合"意识、依法能动履职意识、参与社会治理意识相结合，以数字检察的新思维新理念打开检察官思想认知和能力发展的新空间，实现从"要我变革"到"我要变革"、从"适应变革"到"引领变革"、从"承载压力"到"释放张力"的转变和跃升。

2.突出办案指引。一个案例胜过一打文件。数字检察立足于法律监督工作实践，但与法律监督工作的传统模式、方法、手段、路径又有着本质区别。要让检察官准确、深入地理解和领会其中要义，最直接、最有效的方式就是选取各地已经成熟、具有可复制推广价值的数字检察案例，制成办案指引供全体检察干警学习、参考。相较于传统的办案指引，数字检察办案指引更加侧重介绍大数据法律监督的方式方法，结合思维导图、数据模型、数据分析步骤、办案心得等形式、内容，更加直观、明了地引领检察干警理解、掌握数字检察的办案要领、一般规律和方法步骤，使之甚至可以"依葫芦画瓢"地在本地区开展相关领域的大数据法律监督，不断拓展监督治理成效。

3.突出应用普及。将常态化使用大数据法律监督平台和已成熟的数字监督场景，列入检察官业务培训的重点。通过平台、场景的日常熟练应用，推动各业务部门、每一位检察官不断强化数字意识和思维，提升数字能力和方法。要让检察官真正认识到数字检察就是办案、监督本身，是检察办案方式、监督方式、治理方式的基础性、全局性、根本性变革，从而切实把数字办案作为工作常态，积极运用数字化思维、技术，善于在办案、监督中解析数据元素、构建数字模型、进行数据碰撞、开展线索核查、取得监督实效。总的来说，检察机关应通过持续的实战实训，不断激发检察官开展大数据法律监督的创新创造活力，深化其对数字检察"重塑变革"的认识理解。

## 四、结语

习近平总书记在 2022 年 4 月 19 日中央全面深化改革委员会第二十五次会议上提出"以数字化改革助力政府职能转变"的重要论断，并作出"坚持和加强党的全面领导""为推进国家治理体系和治理能力现代化提供有力支撑""满足人民对美好生活的向往""统筹推进技术融合、业务融合、数据融合，提升跨层级、跨地域、跨系统、跨部门、跨业务的协同管理和服务水平"等一系列重要指示，[1] 为纵深推进数字化改革提供了根本遵循，指明了前进方向。以"数字检察"赋能新时代法律监督高质量发展，在探索实践过程中也生动、鲜明展现出了牵引力、生命力和驱动力，为新时代检察工作适应数字文明提供了重要实践路径。2022 年 6 月 29 日，最高人民检察院召开全国检察机关数字检察工作会议，对加快数字检察建设、落实"检察大数据战略"作出全面部署。[1] 以数字检察驱动"数字赋能监督，监督促进治理"的法律监督模式重塑变革，是检察机关融入新时代科技革命、实现法律监督高质效、促进社会治理现代化的一

---

① 参见《习近平主持召开中央全面深化改革委员会第二十五次会议强调加强数字政府建设推进省以下财政体制改革》，载《人民日报》2022 年 4 月 20 日，第 1 版。

① 参见《全国检察机关数字检察工作会议召开》，载最高人民检察院网，https://www.spp.gov.cn/spp/tt/202206/t20220629_561480.shtml，2022 年 7 月 16 日访问。

项重大改革，不仅在实践层面是新事物、新探索，也在理论层面为检察制度理论体系注入新的时代内涵、开启新的时代命题。这项具有"牵一发动全身"意义的改革，有赖将来更多的实践经验和理论成果予以深化、拓展、创新，推动数字检察改革进一步理论化、制度化、体系化、规范化，以大数据的深度、充分运用，更加有力牵引新时代检察机关法律监督工作实现质量变革、效率变革、动力变革。

（原载《中国法学》2023年第1期）

# 车辆保险诈骗类案监督[*]

◇ 绍兴市人民检察院

## 📖 关键词

车辆保险　理赔权　虚假诉讼　诈骗罪　行业治理

## 📖 要旨

对大数据排查发现的类案监督线索，运用审查、调查、侦查"三查融合"方式推动案件深入办理。民事检察部门汇总裁判文书信息发现异常，通过信息验证、关联查询、联系相对方等方法实现案件外围排查，将线索移送公安机关，促成刑事诈骗犯罪案件立案侦查。刑事检察部门紧密衔接，引导公安侦查取证，协助获取民事检察监督证据。刑事、民事检察部门密切配合，深度合作，促推保险行业综合治理。

## 📖 基本情况

2016 年至 2019 年期间，宋某等人以汽修厂为据点，经事先商谋，在车辆发生事故后，以帮助拖车、代理理赔、原先车损一并免费修理、提供用车服务等为由，将车辆拖至本厂维修，并骗取车主（一般是投保人）转让保险权益或配合完成挂靠合同盖章。后以扩大事故车辆实际车

---

　　*本书所选用的 36 个案例均为大数据法律监督案例，涵盖"四大检察""十大业务"，具有大数据建模、比对碰撞、分析研判、"三查融合"的共同特征，在每个案例的【关键词】部分，对上述特征描述予以省略。

损、以让保险公司找不到车或借故拖延等方式阻挠或影响定损，制作虚增维修项目的维修清单申请理赔。对于保险公司不认可的，将维修清单交评估公司评估，后以保险权益受让人名义或车主名义向法院提起车辆保险理赔诉讼，获取非法利益。

绍兴市检察院根据保险公司对车险领域存在骗保的线索反映，梳理涉交通事故车辆保险理赔诉讼的 800 余份民事裁判文书，对受让理赔权原告的人员关系、社保缴纳、资金流向等进行全方位检索和大数据穿透，最终发现原告与 5 家汽修厂存在高度关联。经审查、移送侦查，查明涉案汽修厂采取扩大车损、虚假诉讼等手段实施诈骗的事实。

### 📖 线索发现

自 2019 年下半年以来，陆续有保险公司反映绍兴地区存在车险理赔数额高、诉讼率高、伤残率高的"三高"现象，但面对骗保案件，保险公司在法院打不赢官司，到公安机关立不了案，遂到检察机关申请监督。绍兴市检察院依托自建的"数字检察监督平台"，对近五年的 52 万余份裁判文书进行检索，以同一原告或原告代理人密集起诉、财产保险合同纠纷等作为关键词，梳理排序全市涉车辆财产保险合同纠纷案件，其中发现以宋某等人名义提起诉讼的频率畸高。于是对宋某等 13 人名下的 200 余份民事裁判文书进行二次分析研判，发现这批文书存在原告通过受让保险理赔权取得起诉资格、绝大多数事故车未经保险公司定损、汽修厂与评估机构高度集中等共同点，经对相关材料的汇总整理、原告身份关系的调查，发现汽修厂人员存在诈骗嫌疑，后及时将线索移送绍兴市公安局并建议立案侦查。

### 📖 数据分析方法

#### 数据来源

1.民事裁判文书（源于中国裁判文书网、浙江裁判文书检索系统）；

2. 民事审判卷宗（源于法院）；

3. 公安机关查询信息（源于公安机关）；

4. 个人社保信息（源于绍兴市检察院信息综合应用管理平台）；

5. 汽车修理厂信息（源于企查查、天眼查等 App）；

6. 车管所车辆信息（源于车管所）；

7. 保险理赔信息（源于保险公司）；

8. 关联人员银行交易流水（源于金融机构）。

### 数据分析关键词

针对民事裁判文书，以原告、原告代理人姓名、汽修厂名称、评估机构名称、保险理赔权转让、车辆牌号、车辆损失金额等为要素和频次进行分析。

### 数据分析步骤

第一步：提取要素，梳理文书。提取民事裁判文书中的原告、原告代理人、车辆保险等要素进行筛查，剔除以单位作为原告的案件，梳理出短期内密集起诉的原告或原告代理人同一或存在关联的裁判文书。

第二步：汇总分析，找出特征。通过对裁判文书信息列表汇总分析发现，这些案件具有车主转让理赔权、原告或诉讼代理人、诉前评估机构相对集中、保险公司定损异议多，重新评估后车损金额下降幅度大等"模式化"特征，特别是事故车辆均集中在几家汽修厂进行维修的特征尤为异常（见表1）。

表1 虚拟的涉车辆财产保险合同纠纷案件裁判文书信息梳理

| 原告 | 被告 | 起诉时间 | 原告代理人 | 原告提交身份证明 | 诉讼主张 | 保险公司异议理由 | 汽修厂名称 | 是否诉前评估 | 诉前评估机构名称 | 诉前评估金额 | 诉中评估金额 | 裁判认定金额 |
|---|---|---|---|---|---|---|---|---|---|---|---|---|
| 潘某 | 某保险公司 | 2019.4 | 唐某（某律所） | 保险权益转让通知书 | 赔偿车辆修理费等损失共计10万元 | 未经定损，修理单据存疑，不认可诉前评估金额 | 某海汽修厂 | 是 | 某价格认证中心 | 9万元 | 7万元 | 8万元 |

第三步：收集信息，发现关联。通过收集社保、银行、汽修厂企业登记信息等，对原告的人员关系、社保金缴纳信息、资金流向等进行检索和大数据分析，发现行为人均与汽修厂有关联。

第四步：比对数据，锁定异常。将各大保险公司出险数据导入，以报案人姓名及电话号码进行排序筛选，发现行为人存在频繁报案、高档车多次涉水出险的异常现象。将行为人信息与车管所车辆登记信息比对，发现行为人并非事故车车主。初步判断此类案件存在以汽修厂人员为主体的团伙诈骗情况。

**思维导图**

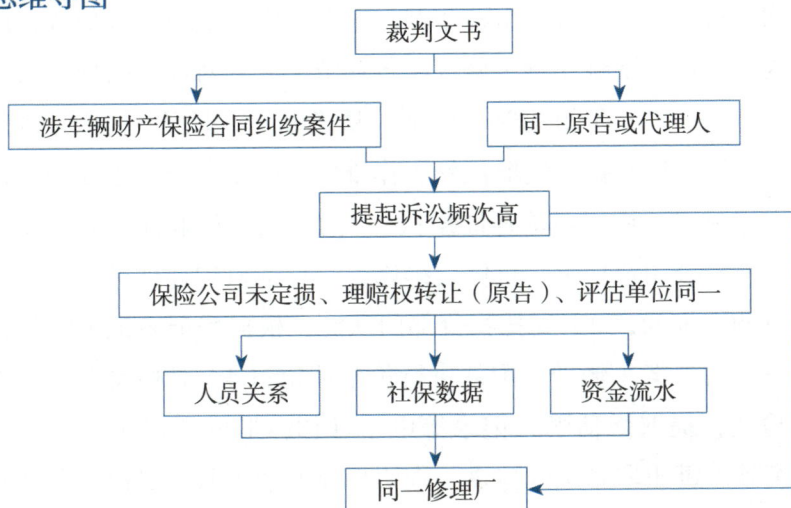

55

### 📖 检察融合监督

#### 民事检察监督

民事检察部门对大数据筛选出的近 800 条涉"车辆保险"的民事裁判进行梳理研判，发现 200 多件案件存在诸多异常点。通过与刑事检察部门合作，调取法院卷宗、交警部门事故责任认定材料、保险公司定损材料，查询原告诉讼费退款结算账户、汽修厂法定代表人、实际控制人资金往来明细以及选择性询问驾驶员或车主等方式对案件进行调查，确定可能涉嫌犯罪的虚假保险理赔线索近 60 条。随后检察机关制作分析报告，将线索移送绍兴市公安局进行侦查。与此同时，将线索交办给案件所在地基层检察院，并由两级院成立专案组，共同展开调查。

在案件进入侦查阶段后，利用刑事检察部门提前介入的契机，共同引导侦查；在查明事实、固定证据基础上，以再审检察建议为主、再审抗诉为辅，对涉嫌虚假诉讼的车辆财产保险合同纠纷案件进行监督，目前已对 42 件案件作出监督，法院已裁定再审 11 件。此外，对于法院对诉中评估公司缺乏实质审查、评估费用承担规则不统一等问题，向法院发出检察建议，获得采纳。

#### 刑事检察监督

刑事检察部门联合民事检察部门融合办案，提前介入侦查，以事故车辆为突破口，围绕车辆维修理赔各环节，有针对性地引导公安机关进行系列取证：（1）向相关单位取证，从汽修厂、评估公司、保险公司、汽配商、法院以及银行调取汽修工作维修分配单、维修进度表、评估依据、定损材料、销售清单等证据；（2）向相关人员取证，对涉案车辆驾驶员、保险公司定损员、汽修厂维修工、评估机构评估员、汽配商负责人进行调查询问；（3）委托物价部门认定，根据登记表记录的品牌、型号等信息对涉案车辆理赔配件进行价格认定；（4）对相关人员手机进行勘验检查，提取微信聊天记录等电子证据，形成证据闭环。在此基础上，突破关键犯罪嫌疑人口供，查明事故车辆虚假"定损"和虚假诉讼情况，目前以诈骗罪起诉 11 件 46 人，均已被法院判决。

## 📖 社会治理成效

《2019 年中国保险行业智能风控白皮书》显示，车险欺诈占保险欺诈的 80%，保守估计每年涉案金额高达 200 亿元。以本案为基础，绍兴市检察机关联合公安机关开展专项整治活动，彻底打掉绍兴地区涉三区二市的 5 个违法犯罪团伙，进一步拓展类案办理，涉案金额达 1500 万元，铲除了车险领域在维修理赔、损失评估等环节的黑色产业链。同时，绍兴市检察机关联合中国银保监会绍兴监管分局出台《关于在惩治预防虚假保险理赔类案件中加强配合协作的若干意见》，实现司法机关和监管部门、保险公司之间的数据贯通，开展专业预警分析和评估，建立黑名单制度，健全保险行业反欺诈体系，促进行业长效治理。

## 📖 法律法规依据

1.《中华人民共和国民法典》第一百四十六条　行为人与相对人以虚假的意思表示实施的民事法律行为无效。

以虚假的意思表示隐藏的民事法律行为的效力，依照有关法律规定处理。

2.《中华人民共和国保险法》第二十一条　投保人、被保险人或者受益人知道保险事故发生后，应当及时通知保险人。故意或者因重大过失未及时通知，致使保险事故的性质、原因、损失程度等难以确定的，保险人对无法确定的部分，不承担赔偿或者给付保险金的责任，但保险人通过其他途径已经及时知道或者应当及时知道保险事故发生的除外。

第二十二条　保险事故发生后，按照保险合同请求保险人赔偿或者给付保险金时，投保人、被保险人或者受益人应当向保险人提供其所能提供的与确认保险事故的性质、原因、损失程度等有关的证明和资料。

保险人按照合同的约定，认为有关的证明和资料不完整的，应当及时一次性通知投保人、被保险人或者受益人补充提供。

第二十七条  未发生保险事故，被保险人或者受益人谎称发生了保险事故，向保险人提出赔偿或者给付保险金请求的，保险人有权解除合同，并不退还保险费。

投保人、被保险人故意制造保险事故的，保险人有权解除合同，不承担赔偿或者给付保险金的责任；除本法第四十三条规定外，不退还保险费。

保险事故发生后，投保人、被保险人或者受益人以伪造、变造的有关证明、资料或者其他证据，编造虚假的事故原因或者夸大损失程度的，保险人对其虚报的部分不承担赔偿或者给付保险金的责任。

投保人、被保险人或者受益人有前三款规定行为之一，致使保险人支付保险金或者支出费用的，应当退回或者赔偿。

3.《中华人民共和国刑法》第二百六十六条  诈骗公私财物，数额较大的，处三年以下有期徒刑、拘役或者管制，并处或者单处罚金；数额巨大或者有其他严重情节的，处三年以上十年以下有期徒刑，并处罚金；数额特别巨大或者有其他特别严重情节的，处十年以上有期徒刑或者无期徒刑，并处罚金或者没收财产。本法另有规定的，依照规定。

4.《中华人民共和国民事诉讼法》第二百零七条  当事人的申请符合下列情形之一的，人民法院应当再审：

（一）有新的证据，足以推翻原判决、裁定的；

（二）原判决、裁定认定的基本事实缺乏证据证明的；

（三）原判决、裁定认定事实的主要证据是伪造的；

（四）原判决、裁定认定事实的主要证据未经质证的；

（五）对审理案件需要的主要证据，当事人因客观原因不能自行收集，书面申请人民法院调查收集，人民法院未调查收集的；

（六）原判决、裁定适用法律确有错误的；

（七）审判组织的组成不合法或者依法应当回避的审判人员没有回避的；

（八）无诉讼行为能力人未经法定代理人代为诉讼或者应当参加诉讼的当事人，因不能归责于本人或者其诉讼代理人的事由，未参加诉讼的；

（九）违反法律规定，剥夺当事人辩论权利的；

（十）未经传票传唤，缺席判决的；

（十一）原判决、裁定遗漏或者超出诉讼请求的；

（十二）据以作出原判决、裁定的法律文书被撤销或者变更的；

（十三）审判人员审理该案件时有贪污受贿，徇私舞弊，枉法裁判行为的。

**第二百一十五条**　最高人民检察院对各级人民法院已经发生法律效力的判决、裁定，上级人民检察院对下级人民法院已经发生法律效力的判决、裁定，发现有本法第二百零七条规定情形之一的，或者发现调解书损害国家利益、社会公共利益的，应当提出抗诉。

地方各级人民检察院对同级人民法院已经发生法律效力的判决、裁定，发现有本法第二百零七条规定情形之一的，或者发现调解书损害国家利益、社会公共利益的，可以向同级人民法院提出检察建议，并报上级人民检察院备案；也可以提请上级人民检察院向同级人民法院提出抗诉。

各级人民检察院对审判监督程序以外的其他审判程序中审判人员的违法行为，有权向同级人民法院提出检察建议。

**第二百一十七条**　人民检察院因履行法律监督职责提出检察建议或者抗诉的需要，可以向当事人或者案外人调查核实有关情况。

**5.《最高人民法院关于在审理经济纠纷案件中涉及经济犯罪嫌疑若干问题的规定》第十一条**　人民法院作为经济纠纷受理的案件，经审理认为不属经济纠纷案件而有经济犯罪嫌疑的，应当裁定驳回起诉，将有关材料移送公安机关或检察机关。

──────────── / 办案心得体会 / ────────────

2018 年，绍兴市检察院研发"民事裁判文书智慧监督系统"（以下简称智慧系统，现已升级为数字检察监督平台），率先尝试运用大数据收集裁判文书，排查风险案件，梳理出大量有价值线索，办理了一批有影响力的案件。在这个过程中，绍兴市检察院以大数据为引领，运用系统审查思维，采用审查、调查、侦查"三查融合"方式，逐渐形成一体化协同办案模式，这批车辆保险诈骗监督案就是上述办案模式下的成果。回顾案件办理过程，在"如何发现线索""如何引导侦查""如何攻克核心""如何推动治理"四个环节需要着重注意。

## 一、如何发现线索

车辆保险骗保往往是团伙作案，分工较细，诈骗形式多样，手段专业化，违法犯罪事实难以发现，为取证与打击带来较大难度。近年来，随着大数据、人工智能在检察监督中的应用，这一现象可以得到有效缓解。从车辆保险骗保个案角度看，定损依据充分、证据完备，很难发现存在异常，但是通过大数据排查，能够发现个案审查中无法发现的类案共同点，而这些共同点也正是异常点。从发现车险案件的异常信息到确定类案线索，一般需要两步。

（一）运用文书信息碰撞梳理案件共同点

1. 同一原告或同一原告代理人短时期内密集起诉。通过系统将民事裁判文书原告、原告代理人、诉讼时间等非结构化信息转换为结构化数据，筛选出同一原告或同一原告代理人短时期内密集起诉的文书；再以财产保险合同纠纷为案由，筛选出涉机动车交通事故损害赔偿案件，经过梳理发现，宋某、周某、任某等 13 人名下有 200 多起车险理赔诉讼，且均在短时期内密集起诉，行为明显异常。

2. 事故车辆维修单位高度集中。将上述 200 余份裁判文书进行汇总，以诉讼主体、诉讼标的、诉讼程序、简要案情等作为条目，制作表格进行分析，发现这些案件存在高度相似性。比较明显的是事故车辆维修单位高度集中，主要集中在5家汽修厂，尤其是越城区某海、上虞区某线两家汽修厂。

3.车主转让理赔权。通过各裁判文书中的原告信息比对发现，这批案件的原告身份异常，除少量案件原告是车主或受挂靠单位委托进行诉讼外，绝大部分案件的原告均是通过车主将车辆保险理赔权益转让而获得起诉资格。

4.保险公司均对定损提出异议。这些案件中作为被告方的保险公司虽然各不相同，但都对发生事故后造成的车辆损失定损提出异议，且主要集中在以下三点：第一，车辆发生事故后，车主自行将车从事故现场拉走，后续保险公司并未见到事故车辆，也没有对车辆进行过定损，而按照保险合同约定，事故发生后是需要经过保险公司定损环节的；第二，保险公司认为原告方在诉前委托评估机构对车损作出评估的金额偏高，对诉前评估报告不予认可；第三，保险公司因对事故车辆维修过程并不知情，故对产生的修理费发票等的真实性表示异议。据此可以推断，保险公司对事故车损的真实情况并不清楚。

（二）通过外围信息排查确定异常人员

异常案件的背后通常存在异常人员，但案件是否错误、涉案人员是否违法甚至犯罪，需要进一步审查。为了不打草惊蛇，绍兴市检察院从外围着手，充分收集案件信息，找出案件关联人物。

1.信息验证。绍兴市检察院将宋某、周某、任某等13人姓名逐一输入该院收录个人信息的综合应用管理平台，发现社保信息异常集中，其中宋某、周某等6人均通过越城区某海汽修厂缴纳社保，任某等4人均通过上虞区某线汽修厂缴纳社保，证明这些人很可能是汽修厂员工。同时通过智慧系统对汽修厂的法定代表人、实际控制人进行反向查询，发现实际控制人名下存在大量汽车修理费产生的借贷纠纷，由此说明宋某、周某、任某等人不但与汽修厂关系密切，而且代表汽修厂从事某种交易。

2. 关联查询。以汽修厂及宋某、周某、任某等关联人员为关键字查询110指挥中心警情记录，查明上述人员确实存在因车辆维修引发的纠纷；再通过绍兴市车辆管理所查询，查到宋某、周某、任某名下并无涉案相关机动车登记信息，证明上述人员存在通过伪造挂靠合同成为车主的可能性。

3. 数据比对。经调取各大保险公司历年出险数据，将梳理后的人员信息与各大保险公司出险数据比对。经调查发现，绍兴地区有几个电话报案频率较高，经过与报案人的姓名进行匹配，发现宋某、唐某等人赫然在列，而且其除了发生多次双车事故外，还有多次高档车涉水出险事故。

综上，民事检察部门初步怀疑存在多个以汽修厂人员为主体，通过诉讼理赔方式牟利的诈骗团伙，确定该批案件具有监督价值。

## 二、如何引导侦查

绍兴市检察院将涉嫌犯罪线索移送公安机关后，刑事检察部门同步开展立案监督。同时，按照属地原则，将线索交办给基层检察院，并在两级院成立专案组，共同开展案件查办。

公安机关接到线索后初查认为，涉案汽修厂的作案手段较为零星化，车主对车损实际情况并不清楚，扩大车损行为事后难以核查，侦查方向不明，案件无从着手，不愿意立案。基层检察院与公安机关对接过程中，认为犯罪数额认定和调查取证存在困难，开展立案监督的底气存在不足。另外，在越城区某海汽修厂另一起民事诉讼中，海盐县法院发现该案涉嫌保险诈骗犯罪，于是将案件移送海盐公安机关，并告知保险公司、某海修理厂。某海汽修厂立即将电脑全部销毁，使记载的修理资料几乎全部灭失，公安机关侦查一度陷入僵局。为迅速破解僵局和有效引导侦查取证，绍兴市检察院主要做了以下三方面工作：

（一）主要领导出面协调

绍兴市检察院主要领导高度重视，与绍兴市公安局作了专门沟通、协调，指导办案，并指派市检察院刑事检察部门骨干介入侦查，要求与公安机关形成合力，努力补充基础性证据，全力推动案件办理。在这种自上而下、强有力的协调措施下，两级院检察人员与公安机关办案人员共同商讨解决思路、研究办案方向，并在一次次磨合中逐渐增强办案合力，最终实现案件顺利立案，也为下一步深入侦查打下合作基础。

### （二）民事调查助推刑事开局

两级院民事检察部门对初步筛选的案件逐案登记，并调取部分案件审判卷宗，详细列明原被告及代理人信息、原告以保险权益受让人或车主名义起诉时提交的身份证明、诉讼主张、原告诉前委托评估公司名称、评估金额、车辆维修清单记载金额、判决或裁定认定金额等关键点并进行核实。检察机关发现除汽修厂、诉前委托评估公司和评估人员高度集中、重新委托评估后车损金额大幅下降等特征外，还发现诉前委托评估报告形式过于简单，且评估金额与汽修厂提供的车辆维修清单一致，由此引起对该批案件扩大车损的怀疑。此外，根据前期排查的汽修厂法定代表人、实际控制人情况，向银行调取相关人员资金情况，对案件作延伸调查。经调取周某、宋某等人的银行资金流水发现，大部分理赔款由原告方转入某海汽修厂账户，最终流入金某个人账户，而金某系汽修厂法定代表人周某的妻子，也就是说，理赔款最终获得者是周某。同时，审查发现周某、宋某等相关人员与原告诉前委托的评估人员有资金往来，存在周某、宋某等人向诉前委托的评估人员打款的情形。这些诉前评估人员也主要集中于一两名人员，且均在相同的评估公司供职，这与之前通过法院卷宗发现的诉前评估公司、评估人员高度集中的情况相符，存在该机构人员与周某、宋某进行不当交易的嫌疑。

民事、刑事检察部门立足各自职能开展调查后，经共同分享研判，一致认为汽修厂是案件的症结所在，所谓的原告也是受汽修厂法定代表人或实际控制人的指使提起理赔诉讼，但实际理赔的操作流程及理赔所得并不归原告所有，故应当牢牢锁定这几个汽修厂的关键人物。在此基础上，两级院民事检察部门继续扩大调查范围，批量调取交警部门事故责任认定材料、保险公司定损材料，并选择性联系车主作初步询问，为刑事案件的顺利开局提供便利。

（三）刑民融合实现引导侦查

该批案件立案侦查后，民事检察部门并未完全按照"先刑后民"思路等待侦查结果，而是敏锐意识到可以借助公安刑事侦查来推动民事案件的调查。除依据民事检察职能对相关案件材料与人员作进一步深入调查外，还根据绍兴市公检法关于处理虚假诉讼案件的协作机制，积极探索借力刑事案件程序促进民事案件调查的方法，实现刑民融合引导公安刑事侦查。刑事检察部门在公安机关立案侦查后提前主动介入，但考虑到实物证据几乎消失殆尽，也无法突破关键性"口供"，在会同民事检察部门商讨后，决定以车辆理赔过程中单据收集、关联人员询问、手机信息收集等为切入口，引导公安机关进行侦查和取证。

经过缜密调查、侦查，公安机关、检察机关快速梳理出涉案人员行为流程框架，厘清各犯罪嫌疑人的分工，掌握了诈骗套路，并以其他相关人员陈述倒逼关键犯罪嫌疑人供述。由此，逐渐还原出案件真相事实：车辆发生事故后，汽修厂人员以帮助拖车、代理理赔、原先车损一并免费修理、提供修车期间用车服务等为由，第一时间将车辆拖至汽修厂维修，并诱使车主（一般是投保人）转让保险理赔权、配合完成挂靠合同盖章等，后以扩大事故车损、以让保险公司找不到车、借故拖延等方式阻挠定损，制作虚增、篡改、捏造的维修项目清单理赔。对于保险公司不认可的，直接将维修项目清单、发票等交评估公司评估定损，以评估报告作为主要证据，以保险权受让人名义或以车主名义起诉理赔，获取非法利益。

## 三、如何攻克核心

如何认定车损是这个案件的核心问题，关系到刑事案件犯罪数额的认定，也关系到民事检察监督对事实的认定。但在案件办理过程中，由于实物证据不足，关键犯罪嫌疑人拒不供述，扩大车损的认定非常困难。两级院民事检察部门经商议认为,既然顺着常规的事故车辆维修、定损、理赔的调查路径走不通,那就遵循反向思维,调查汽配商销售了多少配件给汽修厂,以此倒推汽修厂实际用于维修的配件数量、单价,从而确定真实的车损金额。因此,建议公安机关以收集到的汽配商销售清单为切入口,对比汽修厂提供给评估公司的维修清单,再结合其他证据查明事故车辆真实的维修状况。

以某海汽修厂为例。经调查,周某作为某海汽修厂实际控制人,与车损有直接密切利益关系,于是作"零口供";宋某是厂长,参与过程较深,也拒不提供线索;于是从与本案利益牵涉相对较小的外围人员着手进行调查。两级院刑事、民事检察部门对把事故车拖进公司的"黄牛"、汽车修理工进行深入询问,从他们那里摸排到某海汽修厂的几个主要供货商名字,并且通过他们的供述,找到仅存的几份销售清单、车辆维修单、车辆维修进度表。之后,通过公安机关信息查询系统,联系到上游供货商的相关人员,了解过往的进货数量、交易模式,并让其尽可能回忆起某海汽修厂在何时向其购买过什么品牌、型号的配件,并说明是副厂件还是原件等细节。例如,某杭汽配商的负责人陈述,某海汽修厂的采购员徐某通过微信向其询问解放牌某车型的驾驶室总成的正厂件与副厂件价格,该汽配商将副厂件发货给某海汽修厂。经汽修厂采购员徐某供述,确实向某杭汽配商购买过副厂件,后把它安装在事故车车牌号为鲁RH75××的解放牌某型号货车上了,但是在维修清单上写的是正厂件配件。后因车损需要做委托评估,徐某通过关系让该汽配商在车辆配件定价表上盖了章,然后连同维修清单一起交给评估公司评估。评估公司按照维修清单记载的配件和定价表上的正厂件价格作出车损评估,但实际上正厂件与副厂件价格相差2万元,就是扩大车损的数额。

掌握汽修厂人员在维修清单上虚增、篡改的"猫腻"后,民事检察部门协助刑事检察部门,联合公安机关对汽修厂业务员、采购员、定损员、维修工等作针对性询问、讯问,发现扩大车损的方法主要有三种:(1)轮胎造假(包括老疤割开、以旧充新、以次充好等);(2)其他配件造假（包括用副厂件、拆车件冒充原厂件，换部分配件说成换全套配件，未换配件说成已换配件）；（3）非本次事故造成的损坏说成本次事故造成的损坏等。在此基础上，还联系车主或驾驶员对每辆涉案事故车按照牌照、型号、所换配件等进行逐个核对，确定车辆的实际维修情况。同时，根据物价部门对相应型号配件的认定价格计算出实际车损数额。最后，经与汽修厂维修清单上的价格、数量作比对，确定中间的差价就是扩大的车损数额。据此，刑事犯罪的诈骗数额基本可以认定，相关民事判决中虚增车损的数额也可以确定。

### 四、如何推动治理

在查明事实的基础上，民事检察部门发现只有部分民事案件能够认定为犯罪行为，但是该部分案件根据《最高人民法院关于在审理经济纠纷案件中涉及经济犯罪嫌疑若干问题的规定》第11条规定，可以民事案件涉嫌犯罪为由裁定驳回起诉，因此进行再审监督的治理效果会更好。但还有部分民事案件，采用与上述刑事案件相类似的方式起诉理赔，因不能在刑事判决中被认定为犯罪，但民事裁判仍存在错误，对这类行为如何处理是民事检察部门在推动社会治理中需要妥善解决的问题。

这类案件从获取起诉资格的方式看主要分为两类：一类是安排汽修厂员工或亲戚向车主（一般是投保人）受让保险权益的方式取得受让人身份继而向法院起诉；另一类是安排汽修厂员工或亲戚通过与车主签订所谓"挂靠协议"或者"挂靠证明"的方式，取得实际车主身份继而向法院起诉。对于这两类案件，根据取证情况，原告与事故车辆没有关系，保险权益转让及挂靠均不真实，都是挂名起诉，他们只是按照汽修厂负责人的指挥在相关诉讼材料上签字，具体诉讼由汽修厂负责人进行，理赔款项也是由汽修厂负责人获取。但这两类行为无法在刑事案件中被认定为犯罪，经研究，根据证据情况又分为两种情形进行监督：第一种，刑事案件未认定为犯罪，但根据现有证据情况可以确定原审认定车损金额存在错误的，可以"以有新的证据证明原审判决认定事实存在错误导致裁判结果错误"为由，提出抗诉或再审检察建议；第二种，刑事案件未认定为犯罪，现有证据也无法确定原审认定车损金额存在错误，可以根据个案证据情况，以原审中挂靠关系不真实等为由向法院发出再审检察建议，当然对这第二种案件的监督应当根据实际情况进行必要的补证、固证，并与法院做好沟通。

在类案审查过程中，发现法院对评估公司缺乏实质审查、评估费用承担规则不统一等问题，遂由基层检察院向法院发出检察建议，得到法院采纳并整改。对评估公司在评估程序及财务管理方面所存在的不规范问题，需要督促主管部门加强监管。此外，在全市范围内进一步开展保险领域虚假理赔整治活动，联合中国银保监会绍兴监管分局出台《关于在惩治预防虚假保险理赔类案件中加强配合协作的若干意见》，实现司法机关和监管部门、保险公司之间的数据贯通。促使保险公司提高反欺诈意识，加强职责缺位问责力度，健全保险行业反欺诈体系建设，促进行业长效治理。


案件承办人、案例撰写人：

　　章芳芳（绍兴市人民检察院）

案例审核人：

　　王云燕（浙江省人民检察院）

# 吸毒人员逃避强制戒毒类案监督

◇ 绍兴市人民检察院

📖 **关键词**

吸毒人员　轻微刑事案件　强制隔离戒毒　司法工作人员　徇私枉法

📖 **要旨**

由于强制隔离戒毒和刑罚执行程序存在衔接不畅问题，通过伪造轻微刑事案件被判处一年以下短刑期到看守所服刑，成为被隔离戒毒人员逃避两年强制隔离戒毒的一种非法手段。在此过程中，个别司法工作人员收受贿赂、徇私枉法帮助吸毒人员伪造轻微刑事案件。检察机关通过对刑事裁判文书进行关键词检索，排查出吸毒人员在被决定强制隔离戒毒前后或强制隔离戒毒期间存在自首的轻微刑事案件，再通过数据分析锁定虚假案件，并综合运用调查、侦查手段，深入查办司法工作人员职务犯罪，推动完善强制隔离戒毒与刑罚执行间的衔接管理机制，堵塞漏洞。

📖 **基本情况**

绍兴市下辖的嵊州市检察院在办案中发现，强制隔离戒毒人员通过伪造轻微刑事案件来逃避两年强制隔离戒毒的个案线索，并成功查办了相关公安人员徇私枉法犯罪案件。绍兴市检察院在此基础上，充分运用裁判文书开展类案检索，通过大数据分析，再结合对案卷材料的人工审查，精准挖掘出绍兴市范围内徇私枉法犯罪串案线索，最终以徇私枉法罪立案侦查公安人员 4 人。在审查过程中发现相关部门存在机制性漏洞，通过检察建议促使相关部门改进工作、完善制度，追回 61 名以类似方法逃避强制隔离戒毒的吸毒人员，继续执行强制隔离戒毒，达到了通过数字检察赋能社会治理的良好效果。

### 📖 线索发现

个案线索来源于 2019 年嵊州市检察院办理的一起审查逮捕案件。犯罪嫌疑人蒋某是被公安机关决定强制隔离戒毒的对象，其在民警的帮助下，故意编造了自己容留他人吸毒并自首的行为，意图以判处三个月至五个月的拘役刑来逃避两年强制隔离戒毒。但在检察机关批准逮捕后，蒋某产生悔意，向检察机关坦白该案为虚假案件。刑事检察部门审查后，将该线索移送检察侦查部门开展调查，发现该案侦查人员接受请托，同时也为完成缉毒考核任务，故意帮助蒋某编造虚假容留他人吸毒的犯罪情节，并帮助串供，篡改笔录时间，造成案件错捕。经进一步调查发现，虽然《戒毒条例》明确规定，强制隔离戒毒人员被依法收监执行刑罚，刑罚执行完毕时强制隔离戒毒尚未期满的，继续执行强制隔离戒毒，但在具体执行过程中，刑罚执行机构与强制隔离戒毒所之间缺少相应的衔接机制，导致吸毒人员在刑满释放之后往往没有被继续强制隔离戒毒，使得一些吸毒人员可以通过伪造轻微刑事案件来逃避两年的强制隔离戒毒，客观上也给司法工作人员留下了权力寻租空间。经综合研判，本地区可能还存在一批类似案件，可以通过对裁判文书进行类案检索开展专项治理。

### 📖 数据分析方法

#### 数据来源

如果检察机关已有本地区电子版刑事判决书，可以使用全文检索工具进行检索；如果没有，也可在中国裁判文书网上进行检索，但由于中国裁判文书网公开的判决书并不齐全，且判决书经过脱敏处理，部分案件中的人名等重要信息已无法获取，因此检索结果的精准度会存在一定影响。

### 数据分析关键词
强制隔离戒毒、自首

### 数据分析步骤
第一步：关键词检索。以"强制隔离戒毒""自首"为关键词（见图1），对本地区刑事裁判文书进行检索后，发现全市涉及强制隔离戒毒人员的刑事案件数量较多，以容留他人吸毒罪和盗窃罪为主。其中，盗窃案的异常点较为显著：一是均有自首情节；二是盗窃金额均在3000元至4000元，刚好达到浙江省盗窃罪的立案标准或超过少许；三是盗窃案的失窃人均未报案，且均在公安机关立案侦查后出具了谅解书；四是涉案人员通常被判处拘役刑或刑期明显少于两年的强制隔离戒毒期限。

**图1　以"强制隔离戒毒""自首"为关键词在中国裁判文书网上检索本地区刑事裁判文书**

第二步：根据被告人信息，调取对应的检察机关审查起诉卷宗，对照卷宗材料，将检索出的这些疑似虚假盗窃案件的各个要素逐案制作成表格进行梳理，如被告人、盗窃的时间、地点、金额、被决定强制隔离戒毒时间、自首时间、失窃人、证人、办案单位、办案人员等（见表1）。

表 1    疑似虚假盗窃案的各个要素

| 序号 | 被告人 | 盗窃时间 | 盗窃地点 | 盗窃财物 | 被强制戒毒时间 | 自首时间 | 失窃人 | 证人 | 办案单位 | 办案人员 |
|---|---|---|---|---|---|---|---|---|---|---|
| 1 | 张某 | 2019.8.2 | 某公司办公室 | 3000 元现金 | 2019.9.1 | 2019.9.1 | 王某 | 李某 | 某派出所 | 赵某、陈某 |
| 2 | 陈某 | 2018.9.9 | 某公司办公室 | 4000 元现金 | 2018.11.1 | 2018.11.1 | 钱某 | 赵某 | 某派出所 | 高某、张某 |
| …… | …… | …… | …… | …… | …… | …… | …… | …… | …… | …… |

第三步：整理成表格后，通过进一步分析发现，此类盗窃案在某区数量较多，且办案单位集中在 3 个派出所。更为蹊跷的是，经过大数据人物关系分析发现，3 个派出所先后办理的 5 起吸毒人员盗窃案的失窃人均为梁某或与梁某相关（见图 2），如吸毒人员 1 和吸毒人员 2 盗窃的对象为梁某，吸毒人员 3 盗窃的对象为吴某（与梁某有一份解除同居关系的民事调解文书），吸毒人员 4 的盗窃对象为王某（其车辆登记的联系人为梁某），吸毒人员 5 的盗窃对象为姚某（其与梁某均为同一公司股东）。这 5 起案件的盗窃方式、金额几乎相同，梁某有可能是司法掮客或贩毒分子，其请托办案人员帮助吸毒人员伪造假案的可能性极大。

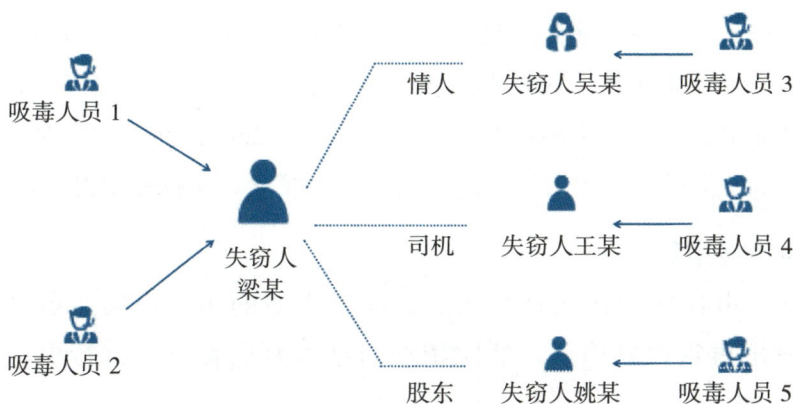

图 2    5 起吸毒人员盗窃案人物关系

## 思维导图

```
                        ┌──────────────┐
                        │  刑事判决书   │
                        └──────────────┘
  搜索关键词：强制隔离戒毒、自首   │
                              ▼
              ┌──────────────────────────────┐
              │ 强制隔离戒毒人员自首的刑事案件 │
              └──────────────────────────────┘
                  │                       │
                  ▼                       ▼
          ┌──────────────┐        ┌──────────────┐
          │ 容留他人吸毒罪 │        │   盗窃罪     │
          └──────────────┘        └──────────────┘
  筛选特征：无报案记录、谅解、盗窃金额小       │
                                          ▼
                              ┌──────────────┐
                              │ 疑似虚假盗窃案 │
                              └──────────────┘
  调取通话记录，进行人工研判                  │
                                          ▼
                              ┌──────────────┐
                              │ 确定虚假盗窃案 │
                              └──────────────┘
```

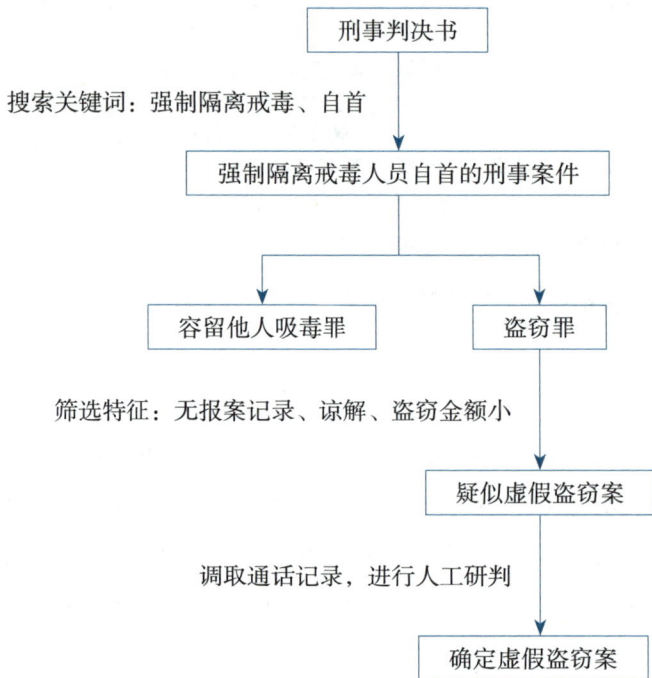

## 📖 检察融合监督

### 自侦案件办理

绍兴市检察院对此案背后涉及的司法工作人员职务犯罪案件线索进行了调查，发现在上述部分吸毒人员自首盗窃案前后，梁某与相关办案派出所领导联系频繁，联系人员和时间与案件办理各节点高度一致。至此，已确定梁某为该徇私枉法串案关键人物。最终，在突破梁某、相关吸毒人员口供后，绍兴市检察院以徇私枉法罪立案侦查公安人员 4 人。

### 再审检察建议

绍兴市检察院在侦查终结后，就已查明的相关虚假盗窃案件向法院发出再审检察建议，法院依法启动审判监督程序进行再审并予以改判。

## 📖 社会治理成效

在该案侦查终结后，绍兴市检察院及时向市公安局发出关于加强强制隔离戒毒与刑罚执行程序衔接的检察建议，督促市公安局出台《关于进一步规范强制隔离戒毒执行工作的规定》，建立看守所刑满释放与继续强制戒毒的衔接机制。此外，开展违法犯罪人员"应执未执"专项自查清理工作，追回 61 名以类似方法逃避强制隔离戒毒的吸毒人员，继续执行强制隔离戒毒。同时，全市公安机关开展为期一年的"端正执法理念、规范执法行为、提升执法公信"专项教育整顿活动。至此，该类案件已经得到全面治理。

## 📖 法律法规依据

1.《中华人民共和国刑法》第三百九十九条第一款　司法工作人员徇私枉法、徇情枉法，对明知是无罪的人而使他受追诉、对明知是有罪的人而故意包庇不使他受追诉，或者在刑事审判活动中故意违背事实和法律作枉法裁判的，处五年以下有期徒刑或者拘役；情节严重的，处五年以上十年以下有期徒刑；情节特别严重的，处十年以上有期徒刑。

2.《中华人民共和国刑事诉讼法》第十九条第二款　人民检察院在对诉讼活动实行法律监督中发现的司法工作人员利用职权实施的非法拘禁、刑讯逼供、非法搜查等侵犯公民权利、损害司法公正的犯罪，可以由人民检察院立案侦查。对于公安机关管辖的国家机关工作人员利用职权实施的重大犯罪案件，需要由人民检察院直接受理的时候，经省级以上人民检察院决定，可以由人民检察院立案侦查。

3.《戒毒条例》第三十六条　强制隔离戒毒人员被依法收监执行刑罚、采取强制性教育措施或者被依法拘留、逮捕的，由监管场所、羁押场所给予必要的戒毒治疗，强制隔离戒毒的时间连续计算；刑罚执行完毕时、解除强制性教育措施时或者释放时强制隔离戒毒尚未期满的，继续执行强制隔离戒毒。

─────── 办案心得体会 ───────

在中国裁判文书网上，以"强制隔离戒毒""自首"为关键词对刑事裁判文书进行检索，吸毒人员在被强制隔离戒毒前后或强制隔离戒毒期间自首交代轻刑案件的数量较多，其中隐藏着"以刑避戒"的假案。此类案件虽然粗看是比较容易侦查的，但其实有很多问题需要注意。

## 一、与虚假容留他人吸毒案相比，虚假盗窃案更有可能存在司法工作人员相关职务犯罪

在发现首例吸毒人员自首容留他人吸毒的假案时，绍兴市检察院敏锐意识到这类事情应该不是个例，于是以"强制隔离戒毒""自首"为关键词，对刑事裁判文书进行了一次检索，在全市范围排查出了200余起类似案件，并且以容留他人吸毒和盗窃为主。绍兴市检察院对几件比较异常的容留他人吸毒案线索开展调查后发现，有的被容留吸毒人员就是同期一起被关在拘留所或强制隔离戒毒所的人员。这很可能是几个吸毒人员利用被关押在一起的机会，经过一段时间的串通，伪造了容留吸毒的时间、地点以及相关细节经过。在此类案件中，吸毒人员之间有充分的时间串供，不需要外面有人配合，在没有办案人员的帮助下，也可以达到伪造刑事案件的目的。与容留他人吸毒案相比，吸毒人员自首的盗窃案更容易发生司法工作人员职务犯罪，且更容易查清真伪，理由是：与容留他人吸毒案不同，在这类盗窃案件中，被害人一般不是同期一起被关押的吸毒人员，自首盗窃案的吸毒人员客观上没有与他人串供的条件，如果没有外部人员从中牵线搭桥，斡旋侦查人员帮助串供，被告人的供述和被害人、证人等其他诉讼参与人的陈述之间不可能保持一致，因此案件背后极有可能存在司法工作人员职务犯罪。

**二、大数据分析只能缩小案件范围，人工审查研判才能精准发现线索**

大数据筛查的主要作用在于将案件数量缩小到可以进行人工审查的范围。在人工审查时，首先要调取案卷，将这些疑似虚假刑事案件的各个要素制作成表格进行梳理，如盗窃的时间、地点、金额、失窃人、证人、办案单位、办案人员等，通过对比可以发现一些反常之处，如多个案件的盗窃地点、办案单位、办案人员是否过于集中，被害人、证人之间是否存在关联等，这些疑点的发现是确定线索的第一步。之后，经细致的研判，承办检察官发现很多案件都有较为明显的异常点，如吸毒人员与失窃人对于盗窃时间、地点描述不一，盗窃金额都刚好达到或超过盗窃罪的立案标准，失窃人均无报案记录，且均在公安机关立案侦查后"及时"出具了谅解书，被判的刑期都明显少于两年的强制隔离戒毒期限。特别是某区的案件特别多，且都集中在几个派出所。最为异常的是，两个派出所办理的两起盗窃案的失窃人居然同为梁某，且盗窃地点均在梁某办公室，盗窃手法和金额也几乎一样。承办检察官继续对人物关系开展进一步大数据分析，发现梁某还与另外3起相似盗窃案中的失窃人存在关联关系。至此，5起虚假盗窃案因极其反常的联系浮出了水面。在锁定异常案件后，绍兴市检察院调取了梁某的手机通话记录，发现在以上盗窃案吸毒人员自首前后，梁某与相关办案派出所所长、副所长、吸毒人员家属频繁联系。至此，已确信梁某为司法掮客，其就是该徇私枉法串案中的关键人物。

**三、隐蔽调查、精心固定证据，争取外部支持是顺利立案侦查的前提**

即使已经找到了关键人物梁某，也判断出了案件背后存在司法工作人员职务犯罪，但要立案侦查仍存在很多困难。一方面，对于吸毒人员来说，这些人员虽然通过虚构轻微刑事案件逃避了强制隔离戒毒，但是这种行为本身是否构成犯罪还存在争议，因此只能采取询问的方式获取证据；另一方面，在没有取得吸毒人员的言词证据之前，直接对司法工作人员立案侦查会面临很大压力，如查处方法不对，处置措施不当，很容易遇到瓶颈，造成案件梗阻。本案在前期调查阶段，绍兴市检察院逐案调取了案卷材料进行反复论证、比对，还全面调取了相关人员通话记录、银行流水进行分析，特别是按照时间节点，把吸毒人员自首前后相关人员的通话记录绘制成详细表格，从中找出起关键作用的侦查人员，再细致调查办案人员是否还有收受贿赂的行为。如果有可能，还应到虚假案件的案发现场实地调查，找出不合常理之处，为立案侦查做好充分准备。在掌握中间关系人还有其他行贿犯罪事实的基础上，首先由纪委监委以涉嫌行贿犯罪采取留置措施，检察机关以涉嫌徇私枉法犯罪共犯同步立案侦查，在取得关键性证据后再对司法工作人员立案侦查。在历时近一年的精心组织、全力协作下，该案才顺利侦查终结。


案件承办人：

　　诸文彪　陆海　钱锋等（绍兴市人民检察院）

案例撰写人：

　　陆海（绍兴市人民检察院）

案例审核人：

　　陈洪义（浙江省人民检察院）

# 知识产权行刑衔接类案监督

◇ 义乌市人民检察院

## 📖 关键词

知识产权　行刑衔接　一体保护　多跨场景

## 📖 要旨

碰撞分析涉知识产权行政处罚、移送案件、立案侦查、审查起诉、审判各环节数据，提取当事人姓名、商标数量、涉案金额、侵权物品仓储地等数据要素特征，发现知识产权以罚代刑、不罚不刑等行政检察类案监督线索，以及应立不立、应撤未撤、久侦未决等刑事检察类案监督线索。通过个案研判，对涉案当事人调查核实、对扣押物品鉴定查证，一方面向公安机关开展立案监督、撤案监督和纠正违法监督并引导侦查；另一方面向行政执法机关制发检察建议，促进依法行政。建设"知识产权保护一件事"多跨场景，形成一体保护长效机制，促进类案监督、系统治理。

## 📖 基本情况

义乌市检察院经办案和走访调研，发现市场监管等行政执法机关向公安机关移送涉嫌侵犯知识产权犯罪案件，存在受理后未回复是否立案的情况，部分案件既未移送检察机关审查起诉，也没有退回市场监管部门作行政处罚，处于"滞留"状态。因缺乏有效的协同机制，部门之间信息不通、案件流程无法感知，难以防范"以罚代刑""不罚不刑"等风险。义乌市检察院知识产权检察办公室通过对执法司法大数据的全量归集、碰撞、分析，全面梳理知识产权行刑衔接领域的监督线索，开展融合式专项监督，监督公安机关撤案 2 件，督促向相关行政机关移送行政处罚线索 8 条。同时，以知识产权小切口反映行刑衔接领域普遍性问题，争取党委支持，依托全国首家知识产权刑事司法保护中心，共建数字化多跨场景，形成知识产权一体保护合作机制、行刑衔接工作机制，打通部门间数据共享渠道，形成以案件流转、法律监督、信息研判、多元共治为核心的执法司法全生命周期协同共治体系。

### 📖 线索发现

2021 年以来，多名知识产权权利人反映，向行政执法机关举报侵犯知识产权案件线索移送公安机关后，存在办案周期长以及难以了解办案进展和处理结果的情况，认为部分案件应当追究刑事责任而未追究，需要检察机关开展法律监督。义乌市检察院经调查摸底，由知识产权检察办公室牵头开展系统工作，调取审查近三年市场监管局移送的涉嫌知识产权犯罪案件，发现行政执法机关移送涉嫌侵犯知识产权犯罪案件，存在程序不规范、应立案未立案和应撤案未撤案的情形。如 2020 年 9 月 22 日，义乌市烟草专卖局向义乌市公安局移送"义乌市某仓库内查获假冒注册商标的伪劣卷烟 1518.2 条，总价值 300889.89 元"的案件线索，没有义乌市公安局是否立案的回复信息，义乌市检察院也没有受理案件的记录。上述情形并非个例，行刑衔接环节存在明显问题，有必要介入开展专项监督。

### 📖 数据分析方法

#### 数据来源

1.行政执法机关向公安机关移送涉嫌侵犯知识产权犯罪案件数据（经义乌市知识产权刑事司法保护中心，向行政执法机关调取）；

2.公安机关决定立案或不予立案的书面通知数据（经义乌市知识产权刑事司法保护中心，向行政执法机关调取）；

3.侵犯知识产权案件审查逮捕、审查起诉数据（源于检察业务应用系统）；

4.知识产权案件判决数据（源于检察业务应用系统、中国裁判文书网）；

5.商标注册信息（源于国家知识产权局中国商标网）；

6.公安机关终止侦查、撤销案件后退回行政执法机关案件数据（经义乌市知识产权刑事司法保护中心，向行政执法机关调取）；

7.行政执法机关侵犯知识产权相关行政处罚案件数据（基于执法司法信息共享机制，向行政执法机关批量调取）；

8.检察机关侵犯知识产权案件不起诉数据（源于检察业务应用系统）；

9.公安机关办案系统查询信息（根据线索核实需要，联系后获取）。

## 数据分析关键词

针对行政处罚案件信息、行政机关移送案件信息、公安机关受理案件信息及检察机关审查逮捕和审查起诉案件信息，以当事人名称、涉罪类型、违法事实、违法所得金额、商标标识种类及数量、有无授权等为关键字段进行提取、过滤和分析。

## 数据分析类型及步骤

第一类，针对移送涉嫌犯罪案件的分析：

第一步：数据比对、分类。比对行政执法机关向公安机关移送涉嫌侵犯知识产权犯罪案件数据、公安机关决定立案或不予立案的书面通知数据，梳理出移送后决定不予立案、移送后决定立案、移送后未书面回复三类案件。

第二步：剔除立案审查未超期案件。"移送后未书面回复"案件中，提取行政执法机关移送时间，与立案审查时限规定进行比对，剔除立案审查未到期案件，形成"移送后超期未书面回复"案件清单，获取公安机关程序违法监督线索。

第三步：提取案件要素，剔除已移送检察机关案件。提取"移送后未书面回复"案件中涉案人员、侵权对象、侵权商品种类、移送案由信息，发现全部为侵犯商标专用权案件。与义乌市检察院办理的侵犯商标专用权审查逮捕、审查起诉案件数据进行碰撞，剔除已经移送审查逮捕、审查起诉案件，获取公安机关"超期未回复且未移送"案件清单。

第四步：提取、筛选关键词。从"超期未回复且未移送""移送后决定不予立案"两类案件中，提取商标标识数量、商品种类、商品数量、销售金额、犯罪嫌疑人年龄、有无授权等关键词，筛选出行为人达到刑事责任年龄、未经注册商标权利人授权，且数量、金额等要素达到定罪标准的案件。其中，缺乏实际销售价格、鉴定价格等要素，无法确定金额是否达到定罪标准的，与中国裁判文书网上判决书信息比对，通过同类商品"价值类推"，初步确定涉案商品价值，筛选出明显超出定罪标准的案件。

第五步：确认侵权情况。从第四步筛选出的案件中，提取侵犯的商标信息、侵权时间，比对商标注册信息，确认被侵权商标专用权，侵权行为发生在商标专用权期限内，获取刑事立案监督线索。

第六步：筛选公安机关侦查期限超一年案件。在"移送后决定立案"案件中筛选出立案侦查时间超一年案件，与义乌市检察院办理的侵犯知识产权审查逮捕、审查起诉案件数据进行碰撞，发现公安机关立案后超一年未提请批准逮捕、未移送起诉案件，作为撤案监督线索核查的案件范围。

第二类，针对知识产权行政处罚案件的分析：

第一步：确定行政处罚案件范围。一是选择违法类型为"销售侵犯注册商标专用权的商品""违反商标印刷管理规定""销售伪造、擅自制造他人注册商标标识""假冒专利""侵犯著作权"等侵犯知识产权行政处罚案件。二是在其他行政处罚案件中，通过"假冒""商标""商标标识""专利""著作权"等关键词检索，筛选出侵犯知识产权和违反其他法律规定的行政处罚案件。

第二步：案件分类，理出清单。对第一步筛选出的行政处罚案件，首先按照违法类型与相关罪名的对应关系进行分类，如"侵犯著作权"违法案件，需分析是否构成侵犯著作权罪，相关案件归类至侵犯著作权罪筛选清单。其次，根据违法事实补充分类，如"涉嫌无证零售烟草制品案"违法类型案件，违法事实中含"假冒卷烟"字段，同时归类至非法经营罪筛选清单和销售假冒注册商标的商品罪筛选清单。

第三步：确定各罪名筛选规则，筛选达到定罪标准案件。根据各个罪名的定罪标准、构成要件，确定需检索的关键词。如销售假冒注册商标的商品罪筛选清单中，检索提取"违法所得""销售金额""货值金额"等要素，筛选出已经达到定罪标准的案件。

第四步：碰撞剔除已进入刑事诉讼程序案件。将第三步筛选出的行政处罚案件与公安机关办案系统查询的立案信息、检察业务应用系统中案件信息进行碰撞，通过公司名称、行为人、案发地点、侵权对象、产品种类等关键词，明确第三步筛选出的案件是否已进入刑事诉讼程序，未进入刑事诉讼程序的案件，初步分析存在行政执法机关应移送未移送可能的"以罚代刑"监督线索。

第三类，针对下行案件的分析：

第一步：以行为人姓名、地址、侵权对象、商品种类为特征信息，比对公安机关终止侦查、撤销案件后退回行政执法机关案件数据与行政执法机关侵犯知识产权行政处罚案件数据，发现公安机关退回案件后，行政执法机关未作行政处罚的案件。

第二步：梳理检察机关案由为侵犯知识产权罪章节的不起诉案件和同意撤回案件，以及案由为生产、销售伪劣商品罪大类，非法经营罪等其他罪名，但犯罪事实中包含假冒注册商标、侵犯著作权等案件信息的不起诉案件和同意撤回案件。

第三步：从第二步梳理的不起诉案件中，筛选出检察官审查认为需要行政处罚、提出检察建议的案件。将第二步梳理的同意撤回案件，碰撞公安机关办案系统查询信息，发现公安机关决定终止侦查、撤销案件的案件。

第四步：将第一步至第三步筛选的案件，与行政执法机关侵犯知识产权行政处罚案件数据进行比对，发现"不罚不刑"监督线索。

**思维导图**

第一类，针对移送涉嫌犯罪案件的分析：

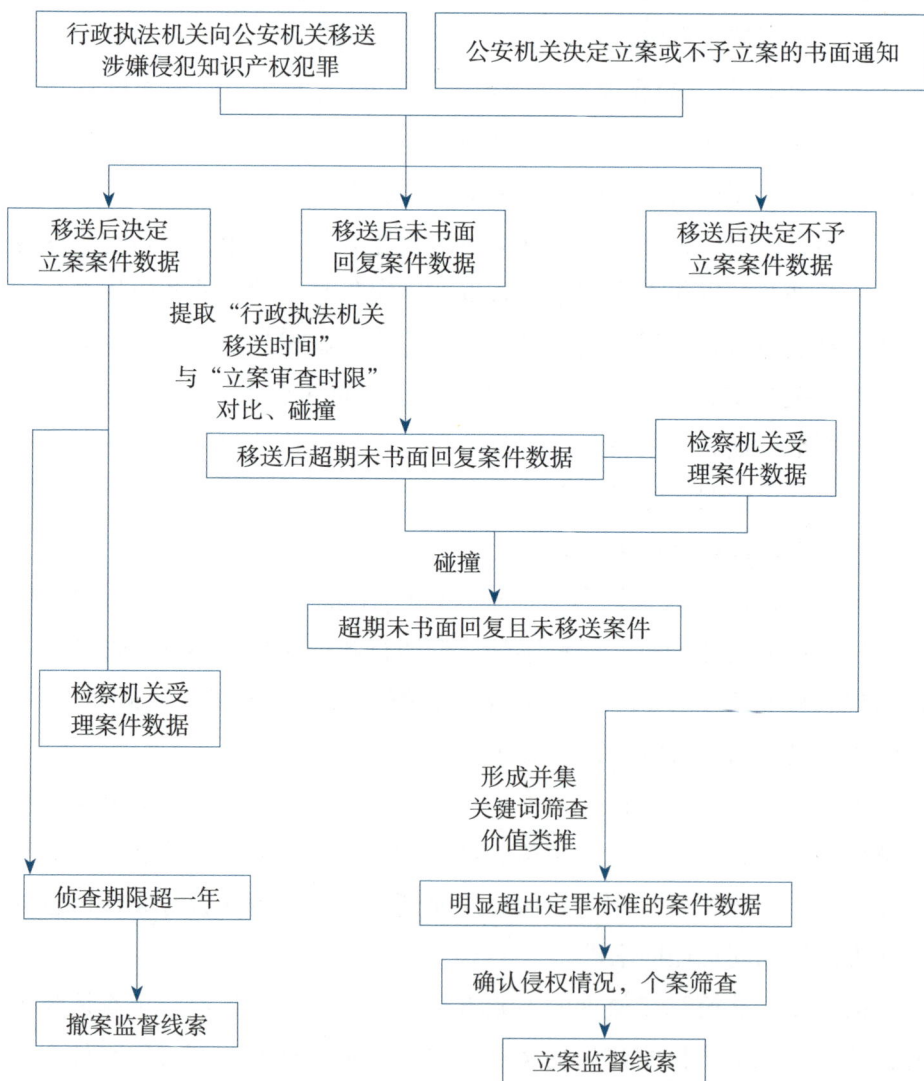

```
┌──────────────────────────┐   ┌──────────────────────────┐
│  行政执法机关向公安机关移送  │   │  公安机关决定立案或不予立案的书面通知  │
│   涉嫌侵犯知识产权犯罪       │   │                          │
└──────────────────────────┘   └──────────────────────────┘
```

```
┌──────────────┐    ┌──────────────┐    ┌──────────────┐
│  移送后决定    │    │  移送后未书面  │    │  移送后决定不予 │
│  立案案件数据  │    │  回复案件数据  │    │  立案案件数据  │
└──────────────┘    └──────────────┘    └──────────────┘
```

提取"行政执法机关移送时间"
与"立案审查时限"对比、碰撞

┌──────────────────────┐    ┌──────────────┐
│  移送后超期未书面回复案件数据  │    │  检察机关受    │
│                      │    │  理案件数据    │
└──────────────────────┘    └──────────────┘

碰撞

┌──────────────────────┐
│  超期未书面回复且未移送案件  │
└──────────────────────┘

┌──────────────┐
│  检察机关受    │
│  理案件数据    │
└──────────────┘

形成并集
关键词筛查
价值类推

┌──────────────┐    ┌──────────────────────┐
│  侦查期限超一年  │    │  明显超出定罪标准的案件数据  │
└──────────────┘    └──────────────────────┘

┌──────────────┐    ┌──────────────────────┐
│  撤案监督线索  │    │  确认侵权情况，个案筛查     │
└──────────────┘    └──────────────────────┘

┌──────────────┐
│  立案监督线索  │
└──────────────┘

第二类，针对知识产权行政处罚案件的分析：

```
              ┌──────────────────────┐
              │   行政机关作出行政处罚数据   │
              └──────────────────────┘
                       │      以"商标""专利""著作权"
                       ▼      "伪劣""香烟"为关键词筛选
      ┌──────────────────────────────────┐
      │  侵犯知识产权和其他违反法律法规的涉知识产权案件   │
      └──────────────────────────────────┘
                       │      违法类型和涉及罪名对应分组
                       ▼
      ┌──────────────────────────────────┐
      │   著作权犯罪、商标类犯罪、非法经营类犯罪       │
      └──────────────────────────────────┘
                       │      关键词检索
                       │      如销售金额、货值金额、标识数量等
                       ▼
┌──────────────┐  ┌──────────────┐  ┌──────────────┐
│  已达定罪标准案件  │  │  公安机关办案系统中 │  │  检察业务应用系统  │
│              │  │   案件信息数据    │  │   中案件信息数据   │
└──────────────┘  └──────────────┘  └──────────────┘
                       │      剔除已进入刑事程序案件
                       ▼
              ┌──────────────────────┐
              │   可能涉嫌犯罪案件信息       │
              └──────────────────────┘
                       │      关键词检索：公司名称、案发地点等
                       ▼
              ┌──────────────────────┐
              │  可能涉嫌"以罚代刑"线索     │
              └──────────────────────┘
```

## 📖 检察融合监督

### 刑事检察监督

针对公安机关应立案未立案监督线索，知识产权检察办公室将摸排出的监督线索分流至员额检察官，逐案调取案件卷宗材料，开展审查、调查。对应当立案而未立案的 7 件案件，向公安机关发出要求说明不立案理由通知书，均已收到回函；部分案件已进入立案侦查阶段，对其中1 件已经立案但未书面通知行政执法机关的案件作出说明。针对移送后立案侦查超一年案件，向公安机关调取相关卷宗材料，员额检察官审查

后，监督撤案 2 件，公安机关均已撤案。针对公安机关存在的立案审查时限超期、未按规定书面回复是否立案决定和久侦未结、长期挂案等问题，提出纠正意见，推动公安机关开展行刑衔接案件专项整改，及时处理逾期未决定、未回复的"滞留"案件。

### 行政检察监督

针对发现可能涉嫌以罚代刑的 5 条线索，分析发现相关案件货值金额虽未达到销售假冒注册商标的商品罪的定罪标准，但可能涉嫌非法经营犯罪，或违反行政法规，向相关行政部门制发检察建议，督促对已办和在办同类行政处罚案件查深查细，依法行政。同时将涉嫌犯罪的线索及时向公安机关移送，加强联合查处打击力度，形成司法保护合力。针对公安机关已撤销案件，经大数据比对发现未移送行政执法机关作行政处罚线索 8 条，审查认为相关人员行为可能涉嫌行政违法，应予行政处罚，但相关部门未作出行政处罚决定，向公安机关提出加强行刑双向衔接的检察建议，并督促行政机关依法行政。

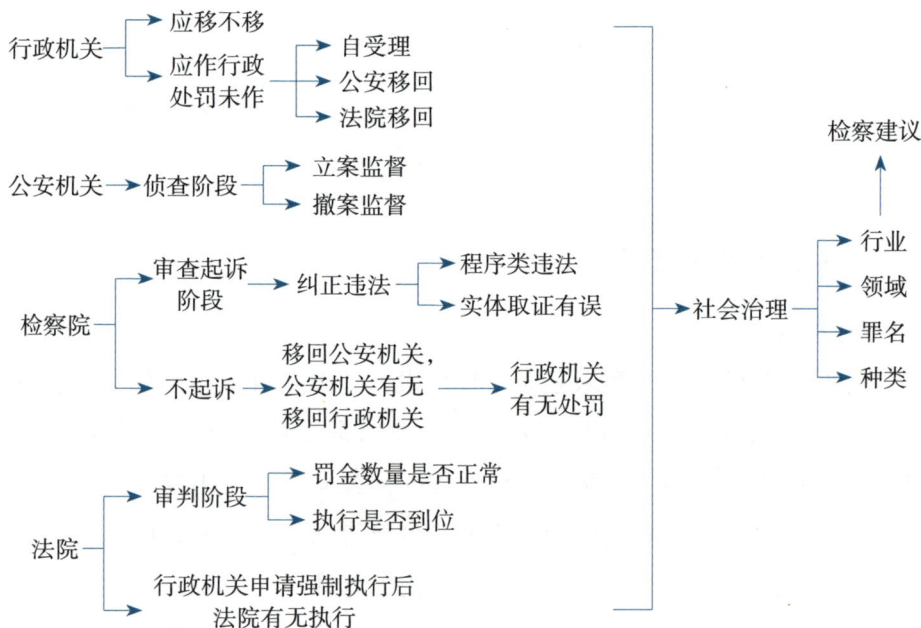

### 📖 社会治理成效

通过该案办理，义乌市检察院秉持"监督促进治理"理念，开展行刑衔接专项"清堵"行动，系统梳理知识产权行刑衔接领域案件流转不规范、执法司法信息不透明、履职协同不到位、法律监督有盲区等问题，联合各职能部门出台《义乌市行政执法与刑事司法衔接工作办法》。此外，搭建"知识产权保护一件事"多跨场景，打破信息壁垒，以数字化手段实现知识产权行刑衔接领域全业务流程线上协同、闭环管理，构建执法司法智治"大脑"，嵌入法律监督大数据筛查线索算子模型，智能感知风险案件并及时自动预警，有效防范以罚代刑、不罚不刑、程序违法等问题。同时，通过精准信息数字画像发现社会治理问题，构建形成党委领导、执法司法协同、社会参与、监督保障、科技支撑、数字赋能的行刑共治格局，建立知识产权一体保护工作机制，提升知识产权权利人获得感，优化尊重创新的法治营商环境。

### 📖 法律法规依据

1.《中华人民共和国刑法》第二百一十四条　销售明知是假冒注册商标的商品，违法所得数额较大或者有其他严重情节的，处三年以下有期徒刑，并处或者单处罚金；违法所得数额巨大或者有其他特别严重情节的，处三年以上十年以下有期徒刑，并处罚金。

第二百二十五条　违反国家规定，有下列非法经营行为之一，扰乱市场秩序，情节严重的，处五年以下有期徒刑或者拘役，并处或者单处违法所得一倍以上五倍以下罚金；情节特别严重的，处五年以上有期徒刑，并处违法所得一倍以上五倍以下罚金或者没收财产：

（一）未经许可经营法律、行政法规规定的专营、专卖物品或者其他限制买卖的物品的；

（二）买卖进出口许可证、进出口原产地证明以及其他法律、行政法规规定的经营许可证或者批准文件的；

（三）未经国家有关主管部门批准非法经营证券、期货、保险业务的，或者非法从事资金支付结算业务的；

（四）其他严重扰乱市场秩序的非法经营行为。

**2.《公安机关受理行政执法机关移送涉嫌犯罪案件规定》第四条**

对接受的案件，公安机关应当立即审查，并在规定的时间内作出立案或者不立案的决定。

决定立案的，应当书面通知移送案件的行政执法机关。对决定不立案的，应当说明理由，制作不予立案通知书，连同案卷材料在三日内送达移送案件的行政执法机关。

**3.《人民检察院检察建议工作规定》**

**4.《最高人民检察院关于推进行政执法与刑事司法衔接工作的规定》**

## 办案心得体会

习近平总书记在主持中央政治局第二十五次集体学习时强调，"创新是引领发展的第一动力，保护知识产权就是保护创新""必须从国家战略高度和进入新发展阶段要求出发，全面加强知识产权保护工作"。知识产权保护工作是新时代检察机关履职的重要阵地，但在知识产权案件办理和知识产权领域社会治理的过程中却存在不少障碍。我国知识产权保护采用"双罚制"，职责划分较为分散，涉及程序众多，多跨协同需求高，导致实践中企业维权成本高、知识产权保护两法衔接不畅以及社会治理体系尚不健全。通过义乌市检察院对知识产权检察工作由表及里、由浅入深、逐步推进的探索，以大数据为手段，以数字化为路径，综合运用审查、调查、侦查三查手段，在办理监督类案、总结类型化问题基础上，形成长效机制，以数字赋能释放社会治理新动能。

### 一、案件办理指引

以大数据方式办理类案监督，有两个环节需重点关注：

（一）精准抓取线索

知识产权保护以多元治理、行刑衔接为主要工作模式。一方面，公安机关、市场监管局、海关、检察机关、法院等各职能部门均有相应职权，在实践中统筹协调非常困难，不同部门需启动不同程序，对权利人和检察履职而言不透明、难感知、难监督。另一方面，行刑衔接虽有相对完善的法律规定如何双向流转，但缺乏实际操作层面的细化、有效机制保障运作，法律规定存在空置。通过打通信息壁垒、大数据分析、数字化线上流转，可以较妥善地解决上述问题，特别是针对监督点的线索发现和精准筛取。

1. 实现信息共享，打破部门数据壁垒。（1）党委坚强领导和大力支持。专项监督启动后，知识产权行刑衔接领域存在的问题初步显现。如何有效防范遗漏打击、流程停滞、压案不查、程序违法等履职风险，已仅非检察机关的难点，也成为党委关切的重要问题。义乌市检察院以数字赋能法律监督初步形成数字监督模式和路径，由院领导向市委政法委汇报，获高度认可。在党委的重视和支持下，市委政法委组建知识产权数字化攻坚专班，形成行政执法和刑事司法合力，建立执法司法信息共享机制，行政处罚数据行政执法机关移送涉嫌犯罪案件办理全流程数据纳入信息共享范畴，最终获取知识产权行政处罚数据8000余条、行政机关移送案件数据500余条、涉嫌犯罪信息200余条，为线索筛查提供基础支撑。（2）以业务协同需求为着力点推动各职能部门倾力合作。通过前期走访调研、办案总结和权利人反馈，信息壁垒已严重影响业务协同效率，各职能部门都有不同程度的信息共享需求。义乌市检察院牵头组织会商，获取市场监管、海关、文广电、公安、行政执法等各职能部门的需求点和需求程度，形成行刑衔接数据互通共识，牵头成立全国首家知识产权刑事司法保护中心，在线索流转反馈、行刑双向衔接、数据库共建共享等方面形成合作制度。义乌市检察院通过知识产权刑事司法保护中心协调，打通了执法司法数据获取、卷宗材料调取、案件流程查询的渠道，通过对上述知识产权行刑衔接全流程的梳理和研判，形成了一套以大数据开展知识产权法律监督的思路和框架，为开展知识产权行刑衔接领域专项监督奠定了基础。

2.抓取特征要素，识别信息明显异常。（1）框定线索池，将各部门数据碰撞筛查。针对第一类应立不立情形，将行政机关移送案件数据和公安机关受案数据碰撞，以当事人姓名为差集提取公安机关未受理的移送案件数据。针对第二类应撤不撤或久侦未决情形，将公安机关受案数据和检察机关审查逮捕、审查起诉案件数据碰撞，去重过滤后，再抓取公安机关立案时间和系统当前时间作差值，筛查出公安机关立案未移送且侦查时间超一年的数据。针对第三类应罚未罚情形，将公安机关回复不予受案数据、检察机关相对不起诉案件数据分别和行政执法机关行政处罚数据比对，以公安数据、检察数据为基准，当事人姓名作差集、身份证号码去重，获取公安机关未受案也未行政处罚数据。针对第四类以罚代刑情形，将行政处罚数据进行数据清洗，整理出当事人姓名、违法类型、违法事实和违法所得数据，形成行政处罚格式化数据。（2）确定关键词。涉知识产权刑事犯罪案件和非法经营类犯罪案件，主要构罪要件为销售金额、商标标识数量和种类。将上述要件形成过滤关键词，以最低构罪要件为标准，按不同监督类别设置过滤条件。对于第一类应立不立情形，设置过滤"违法所得数额大于等于30000元"且"违法类型或违法事实包含商标、著作权"条件，前述烟草专卖局移送案件再设置"香烟"条件，初步筛查出可能构成刑事犯罪但公安未立案的线索，进行个案筛查并进行立案监督。对于第二类应撤不撤或久侦未决情形，设置一级过滤条件"违法所得数额小于等于30000元"或"侦查时间大于等于365天"，二级过滤条件"违法类型或违法事实包含商标、著作权"以及相关行业特色条件如"香烟"，精准定位线索池中存在监督价值的线索，进行撤案监督或侦查程序违法监督。对于第三类应罚未罚情形，经过第一步数据筛查、去重，可直接获取应作行政处罚而未作行政处罚决定的数据，开展行政检察监督。对于第四类以罚代刑情形，设置过滤条件"违法所得数额大于等于30000元"且"违法类型或违法事实包含商标、著作权"以及相关行业特色条件如"香烟",筛选出行政机关作出处罚但可能涉嫌刑事犯罪的线索,开展"以罚代刑"专项监督。

（二）案件关键突破

1.涉案金额的认定。部分违法事实中,由于案件滞留久、扣押物品保存不当,无法准确认定违法所得数额。义乌市检察院在实践中总结出"价值类推"的判断方式。侵权产品生产往往因一定时期内,同类正品热销可获得高额利润,知识产权类犯罪特别是商标类犯罪往往是区域性、集中化、链条式犯罪。以被侵权商标"XINGFUHULI"为例,上游生产假冒"XINGFUHULI"内衣裤的商家大批量生产并销售给下游经销商,同个时间段会有批量涉嫌侵犯同一商标的类案移送。因此,可根据互联网公开获取中国裁判文书网上的知识产权判决数据、商标注册信息进行分析,以相近犯罪时间、相近犯罪地点、同种被侵权商标、同种侵权产品为要素进行提取比对,以有明确判决或鉴定意见的商品作参考标准计算该可能构成犯罪的侵权产品金额,初步确定案件是否符合构罪标准,开展立案监督、撤案监督和行政检察监督。"XINGFUHULI"商标被侵权案发,正是通过同类商品价值推定,发现黄某某销售假冒注册商标的商品行为,发生时间、发生地点、涉嫌被侵权商标及产品,与义乌市检察院审查起诉的刘某某销售假冒注册商标的商品罪犯罪事实几乎一致,最终发现立案监督线索。

2.主观明知认定。知识产权犯罪要求涉案当事人在主观方面为故意,但开展法律监督时部分客观证据如聊天记录、账本等已灭失,对主观明知的认定造成障碍。在取证时,只需重点核实违法行为人明知其行为及结果危害性即可,不要求其明知违法性。针对当事人辩解,应结合其任职情况、职业经历、专业背景、从业时间、本人有无因同类行为受到行政处罚或刑事追究情况、是否获取授权材料、是否与获取授权的相关人员有合法商业合作关系等进行综合分析研判。若发现商标注册证授权文件系伪造、涂改或明知商标注册证授权文件系伪造、涂改,可推定为主观明知。反之,销售厂家及其员工的组织结构中,若从业时间短、层级较低、专业背景差，且单纯执行领导或雇主指派，可推定主观不明知，不具备犯罪故意。

## 二、数字监督经验

### （一）深耕大数据多维分析，形成融合式法律监督思路

义乌市检察院落实浙江省检察院"以数字化改革撬动法律监督"部署，依托对大数据的分析研判，思考检察机关法律监督重塑变革的路径。

1. 打破传统法律监督工作的路径依赖，实现类案监督可复制化。长期以来，刑事检察的法律监督工作高度依赖对移送案件的卷宗审查，从个案中发现监督线索。义乌市检察院在浙江省检察院的数字检察思想引领下，破除思维定式，聚焦党委政府、人民群众关切的重点领域、关键环节，盘活内部数据资源和外部数据资源，通过对数据的多维度分析、比对，发现知识产权行刑衔接领域的立案监督、撤案监督、行政违法监督等多项监督线索。义乌市检察院办理知识产权行刑衔接类案监督的过程，其实是一个程序倒置的过程：首先明确两方面实际需求，即严格积极开展法律监督的内部工作要求和权利人及社会群众对知识产权保护的更高要求；其次带着需求意识和问题意识，根据前期实际梳理出的群众侧和治理侧的各个需求点，凝练出不同的监督路径，从而构建一个较为全面的法律监督体系，至少可以实现刑事检察领域监督和行政检察领域监督全覆盖。正是在这样的工作思路引导下，义乌市检察院才发现以数据分析为主要方法的监督方式，从而发现了一批知识产权的立案监督、撤案监督、侦查活动违法和行政违法监督的类案线索。此种工作方式也可以运用到其他领域中，甚至目前已经形成的监督模型，只需要修改一下比对系数和构罪要件的具体要素，就可以广泛运用到行刑衔接有关的其他罪名类目中。即以知识产权类案监督的数据分析模型为基础，建立其他罪名的监督模型，提升监督效率。

2. 坚持以提升法律监督质效为导向，推动内部治理全面深化。检察机关法律监督工作的权威性，关键在于法律监督质效。义乌市检察院在

运用大数据分析发现监督线索时，主要着眼于发现类型性问题，而非在同一问题上盲目追求发现更多监督线索，片面关注监督案件办理数量。如发现相关行政执法机关以罚代刑主要在于对法律适用的认识不足后，在开展法律监督的同时，以检察建议为抓手，更注重凝聚法律适用共识，开展行政机关和检察机关联动自查自纠、提升法律共识专项活动，推动相关行政执法机关加强自身履职、开展深度自查，以避免同类问题再发生。

3.树立融合式体系化法律监督理念，促进融合履职全链条化、体系化。检察机关法律监督应当从实效性出发，灵活运用各项法律监督手段和类型，深入推进类案问题治理。义乌市检察院试点成立知识产权检察办公室，统一履行检察职能，奠定了融合式法律监督的制度基础。一方面，从刑事检察入手，在移送、立案、侦查各个环节开展法律监督，促进案件办理全流程规范高效。另一方面，关注下行案件的闭环管理，针对行政执法机关可能存在的应罚未罚问题开展行政检察监督。在"知识产权保护一件事"多跨场景建设后，业务协同和数据共享向前延伸至行政行为，向后延伸至法院审判、执行活动，构建出四大检察融合的体系化法律监督模式。

（二）突出监督促进社会治理，树立新时代法律监督权威

促进社会治理现代化，是新时代检察机关依法能动履职的应有之义和必然要求。义乌市检察院以数字检察为契机，将推进社会治理作为法律监督工作的落脚点，树立检察机关法律监督权威。

1.以数字赋能推进制度重塑。知识产权行刑衔接类案监督案件的办理，清晰揭示了该领域开展法律监督工作的必要性。但检察机关不能成为浅表性问题的盯梢人，持续在同一领域、同类问题上办理监督案件，而应成为深层次治理的推动者。义乌市检察院梳理问题根源，发现知识产权行刑衔接领域问题成因，主要是程序运转不畅、监督存在盲区、信息无法共享。因此，谋划数字化多跨场景建设解决上述问题，推动制度重塑，用制度保障执法司法活动的规范化、保障知识产权权利人的合法权益。

2.以小切口破局全域治理。行刑衔接涉及二十多家行政机关、政法单位，涉及罪名多、领域多，是社会治理的大问题。义乌市检察院以知识产权保护作为小切口，系统梳理存在的问题和治理需求，打造数字化改革样板，为行刑衔接全域治理提供了借鉴和参考。在"知识产权保护一件事"建设完成后，义乌市检察院又谋划2.0版本，构建"行刑衔接闭环管理机制"多跨场景，将知识产权保护领域的治理经验推广到更多领域，通过打通行政执法机关与刑事司法机关的线上流转渠道，当逾期未决、不立案决定存在争议等情形发生时，检察机关即可介入监督。在案件流转方面，谋划以"知识产权保护一件事"的办案平台为基础，构建适用于行刑衔接全领域的办案流程模块，以实现全域推广适用和行刑衔接案件的线上、双向流转。在法律监督方面，参照知识产权领域的监督模型建设，构建其他领域的监督模型并及时自动发出监督线索预警。义乌市检察院还将稳步推进"三大中心"建设，有效打通政法一体化办案与综合行政执法两大体系，全领域、多角度升级行刑衔接闭环管理应用场景，开展类案监督，为高质量高水平建设"数字法治"提供"数字化融合式法律监督"保障。如近期开展的安全生产领域危化品专项监督，以类似思路发现8条线索制发检察建议，推进标准建立，防范安全生产事故。

3.以行刑共治构建一体保护格局。义乌市检察院以类案监督为契机，推动建立知识产权一体保护工作机制，依托线下中心和线上平台，强化部门间协作配合和协同共治，健全知识产权获权、用权、维权全链条保护体系。一方面，通过建立全流程的数字化监督体系，促进行政机关改进审核工作、完善登记制度，进一步规范登记审核程序，强化对义乌小商品市场上侵权产品生产、流通环节的监督管理，充分保护他人合法拥有的知识产权，将知识产权被侵犯的风险消灭在萌芽状态。同时，进一步形成司法保护合力，从民事、行政、刑事等多个方面强化联动，有效遏制仿冒售假势头，达到净化营销市场的效果，持续优化营商环境。另一方面，在把握知识产权保护整体态势基础上，研判犯罪高发领域和罪名，开展行业性治理和类型化研究。在一体保护工作格局下，义乌市检察院以检察建议和检察白皮书为手段，既紧抓重点行业又铺开保护全局，协同多家单位开展知识产权领域诉源治理，促进企业合规建设、提供多元法律服务等举措不断丰富，履职合力明显提升。

案件承办人：

　　黄志兵　吴彬　徐巧萍　蒋莉　应小冰　刘晶

　　（义乌市人民检察院）

案例撰写人：

　　金隽婷　宣惠珲（义乌市人民检察院）

案例审核人：

　　范红森（浙江省人民检察院）

# 刑事"下行案件"类案监督

◇ 诸暨市人民检察院

## 关键词

刑事拘留　下行案件　侦查监督　职务犯罪

## 要旨

提取公安机关受案、刑事立案、刑事拘留、提请批准逮捕、移送起诉等数据,进行分步对比,批量发现下行或变相下行案件线索,进一步通过人工分析研判,针对性开展立案监督和侦查活动监督。刑事检察部门与检察侦查部门联动配合,挖掘下行案件中的职务犯罪线索,充分运用"三查融合"方式,推动线索有效转化成案。

## 基本情况

诸暨市检察院在办案中发现公安机关存在受案后对已达构罪标准的案件应立不立、压案不查的行为。受限于公检信息互通壁垒,下行案件常态化监督较难实现,容易滋生违规下行、怠于侦查等问题,直接导致执法司法不公,甚至有的侦查人员涉嫌徇私枉法等职务犯罪,严重损害司法公信力。检察机关依托侦查监督与协作配合办公室(原派驻公安机关检察官办公室),融合检察业务应用系统、公安机关办案系统等数源系统数据,分析案件特点,归纳要素,编制《分罪名操作手册》,对公安机关下行案件开展专项监督。集成运用审查、调查、侦查手段,发现类案监督线索，督促公安机关规范侦查行为，完善案件质量管控机制。向检察侦查等部门移送相关职务犯罪线索，实现侦查监督与职务犯罪侦查双轮驱动，有效推动监督线索转化成案。

## 📖 线索发现

2021 年初，诸暨市检察院在办理金某某、郭某某寻衅滋事案时发现，本案案发于 2006 年 12 月，案发后被害人报警，郭某某被带至工业新城派出所，并供认主要犯罪事实。但公安机关受案后未立案侦查，未对行为人采取强制措施，亦未对被害人陈述的"应已构成轻伤"的伤势进行鉴定。诸暨市检察院对公安机关有案不立、压案不查的行为发出纠正违法通知书。诸暨市检察院经综合研判，认为有必要以该案为线索，建立数字办案模型，一体推进类案监督与检察侦查，确保监督实战出实效。

## 📖 数据分析方法

### 数据来源

1. 看守所刑事拘留入所数据（源于浙江检察数据应用平台）；

2. 检察机关受理公安机关提请批准逮捕、移送起诉的案件数据（源于检察业务应用系统）；

3. 公安机关刑事案件受案、立案、刑事拘留、撤案数据（源于公安机关办案系统）。

### 数据分析关键词

1. 刑拘后下行案件。由浙江检察数据应用平台获取看守所刑事拘留入所人员数据与检察业务应用系统受理公安机关提请批准逮捕、移送起诉数据进行比对、筛选。

2. 立案后下行案件。由公安机关办案系统刑事立案数据与检察业务应用系统受理移送起诉数据进行比对、筛选。

3.有案不立、压案不查案件。对公安机关办案系统受案后未立案数据和立案后一年内未侦查终结案件数据进行筛选。

### 数据分析步骤

第一步：筛选人员信息。将被立案、刑事拘留的人员信息，与提请批准逮捕和移送起诉的人员信息数据进行碰撞，筛选出刑拘后未进入下阶段诉讼程序的人员信息；将受案数据与立案数据进行碰撞，筛选出有案不立案件信息；将立案数据与一年以内侦查终结案件数据进行碰撞，筛选出立案后一年内未侦查终结案件数据。

第二步：数据分类汇总。对筛选出的人员信息数据，按罪名进行逐一分类并降序排列，梳理出下行案件数量相对较高的类型案件（如盗窃、诈骗、故意伤害等）。

第三步：人工区分核查。根据具体罪名确定进一步核查方式，比如故意伤害案件，刑事检察部门结合立案情况、伤势等级、伤情鉴定时间、双方谅解情况等要素，筛选出其中已达轻伤标准而未立案、委托伤情鉴定时间明显滞后或未委托鉴定、双方谅解后即撤案等可能存在不当下行情况的案件。

### 思维导图

第一类，刑事拘留后下行：

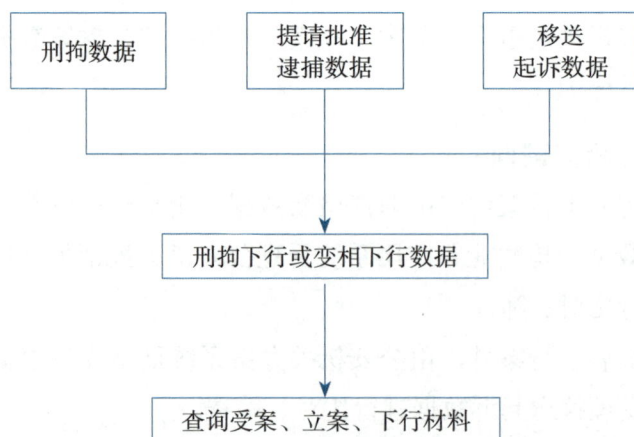

第二类，立案后下行：

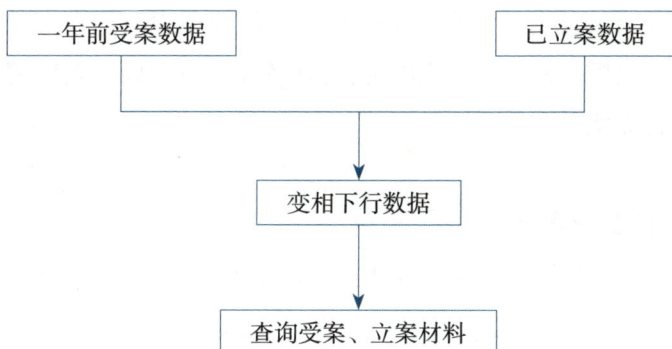

```
┌──────────────┐        ┌──────────────┐
│  一年前受案数据  │        │   已立案数据   │
└──────┬───────┘        └──────┬───────┘
       │                        │
       └────────────┬───────────┘
                    ▼
           ┌──────────────┐
           │   变相下行数据   │
           └──────┬───────┘
                  ▼
        ┌────────────────────┐
        │  查询受案、立案材料   │
        └────────────────────┘
```

第三类，变相下行：

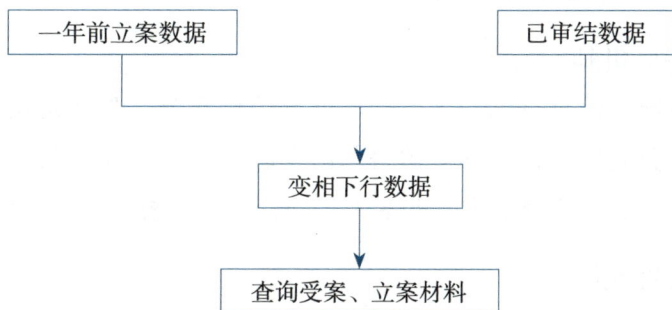

```
┌──────────────┐        ┌──────────────┐
│  一年前立案数据  │        │   已审结数据   │
└──────┬───────┘        └──────┬───────┘
       │                        │
       └────────────┬───────────┘
                    ▼
           ┌──────────────┐
           │   变相下行数据   │
           └──────┬───────┘
                  ▼
        ┌────────────────────┐
        │  查询受案、立案材料   │
        └────────────────────┘
```

### 📖 检察融合监督

通过智能筛选、人工分析研判，诸暨市检察院发现一批异常刑事下行线索，形成监督线索库，以侦查引领"三查融合"，提升监督质效。

### 刑事检察监督

诸暨市检察院对 2019 年来公安机关下行及变相下行案件进行数据碰撞，筛查出侦查监督线索 41 件，其中对受理案件未依法立案、立案后未及时侦查等问题，向公安机关发送纠正违法通知书 10 份，侦查活动监督通知书 17 份。

### 司法工作人员相关职务犯罪案件办理

诸暨市检察院刑事检察部门将线索移送检察侦查部门，检察侦查部门主动挖掘出下行案件背后隐藏的公安机关人员职务犯罪线索 6 条，经初查后报绍兴市检察院。现绍兴市检察院已对诸暨市公安局一名民警以涉嫌玩忽职守罪进行立案侦查。

## 📖 社会治理成效

为规范公安机关刑事侦查活动，完善下行案件办理监督机制，诸暨市检察院与诸暨市公安局会商签订《关于深入开展刑拘下行案件监督工作的实施意见》，建立下行案件信息共享机制、分类处理机制、检查跟踪机制、联席会议机制，切实推进刑事下行案件监督工作，促进形成严格执法、公正司法的良好法治氛围。

### 信息共享机制

在严格规范信息查询程序、保障办案信息安全、明确失职泄密责任的基础上，公安机关通过侦查监督与协作配合办公室提供刑事立案、撤案、适用（变更）强制措施、涉案人员处置、接处警记录等信息。

### 分类处理机制

对较长时间未处理变相下行案件定期通报情况，提醒公安机关及时侦查；对长时间未处理的变相下行案件发送侦查活动监督通知书；对违法下行、变相下行案件纠正违法，必要时将相关线索移送检察侦查部门。

### 检查跟踪机制

诸暨市检察院定期联合市公安局对刑事下行案件开展专项检查，对可能存在问题的下行案件，指派员额检察官进行实质审查，全程跟进案件办理，掌握诉讼进程及涉案人员状况。

### 联席会议机制

诸暨市检察院与诸暨市公安局定期召开联席会议，分析研究下行案件的规律、特点、类案问题，共同研究对策措施，统一执法尺度。

### 📖 法律法规依据

1.《中华人民共和国刑事诉讼法》第一百条 人民检察院在审查批准逮捕工作中，如果发现公安机关的侦查活动有违法情况，应当通知公安机关予以纠正，公安机关应当将纠正情况通知人民检察院。

第一百一十三条 人民检察院认为公安机关对应当立案侦查的案件而不立案侦查的，或者被害人认为公安机关对应当立案侦查的案件而不立案侦查，向人民检察院提出的，人民检察院应当要求公安机关说明不立案的理由。人民检察院认为公安机关不立案理由不能成立的，应当通知公安机关立案，公安机关接到通知后应当立案。

2.《人民检察院刑事诉讼规则》第五百五十一条第一款 人民检察院对刑事诉讼活动实行法律监督，发现违法情形的，依法提出抗诉、纠正意见或者检察建议。

----

/ **办案心得体会** /

"监督不是你错我对的零和博弈，也不是高人一等。监督机关与被监督机关责任是共同的，目标是一致的，赢则共赢，损则同损。"公安机关刑事案件办理质量总体向好，但是仍存在两方面的监督"盲区"：一是通过数据比对发现，公安机关刑事拘留的人数与提请批准逮捕、移送起诉的人数之间存在巨大差距；二是通过个案办理发现，许多刑事拘留案件，特别是故意伤害类案件，未经伤情鉴定、未移送起诉就作出了撤案下行处理，甚至还有一些案件存在应当立案而以一般治安案件处理的情况。这些"被下行"的案件中，极有可能存在公安机关消极履职怠于侦查、不当履职错误下行，甚至利用职务便利放纵犯罪等问题。刑事下行案件监督作为检察机关侦查活动监督和公安机关案件管控共同的难点、堵点，实践中一般仅由检察机关刑事检察部门、控告申诉检察部门对已受理案件予以监督，还有大量的下行或变相下行案件存在监督

"盲区"。检察机关以数字化、类型化、体系化的监督模型对"下行案件"进行法律监督，深入推进"三查融合"，查深查透，查明刑事案件下行原因、查清办案人员涉嫌职务犯罪线索，以数字化改革放大法律监督"利器"优势。在"下行案件"监督中需要抓住以下几个关键问题：

## 一、"下行案件"的数据从何处来

结合相关法律规定及司法实际，刑事下行或变相下行案件大致可以分为以下三类：

第一类：刑拘后下行案件，即在对犯罪嫌疑人采取刑事拘留后，最终作撤案或终止侦查处理的案件。

第二类：立案后下行案件，即刑事立案后，最终作撤案或终止侦查处理的案件。

第三类：有案不立、压案不查案件（变相下行），即被害人报案后，应当立案而不立案或立案后未及时调查取证且超期（期限：刑事拘留三十日＋取保候审一年）未侦查终结的案件。

刑事下行案件监督的内容主要是公安机关办理刑事案件应立不立、立而不侦、侦而不决。显而易见，构建"下行案件"数字监督模型的数据主要来源于被监督机关即公安机关和检察业务应用系统内的数据。基于模型需要，诸暨市检察院采取了外部协调争取与内部发掘深化相结合的方式同步展开，保障数据来源的全覆盖、易获取、可持续。

### （一）看守所刑事拘留人员数据

浙江检察数据应用平台包括了刑事拘留人员数据在内的海量信息，平台"数管中心"栏目下"政法数据目录"中，在"省公安厅"数据中找到"看守所刑事拘留人员信息"，确定所需数据的羁押单位、时间段等信息后，按照申请审批程序申请即可。如针对刑拘后下行案件的监督，诸暨市检察院申请了2019年至2021年诸暨市看守所的被刑拘人员相关信息。

### （二）公安机关提请批准逮捕、移送起诉数据

公安机关提请批准逮捕、移送起诉数据可在检察业务应用系统中查

询，但要注意，如用本单位较高权限直接在工作网的系统 2.0 版本"管理与服务"下的"案件基本查询"对提请批准逮捕、移送起诉数据进行查询，所得到的数据会存在比本单位实际收到的审查批捕、起诉数据少的情况，因此需要单位案管统计员登录其账号至涉密网内的 1.5 版本系统，导出本单位收到的审查批捕、起诉数据。

（三）公安机关受案、立案、撤案、终止侦查数据

对于公安机关受案、立案、撤案、终止侦查案件的数据，因仅有公安机关内部执法办案系统能够查询，暂无对外公开平台或与检察机关信息互通平台可以直接查询，这是刑拘后下行案件数据来源的主要难点。在多方努力之下，诸暨市检察院与公安机关以优化理念、提升执法办案质效为出发点，立足侦查监督与协作配合办公室的实践基础及《关于贯彻落实刑事案件侦查监督与协作配合机制的实施意见》机制建设，由公安机关对受案、立案、撤案、终止侦查数据，从执法办案平台内数据勾选时间、案件、人员等要素后分类导出，并定期向检察机关通报案件信息。同时，侦查监督与协作配合办公室检察官通过公安执法办案平台自主查询导出数据，作为案件信息获取中"人员补缺""个案应急""数据防漏"的重要手段。此举以制度化的形式保障办案部门能够及时全面获取公安机关刑事下行案件或变相下行案件的数据。

## 二、数据库如何"组队"碰撞以确定、筛查"下行案件"

根据刑事下行或变相下行案件三种类型进行数据组队，分步进行数据对比，可以从海量数据中精准筛选出不同类别的下行案件。下面对三种类型分别进行说明：

（一）刑拘后下行案件

1.导入从浙江检察数据应用平台获取的 2019 年至 2021 年三年内的诸暨市看守所刑拘人员数据，剔除公安机关合法办案时间（刑事拘留三十日＋取保候审一年）内的数据，获得公安机关刑拘后已办结或超期未办结的刑拘数据。

2.与检察业务应用系统导出的提请批准逮捕、移送起诉数据进行比

对，得出刑拘后未移送检察机关审查逮捕、审查起诉的数据。

3.过滤掉办案单位为外地公安机关或人民法院的刑拘数据，得出本地公安机关刑拘下行或刑拘后变相下行的人员数据。

4.再与公安机关的撤案、终止侦查案件数据进行比对，区分公安机关已撤案或终止侦查案件数据，公安机关尚未撤案或终止侦查案件数据，予以重点审查。

经过上述筛选步骤，诸暨市检察院从5895名看守所刑拘人员数据中分析获得282名公安机关刑拘后下行或刑拘后变相下行的人员名单，其中，公安机关已撤案或终止侦查98人，公安机关尚未撤案或终止侦查184人，为下一步分罪名核查建好线索库。

（二）立案后下行案件

与刑拘后下行的数据筛选类似，除第一步导入的数据为公安机关刑事立案数据以外，其余步骤基本一致。

（三）变相下行案件

这类案件因为筛选数据库基数庞杂、行政与刑事案由不一致、刑事构罪标准多样等因素，实际操作难度最大。对此，在明确数据分析关键词、分析步骤前提下，诸暨市检察院经多次讨论专门编制形成《分罪名操作手册》予以说明。如针对应立未立型变相下行案件，确定数据筛查、分析方式如下：

1.导入公安机关受案数据，剔除公安机关合法初查时间内案件数据后，获得基础受案数据。

2.就上述基础数据与公安机关立案数据进行碰撞，筛选出受案后未予立案数据。

3.剔除与刑事案件不重合的行政治安案件，如发生轻型交通事故后逃逸、嫖娼、卖淫、个人参赌等行政处罚案件，获取应立未立型变相下行刑事受案案件。

4.对筛选出的案件依照罪名统计后根据案件数量降序排列，对数量较大的10类案件（包括盗窃、诈骗、故意伤害、开设赌场等）制作《分罪名操作手册》,明确对各罪名的审查步骤和要点。

变相下行案件中,立而不侦型案件与应立未立型案件相较,数据库相对较小,数据比对方式也更为简洁明了,可将应立未立型变相下行案件的第一步至第三步,简化为导入公安机关立案数据后剔除公安机关合法侦查时间以内案件,以及已提请批准逮捕、移送起诉案件数据,获得基础数据。

### 三、异常案件、重点案件如何确认

通过智能筛选、人工分析研判,在刑事下行案件中故意伤害类案件较多,且伤害案件的当事人多为本地人员,请托说情、司法办案人员违规违法的可能性比一般案件更大。因此,可以"故意伤害""受案时间""立案时间""撤案"等为关键词,对收集的下行或变相下行案件线索数据库进行检索,排查出全部下行或变相下行的故意伤害案件,并以立案情况、伤势等级、伤情鉴定时间、双方谅解情况等作为要素,以表格形式一一列明(见表1)。

表 1   案件异常下行的关键数据比对

| 序号 | 被告人 | 被害人 | 案发时间 | 伤势情况 | 有无鉴定及鉴定时间 | 有无立案及立案时间 | 和解时间 | 撤案时间 |
|---|---|---|---|---|---|---|---|---|
| 1 | 张某 | 李某 | 2019.2.3 | 两处肋骨骨折 | 无 | 2019.2.7 | 2019.2.18 | 2019.2.20 |
| …… | …… | …… | …… | …… | …… | …… | …… | …… |

下一步从已筛选出的异常案件中进一步确定重点案件,予以调查核实。重点把握伤势是否达到轻伤以上、有无委托鉴定、委托鉴定的时间、是否立案、立案时间、撤案时间等要素,以进一步筛选异常案件。如明显达到轻伤以上标准而未鉴定或未及时鉴定的、鉴定后达轻伤标准而未立案或未及时立案的、撤案时间与立案时间相近的。以此标准,诸暨市检察院确定的伤害类重点案件共计12件。如张某故意伤害案中,在被害人斯某报案后,承办民警仅对被害人及嫌疑人张某、证人应某制作了笔录。在被害人斯某被击打致眼球破裂、摘除这一明显已达重伤标

准的伤势情况下，在双方当事人就民事部分达成调解后即停止侦查活动，未予以刑事立案，未对张某采取强制措施，也未对被害人斯某的伤势等级进行委托鉴定。

## 四、如何"三查融合"发现职务犯罪线索

因案件可能存在公安机关工作人员利用职权犯罪的线索，诸暨市检察院根据《诸暨市人民检察院重大案件及重大监督事项机动调查工作机制》，成立机动调查组，开展融合办案。

该类案件由于在卷证据极少、时间久远，仅调取、查阅卷宗材料难以确保监督刚性，侦查调查难度较大，主要表现在以下三个方面：（1）言词证据方面，行为人往往以记忆模糊为由拒绝供述，目击证人很少配合作证。（2）客观证据方面，作案工具基本灭失，监控视频超存储期限。（3）由于下行案件的敏感性，对其重新调查取证极易引起办案民警及相关责任领导的抵触，办案阻力较大。如赵某等人故意伤害案，案件发生于2011年1月，公安机关已对被害人文某制作了笔录并确认其眼睛被殴打致瞎，在明显已达重伤的情况下，却未予刑事立案，也未对被害人作伤势鉴定，在双方就民事部分达成调解后停止侦查。诸暨市检察院发现该案存在违规情况并予以调查核实开展监督时，该案案发已超十年之久，核查难度极大。因此，需要将侦查思维贯穿于监督工作全过程，在对重点案件开展监督调查期间，着重调取被害人就诊数据与伤势鉴定标准进行比对，确认轻伤以上后果，之后再进行询问被害人、证人，讯问犯罪嫌疑人等调查核实手段。

同时，在下行案件监督中，检察机关注重线索初查，深挖案件背后的职务犯罪问题。办案中可着重关注相关人员的朋友圈、关系网，通过调取相关人员通话记录、银行流水进行分析，查找是否存在中间人，并进一步调查公安机关办案人员是否存在权钱交易等违法可能。如在上述赵某等人故意伤害案中，诸暨市检察院在调取了被害人文某的病历资料后，确认其重伤二级的事实，立即监督公安机关对本案立案侦查。同

时，调取相关涉案人员的通话记录，发现时任某村村委会主任的杨某可能系本案犯罪嫌疑人与公安机关办案人员间的联系人，于是对赵某、杨某、办案民警同时开展初查。经过充分的调查核实、线索分析、初查取证，现绍兴市检察院已对办案民警以涉嫌玩忽职守罪立案侦查，并采取强制措施，案件正在办理中。

各类罪名可根据案件类型构建模式化操作流程，如故意伤害类案件可如图 1 所示予以核实：

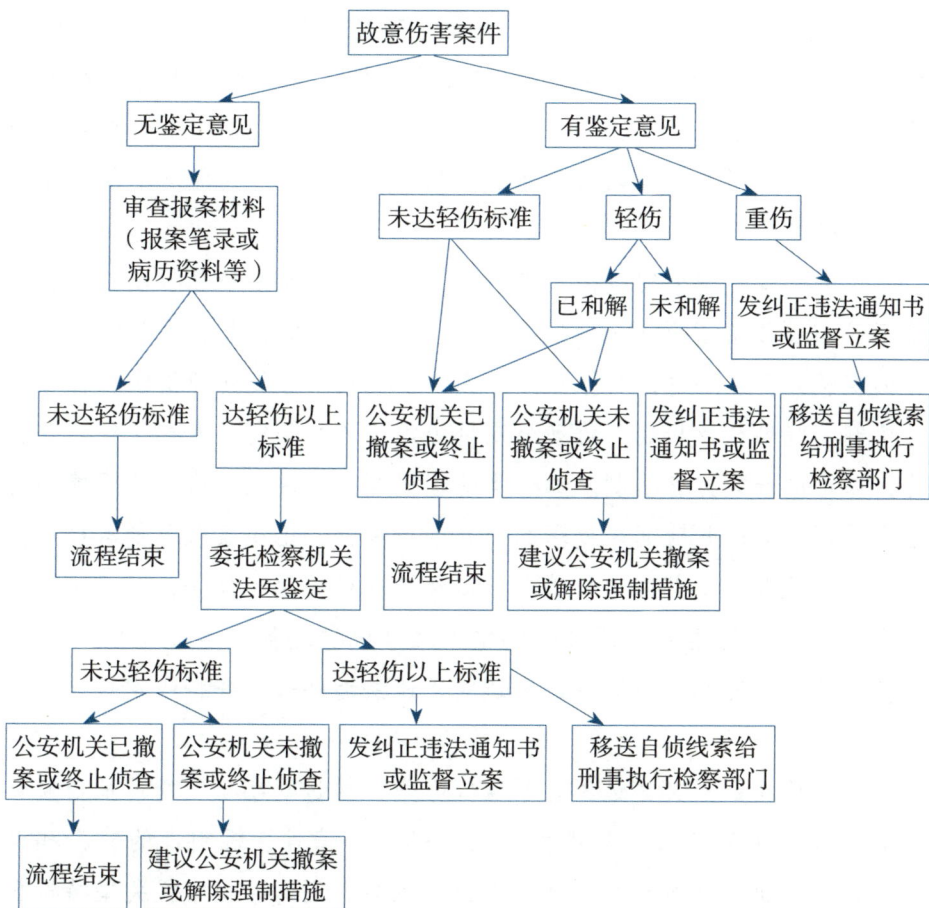

故意伤害案件
├─ 无鉴定意见
│   └─ 审查报案材料（报案笔录或病历资料等）
│       ├─ 未达轻伤标准 → 流程结束
│       └─ 达轻伤以上标准 → 委托检察机关法医鉴定
│           ├─ 未达轻伤标准
│           │   ├─ 公安机关已撤案或终止侦查 → 流程结束
│           │   └─ 公安机关未撤案或终止侦查 → 建议公安机关撤案或解除强制措施
│           └─ 达轻伤以上标准
│               ├─ 发纠正违法通知书或监督立案
│               └─ 移送自侦线索给刑事执行检察部门
└─ 有鉴定意见
    ├─ 未达轻伤标准
    │   ├─ 公安机关已撤案或终止侦查 → 流程结束
    │   └─ 公安机关未撤案或终止侦查 → 建议公安机关撤案或解除强制措施
    ├─ 轻伤
    │   ├─ 已和解
    │   └─ 未和解 → 发纠正违法通知书或监督立案
    └─ 重伤
        ├─ 发纠正违法通知书或监督立案
        └─ 移送自侦线索给刑事执行检察部门

图 1　故意伤害案件模式化操作流程

## 五、如何以法律监督促进治理实效

数字监督通过"个案办理—类案监督—系统治理"的重塑性理念，要求检察机关通过数字赋能解决执法司法中存在的难点、堵点。以上述变相下行的故意伤害类案件为例，经综合分析发现，部分基层民警在办理案件过程中，不规范、不及时、不全面甚至违法处理案件，不仅影响案件公正处理、引发信访风险、激化社会矛盾，更将催化权力腐败。为此，诸暨市检察院针对当前故意伤害案件办理中存在的责任意识不强、执法能力不足、风险预警不及时等问题，向公安机关发出检察建议，并提出开展全市专项检查、统一执法尺度、强化业务培训等具体措施。收到检察建议后，公安机关组织开展了全市故意伤害下行案件的全面清理，出台文件规范了办案程序，发现了一批不当下行的案件。截至目前，诸暨市检察院已发出纠正违法通知书 5 份，侦查活动监督通知书多份，发现公安机关办案人员涉嫌违法案件 6 件，1 件已经立案侦查并采取强制措施。

为进一步规范公安机关侦查行为，完善下行案件监督机制，诸暨市检察院与诸暨市公安局会商签订《关于深入开展刑拘下行案件监督工作的实施意见》，建立下行案件信息共享机制、分类处理机制、检查跟踪机制、联席会议机制，推动公安机关规范不当下行或变相下行处理行为，以形成长效监督机制。如分类处理机制，要求注重区分不同情形的分类处理，对较长时间未处理的变相下行案件，由检察机关刑事检察部门向公安机关法制部门通报情况，提醒公安机关及时侦查；对长时间未处理的变相下行案件，通过一体化办案系统发送侦查活动监督通知书；对违法下行、变相下行案件，发送纠正违法通知书，并将线索移送侦查部门。

数字检察的意义远远不止于监督办案，通过数字赋能发现批量监督线索，开展类案监督，从中发现相关部门普遍性、机制性的缺失和漏洞，是检察机关促进社会治理的最佳切入口。同时，检察机关坚持把数字优势转化为社会治理效能，以数字检察为牵引，以类案监督为核心，加强纵向的上下级检察院和横向的"四大检察""十大业务"深度融合，充分运用"三查融合"，努力走出一条有影响力和辨识度的检察创新发展之路。

案件承办人：
　　孙孝良　郭丁涛（诸暨市人民检察院）

案例撰写人：
　　郭丁涛　何丹（诸暨市人民检察院）

案例审核人：
　　陈阳（浙江省人民检察院）

# "数字画像"毒品类案监督

◇ 湖州市吴兴区人民检察院

## 关键词

涉毒人员　数字画像　禁毒监管　寄递治理

## 要旨

提炼毒品案件的四大要素特征：身份信息、社交账号信息、金融账号信息、上下家关系信息，构建涉毒人员"数字画像"的数据库。结合到案人员手机中存储的电子数据，通过检索身份要素，发现批量贩卖毒品的犯罪线索。由贩毒监督向关联犯罪监督延伸，形成对贩毒人员、渎职人员、洗钱人员的全方位监督并拓展禁毒工作路径，融入寄递渠道治理，实现监督和治理双赢。

## 基本情况

针对毒品案件交易对象交叉混杂、身份隐匿等特点，吴兴区检察院集中采集、录入贩毒、吸毒等涉毒人员的身份、社交账号、交易账号、上下家关系等信息，搭建涉毒人员信息数据库。此外，通过获取吸毒人员行政处罚数据、强制隔离戒毒人员数据等，建立并不断补充涉毒人员的数据信息，编制涉毒人员的关系网。通过数据库对涉毒被监督人员"数字画像"，发挥数字碰撞检索功能，强化涉毒犯罪领域的法律监督。截至目前，重点梳理毒品犯罪监督线索共计 100 余条，已监督到案并作出生效判决共计 22 人。

### 📖 线索发现

吴兴区检察院在办理李某某等人贩卖毒品案过程中，发现该团伙对外统一代号，通过手机即时通信软件与购毒人员在线上达成毒品交易合意。贩毒人员在收取毒资后，发送埋藏毒品的地点，由购毒人员自取毒品实现毒品交易。经过勘查涉案电子数据，发现微信中相关涉毒人员的非实名信息，因其具有贩毒前科故曾在前案中出现；同时，该团伙在固定辖区内以小额散货方式进行频繁、非接触式交易，埋藏毒品的聊天记录和转账记录之间时间差较小，通过时间比对可以进行精准匹配。通过筛查手机所存储电子数据，并与涉毒人员的数据库进行碰撞，查实下游贩卖毒品人员身份及毒品交易去向，监督成效较为显著。

### 📖 数据分析方法

#### 数据来源

1. 办理涉毒人员手机电子数据（源于审查起诉案件涉案手机）；

2. 涉毒人员信息（源于已办涉毒案件、中国裁判文书网）；

3. 吸毒行政处罚、强制隔离戒毒人员信息（源于公安机关、司法局等）。

#### 数据分析关键词

通过提炼毒品案件四大要素，即所有涉毒人员身份信息（如绰号等）、社交账号信息（如微信等）、金融账号信息（如支付宝等）、上下家关系信息等构建本地毒品数字画像数据库，并结合到案人员手机所存储的电子数据，还原毒品交易环节，并根据上述要素，从确定真实身份到提炼疑似贩毒事实，确定尚未到案的贩卖毒品犯罪嫌疑人。

#### 数据分析步骤

第一步：搭建涉毒人员信息数据库，绘制上下家层级概况。通过提炼毒品案件四大要素特征，本市涉毒案件人员身份信息（如绰号等）、社交账号信息（如微信等）、金融账号信息（如支付宝等）、上下家关系信息等构建本地毒品数字画像数据库，运用于后期身份比对。

获取本市吸毒人员名单、强制隔离戒毒人员名单，搭建吸毒、戒毒人员数据库，用于涉毒人员身份完善。

第二步：勘查到案犯罪嫌疑人的手机，排查疑似毒贩的犯罪事实。即通过手机聊天记录关键词如"东西""个"等检索发现毒品交易信息，比对毒资转账信息，分析出具体交易事实。

第三步：检索涉毒人员真实身份。即根据身份线索碰撞比对，将疑似毒贩身份要素（昵称、微信名、联系方式等），输入涉毒人员信息库，检索同一人的真实信息记录。

第四步：综合分析研判，分类监督。

**思维导图**

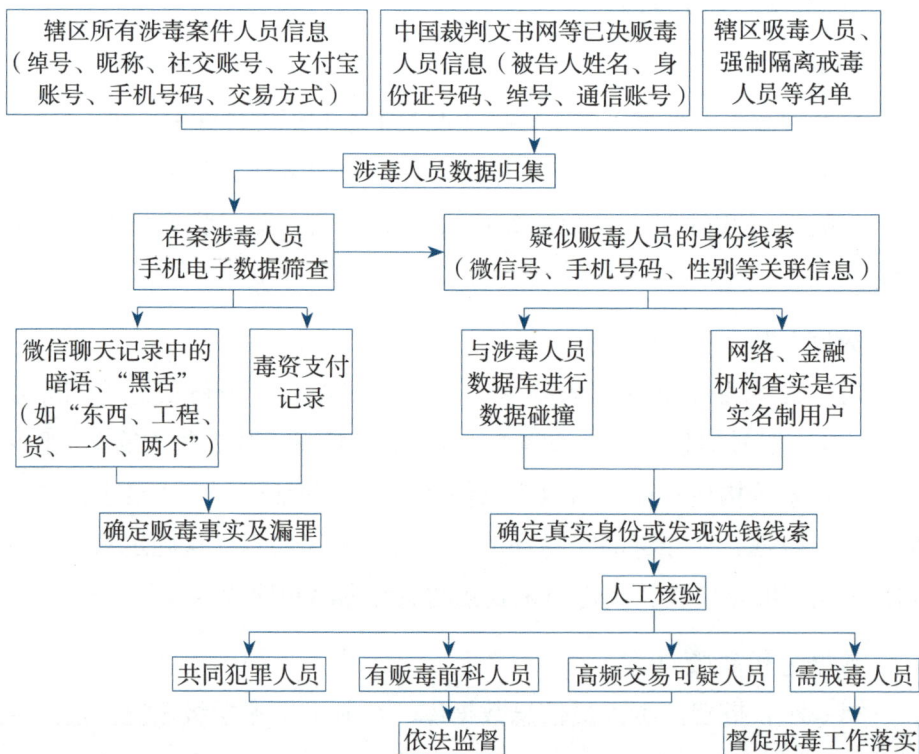

## 📖 检察融合监督

### 涉毒刑事案件监督

从个案线索发现，到向类案监督延伸，通过勘查手机存储的电子数据，依托搭建涉毒人员数据库，进行深入排查线索。以贩毒、洗钱双向审查的模式，一方面全面排查涉毒犯罪，深挖贩毒人员监督线索；另一方面精准打击洗钱犯罪，着力查实涉毒人员非实名账户收取毒资线索。重点梳理出贩卖毒品刑事犯罪监督线索100余条，立案监督84人，已作出生效判决22人，3人被判处十五年以上有期徒刑，发现洗钱犯罪1件，成功监督到案。

### 自侦犯罪线索移送

涉毒案件侦查的特殊性，使得禁毒民警和涉毒人员之间可能存在一定的越界行为。在办理毒品案件过程中，对于明显存在下游涉毒人员却未被立案，而检察机关已多次督促仍怠于履职情形，初步判断存在渎职等违法犯罪线索。吴兴区检察院发现1件线索，及时移送检察侦查部门，查实禁毒民警涉嫌徇私枉法罪。

## 📖 社会治理成效

### 参与禁毒工作，实现闭环监督

吴兴区检察院通过涉毒案件的类案监督，拓展禁毒工作的开展路径。对于经分析研判属于购毒自吸人员的，结合辖区内吸毒人员数据库比对结果可判断购毒自吸人员，进一步跟踪吸毒人员的处理，落实戒毒工作有效开展。

### 切断寄递渠道，助力常态治理

梳理辖区内发生的寄递毒品案件，向邮政管理部门发出检察建议，督促其严格落实"收寄验视、实名收寄、过机安检"三项制度，及时制定行业规范、标准。吴兴区邮政管理部门对此开展专项整治活动，全面提升辖区寄递渠道禁毒工作水平，制定《禁止寄递物品管理规定》，企业内部也采取自查通报、采集证据等措施和机制，并根据线索协助公安破获 1 起新型毒品寄递案件。

### 📖 法律法规依据

1.《中华人民共和国刑法》第一百九十一条　为掩饰、隐瞒毒品犯罪、黑社会性质的组织犯罪、恐怖活动犯罪、走私犯罪、贪污贿赂犯罪、破坏金融管理秩序犯罪、金融诈骗犯罪的所得及其产生的收益的来源和性质，有下列行为之一的，没收实施以上犯罪的所得及其产生的收益，处五年以下有期徒刑或者拘役，并处或者单处罚金；情节严重的，处五年以上十年以下有期徒刑，并处罚金：

（一）提供资金帐户的；

（二）将财产转换为现金、金融票据、有价证券的；

（三）通过转帐或者其他支付结算方式转移资金的；

（四）跨境转移资产的；

（五）以其他方法掩饰、隐瞒犯罪所得及其收益的来源和性质的。

单位犯前款罪的，对单位判处罚金，并对其直接负责的主管人员和其他直接责任人员，依照前款的规定处罚。

第三百四十七条　走私、贩卖、运输、制造毒品，无论数量多少，都应当追究刑事责任，予以刑事处罚。

走私、贩卖、运输、制造毒品，有下列情形之一的，处十五年有期徒刑、无期徒刑或者死刑，并处没收财产：

（一）走私、贩卖、运输、制造鸦片一千克以上、海洛因或者甲基苯丙胺五十克以上或者其他毒品数量大的；

（二）走私、贩卖、运输、制造毒品集团的首要分子；

（三）武装掩护走私、贩卖、运输、制造毒品的；

（四）以暴力抗拒检查、拘留、逮捕，情节严重的；

（五）参与有组织的国际贩毒活动的。

走私、贩卖、运输、制造鸦片二百克以上不满一千克、海洛因或者甲基苯丙胺十克以上不满五十克或者其他毒品数量较大的，处七年以上有期徒刑，并处罚金。

走私、贩卖、运输、制造鸦片不满二百克、海洛因或者甲基苯丙胺不满十克或者其他少量毒品的，处三年以下有期徒刑、拘役或者管制，并处罚金；情节严重的，处三年以上七年以下有期徒刑，并处罚金。

单位犯第二款、第三款、第四款罪的，对单位判处罚金，并对其直接负责的主管人员和其他直接责任人员，依照各该款的规定处罚。

利用、教唆未成年人走私、贩卖、运输、制造毒品，或者向未成年人出售毒品的，从重处罚。

对多次走私、贩卖、运输、制造毒品，未经处理的，毒品数量累计计算。

**第三百九十九条第一款**　司法工作人员徇私枉法、徇情枉法，对明知是无罪的人而使他受追诉、对明知是有罪的人而故意包庇不使他受追诉，或者在刑事审判活动中故意违背事实和法律作枉法裁判的，处五年以下有期徒刑或者拘役；情节严重的，处五年以上十年以下有期徒刑；情节特别严重的，处十年以上有期徒刑。

**2.《人民检察院检察建议工作规定》第十一条**　人民检察院在办理案件中发现社会治理工作存在下列情形之一的，可以向有关单位和部门提出改进工作、完善治理的检察建议：

（一）涉案单位在预防违法犯罪方面制度不健全、不落实，管理不完善，存在违法犯罪隐患，需要及时消除的；

（二）一定时期某类违法犯罪案件多发、频发，或者已发生的案件暴露出明显的管理监督漏洞，需要督促行业主管部门加强和改进管理监督工作的；

（三）涉及一定群体的民间纠纷问题突出，可能导致发生群体性事件或者恶性案件，需要督促相关部门完善风险预警防范措施，加强调解疏导工作的；

（四）相关单位或者部门不依法及时履行职责，致使个人或者组织合法权益受到损害或者存在损害危险，需要及时整改消除的；

（五）需要给予有关涉案人员、责任人员或者组织行政处罚、政务处分、行业惩戒，或者需要追究有关责任人员的司法责任的；

（六）其他需要提出检察建议的情形。

---

## 办案心得体会

毒品犯罪危害人民群众生命安全和身体健康，危害社会秩序稳定。习近平总书记多次作出重要指示，要坚持厉行禁毒方针，打好禁毒人民战争。检察机关在办理涉毒刑事案件的同时，要利用好数字化思维，通过"类案数据集成""信息检索提炼""数字画像监督""延伸链条打击"有效开展涉毒案件法律监督工作，对于精准打击涉毒犯罪、提升办案质效、促进司法公正、提升司法公信力具有十分重要的意义。

### 一、涉毒案件监督的现实困境

一是理念上畏难。由于检察机关侦查手段有限，无法深入开展刑事监督，对于非实名人员往往束手无策，在毒品监督案件办理中存在畏难情绪。

二是线索发现难。无论是在审查逮捕还是审查起诉阶段，案件均已经过一段时间再展开侦查，相关材料、程序也均经过侦查机关的过滤、筛选，单纯通过对个案的阅卷已经难以发现监督线索。

三是证据固定难。毒品犯罪本身具有交易方式隐蔽、行为人反侦查意识强等特点，诸如"蝙蝠软件""飞机软件"等新型通信工具层出不穷，人货分离的"埋雷"式交易、虚拟币交易、以网店为幌子交易等新型交易方式不断涌现。犯罪嫌疑人到案后，不配合侦查的情况也是屡见不鲜。这些都可能导致对涉毒案件监督最后无法取得成效。

四是信息不共享。同一名涉毒人员在被不同侦查机关处理时，因讯问侧重内容的不同，产生的碎片化信息无法及时共享，难以发挥集聚效应。

五是定罪标准不同步。部分侦查人员对于涉毒人员认定贩卖毒品数量把握标准未及时更新，忽视有吸毒情节贩毒人员一般应当按照购买毒品数量认定的规定。

## 二、涉毒案件数字化监督的探索

### （一）涉毒案件开展数字化监督的可行性

一是虽然交易非实名化，但是下游交易人员在一定辖区内范围稳定，仍然有迹可循。一般涉毒人员能够进行交易必然基于双方的可信任性，因此往往采用介绍、引荐等方式互相沟通购毒渠道，使得涉毒人员身份信息互相交织。例如，一个案件中的下家可能是另一个案件的上家，一个案件的证人在另一个案件中可能以犯罪嫌疑人身份出现，不同人员和涉毒人员关系的远近，对于该人信息了解存在差异，但均有痕迹可循。

二是交易数据虽然庞杂，但交易行为有规律可查。常见毒品交易模式是现金交易，现金来源往往需要追溯到交易之前，具体时间段无法统一界定，涵盖区间宽泛，无法精准判断，但是特大贩毒团伙在固定辖区内以小额散货方式交易，一般是通过微信等聊天软件确定交易数量，进行操作转账。之后再告知毒品埋藏地点，时间差较小，有比对的可能性。

三是辖区内各侦查机关涉毒案件汇总于检察机关，检察机关有将碎片化信息归集、筛选、比对，进行"数据画像"的条件。针对毒品交易案件中对象交叉混杂、身份隐匿特点，可以集中采集、录入吸毒、贩毒等涉毒人员信息和绰号，创立毒品信息数据库。

### （二）涉毒案件数字化监督的着力点

一是树立主动监督、自行补充侦查的办案意识和理念。对于案件事实、证据、法律和程序应有明确的认知和态度，做到心中有经纬、有尺度。针对侦查机关消极回应、急于抓捕、取证不到位等不利情形，要有理性平和的立场，积极寻求其他途径予以解决。可以联合技术部门对手机存储的电子数据开展实体审查，通过反查电子数据进一步论证犯罪事实，通过对多名前科劣迹人员开展提讯，突破零口供案件，以自行（补充）侦查方式提高监督案件的成案效果。

二是归集碎片化信息，突破数据共享壁垒。毒品案件一大难点在于真实身份的确认，但涉毒人员往往重复作案，在本辖区或者全市范围内被标记为重点吸毒监管人员或者具有贩毒前科、相关案件关联人员的可能性较大。因此，运用集中采集、录入所有涉毒刑事案件中吸毒、贩毒人员信息四要素，即身份信息（如绰号等）、社交账号信息（如微信等）、金融账号信息（如支付宝等）、上下家关系信息等，借助涉毒人员执法司法信息共享，建立涉毒案件信息数据库。在信息采集的基础上，按照一人一词条的方式进行集中输入，对于同一人可能涉及多次行政处罚或者贩毒前科的，在其本人词条中附注录入，这样就会使得同一涉毒人员的"数字画像"基本显现。

三是利用信息分析检索工具，发挥数字化提质效应。重视对毒品上游犯罪人员电子数据的勘查，通过检索工具检索如"东西""1个""茶叶"等关键词，批量筛选疑似毒品的交易聊天记录。比对相近时间段内上下家间的转账记录，确定疑似交易情形。通过特定支付或者聊天工具的昵称、账号，在涉毒人员信息库内筛选，确定犯罪嫌疑人身份信息。例如，有贩毒前科的A通过微信转账向上家频繁购买毒品，对于其微信昵称在A前罪案件中已经采集录入，通过检索即可以明确其身份；又如，无前科记录的B向上家购买大量毒品，B如果在其他案件中作为证人接受过询问，提及其微信或者支付宝信息，通过检索也同样可以明确其身份。换言之，身份库内信息越完善，涉毒人员涵盖越广，可以检索出真实身份的可能性就越大。

（三）数字化监督需要优化和完善数据归集路径

目前，不同地区、不同部门归集数据方式各自为战，无法实时同步更新。在每次检索后，需要重新上传数据，无法直接增加系统数据后进行操作，因此需要进一步探索完善程序和打破地区屏障。可以参照公安机关"犯罪人员DNA数据库"建立全省涉毒人员信息库，由全省检察干警实时、同步录入信息，突破地域和信息重复上传的困难，进一步扩大数据库人员，增加涉毒人员信息汇集的数量，实现非实名人员库内身份落地的可能性。

### 三、案件办理的借鉴意义

吴兴区检察院顺应和落实全省数字化改革需求和相关会议精神，深入探索涉毒犯罪数字化监督，利用大数据赋能，构建"一库数据管理、一键应用分析、一体协同办案、一案辐射延伸、一端融合治理"的"五个一"毒品类案数字化办理体系，实现精准类案监督和融合式监督。

（一）以监督理念与办案模式双转变，开辟毒品监督新路径

坚持"问题导向＋主动监督＋数据赋能"理念，通过深入研判毒品犯罪形势，突破传统办案模式，探索监督办案路径，建立毒品专案模式，以大数据分析作为主要手段，及时将毒品案件的重点从个案办理转变为类案分析研判。

（二）以信息技术和数字赋能为双支撑，提升毒品监督质效

运用技术手段，根据关键词，自动采集信息，自动分析比对，从个案查扣的涉毒人员社交软件中检索所有疑似参与贩毒人员。

（三）以类案办理与社会治理双辐射，推动监督集群效应

由毒品监督向关联性犯罪监督延伸，深入全链条犯罪打击，形成贩毒人员、渎职人员、洗钱人员全方位监督，同时拓展禁毒工作路径，强化吸毒监管行政衔接，融入寄递渠道治理，赋能社会治理实现双赢共赢。


案件承办人：

　　叶玲　徐秋燕（湖州市吴兴区人民检察院）

案例撰写人：

　　徐秋燕（湖州市吴兴区人民检察院）

案例审核人：

　　刘文霞（浙江省人民检察院）

# 平台类案件"两项监督"数字化应用

◇ 宁海县人民检察院

## 📖 关键词

期货平台　网络技术　非法经营　立案监督

## 📖 要旨

依托于信息网络技术的平台类犯罪案件，由于涉及人员众多，存在一定的立案监督空间。检察机关通过检察数据应用平台进行"数据建模＋关键词"智能化检索，以涉案平台的数据库文件为切入口，根据案件核心字段截取有效数据，结合案情设定符合立案标准的敏感阈值，筛选出价值数据，与银行流水、被害人陈述等证据进行碰撞、比对，发现证据链完整程度较高的立案监督线索。注重拓展平台类案件"两项监督"数字化办理场景应用，加强与公安机关的沟通，在实现程序公正基础上提升办案质效。

## 📖 基本情况

2021年，宁海县检察院在办理"金手指"期货平台诈骗案中发现，部分高级管理人员（"团队长"）明知公司未经国家有关主管部门批准，仍以高额利息回报为诱饵吸引他人投资期货产品，涉嫌犯罪但未被立案侦查。对此，宁海县检察院坚持类案监督思维，对该线索进行分析归纳，利用浙江检察数据应用平台搭建数据模型，结合人工审查、数据筛查碰撞，精准挖掘出"金满溢""金鼎国际""创梦奇"等其他 3 个期货平台，审查发现 38 名人员涉嫌犯罪，向公安机关发出 4 份要求说明不立案理由通知书。

### 📖 线索发现

随着互联网的高速发展，非法期货交易也通过多种新形式、新手段侵入投资者的生活。虚假的期货交易平台层出不穷，利用高额收益诱骗投资者在平台开户注资，再使其"血本无归"。此类案件往往具有涉案金额大、投资人多、平台存活时间短等特点，发现、查证较为困难。

2021 年 3 月，宁海县检察院在审查"金手指"主要犯罪嫌疑人陈某某涉嫌诈骗案时发现，该案另一主犯刘某某已以涉嫌诈骗罪被提起公诉，且平台主要管理人员均已被立案查处，但与案件相关的专门从事宣传引诱投资人投资，并从中赚取介绍费及提成的"团队长"却大多未被立案。这些"团队长"明知公司未经国家有关主管部门批准经营期货业务，仍以高额利息回报为诱饵吸引他人投资期货产品，通过拉业务、发展下线牟取暴利，已涉嫌非法经营罪。宁海县检察院认为平台类犯罪案件具有一定相似性，"团队长"未被追究刑事责任的问题并非个例，应该还存在同类案件、同类人员未被追究相关责任的情况，有必要通过大数据分析开展专项治理。

### 📖 数据分析方法

#### 数据来源

1. 案件基本信息数据（源于检察业务应用系统）；

2. 期货平台后台数据（源于政法一体化共享平台，也可通过随案移送的电子证据获取）；

3. 银行交易流水（源于金融机构，可通过浙江省检察院银行账户数字化查询系统查询）；

4. 被害人笔录（源于检察业务应用系统）。

### 数据分析关键词

当前，期货型非法经营类案件大多都是结合信息网络技术，委托他人开发专门的期货交易软件，租用第三方服务器和数据库，搭载期货交易平台，并且注册成立专门的公司对外宣传从事期货交易，让投资人在该软件内从事期货交易，允诺包赚不亏。基于对案件特性的分析，判断此类案件的案情摘要中会大概率出现"平台""期货""保险仓"三个词，将这三个词作为关键词搭建数据模型，对检察业务应用系统内的案件基本信息数据进行分析筛查，再结合涉案期货平台后台数据、银行流水、被害人笔录，排查出涉非法销售期货人员线索。

### 数据分析步骤

第一步：依托浙江检察数据应用平台进行数据建模，以检察业务应用系统内的案件基本信息表作为数据源，增设筛选条件，初步检索出本院所有的一审公诉案件。再将该检索结果作为上游数据集，连接下游条件算子，以"案情摘要"字段为条件字段进行模糊查询，筛查出案情中包含"期货""平台""保险仓"这三个关键词中任意一个的案件。

第二步：对上一步骤筛选得到的案件数据集进行人工审查，挖掘出涉期货型非法经营类案件线索。

第三步：从政法一体化共享平台中提取案件中涉及期货平台的后台电子数据，并对其筛选、重构、整合，形成一张包含身份信息、推荐人ID、团队总人数、提现奖金、虚拟奖金等关键信息的数据表。对数据表中团队总人数、提现奖金、虚拟奖金等信息，设定敏感阈值，根据阈值筛选异常数据，排查出涉非法销售期货高度可疑人员作为拟立案监督对象。

第四步：将涉案期货平台及被害人的银行流水信息、被害人笔录进行格式化处理，提取介绍人信息、投资金额、返利金额等要素，形成两个数据表。

第五步：将第四步得到的两个数据表同第三步得到的拟立案监督对象数据表进行对比碰撞，根据证据链条完整性程度分类办理。对证据链条完整性程度较高、电子数据充分且言词证据可印证的，要求公安机关

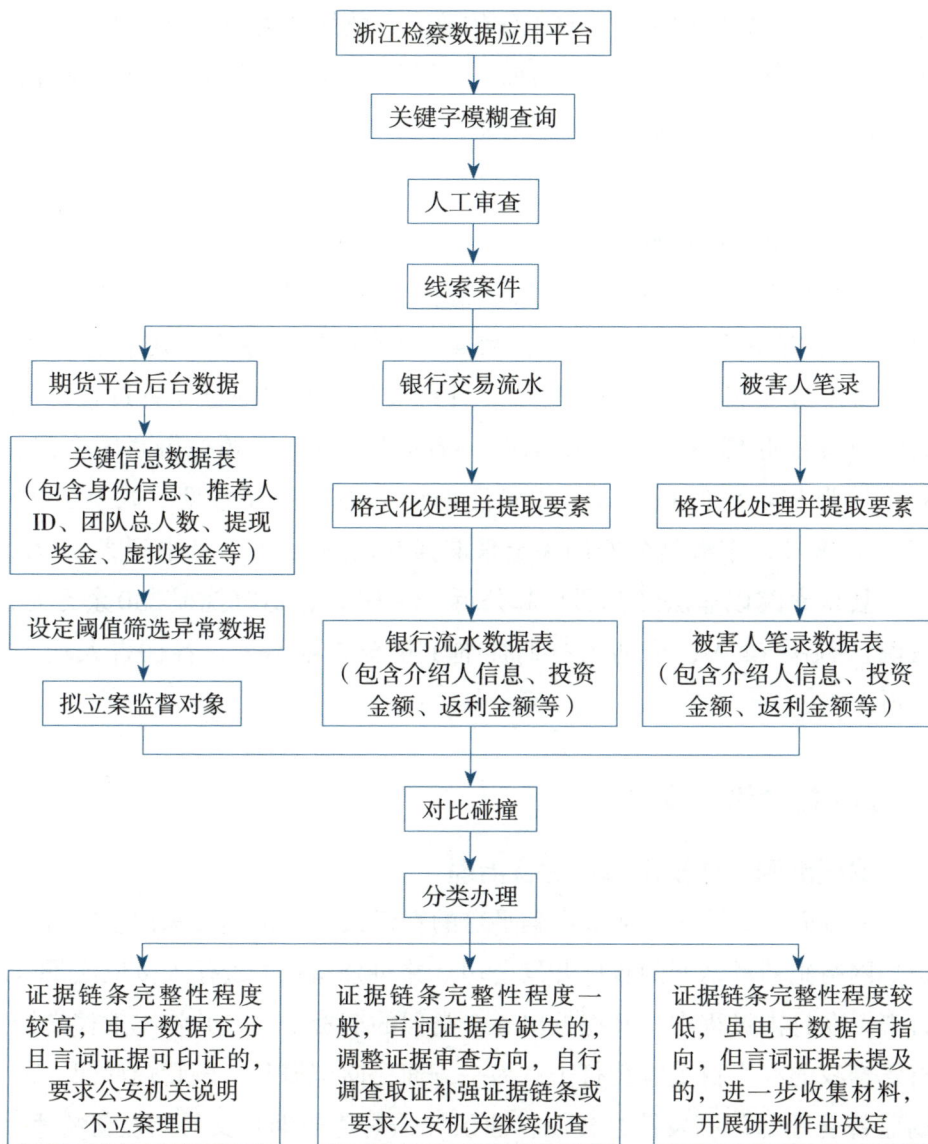

说明不立案理由；对证据链条完整性程度一般，言词证据有缺失的，调整证据审查方向，自行调查取证补强证据链条或要求公安机关继续侦查；对证据链条完整性程度较低，虽电子数据有指向，但言词证据未提及的，进一步收集材料，开展研判作出决定。

**思维导图**

```
              ┌─────────────────────┐
              │ 浙江检察数据应用平台 │
              └─────────────────────┘
                        │
              ┌─────────────────────┐
              │   关键字模糊查询     │
              └─────────────────────┘
                        │
              ┌─────────────────────┐
              │      人工审查        │
              └─────────────────────┘
                        │
              ┌─────────────────────┐
              │      线索案件        │
              └─────────────────────┘
         ┌──────────────┼──────────────┐
   ┌───────────┐  ┌───────────┐  ┌───────────┐
   │期货平台后台数据│ │银行交易流水│ │被害人笔录│
   └───────────┘  └───────────┘  └───────────┘
         │              │              │
┌──────────────┐        │              │
│ 关键信息数据表 │        │              │
│（包含身份信息、│        │              │
│推荐人ID、团队总│        │              │
│人数、提现奖金、│        │              │
│虚拟奖金等）   │        │              │
└──────────────┘ ┌──────────────┐ ┌──────────────┐
         │       │格式化处理并提取要素│ │格式化处理并提取要素│
┌──────────────┐ └──────────────┘ └──────────────┘
│设定阈值筛选异常数据│      │              │
└──────────────┘ ┌──────────────┐ ┌──────────────┐
         │       │ 银行流水数据表 │ │ 被害人笔录数据表 │
┌──────────────┐ │（包含介绍人信息、│ │（包含介绍人信息、│
│ 拟立案监督对象 │ │投资金额、返利金额│ │投资金额、返利金额│
└──────────────┘ │等）          │ │等）          │
                 └──────────────┘ └──────────────┘
                        │
              ┌─────────────────────┐
              │      对比碰撞        │
              └─────────────────────┘
                        │
              ┌─────────────────────┐
              │      分类办理        │
              └─────────────────────┘
         ┌──────────────┼──────────────┐
┌──────────────┐ ┌──────────────┐ ┌──────────────┐
│证据链条完整性程度│ │证据链条完整性程度│ │证据链条完整性程度较│
│较高，电子数据充分│ │一般，言词证据有缺│ │低，虽电子数据有指│
│且言词证据可印证的，│ │失的，调整证据审查│ │向，但言词证据未提│
│要求公安机关说明│ │方向，自行调查取证│ │及的，进一步收集材料，│
│不立案理由    │ │补强证据链条或要求│ │开展研判作出决定│
│              │ │公安机关继续侦查│ │              │
└──────────────┘ └──────────────┘ └──────────────┘
```

## 📖 检察融合监督

### 数据筛查锁定监督线索

以个案为切入口，研判分析，得出数据分析关键词，通过数据建模，充分利用浙江检察数据应用平台、检察业务应用系统、政法一体化共享平台等现有平台，检索类案，通过数字赋能来撬动立案监督整治工作，积极发挥数据对法律监督工作的放大、叠加、倍增作用。通过上述筛查流程结合人工审查，截至目前，宁海县检察院已挖掘4起同类案件，从中发现38名犯罪嫌疑人涉嫌犯罪，向公安机关发出4份要求说明不立案理由通知书。

### 协作办案保障监督成效

建立线索发现、处理、跟踪全流程高效闭环机制，按照"1+1+1"（1名检察办案人员+1名公安民警+1个非法期货平台）配备办案人员，排定进度表、作战图，实行一日一报告，实时跟进侦查过程，及时解决案件办理中出现的新情况、新问题。召开专题检警联席会议，对于加强和规范侦查取证、扣紧证据锁链提出指导意见。截至2022年3月28日，宁海县公安局决定采取强制措施25人，其中到案21人；宁海县检察院以非法经营罪提起公诉3件16人，追赃挽损230余万元；法院已判决14人，刑期为有期徒刑1年至3年不等，各被告人均未上诉。

## 📖 社会治理成效

### 追根溯源，深挖犯罪，综合治理

一方面，对该4个期货诈骗平台的责任人进行讯问，深挖涉嫌帮助信息网络犯罪活动罪的软件开发公司，并对公司相关责任人员依法予以打击，在打击过程中，又挖掘出5个类似的期货平台，并将线索移交给有管辖权的办案机关继续打击。另一方面，向宁海县金融管理部门、市场监督管理部门制发检察建议，建议加强对违规期货交易的监督检查，加强对网络平台经营者的宣传教育，推进网络空间治理。

### 实现场景应用与切换，扩大监督成效

针对平台类案件存在数据库文件这一重要特征，宁海县检察院结合该期货平台案办理经验，建立了一个相对成熟的两项监督数字化办理场景应用。宁海县检察院将该场景应用推广至其他平台类案件，在网络赌博平台类案件中排摸出 600 余条监督线索，经进一步核查后对 60 名涉嫌犯罪的人员进行立案监督。

### 📖 法律法规依据

1.《中华人民共和国刑法》第二百二十五条　违反国家规定，有下列非法经营行为之一，扰乱市场秩序，情节严重的，处五年以下有期徒刑或者拘役，并处或者单处违法所得一倍以上五倍以下罚金；情节特别严重的，处五年以上有期徒刑，并处违法所得一倍以上五倍以下罚金或者没收财产：

（一）未经许可经营法律、行政法规规定的专营、专卖物品或者其他限制买卖的物品的；

（二）买卖进出口许可证、进出口原产地证明以及其他法律、行政法规规定的经营许可证或者批准文件的；

（三）未经国家有关主管部门批准非法经营证券、期货、保险业务的，或者非法从事资金支付结算业务的；

（四）其他严重扰乱市场秩序的非法经营行为。

2.《中华人民共和国刑事诉讼法》第一百一十三条　人民检察院认为公安机关对应当立案侦查的案件而不立案侦查的，或者被害人认为公安机关对应当立案侦查的案件而不立案侦查，向人民检察院提出的，人民检察院应当要求公安机关说明不立案的理由。人民检察院认为公安机关不立案理由不能成立的，应当通知公安机关立案，公安机关接到通知后应当立案。

────────| **办案心得体会** |────────

　　数字化改革的基础是海量的数据，没有数据作支撑，大数据研判就无从谈起，解决数据来源是数字化监督的大前提。在获取海量数据后，如何运用高效可复制的手段剔除无效数据，找出价值数据，是从个案到类案转变的核心要素。在制发监督文书后，如何凝聚公安机关合力，让监督线索有效落地，是促使监督效果最大化的关键。在期货平台非法经营案中，宁海县检察院另辟蹊径，将刑事案件的电子证据作为数据来源，根据案情科学运用数据库技术，充分挖掘批量的立案监督线索，并加强与公安机关的合作，确保线索有效落地。

## 一、如何发现线索

　　刑事检察部门每天都会办理大量的基础案件，每一起案件涉及多方人与事，而在这些基础案件中，公安机关遗漏的人与事可能就是检察机关的监督对象。在数据壁垒未完全打破的前提下，检察机关不能一味地索取数据，而是可以对现有数据进行二次利用。

　　宁海县检察院在办理陈某某诈骗案中发现，期货平台诈骗案的诈骗模式基本一致，即行为人委托他人开发专门的期货交易软件，并租用第三方服务器和数据库，搭载期货交易平台，通过注册成立专门的公司对外宣传从事期货交易。公司对外宣传该期货交易软件与国际期货市场对接，让投资人在期货交易软件内从事期货交易，并承诺包赚不亏。公司允许投资人发展下线投资人，每发展100余个投资人可以成为区级代理，五个区级代理成为市级代理，五个市级代理成为省级代理，每发展一个投资人可以从平台获取6美元的推介费，每名下线投资人每操作一单，区级代理获利4美元、市级代理获利2美元、省级代理获利1美元。因此，在平台运行过程中，产生了大量以赚取推介费、提成作为盈利目的的"团队长"。

　　本质上，期货投资平台实行资盘分离，并未与真实的期货市场对接，投资人资金并未进入真实交易市场，而是进入了犯罪嫌疑人控制的个人账户，形成了庞大的资金池。"团队长"利用该平台的运行模式车取暴利，已涉嫌非法经营罪，但公安机关并未立案侦查。

该院在进一步审查后发现，平台类案件的共有特征是运行离不开软件、网络、服务器、数据库。犯罪嫌疑人为节省成本和开发效率，通常会租用第三方服务器和数据库，如阿里云、腾讯云等。案发后，犯罪嫌疑人往往无法及时破坏后台数据，公安机关可以从云平台中导出数据库文件。只要平台类案件存在数据库文件，检察机关便可对该部分电子数据进行智能化应用，通过数据库技术挖掘立案监督线索。

平台的相似性是类案监督的前提。该院对陈某某诈骗案进行个案解析，根据涉案"金手指"平台得出数据分析关键词"平台""期货""保险仓"，充分利用浙江检察数据应用平台、检察业务应用系统等现有平台进行数据建模，在以往办理的案件中开展类案检索，在"金手指"平台之外，又排摸出"创梦奇""金满溢""金鼎国际"3个经营模式高度类似的非法经营期货平台，并提取了相应的平台电子数据。

## 二、如何挖掘、筛选现有数据

检察机关大部分类案监督场景需要大量的外部数据，在检察数字化改革过程中，外部信息共享渠道不够畅通，在打通数据壁垒方面遭遇了不少阻力，目前仍未实现核心数据的共享。但期货平台型类案监督应用场景最大特征就是不需要外部数据，即不需要公安机关、人民法院、行政机关的数据。如何对检察机关掌握的案件数据再次利用，是立案监督的关键。以期货平台案为例：

（一）截取核心字段，剔除数据库文件中 99% 的无效数据

上述 4 个期货平台的电子数据中包括下载自犯罪嫌疑人租用的第三方云平台的期货平台后台数据库文件，该数据杂乱无序，每个平台的数据库中的数据表文件多达六七十个，每个数据表记录了不同的信息，大部分数据表中记录有上万条的信息。如何将原始数据转化为更为直观的数据，是检察机关需要思考的问题。刑事检察部门要与检察技术部门联

动，对这些数据库文件进行重构，新建数据库并导入数据表文件，同时利用 SQL 语句对重构的数据库进行查询、筛选，新建包含身份信息、推荐人 ID、团队总人数、提现奖金、虚拟奖金等案件核心字段的数据表，并将该数据表导出为 Excel 文件，从而化"无序"为"有序"，实现"杂乱数据"到"价值数据"的筛选。

（二）确定敏感阈值，对剩余 1% 的价值数据二次筛选

将基础数据与案情结合，根据五个区级代理成为市级代理，五个市级代理成为省级代理的组织架构，将打击层级控制在市级以上，根据推介费、提成比例进行反推，将打击对象的提现金额底线设置为 10 万元，吸引的投资人数控制在 100 人以上，将该三个要求设定为敏感阈值，最后筛选出同时达到三个敏感阈值以上的价值数据 500 余条，并将该数据确定为拟立案监督对象。

（三）与资金流水等其他证据碰撞，确定 100% 监督数据

电子数据除后台数据库文件外，还包括被害人的银行流水、平台的银行流水、被害人笔录数据化形成的数据表。将拟立案监督对象 500 余人的数据与上述数据进行智能化比对、碰撞，将比对结果进行分类处理，根据证据链条完整性程度构建红黄绿风险指数"三色图"。针对证据链条完整性程度较高，电子数据充分且言词证据可印证的绿色板块人员，向公安机关制发要求说明不立案理由通知书。针对证据链条完整性程度一般，言词证据有缺失的黄色板块人员，调整证据审查方向，自行调查取证补强证据链条或要求公安机关继续侦查。针对证据链条完整程度较低，电子数据有指向，但言词证据未提及的红色板块人员，进一步收集材料，开展研判作出决定。最终 4 个平台确定立案监督人员 38 人。

## 三、如何提高监督质效

使监督线索有效落地的关键在于降低公安机关人员抵触心理，而降低公安机关人员抵触心理的关键在于化单方胜利为双方共赢，甚至多方共赢。提升检警凝聚力是立案监督效果最大化的关键。宁海县检察院通

过自上而下且强有力的协调措施，使得检察机关与公安机关没有出现因监督而致立场对立，反而充分发挥了各自的主观能动性，产生了良好的打击犯罪效果。

（一）召开专题检警联席会议

宁海县检察院、宁海县公安局分管相关工作的院领导在注重办案普遍正义的基础上，通过召开专题检警联席会议，研究确定侦查审查方向，保障配强办案力量，明确办案期限。

（二）成立检警协作办案组

鉴于此次立案监督对象较多，宁海县检察院按照"1+1+1"（1 名检察办案人员 +1 名公安民警 +1 个非法期货平台）配备专门的检察办案人员，一对一跟进，及时解决案件办理中出现的新情况、新问题，实时对加强和规范侦查取证、扣紧证据锁链提出指导意见，在行动上及时支持公安机关，提高公安机关的办案效率。

在数字时代，将"侦查思维""审查思维"与"大数据思维"融合，结合人工智能和人类智慧，形成具有可复制性、可推广性的两项监督数字化办理场景应用，才能实现场景应用的自主切换与适用，继而主动、精准地发现刑事案件中隐藏在大数据里的监督线索，从而达到平台类案件监督全覆盖的效果。在当前数据共享仍有一定阻力的情况下，期货平台类案监督的场景应用可以开启检察机关法律监督新模式，属于一条新的路径。

案件承办人、案例撰写人：

张涛　葛皓皓（宁海县人民检察院）

案例审核人：

高利民（浙江省人民检察院）

# 涉卖淫案件徇私枉法类案监督

◇ 湖州市人民检察院
◇ 长兴县人民检察院

### 📖 关键词

组织、介绍卖淫罪　徇私枉法　侦诉协同　监检协作

### 📖 要旨

分析公安民警查处涉卖淫刑事案件徇私枉法个案，评估全市涉卖淫刑事案件总体情况，通过提取检察机关立案监督、犯罪活动持续时间、涉案人员前科、涉案场所、异地管辖等要素特征，发现司法工作人员相关职务犯罪的类案线索。检察侦查部门在侦查办案中注重向刑事检察部门移送监督线索，实现由刑事检察监督促进检察侦查办案，再由检察侦查办案反哺刑事检察监督的良性循环。

### 📖 基本情况

长兴县检察院在办理涉卖淫刑事案件中发现，存在公安民警通过隐瞒不报、泄露警情等手段包庇纵容犯罪嫌疑人的个案线索。经调查核实，湖州市检察院立案侦查公安民警张某某等人徇私枉法案。涉卖淫犯罪嫌疑人出于利益需求，为了使自己的涉卖淫犯罪行为能长期进行，往往有意拉拢贴近公安人员，通过吃请甚至免费提供场所服务来腐蚀公安人员，从而形成"保护伞"。湖州市检察机关坚持类案监督思维，利用

检察业务应用系统、看守所在押人员信息系统、浙江省检察院银行账户数字化查询系统等数据源，进行数据组合、碰撞、筛查，结合人工审查分析，精准排摸"保护伞"线索。在筛查出的涉卖淫刑事案件761件线索中，发现司法工作人员职务犯罪线索9条，已立案侦查8件8人。

### 📖 线索发现

2020年，长兴县检察院在办理刘某文涉嫌介绍卖淫案件中发现，犯罪嫌疑人刘某文介绍卖淫的对象中有两名嫖客是辖区内公安民警，但该两名民警只被作出行政处罚和开除公职的处理。经刑事检察部门移送线索，检察侦查部门分析研判后认为，该案背后可能存在公安民警充当"保护伞"的问题，遂开展了调查核实。检察机关最终发现，公安民警张某某免费接受刘某文介绍的卖淫女提供性服务，故意包庇、放纵有介绍卖淫犯罪事实的刘某文，不使其受到追诉。

结合该案特点，湖州市检察院详细分析涉卖淫刑事案件中公安民警可能渎职的主要原因以及常见手段。经综合分析研判，检察机关认为该案绝非个例。涉卖淫刑事案件严重危害社会和谐稳定，公安民警在该领域充当"保护伞"更是将极大损害司法公正，有必要利用大数据进行类案线索筛查，集中开展专项整治。

### 📖 数据分析方法

#### 数据来源

1. 涉卖淫刑事案件（源于检察业务应用系统）；

2. 刑事检察部门立案监督数据、刑事案件卷宗材料（源于检察业务应用系统）；

3. 人口信息、行政处罚等前科（源于公安机关人口综查系统等）；

4. 涉案场所报警数据（源于公安机关110接警平台）；

5. 看守所在押人员信息（源于浙江省公安监管综合信息平台）；

6. 银行账单数据（源于浙江省检察院银行账户数字化查询系统）；

7. 公安机关民警通讯录（源于浙政钉）。

### 数据分析关键词

对涉卖淫刑事案件重点检索以下关键词：一是立案监督，检索检察机关立案监督的涉卖淫类刑事案件；二是关联人员，案件中多人被立案侦查，但部分关联人员，甚至是主要人员未被追究刑事责任；三是行为时间，涉嫌犯罪行为持续时间较长，公安机关长时间未立案侦查的案件；四是前科劣迹，排查涉案人员曾被治安处罚、涉案场所日常警情突出的情况；五是涉案场所，排查涉案场所距离公安派出所较近的情况；六是异地管辖，排查涉卖淫案件由异地公安机关办理的情况。

### 数据分析步骤

第一步：选取涉卖淫犯罪罪名，通过检察业务应用系统获取近十年涉卖淫刑事案件，将行为时间跨度设置为基础筛查条件，选取涉卖淫犯罪活动持续时间较长（3个月以上）的案件，同时筛选其中刑事检察部门曾立案监督的案件，得出初筛案件清单。

第二步：以关键词为筛查条件，结合检察业务应用系统等数据，筛选侦办人员、涉案人员、涉案场所等关键要素点。重点排查：（1）同一案件中部分犯罪嫌疑人被立案侦查，但部分关联人员甚至主要人员未被追究刑事责任的案件；（2）涉案场所在公安派出所附近，或者由异地公安机关立案侦查的案件；（3）涉案人员曾被治安处罚的前科信息；（4）涉案场所曾有报警记录的信息。从中获取涉卖淫案件当事人信息、前科劣迹、可疑出警核查、涉黄治安处罚承办人等相关信息，人工分析是否存在不处理或以治安处罚等方式降格处理的情况，筛查出需重点关注的案件及侦办该案的民警信息。

第三步：对经第二步筛查出的需重点关注案件和公安侦办民警信息，落实专人进行分析研判。通过看守所在押人员信息系统获取该民警所办理的案件，同时获取其所办案件中犯罪嫌疑人、证人等涉案人员信息，在此基础上开展案件核查，对存在问题案件集中开展调查，得出可疑对象。

第四步，通过浙江省检察院银行账户数字化查询系统，调取可疑对象的银行交易及支付宝交易记录，同时调取可疑对象和重点人员之间的通话记录，分析其与重点人员之间的经济往来和日常接触情况，最终锁定职务犯罪线索所指向对象。

### 思维导图

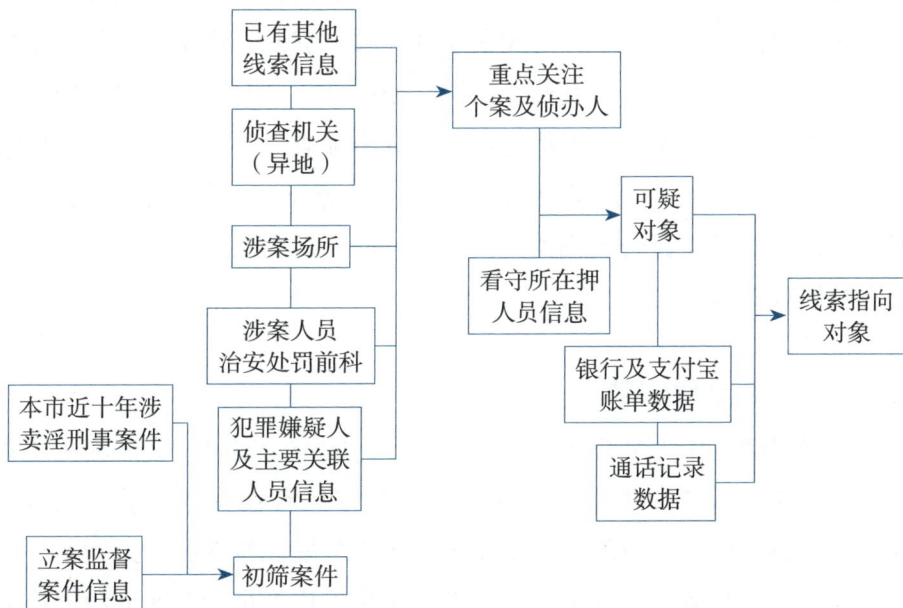

### 📖 检察融合监督

#### "三查融合"

"三查融合"发现职务犯罪线索。长兴县检察院在审查起诉殷某成等人组织卖淫案件时，发现漏犯追诉线索，对此行使自行（补充）侦查权，对犯罪嫌疑人多次提审讯问，对相关证人深入开展询问。经调查发现，犯罪嫌疑人殷某成与公安民警有密切接触，合理怀疑案件背后存在"保护伞"问题，遂将线索移送检察侦查部门。检察侦查部门组织专案组开展初步调查，向公安机关调取犯罪嫌疑人在实施犯罪期间所使用的手机，结合电子证据，掌握其与重点人员之间的微信聊天记录及社会交往关系；调取、分析报警和涉案场所的出警信息，最终发现某派出所副所长林某某、民警黄某徇私枉法的犯罪线索，经调查核实成功对该二人进行立案侦查。

### 侦诉协同

检察侦查部门与刑事检察部门建立侦诉协同机制，部门间开展融合式办案，对信息进行共享、对线索实现互移。据此，刑事检察部门在办理涉卖淫刑事案件中主动发现并向检察侦查部门及时移送涉卖淫犯罪领域职务犯罪线索 4 条，检察侦查部门已立案侦查 3 件 3 人。此外，检察侦查部门通过侦查办案及时发现并向刑事检察部门移送监督线索 5 条，刑事检察部门已监督公安机关立案 4 人，向法院提出抗诉 4 人，进一步提升检察监督刚性。

## 📖 社会治理成效

开展司法工作人员职务犯罪预防，实行案前、案中、案后的三层预防机制。结合侦查办案情况，深入分析公安民警在查处涉卖淫刑事案件中渎职犯罪的案发原因，为案发单位排查公安民警在办理此类案件中的廉政风险点和队伍管理漏洞，编发《司法工作人员相关职务犯罪典型案例》，并开展职务犯罪预防讲座予以警示。通过讲解典型案例，剖析案件的原因和特点，开展警示教育，进而起到办理一案、预防一片的效果。此外，针对场所管理存在的管理漏洞，就如何加强对酒店、宾馆、娱乐场所的管理，尤其是对网约房、出租房的监管，为减少涉黄违法犯罪情况的发生，向公安机关发出检察建议，督促其开展集中整治，取得了良好的办案效果和社会效果。

## 📖 法律法规依据

1.《中华人民共和国刑法》第三百九十九条第一款　司法工作人员徇私枉法、徇情枉法，对明知是无罪的人而使他受追诉、对明知是有罪的人而故意包庇不使他受追诉，或者在刑事审判活动中故意违背事实和法律作枉法裁判的，处五年以下有期徒刑或者拘役；情节严重的，处五年以上十年以下有期徒刑；情节特别严重的，处十年以上有期徒刑。

2.《中华人民共和国刑事诉讼法》第十九条第二款　人民检察院在对诉讼活动实行法律监督中发现的司法工作人员利用职权实施的非法拘禁、刑讯逼供、非法搜查等侵犯公民权利、损害司法公正的犯罪，可以由人民检察院立案侦查。对于公安机关管辖的国家机关工作人员利用职权实施的重大犯罪案件，需要由人民检察院直接受理的时候，经省级以上人民检察院决定，可以由人民检察院立案侦查。

## 办案心得体会

### 一、类案线索筛查总体思路

通过对公安民警张某某徇私枉法的个案办理，湖州市检察院经分析研判发现，涉卖淫刑事案件背后极易发生司法工作人员充当"保护伞"的渎职行为。这一类犯罪线索的发现需建立在涉卖淫案件基础之上，而原始的人工排查、逐案翻查耗费人力精力，办案效率低，无法适应检察工作新需求。对此，湖州市检察院坚持大数据侦查理念，在对传统侦查方式加以传承基础上，对大数据系统查询检索的信息进行整合、碰撞与分析。通过数据挖掘分析，检察机关发现犯罪现象背后的行为规律，由个案侦查转向类案监督。

根据以上理念和举措，对涉卖淫刑事案件开展类案线索筛查。总体思路是：对全市公安机关办理涉卖淫刑事案件情况进行大评查，重点筛查检察机关曾立案监督、涉卖淫犯罪持续时间较长、涉案人员曾因涉黄被行政处罚、涉案场所曾警情突出的相关案件，从中挖掘出可疑案件、问题案件。在此基础上，以"人工＋智能"双驱动模式，对问题案件集中开展分析研判，适时调取原案卷宗材料进行调查。根据各数据之间的关联性，深入排摸司法工作人员相关职务犯罪线索。

通过初步筛查，检察机关发现如下案件规律：涉案场所在派出所附近几百米的地方，极易被公安民警发现却仍然长期存在；组织卖淫案件被告人刑期在十年以上，其极有可能为了争取减少刑期而检举案件背后的"保护伞"；涉卖淫刑事案件被异地公安机关查处时，极可能存在本地公安民警明知而不查办情形；等等。在此基础上，检察机关获取这类案件的公安侦办人员信息，将其办理过的所有相关案件进行串联，寻找其所办案件中存在的异常。通过进一步获取该侦办人员的账单记录、通话记录，锁定其与刑事案件当事人之间的往来情况，进而排摸出司法工作人员渎职犯罪的类案线索。

## 二、数据获取和筛查的操作办法

前述信息的获取需借助相关数据平台，灵活运用数字化监督手段。首先，选取涉卖淫犯罪的罪名，通过检察业务应用系统筛选出近十年来全市涉卖淫刑事案件。以行为时间跨度设置为基础筛查条件，选取涉卖淫犯罪活动持续时间较长（3个月以上）的案件，同时筛选出曾被刑事检察部门立案监督的案件数据，从而得出初筛案件。之所以将以上数据作为第一层次筛查要素，是因为犯罪持续时间较长这一点较为异常，这是合理怀疑有无存在公安民警从中故意包庇放纵犯罪的可能性之一；曾被刑事检察部门立案监督的案件数据，也一定程度体现公安机关存在有案不查的可能。通过这一步的初筛，在全市初步筛选出符合条件的案件300多件。

第二层次筛查主要围绕这300多个案件，通过检察业务应用系统筛选同案中部分犯罪嫌疑人被立案侦查但部分关联人员或主要人员未被追究刑事责任的案件（存在对部分人不查的可能）、涉案场所在公安派出所附近情形（存在公安民警发现却不查处的可能）、案件由异地公安机关办理的信息（存在本地公安不查的可能）、通过公安机关人口综查系统获取涉案人员曾被治安处罚的前科信息（存在刑事案件降格处理的可能）、通过公安机关110接警平台获取涉案场所曾有报警记录的信息

（存在接警后不予处理的可能）等。将以上信息嵌入 300 多个案件中进行数据比对、碰撞，锁定需重点关注的案件以及办案民警。通过数据比对，在全市筛查出需重点关注的案件 30 多件，同时掌握这些案件办案人员信息，进一步缩小和明确了需排查的范围。

例如，湖州市检察院在筛选同一案件中仅部分犯罪嫌疑人被立案侦查后，发现俞某祥等人涉嫌容留、介绍卖淫案中，胡某伟等 4 人系该案卖淫场所股东，但公安机关仅立案侦查了卖淫场所的大堂经理俞某祥，胡某伟等人直到俞某祥被公安机关立案侦查近一年后才被依法追究刑事责任。通过分析研判和调查核实发现，公安民警许某丹、费某徇私枉法，故意包庇、放纵有卖淫犯罪事实的胡某伟等人，使其长期未受到刑事责任追究的相关线索。

在筛查涉案场所在公安派出所附近、案件由异地公安机关办理等信息后，湖州市检察院发现长兴县检察院办理的殷某成等人组织卖淫案中，殷某成等人组织卖淫案作案时间长达十多个月，共同组织卖淫达到 3200 多次，非法获利 280 余万元。此外，案发地集中在湖州市南太湖新区某派出所辖区范围内，并且涉案场所就在离该派出所几百米外的一幢单身公寓内，但最终却是长兴县公安机关予以抓捕并侦查办理。该案件作案次数之多、非法获利金额之大较为罕见和异常，为什么长期未被公安派出所查获？为什么最终是由异地公安机关查获？对此，湖州市检察院围绕涉案人员有无行政处罚、涉案场所有无被群众举报这样的关键可能性进行核实。通过公安机关 110 接警平台，检察机关获取了殷某成等人在组织卖淫期间，其场所曾多次被小区群众举报，出警核查民警分别为南太湖新区某派出所副所长黄某、林某某等人，而这些报警的出警核查结果均显示"无涉黄情形发生"的事实。

通过以上数据比对和碰撞，在全市筛查出需重点关注的案件 30 多件，并掌握了这些案件的公安侦办人员信息。以此为基础，检察机关开展进一步筛查，对以上重点案件指定专人分析研判，通过看守所在押人员信息系统，提取其所办案件中的犯罪嫌疑人、证人等相关涉案人员的信息数据，为继续调查其与案中人有无往来关系提供基础。此外，通过浙江省检察院银行账户数字化查询系统，调取侦办民警与其所办刑事案件当事人的银行交易记录及通话记录，分析其与重点人员之间的经济往来情况和日常交往情况，锁定线索指向对象。根据以上数据比对，湖州市检察院最终在全市筛查出司法工作人员徇私枉法线索指向对象9人，经调查核实后立案侦查8人。

### 三、重点难点问题和解决办法

实际侦查办案中，遇到一些客观存在的困难和问题，主要包括以下方面：一是数据获取方面的困难。在数据获取和比对过程中，除了检察业务应用系统、看守所在押人员信息等平台之外，较多信息仍然需要依托公安机关、金融部门、移动电信等部门平台进行获取。公安机关掌握的数据对于检察机关线索筛查尤为重要，但其及时获取也存在一定困难。检察侦查部门的职责是查处司法工作人员职务犯罪案件，而以调查公安系统相关人员为目的，向公安系统获取信息数据，这一点本身就存在矛盾和困难，而且存在打草惊蛇的弊端。二是侦办案件方面的困难。检察机关查办司法领域相关职务犯罪案件的对象是司法工作人员，涉案对象普遍法律专业水平高，反侦查能力强，案件突破难度大，同时也存在较大的办案压力。三是与纪委监委之间的协作关系。在查办司法工作人员职务犯罪案件过程中，如何与纪委监委之间更好地协作配合，确保程序衔接顺畅，也是检察机关需要着重考虑的问题。

为确保在线索排查阶段既做到保守办案秘密，又顺利获取必要的数据，需要建立侦查一体化机制和检察融合开展机制。如在殷某成等人组织卖淫案的信息筛查过程中，需要排摸涉案人员有无治安处罚前科、涉案场所有无警情记录。经分析研判，组织卖淫案中涉案人员如果有行政处罚前科，也基本上属于在南太湖新区辖区内。湖州市检察院运用侦查一体化模式，由湖州市检察院进行统筹，市县两级上下联动，形成侦查合力，绕开南太湖新区辖区派出所，将数据获取渠道转向其他县区如长兴县公安派出所，由长兴县检察院与长兴县公安局沟通对接。通过顺利获取涉案人员前科处罚情况及作出处罚决定的承办民警的数据之后，有效避免在初查调查阶段就与案发单位正面接触，防止打草惊蛇，减少办案风险。在检察融合助力自侦办案方面，长兴县检察院刑事检察部门在办理殷某成等人组织卖淫案过程中，经审查认为有遗漏的犯罪嫌疑人可以进行追诉。长兴县检察院刑事检察部门行使自行（补充）侦查权，从立案监督和补充证据的角度要求公安机关协助配合提供相关信息。随着数据筛查的推进和画像，司法工作人员相关职务犯罪线索也逐渐浮出水面，在此基础上再与案发单位进行沟通，获取案发单位的理解和支持。

在案件侦办过程中，湖州市检察院注重多种侦查手段相结合，针对涉案对象反侦查意识强、案件隐蔽性大的特点，周密制定侦查预案，利用大数据辅助侦查办案，优先固定外围证据，同时通过立功政策鼓励犯罪嫌疑人检举司法工作人员的职务犯罪行为。通过以上工作，从已获取的相关数据、已掌握的组织卖淫案件证据入手，找准案件突破口，对涉案对象采用先发制人方法，抛出其办理案件的硬伤，使其无从回避，从而迅速击垮其对抗调查的心理。此外，适时对其开展认罪认罚从宽政策教育，促使其放下思想包袱，如实供述徇私枉法的犯罪事实，从而成功突破案件。在办案的过程中，注重顺藤摸瓜，深挖线索，巩固办案成效。例如，在立案查办派出所民警黄某徇私枉法案时，通过深挖线索发现派出所副所长林某某徇私枉法，故意包庇、放纵他人组织卖淫的犯罪事实，经调查核实后成功对其进行立案侦查。

为确保检察机关和纪委监委双方程序衔接顺畅，湖州市检察院联合市监察委员会出台《关于办理职务犯罪案件衔接办法（试行）》，进一步明确职务犯罪线索移送和案件管辖问题。构建了案件线索会商常态化工作机制，明确要求检察机关立案侦查的每一起职务犯罪案件均要做到事先与纪委监委会商，每一条线索会商后均要形成书面会商纪要。建立了监检线索双向移送、一案双查工作模式，对于纪委监委移送的案件线索，原则上要求件件有结果，力争做到调查清结、结果通报；对于纪委监委管辖的案件线索，依法依规及时移送；对于渎职犯罪背后的经济问题，根据纪委监委要求，严肃查处。如在调查核实湖州市南太湖新区公安分局民警黄某涉嫌徇私枉法犯罪线索时，发现其包庇组织卖淫犯罪嫌疑人殷某成并收受贿赂 16 万元。经会商，湖州市纪委监委明确该案由检察机关以徇私枉法罪进行立案侦查。在侦查阶段，黄某对徇私枉法、受贿等犯罪事实供认不讳，主动退缴赃款 16 万元，办案质量和效果获得市纪委监委的充分肯定。

案件承办人：

沈秋明　徐辉　吴倩颖（湖州市人民检察院）

案例撰写人：

吴倩颖（长兴县人民检察院）

缪雷（湖州市人民检察院）

案例审核人：

陈洪义（浙江省人民检察院）

# 空壳公司监管类案监督

◇ 杭州市拱墅区人民检察院

📖 **关键词**

空壳公司　犯罪工具　检行协作　数字化治理

📖 **要旨**

解析涉空壳公司刑事犯罪个案，提炼空壳公司类违法犯罪特征要素，构建数字监督模型，深挖空壳公司法律监督类案线索。在办案中充分发挥检察一体化办案机制优势，上下一体联动、内部职能融合，实现检察资源配置最优化，有力提升检察监督质效，并透过案件发现深层次问题，深化"检行共治"，推动跨部门高效协同全省推广，促进诉源治理。

📖 **基本情况**

不法分子利用商事登记的便利性，大量注册空壳公司转卖牟利，或利用空壳公司实施电信网络诈骗、偷逃税、为网络黑灰产"洗钱"等违法犯罪行为，违背"放管服"改革初衷，严重破坏经济秩序，亟待进行治理。但行政主管部门与执法司法机关之间存在数据壁垒、信息不畅等问题，作为违法犯罪工具的空壳公司难以被及时发现并处置，甚至相关刑事案件办结后仍然控制在上游组织者手中继续被用于违法犯罪。检察机关通过提炼空壳公司类违法犯罪特征数据要素点，建立数字办案模型，从核心业务数据中深挖空壳公司类案线索，以检察建议助推行政主管部门开展专项治理，以专题检察情况反映向党委汇报空壳公司留存及衍生犯罪问题，会同相关部门签订常态化协作工作机制，共建综合治理多跨应用场景，通过强化刑行衔接、检行协作，推动行业监管、信用惩戒，斩断相关黑灰产业链，促进诉源治理。

## 📖 线索发现

杭州市拱墅区检察院在办理樊某某等人买卖国家机关证件案中发现，樊某某注册成立某财务管理公司，通过网络对外发布广告，宣传、联系"掮客"购买用于注册空壳公司的法定代表人身份信息和地址信息，材料收集齐全后，樊某某等人先利用线上办理平台向工商部门申请注册公司营业执照，后带领"法定代表人"前往行政服务中心领取营业执照、到银行以虚假陈述手段骗取开通银行对公账户，后将所办理的空壳公司营业执照、对公账户以每套数千元不等价格对外出售。经查，樊某某等人先后注册空壳公司达 50 余家，该类空壳公司的银行对公账户均被用于电信网络诈骗及境外网络赌博的资金转移活动。

此类利用空壳公司实施犯罪的案件并非个案，近三年浙江省检察机关所办案件中，空壳公司留存及衍生犯罪问题严峻，涉及虚开发票罪、合同诈骗罪、帮助信息网络犯罪活动罪、集资诈骗罪等多个罪名，且形成了上中下游紧密衔接的黑灰产业链，有必要开展数字化类案监督治理。

## 📖 数据分析方法

### 数据来源

1.起诉意见书（源于检察业务应用系统）；

2.审查报告（源于检察业务应用系统）；

3.企业基本信息（源于市场监管部门）；

4.企业税款缴纳信息（源于税务部门）；

5. 企业社保参保信息（源于人力社保部门）；

6. 企业异常信息（源于市场监管部门、税务部门）。

### 数据分析关键词

一是关键词检索，框定空壳公司排查范围。从检察机关办理的刑事案件切入，包括涉"电诈""两卡"类案件，涉虚开骗税类案件，涉公民个人信息类案件等，以"营业执照""对公账户""公司注册登记"等为关键词，检索检察办案数据，获取涉案空壳公司名单。二是数据关联碰撞，深挖涉案空壳公司线索。将涉案空壳公司信息与市场监管、人社、税务等部门的基础信息进行数据比对、碰撞，摸排涉案公司的关联公司（同一法定代表人、相同地址、同一代理人等），形成潜在的涉案空壳公司名单库。三是异常特征分析，锁定疑似空壳公司线索。梳理已办案件，提炼空壳公司异常规则：如名称异常、法定代表人年龄身份异常、多个公司成立时间接近、同一地址注册大量公司、同一代办公司、同一委托代理人短期代办大量公司、无缴税记录、无缴纳社保记录等，融合运用检察办案和市场监管、税务、人社等政法政务数据进行分析挖掘，形成异常公司名单库。

### 数据分析步骤

第一步：采集检察业务应用系统中相关案件的起诉意见书、审查报告。涉"电诈""两卡"类案件，案由为诈骗，"帮信"，买卖国家机关证件，掩饰、隐瞒犯罪所得，非法经营等；涉虚开骗税类案件，案由为虚开增值税专用发票、用于骗取出口退税、抵扣税款发票等；涉公民个人信息类案件，案由为侵犯公民个人信息等。

第二步：通过"营业执照""对公账户""公司登记注册"等关键词检索，进一步锁定案件范围。

第三步：对上述案件的起诉意见书、审查报告进行结构化处理，提取涉案公司名称。

第四步：将第三步提取出的公司名称与市场监管部门的企业登记信

息碰撞后，获取公司的详细信息，如法定代表人、公司登记注册地址、公司状态等。

第五步：将第四步碰撞产生的公司详细信息，分别与税务部门的企业税款缴纳信息、人力社保部门的企业社保参保信息碰撞，进一步筛选出无社保缴纳痕迹、无税款缴纳痕迹等未实际经营的公司信息，获取行政检察监督的线索。

第六步：根据第五步筛选出的公司信息，从市场监管部门的企业登记信息中筛查出与这些公司法人相同、登记注册地址雷同的关联企业信息。

第七步：将第六步提取的关联企业信息与市场监管部门、税务部门的企业异常信息（如地址异常、年报异常、开票异常、冒用身份信息投诉等）碰撞，获取刑事检察监督的线索。

### 思维导图

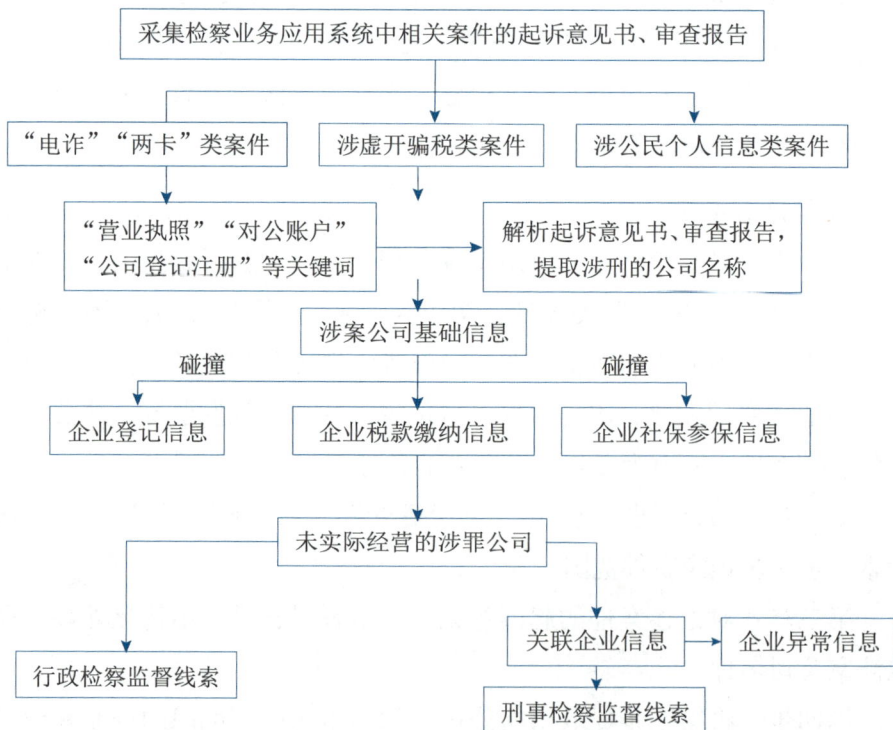

## 📖 检察融合监督

拱墅区检察院会同公安、市场监管、税务等部门，建立线索移送反馈、快速联动查处、定期案情通报等工作机制，形成空壳公司治理"快通道"。

### 刑事检察监督

通过数据分析摸排出涉案公司及关联企业 400 余家，将其中涉嫌买卖身份信息、虚开骗税的 33 条犯罪线索移送至公安机关，已立案 8 件 8 单位 9 人，移送审查起诉 1 件 1 单位 1 人。

### 行政检察监督

将摸排出的 400 余家企业，以《线索移送函》的形式移送至市场监管部门建议核查公司营业状况，对空壳公司吊销营业执照，同时建议开展空壳公司专项整治行动，利用大数据排查等方式加强日常巡查。市场监管部门已依法对 74 家涉嫌犯罪的空壳公司作出吊销营业执照的行政处罚，将 200 余家无社保缴纳记录、无缴税记录、同一地址注册多家公司等异常公司列入经营异常名录，并在全区范围内开展空壳公司专项检查。

### 公益诉讼检察监督

针对办案中发现的涉案空壳公司开具增值税专用发票涉嫌偷逃税款的行为，公益诉讼检察部门立案后开展调查取证，通过磋商协助相关职能部门对 67 家公司共计 400 余万元的偷逃税款开展税款追缴等工作。

## 📖 社会治理成效

案件办理后，针对案件反映的职能衔接不畅、信息共享不及时、传统监管手段滞后导致的对异常信息的辨识和预警能力不足等"管不了、管不到、管不透"的问题，拱墅区检察院通过撰写调研报告、检察情况反映积极争取党委政府支持，推动区委政法委牵头，会同区公安局、区人社局、区市监局、区税务局等部门签订《关于综合治理虚假注册公司共同守护法治营商环境工作机制的意见》，成立工作专班，共建"空壳公司监督治理"多跨应用场景，打通检察、公安、市场监管、税务、人社等部门业务数据，构建"异常公司自动预警模块"，通过跨部门的数据联通和碰撞，及时自动精准感知空壳公司，让数据在检察机关的推动下"跑"出数字化治理"加速度"。

2022 年 1 月，杭州市检察院在全市启动净化空壳公司专项行动，打造"治理协同中心"，横向联通杭州市市场监管、人社、公安、税务等部门，纵向贯通市、区（县）两级，实现对空壳公司相关案件线索全面贯通、全线协同、全程留痕的长效动态治理。已向公安机关移送犯罪线索 22 件，刑事立案 11 件；向杭州市市场监管局移送空壳公司信息 1740 家，市场监管部门通过专项整治行动已注销空壳公司 29 家，吊销 289 家，列入经营异常名录 846 家。同时，杭州市检察院推动构建跨部门的信用风险联合管控体系和"黑名单"制度，进一步规范市场主体准入，有力保障全市营商环境建设。

## 📖 法律法规依据

1.《中共中央关于加强新时代检察机关法律监督工作的意见》5. 健全行政执法和刑事司法衔接机制。完善检察机关与行政执法机关、公安机关、审判机关、司法行政机关执法司法信息共享、案情通报、案件移送制度，实现行政处罚与刑事处罚依法对接。对于行政执法机关不依法向公安机关移送涉嫌犯罪案件的，检察机关要依法监督。发现行政执法人员涉嫌职务违法或者职务犯罪线索的，移交监察机关处理。健全检察机关对决定不起诉的犯罪嫌疑人依法移送有关主管机关给予行政处罚、政务处分或者其他处分的制度。

2.《中华人民共和国刑法》第一百九十一条　为掩饰、隐瞒毒品犯罪、黑社会性质的组织犯罪、恐怖活动犯罪、走私犯罪、贪污贿赂犯罪、破坏金融管理秩序犯罪、金融诈骗犯罪的所得及其产生的收益的来源和性质，有下列行为之一的，没收实施以上犯罪的所得及其产生的收益，处五年以下有期徒刑或者拘役，并处或者单处罚金；情节严重的，处五年以上十年以下有期徒刑，并处罚金：

（一）提供资金帐户的；

（二）将财产转换为现金、金融票据、有价证券的；

（三）通过转帐或者其他支付结算方式转移资金的；

（四）跨境转移资产的；

（五）以其他方法掩饰、隐瞒犯罪所得及其收益的来源和性质的。

单位犯前款罪的，对单位判处罚金，并对其直接负责的主管人员和其他直接责任人员，依照前款的规定处罚。

**第二百零五条**　虚开增值税专用发票或者虚开用于骗取出口退税、抵扣税款的其他发票的，处三年以下有期徒刑或者拘役，并处二万元以上二十万元以下罚金；虚开的税款数额较大或者有其他严重情节的，处三年以上十年以下有期徒刑，并处五万元以上五十万元以下罚金；虚开的税款数额巨大或者有其他特别严重情节的，处十年以上有期徒刑或者无期徒刑，并处五万元以上五十万元以下罚金或者没收财产。

单位犯本条规定之罪的，对单位判处罚金，并对其直接负责的主管人员和其他直接责任人员，处三年以下有期徒刑或者拘役；虚开的税款数额较大或者有其他严重情节的，处三年以上十年以下有期徒刑；虚开的税款数额巨大或者有其他特别严重情节的，处十年以上有期徒刑或者无期徒刑。

虚开增值税专用发票或者虚开用于骗取出口退税、抵扣税款的其他发票，是指有为他人虚开、为自己虚开、让他人为自己虚开、介绍他人虚开行为之一的。

**第二百零五条之一**　虚开本法第二百零五条规定以外的其他发票，情节严重的，处二年以下有期徒刑、拘役或者管制，并处罚金；情节特别严重的，处二年以上七年以下有期徒刑，并处罚金。

单位犯前款罪的，对单位判处罚金，并对其直接负责的主管人员和其他直接责任人员，依照前款的规定处罚。

**第二百六十六条**　诈骗公私财物，数额较大的，处三年以下有期徒刑、拘役或者管制，并处或者单处罚金；数额巨大或者有其他严重情节的，处三年以上十年以下有期徒刑，并处罚金；数额特别巨大或者有其他特别严重情节的，处十年以上有期徒刑或者无期徒刑，并处罚金或者没收财产。本法另有规定的，依照规定。

**第二百八十条第一款** 伪造、变造、买卖或者盗窃、抢夺、毁灭国家机关的公文、证件、印章的，处三年以下有期徒刑、拘役、管制或者剥夺政治权利，并处罚金；情节严重的，处三年以上十年以下有期徒刑，并处罚金。

**第二百八十七条之二第一款** 明知他人利用信息网络实施犯罪，为其犯罪提供互联网接入、服务器托管、网络存储、通讯传输等技术支持，或者提供广告推广、支付结算等帮助，情节严重的，处三年以下有期徒刑或者拘役，并处罚金或者单处罚金。

3.《中华人民共和国公司法》第一百九十八条 违反本法规定，虚报注册资本、提交虚假材料或者采取其他欺诈手段隐瞒重要事实取得公司登记的，由公司登记机关责令改正，对虚报注册资本的公司，处以虚报注册资本金额百分之五以上百分之十五以下的罚款；对提交虚假材料或者采取其他欺诈手段隐瞒重要事实的公司，处以五万元以上五十万元以下的罚款；情节严重的，撤销公司登记或者吊销营业执照。

**第二百一十一条第一款** 公司成立后无正当理由超过六个月未开业的，或者开业后自行停业连续六个月以上的，可以由公司登记机关吊销营业执照。

4.《中华人民共和国反电信网络诈骗法》第十七条 银行业金融机构、非银行支付机构应当建立开立企业账户异常情形的风险防控机制。金融、电信、市场监管、税务等有关部门建立开立企业账户相关信息共享查询系统，提供联网核查服务。

市场主体登记机关应当依法对企业实名登记履行身份信息核验职责；依照规定对登记事项进行监督检查，对可能存在虚假登记、涉诈异常的企业重点监督检查，依法撤销登记的，依照前款的规定及时共享信息；

为银行业金融机构、非银行支付机构进行客户尽职调查和依法识别受益所有人提供便利。

5.《中华人民共和国市场主体登记管理条例》第四十条第三款　因虚假市场主体登记被撤销的市场主体，其直接责任人自市场主体登记被撤销之日起3年内不得再次申请市场主体登记。登记机关应当通过国家企业信用信息公示系统予以公示。

6.《中华人民共和国公司登记管理条例》第六十四条　提交虚假材料或者采取其他欺诈手段隐瞒重要事实，取得公司登记的，由公司登记机关责令改正，处以5万元以上50万元以下的罚款；情节严重的，撤销公司登记或者吊销营业执照。

7.《人民检察院检察建议工作规定》第十一条第二项　人民检察院在办理案件中发现社会治理工作存在下列情形之一的，可以向有关单位和部门提出改进工作、完善治理的检察建议：

（二）一定时期某类违法犯罪案件多发、频发，或者已发生的案件暴露出明显的管理监督漏洞，需要督促行业主管部门加强和改进管理监督工作的。

## 办案心得体会

总结涉"空壳公司"监督类案，梳理其中共性的经验和方法，举一反三用于各类数字检察办案。

### 一、注重内部融合，在个案办理中深挖监督线索

一是树立一体化办案理念。坚持"四大检察"融合发展，打破部门、条线界限，树立数字监督一体化办案理念。在空壳公司监督治理中，案件办理经由刑事检察部门到行政检察部门、公益诉讼检察部门再回到刑事检察部门的过程，部门间密切合作、共同发力，取得了良好效

果。二是建立融合监督机制。为破解法律监督线索发现难、案件查办难等问题，检察内部以建立数字化融合监督工作机制为突破口，办案小组通过解析个案、梳理数据分析研判要素，共同研讨形成数据分析研判模型，实现高效精准摸排类案线索。三是组建融合监督团队。充分发挥"四大检察""十大业务"各自优势，融合运用审查、调查、侦查"三查"手段，在监督线索融合研判、监督案件融合查办上整合力量，最大限度释放监督效能。

## 二、加强外部协同，由点及面打开监督局面

检察机关法律监督追求双赢多赢共赢，将大数据与法律监督有机结合，更应将重点落在党委政府关切、政法同行关心、人民群众关注的问题上，以争取各相关单位的支持来凝聚合力，以大数据赋能监督来放大治理成效。涉空壳公司监督类案就是以"小切口"争取大支持的案例，以监督治理实效取得了各方支持，将类案监督的"点"变成社会治理的"面"，推动市场监管、人社、税务等部门协同，实现涉空壳公司领域的系统治理。

## 三、推进共治共享，借势借力形成良性循环

数字检察关键是要借助大数据"撬动"法律监督，实现监督能力、监督质效的跃升。实践中，检察机关锚定数据应用的监督场景，以监督推进共享，以共享赋能监督，形成两者相辅相成、相互促进的良性循环。在系统治理空壳公司阶段，检察机关注重借势借力，把握与相关单位的共性需求、多赢节点，以"共建共享"为路径，建立跨部门协同共治格局，通过"柔性"问题提示和"刚性"监督手段相结合，激发各行政主管部门自我监督的内生动力与自觉性，推进职能部门更加积极主动规范履职，从而发挥检察机关法律监督的治理效能。

## 四、一地创新全域共享，推动改革成效集成贯通

2022年4月，浙江省检察院在全省部署"净化空壳公司"专项行动，三级检察机关联动，已构建"涉诈类""涉税类""涉康养类""涉

补助类"等 11 类数字办案模型，向公安机关移送涉空壳公司类犯罪线索并刑事立案 200 余件，向市场监管部门移送并清理空壳公司 3000 余家。如诸暨市检察院从工商登记异常切入，打击治理注册空壳公司虚开发票类违法犯罪行为，已移送市场监管部门清理空壳公司 449 家，移送虚开骗税犯罪线索 39 家 39 人，均已立案侦查。龙港市检察院构建"骗领财政惠企补贴类"数字办案模型，发现涉嫌骗取财政补贴资金的空壳公司 30 家，移送涉嫌诈骗犯罪线索 64 人，已依法逮捕 2 人，取保候审 3 人，刑拘在逃 3 人。台州市黄岩区检察院构建"从账户到公司""从股东到公司"数字办案模型，摸排出短时间内流水巨大、纳税及社保缴纳异常的"空壳公司"290 余家，推动市场监管部门及时予以清理。"空壳公司监督治理应用场景"成为"检察大数据法律监督—协同共治"的重要组成部分，被纳入省委政法委数字法治"一本账 S3"，并获评浙江省数字法治好应用。

案件承办人：

空壳公司监督治理办案团队（杭州市拱墅区人民检察院）

案例撰写人：

周昆（杭州市拱墅区人民检察院）

案例审核人：

俞炜　余雁泽（浙江省人民检察院）

# 医保基金诈骗类案监督

◇ 绍兴市越城区人民检察院

## 📖 关键词

民营医院　医保基金　虚开套取　国有资产

## 📖 要旨

通过个案办理，总结医保基金诈骗的类案作案模式，提炼"公益""免费""基金会"等特征要素，结合医保报销数据中医疗机构手术数量明显偏高、患者自负比例极低等异常数据，发现批量骗取医保基金违法犯罪线索。在追诉犯罪的同时，融合"四大检察"职能，引导开展联合整治行动，促进医疗保障行业完善监管机制，守护好人民群众的"救命钱"。

## 📖 基本情况

自 2017 年起，林某某、刘某某等人出资承包绍兴市某民营医院"疼痛科""眼科"等科室，招聘一批医务人员（部分人员未取得相应资质），同时成立推广引流团队，以"基金会""复明工程"等慈善名义对外宣传，深入村（社）招揽、引诱老年病患就诊。诊疗过程中，根据"只要医保能报销，能开多少开多少"的原则，不顾患者实际医疗需要，给患者多开、虚开包括手术、针灸、推拿、理疗、小针刀等医疗项目，过度安排病人住院，虚开实际并未进行的检测、诊疗项目等。待患者出院时，由上述科室为患者垫付医疗自费部分，并利用老人识字有限、不关心账目发票等特点，辅之送膏药等医疗小礼品，哄骗老人出院。后凭借虚开项目的发票以及伪造的病历、治疗记录套取巨额医保基金。越城区检察院在办案过程中发现上述骗取医保基金情况并非个案，且存在作案手段和模式雷同的现象。通过提炼此类犯罪行为具有的规律性和同质化的要素，运用数据技术手段进行排查，开展"四大检察"融合监督，打掉了以本地民营医院为依附的医保诈骗犯罪团伙，助推医保基金监管部门完善机制，守护好人民群众的"钱袋子"。

### 📖 线索发现

越城区检察院通过总结个案，分析研判出案涉犯罪团伙渗透民营医院套取医保基金的作案模式。检察机关发现犯罪分子往往以裙带关系为纽带，组成相对稳定的犯罪团伙，以管理相对松散的民营医院为重点，通过承包医院内部科室，打着公益的幌子，诱骗老年人就诊，并通过虚开、多开诊疗项目等手段，非法套取国家医保基金，形成较为成熟的作案模式并在全国范围内进行复制，且已出现向老年人康复、护理行业蔓延的趋势，肆意蚕食人民群众的"救命钱"。通过总结上述模式的显著特征，提炼出关键要素，充分运用智慧医保、投诉举报平台等大数据系统，筛选出大量问题数据，初步排查出一批涉嫌骗取医保基金的民营医院名单，其中本市涉及 9 家医院，省内涉及 4 市 9 家医院，省外涉及 12省（市）38 家医院（科室）。

### 📖 数据分析方法

#### 数据来源

1. 民营定点医疗机构名单（源于医保局）；

2. 定点医疗机构诊疗费用清单（源于智慧医保）；

3. 民营定点医疗机构信访数据（源于 12345 信访平台）；

4.民营定点医疗机构行政处罚数据（源于行政处罚平台）。

### 数据分析关键词

从智慧医保信息数据分析，通过疾病代码筛选出含有特定诊疗项目内容的手术病例，将民营医疗机构数据与公立医疗机构比对，列出明显异常数据。结合信访举报平台中含有"疼痛""白内障""免费""基金会"等关键词的信访投诉信息以及行政处罚数据中处罚记录比对，碰撞出涉嫌骗取医保基金的民营医疗机构名单。

### 数据分析步骤（以疼痛科为例）

第一步：根据群众来电、来访信访数据提供的线索，结合行政处罚数据，初步确定可能涉及非法套取医保的民营医院及科室。

第二步：调取智慧医保数据及定点医疗机构诊疗费用清单，从上述数据中筛选疾病代码（M51.202），即诊断结果为"腰椎间盘突出"的手术病例，重点关注"疼痛科"特定诊疗项目"经皮腰椎间盘射频消融术/间"的间盘数量。

第三步：从民营定点医疗机构名单中筛选出第二步中的手术病例总数明显大于公立医院总数规模的民营医院清单。

第四步：对通过第三步筛选出的可疑民营医院分别按如下规则进一步筛选：包含如下特征之一的病例"间数"大于等于3、"自负比例"为0、手术时间为同一天且数量大于10、病患户籍所在地为同一村（社区）等。

第五步：对第一步和第四步筛选出的民营医院进行比对、分析。

思维导图

调取智慧医保数据及诊疗费用清单，
筛选疾病代码（M51.202）的手术病例

↓

手术病例数与公立医院相比，
数据明显异常的民营医院名单

群众来电、来访信访线索

↓

排查行政处罚数据

↓

筛选"入院时间""结算时间"
"全额自负""身份证号码"等要素

↓

初步确定可能涉套取医保基金的
医院及科室

↓

数据比对，充分调查，线索发现

↓

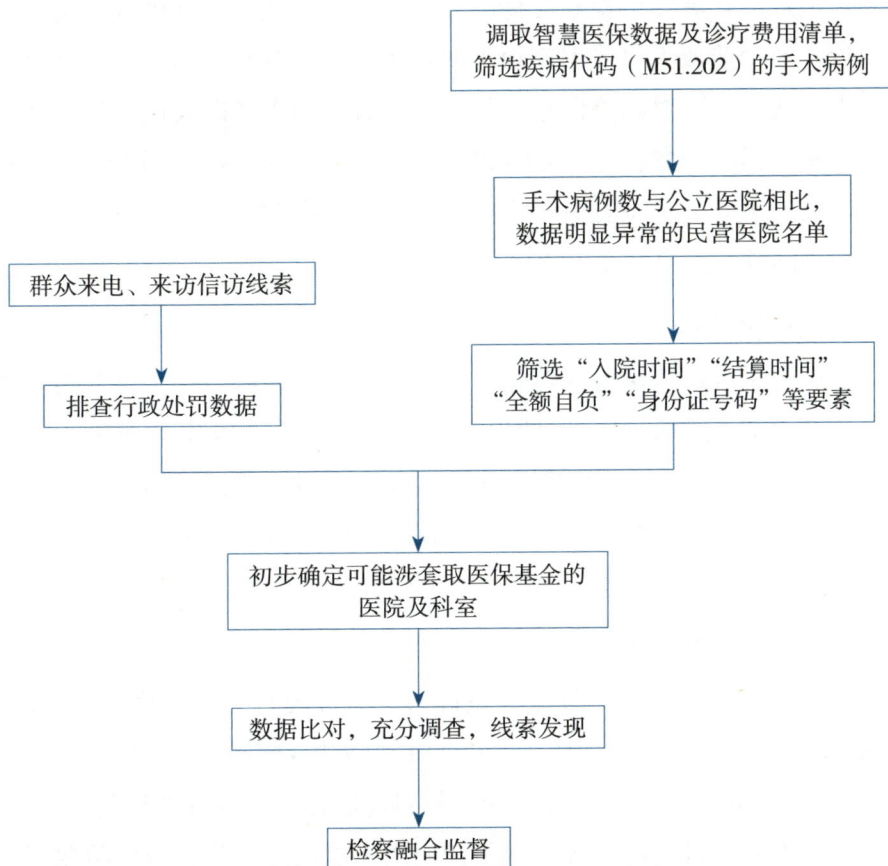

检察融合监督

## 📖 检察融合监督

### 刑事检察监督

1.充分挖掘关联犯罪。除诈骗犯罪之外，对其他可能涉及非法经营，非法行医，虚开发票，生产、销售伪劣产品，知识产权等犯罪进行细致排查。

2.继续深化"两项监督"。在办案中进一步加强立案监督和侦查活动监督，深化主责主业，积极发挥检察的职能作用，提升法律监督能力和实效。

### 民事检察监督

积极跟进开展民事检察支持起诉工作，支持就因案涉民营医院违法违规诊疗活动造成人身或财产损害的被害人，尤其是无力、不便诉讼的老年人、残疾人，对缺陷医疗产品的生产者、销售者以及进行诊疗活动的医疗机构提起医疗损害赔偿诉讼。同时，在医疗机构使用以次充好的医疗产品、医务人员不具有相应执业资质、存在明显过错以及诊疗行为与损害之间具有因果关系上提供证据予以支撑。

### 行政检察监督

积极开展行政违法行为监督，对相关行政职能部门怠于查处案涉民营医院违法外包内部科室，即出卖、转让、出借《医疗机构执业许可证》的行为，依法开展行政违法行为监督。同时，就行政监管源头性、普遍性问题，发出社会治理类检察建议，督促行政机关加强对民营医院经营、诊疗活动的日常监管，切实维护群众合法权益。

### 公益诉讼检察监督

1. 开展国有资产保护领域公益诉讼。通过履行公益诉讼检察职能，挽回国家医保基金的巨额损失，切实守护好人民群众的"救命钱"。

2. 开展药品安全领域公益诉讼。针对违法行为人打着"基金会""复明工程"等名义进行医药虚假宣传，使用劣质药品违法行医，骗取医保资金的行为，综合运用行政、民事公益诉讼检察职能，监督督促市场监管、卫生行政、医疗保障部门分别依法查处上述违法行为，联合开展专项行动净化医药市场，建章立制补齐监管漏洞。同时，依法提起民事公益诉讼，让违法行为人承担惩罚性赔偿责任。

### 职务犯罪检察

针对卫生行政主管部门对民营医院监管缺失以及医保部门在医保审核报销过程中存在监管漏洞的相关职务犯罪，就存在滥用职权、玩忽职守、徇私舞弊等行为的部门工作人员，以及在行刑衔接过程中司法工作人员涉嫌犯罪行为（检察机关自侦范围）的，做到"发现一起、处理一起"，严肃处理违法违规人员，加大对违法违规行为的惩戒力度。

### 控告申诉检察

针对人民群众关于部分民营医院科室违规外包的信访投诉，及时受理、反馈，并进行案件化办理。推动"社会矛盾纠纷调处化解中心"和"公益损害和诉讼违法举报中心"融合发展，将其融入"四大检察""十大业务"，形成无缝对接，增强工作合力。

## 📖 社会治理成效

通过本案办理，越城区检察院打掉了以本地民营医院为依附的医保诈骗犯罪团伙，并引导公安机关开展打击类案的集中行动。坚持"三查融合"牵引，数据赋能类案监督，通过多跨场景协同实现数据共享，构建可复制、可推广的医疗保障领域的数字检察法律监督模型，通过案件会商、现场会议、线索移送、检察建议、专项行动等形式，实现"一域突破，全域推广"的联动效应，助推医保基金监管部门查漏洞、补短板，促进国家医疗保障基金使用高效平稳运行，守护好人民群众的"钱袋子"。

## 📖 法律法规依据

1.《中华人民共和国刑法》第二百六十六条　诈骗公私财物，数额较大的，处三年以下有期徒刑、拘役或者管制，并处或者单处罚金；数额巨大或者有其他严重情节的，处三年以上十年以下有期徒刑，并处罚金；数额特别巨大或者有其他特别严重情节的，处十年以上有期徒刑或者无期徒刑，并处罚金或者没收财产。本法另有规定的，依照规定。

2.《中华人民共和国社会保险法》第八十七条　社会保险经办机构以及医疗机构、药品经营单位等社会保险服务机构以欺诈、伪造证明材料或者其他手段骗取社会保险基金支出的，由社会保险行政部门责令退回骗取的社会保险金，处骗取金额二倍以上五倍以下的罚款；属于社会保险服务机构的，解除服务协议；直接负责的主管人员和其他直接责任人员有执业资格的，依法吊销其执业资格。

**第八十八条** 以欺诈、伪造证明材料或者其他手段骗取社会保险待遇的，由社会保险行政部门责令退回骗取的社会保险金，处骗取金额二倍以上五倍以下的罚款。

**3.《医疗保障基金使用监督管理条例》第三十八条** 定点医药机构有下列情形之一的，由医疗保障行政部门责令改正，并可以约谈有关负责人；造成医疗保障基金损失的，责令退回，处造成损失金额 1 倍以上 2 倍以下的罚款；拒不改正或者造成严重后果的，责令定点医药机构暂停相关责任部门 6 个月以上 1 年以下涉及医疗保障基金使用的医药服务；违反其他法律、行政法规的，由有关主管部门依法处理：

（一）分解住院、挂床住院；

（二）违反诊疗规范过度诊疗、过度检查、分解处方、超量开药、重复开药或者提供其他不必要的医药服务；

（三）重复收费、超标准收费、分解项目收费；

（四）串换药品、医用耗材、诊疗项目和服务设施；

（五）为参保人员利用其享受医疗保障待遇的机会转卖药品，接受返还现金、实物或者获得其他非法利益提供便利；

（六）将不属于医疗保障基金支付范围的医药费用纳入医疗保障基金结算；

（七）造成医疗保障基金损失的其他违法行为。

**第四十条** 定点医药机构通过下列方式骗取医疗保障基金支出的，由医疗保障行政部门责令退回，处骗取金额 2 倍以上 5 倍以下的罚款；责令定点医药机构暂停相关责任部门 6 个月以上 1 年以下涉及医疗保障基金使用的医药服务，直至由医疗保障经办机构解除服务协议；有执业资格的，由有关主管部门依法吊销执业资格：

（一）诱导、协助他人冒名或者虚假就医、购药，提供虚假证明材料，或者串通他人虚开费用单据；

（二）伪造、变造、隐匿、涂改、销毁医学文书、医学证明、会计凭证、电子信息等有关资料；

（三）虚构医药服务项目；

（四）其他骗取医疗保障基金支出的行为。

定点医药机构以骗取医疗保障基金为目的，实施了本条例第三十八条规定行为之一，造成医疗保障基金损失的，按照本条规定处理。

第四十二条　医疗保障等行政部门、医疗保障经办机构、定点医药机构及其工作人员收受贿赂或者取得其他非法收入的，没收违法所得，对有关责任人员依法给予处分；违反其他法律、行政法规的，由有关主管部门依法处理。

第四十三条　定点医药机构违反本条例规定，造成医疗保障基金重大损失或者其他严重不良社会影响的，其法定代表人或者主要负责人5年内禁止从事定点医药机构管理活动，由有关部门依法给予处分。

## 办案心得体会

国家医疗保障基金是老百姓的"看病钱""救命钱"，其使用安全涉及广大人民群众的切身利益，关系医疗保障事业的长远健康发展。骗取医保基金犯罪不仅严重扰乱国家医疗保障管理秩序，更严重危害人民群众生命健康和财产权益，成为医疗保障领域共同富裕路上的"绊脚石"。对检察机关而言，如何选取类案监督的切入点，如何破解监督难点，从而形成类案监督—全域治理的自上而下、由点及面的监督模式，是当下检察机关需要思考的问题。

### 一、个案办理破解类案监督模式

犯罪分子骗取医保基金作案手段隐蔽性强，常以合法医疗机构为据点，招揽病患又以老年人为主，对患者来说，辨别难度较大，更无法察觉自己的医保卡已成为犯罪分子套取医保基金的工具，因此，传统的报案—侦查—破案的自下而上、就案论案的侦办方式难以有效打击治理此类犯罪。越城区检察院通过对林某某等团伙系列诈骗案的个案作案模式剖析，发现案涉诈骗人员采用模式化作案手法不仅在绍兴地区套取医保基金攫取暴利，省内多家医院乃至全国范围内也存在相同作案模式，且有向老年人康复、护理行业蔓延趋势，其繁殖扩张速度及造成医保基金损失数额触目惊心，亟须引起重视并加强整治。

## 二、根据监督模式分解出监督思路

《社会保险法》第 87 条明确禁止医疗机构以欺诈、伪造证明材料等手段骗取社会保险基金行为。《医疗保障基金使用监督管理条例》也列举了骗取医疗保障基金的具体行为，如第 15 条规定，定点医药机构及其工作人员应当按照诊疗规范提供合理、必要的医药服务，不得分解住院、挂床住院，不得违反诊疗规范过度诊疗、过度检查……不得诱导、协助他人冒名或者虚假就医、购药；第 20 条规定，定点医药机构等单位及其工作人员不得通过伪造、隐匿……医学文书、医学证明、会计凭证、电子信息等有关资料，或者虚构医药服务项目等方式，骗取医疗保障基金。

越城区检察院在办理林某某等人诈骗系列案件时发现，涉案人员正是实施了上述禁止性行为骗取医保基金，如不顾患者实际诊疗需要盲目安排住院，多开、虚开诊疗项目，伪造、篡改医疗数据等违法行为。通过进一步分解作案模式和手段，发现该作案模式已复制推广到全国多家民营医院，违法行为人利用民营医院监管不严等弱点，大肆套取医保基金。据此，该院确定的监督思路是：首先将民营医院设定为初筛范围，然后根据本案类似作案手法及行为方式，锁定通过虚增、虚开诊疗项目，过度诊疗、诱导住院等手段可能产生的异常数据范围，提炼出可供检索、筛选的关键词；最后在多跨场景的数据中有针对性地进行关键词筛选比对，从而梳理出数据存在明显异常、涉嫌骗取医保基金的医院名单。

### 三、数据赋能打破监督难题

越城区检察院在构建骗取医保基金类案监督模型时，遇到的难点和障碍主要集中于数据来源、数据筛选和比对三个方面。一是数据来源问题。由于各部门之间客观存在数据壁垒，医保基金监管部门所能提供或愿意提供的数据较为有限，无法全面反映异常的数据信息，而直接通过各医疗机构调取医保基金使用数据，既费时费力，又极易打草惊蛇，获取数据阻力重重或所获数据真实性无法保证。因此，从数据全面性、真实性角度出发，需要会同有关部门提供数据查询权限，在数据互通共享的基础上，完成基础数据的采集。二是数据筛选问题。基础数据庞大且繁杂，如若没有关键词指引检索，再多的数据也只是毫无意义的符号。面对成千上万条基础医疗费用支出数据，首先要确定检索关键词，如入院时间、总支出金额、自费金额、手术数量等，按照数字从大到小排序。三是数据比对问题，排查异常数据需要以常规合理数据作为参照，如何确定作为参照对象的正常数据也是需要明确的问题，经调查公立医院常规诊疗数据基本情况，最终确定以公立医院作为参照进行数据对比，筛选出上述关键词范围内明显异常数据，进而提取出涉事问题医院清单。

### 四、办理案件的借鉴意义

（一）以融合监督理念，促进"四大检察"融合发展

越城区检察院在医保诈骗刑事案件办理过程中，打破部门、条线界限，以数字检察一体化思路，成立医保诈骗数字检察工作专班，由检察长任组长，刑事、民事、行政、公益诉讼等部门骨干成员任组员。通过定期例会形式，由刑事检察部门汇报案件审查进展，同时提出存在的问题及发现的线索，民事、行政、公益诉讼成员同步听取意见、思考对策、汇报进展，保证"四大检察"同频共振、联合发力。

（二）以小支点着力，撬动大领域治理

越城区检察院办理的医保诈骗案虽系个案，但并未就案办案、一诉了之，而是以个案作为支点，研究类案作案模式，通过类案同质化手段

提炼出关键词，如"公益""免费""同日入院""户籍相近"等，运用大数据碰撞、比对，筛查出问题信息，排查范围不限于本辖区范围内的民营医院。通过个案办理、数据分析，发掘更大范围内民营医院问题清单，推动医疗保障领域专项整治以及监督机制的完善。

（三）以小领域突破，助推全领域推广

越城区检察院通过多跨场景数据协同，在民营医院医保诈骗类案监督领域先行先试，搭建"民营医院虚开诊疗项目型"监督模型，助推全省检察机关医保全领域类案监督，杭州市西湖区、金华市婺城区、宁海县、海盐县等地检察院相继拓展监督维度，分别构建"医保定点药店空刷医保卡型""特种病药物转卖牟利型""重复报销型"等涉医保诈骗类案监督模型。运用数字监督模型，金华市婺城区检察院移送特种病报销异常线索47批，职能部门作出行政处罚355人，刑事立案52人，宁波、温州、嘉兴等多地检察机关均办出一批医保诈骗监督案件。同时，多地检察机关及时制发检察建议，推动职能部门进一步完善医保基金监管机制，保障医保基金安全运行。


案件承办人、案例撰写人：
　　范云飞　陈志浩（绍兴市越城区人民检察院）
案例审核人：
　　应旭君　刘平（浙江省人民检察院）

# "醉驾"案件酒精含量异常降低下行处理类案监督

◇ 平阳县人民检察院

## 📖 关键词

醉酒驾驶　酒精含量　下行处理　检察侦查

## 📖 要旨

深入分析"醉驾"案件特点规律，对"血液乙醇含量"与"呼气酒精测试值"进行比对发现异常点，结合犯罪嫌疑人职业、车型、鉴定意见等特征要素，锁定职务犯罪线索。通过个案办理，推动全市开展"醉驾"案件异常下行数字检察专项监督，加强上下内外协同，建立健全线索移送、协助取证、一案双查等配合机制，查处司法工作人员职务犯罪，推进"醉驾"案件系统化治理。

## 📖 基本情况

平阳县检察院在履职过程中，发现存在犯罪嫌疑人血液乙醇含量大幅度低于被抓获时呼气酒精测试值的异常情况。经综合分析，该院总结"醉驾"案件酒精含量数值特点，构建"'醉驾'案件酒精含量异常降低下行处理"类案监督数字模型，共排查平阳本地近两年"醉驾"案件数据1020条，发现了批量异常案件线索，经调查核实，进一步从

"醉驾"个案中发现了职务犯罪线索。目前，温州市检察院已对 4 名涉嫌职务犯罪的司法工作人员立案侦查，相关犯罪事实还在进一步深挖彻查中。

### 📖 线索发现

2022 年年初，平阳县检察院根据在日常履职中发现的"醉驾"案件具有犯罪嫌疑人"血液乙醇含量"高于"呼气酒精测试值"的特点，且有相关科学实验数据予以支持，于是从检察业务应用系统调取近两年"醉驾"案件数据 528 条，并向公安机关调取未移送的"醉驾"下行案件数据 492 条，以"血液乙醇含量"低于"呼气酒精测试值"导致案件下行不起诉或者撤案为核心要素，建立数字模型，筛查异常案件。在此基础上，重点排查公职人员"醉驾"案件，最终将焦点锁定在该院于 2021 年办理的毛某某危险驾驶案上。在该案中，毛某某呼气酒精测试值为 206mg/100ml，血液乙醇含量为 154mg/100ml，两者差值 52mg/100ml，不符合"呼气酒精测试值低于血液乙醇含量"的一般规律，且酒精含量降低值更是横跨了"醉驾"案件诉与不诉的一般标准，致使其被作出相对不起诉处理，仅受到党纪政务处分且保留了公职，其中存在司法工作人员职务犯罪的可能性较大，有必要做进一步核查。

### 📖 数据分析方法

#### 数据来源

1.危险驾驶罪检察刑事案件受理数据（源于检察业务应用系统）；
2.公安机关未移送"醉驾"下行案件数据（源于公安机关）。

#### 数据分析关键词

从检察机关、公安机关办理的"醉驾"案件中以"呼气酒精测试值""血液乙醇含量"为关键词进行酒精含量提纯，并转化为数值。根据浙江省 2019 年公检法会议纪要，以"呼气酒精测试值"与"血液乙醇含量"在案件定罪量刑标准上的阈值，即"低于170mg/100ml作相对不起诉""低于100mg/100ml公安机关撤案"的标准，以及"血液乙醇含量"低于"呼气酒精测试值"50mg/100ml以上异常差值等要素进行数据筛查，并结合提取犯罪嫌疑人职业、办案民警、呼气时间、抽血时间、送检人、鉴定人、鉴定机构等要素，从中发现异常案件。

### 数据分析步骤

第一步：从危险驾驶罪刑事案件受理数据和酒驾行政处罚案件数据的"案情摘要"中筛选出进行过呼气酒精测试和血液乙醇含量检测的案件，并提取该两项数值。

第二步：根据以下要素，分类筛选数据："呼气酒精测试值大于血液乙醇含量50mg/100ml以上""血液乙醇含量大于100mg/100ml，应当移送未移送""呼气酒精测试值大于170mg/100ml，且血液乙醇含量小于170mg/100ml""呼气酒精测试值大于100mg/100ml，血液乙醇含量小于100mg/100ml"，得出"醉驾"案件异常下行案件线索名单。

第三步：根据第二步得出的案件名单，提取犯罪嫌疑人职业、办案民警、车型、执法人员、执法时间、呼气时间、抽血时间、送检人、鉴定人、鉴定机构等要素，锁定异常案件。

第四步：对异常案件，开展"三查融合"工作。

## 思维导图

```
┌──────────────┐      ┌──────────────┐
│ 酒驾行政处罚  │      │ 危险驾驶罪    │
│ 案件数据      │      │ 刑事案件受理数据│
└──────┬───────┘      └──────┬───────┘
       │                     │
       └──────────┬──────────┘
                  ▼
┌────────────────────────────────────────┐
│ 筛选出进行过"呼气酒精测试""血液乙醇      │
│ 含量检测"的案件,并提取"呼气酒精测试"和  │
│ "血液乙醇含量"数值                       │
└────────────────────────────────────────┘
```

| 呼气酒精测试值大于 100mg/100ml,血液乙醇含量小于 100mg/100ml,跨越移诉标准 | 血液乙醇含量大于 100mg/100ml,应当移送未移送 | 血液乙醇含量低于呼气酒精测试值 50mg/100ml 以上,明显异常 | 呼气酒精测试值大于 170mg/100ml,血液乙醇含量小于 170mg/100ml,跨越不起诉标准 |

可疑案件

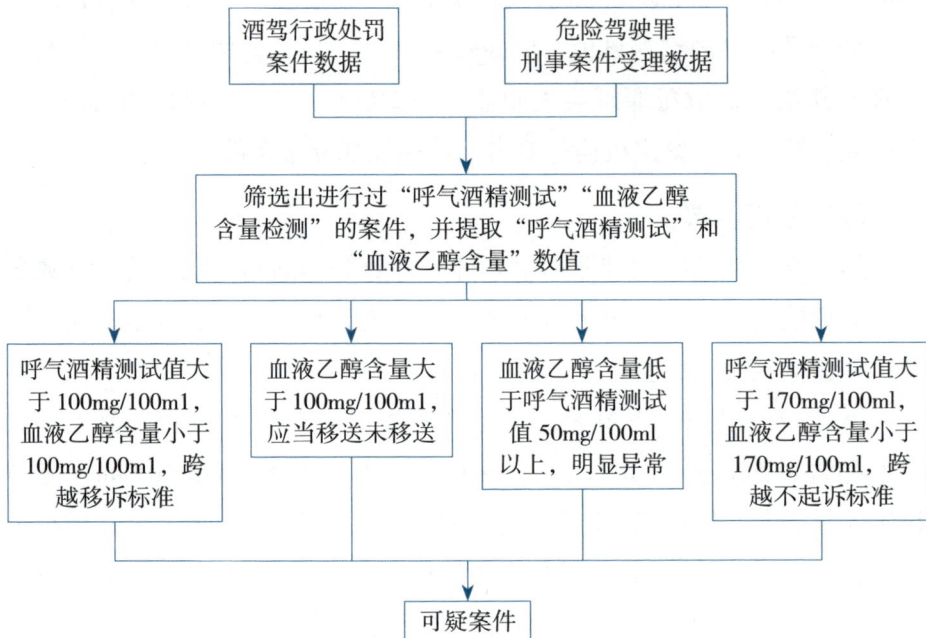

## 📖 检察融合监督

### 调查核实

平阳县检察院由检察长牵头,组建跨审查、调查、侦查"三查融合"办案组,融合内部协作。同步建立配套工作机制,形成线索批量排查、统一管理、集中研判、逐一突破的工作模式。首先,在"'醉驾'案件酒精含量异常降低下行处理"数字模型中嵌入犯罪嫌疑人是否具有一定社会关系或影响力、经办民警等信息筛查模块,梳理具体可疑名单。其次,运用检察侦查思维,分工配合,依职权调取相关犯罪嫌疑人通话记录清单,调查案发前后是否存在犯罪嫌疑人与相关人员异常联络情况并开展具体分析。最后,排查发现职务犯罪线索,根据具体罪名和管辖,由检察机关或纪委监委进行专案办理。

### 职务犯罪侦查

平阳县检察院在温州市检察院指导下，开展民警徇私枉法案调查核实和外围侦查工作。针对毛某某危险驾驶案中"调包"血样来源不明这一关键问题，对案发前半年的不起诉危险驾驶案进行筛查，查明"调包"血样来源，固定渎职犯罪的关键证据。完善检察侦查与纪委监委审查调查衔接协同机制，强化线索双向移送、情况通报、取证、一案双查等方面的协作。深挖出职务犯罪受贿线索后，第一时间商请纪委监委介入，实现办案效果最大化。经监检协作和上下两级检察机关协同联动，目前已对4名涉嫌徇私枉法犯罪的司法工作人员立案侦查。

### 📖 社会治理成效

平阳县检察院在模型取得成效的基础上继续修改完善，推动全域开展"醉驾"案件异常下行数字检察专项监督。温州市检察院对全市近两年办理的6274件"醉驾"案件进行排查，对从中发现的可疑线索分别交由各基层检察院做进一步核实。为进一步提升执法办案规范化水平，平阳县检察院依托侦查监督与协作配合办公室，重点围绕血液保管及送检程序规范、鉴定文书要素规范、"醉驾"案件下行作撤案处理应备案未备案等问题，联合公安机关探索建立健全办案工作机制衔接，就信息共享、线索移送、疑难案件会商等进一步加强协作配合，构建"醉驾"案件办理常态化协作机制，规范公安机关血样保管、出入库、送检、鉴定等程序，严格落实公安机关"醉驾"案件下行作撤案处理备案审查制度，实现法律监督关口前移，系统防范执法风险，提升办理"醉驾"案件的规范化水平。

### 📖 法律法规依据

1.《中华人民共和国刑法》第一百三十三条之一第一款 在道路上驾驶机动车，有下列情形之一的，处拘役，并处罚金：

（一）追逐竞驶，情节恶劣的；

（二）醉酒驾驶机动车的；

（三）从事校车业务或者旅客运输，严重超过额定乘员载客，或者严重超过规定时速行驶的；

（四）违反危险化学品安全管理规定运输危险化学品，危及公共安全的。

2.《最高人民法院、最高人民检察院、公安部关于办理醉酒驾驶机动车刑事案件适用法律若干问题的意见》二、醉酒驾驶机动车，具有下列情形之一的，依照刑法第一百三十三条之一第一款的规定，从重处罚：

（一）造成交通事故且负事故全部或者主要责任，或者造成交通事故后逃逸，尚未构成其他犯罪的；

（二）血液酒精含量达到 200 毫克 /100 毫升以上的；

（三）在高速公路、城市快速路上驾驶的；

（四）驾驶载有乘客的营运机动车的；

（五）有严重超员、超载或者超速驾驶，无驾驶资格驾驶机动车，使用伪造或者变造的机动车牌证等严重违反道路交通安全法的行为的；

（六）逃避公安机关依法检查，或者拒绝、阻碍公安机关依法检查尚未构成其他犯罪的；

（七）曾因酒后驾驶机动车受过行政处罚或者刑事追究的；

（八）其他可以从重处罚的情形。

七、办理醉酒驾驶机动车刑事案件，应当严格执行刑事诉讼法的有关规定，切实保障犯罪嫌疑人、被告人的诉讼权利，在法定诉讼期限内及时侦查、起诉、审判。

对醉酒驾驶机动车的犯罪嫌疑人、被告人，根据案件情况，可以拘留或者取保候审。对符合取保候审条件，但犯罪嫌疑人、被告人不能提出保证人，也不交纳保证金的，可以监视居住。对违反取保候审、监视居住规定的犯罪嫌疑人、被告人，情节严重的，可以予以逮捕。

3.《浙江省高级人民法院、浙江省人民检察院、浙江省公安厅关于办理"醉驾"案件若干问题的会议纪要》

二、关于立案标准

对现场查获经呼气测试，酒精含量达到国家质量监督检验检疫局发布的《车辆驾驶人员血液、呼气酒精含量阈值与检验》中醉酒标准（≥80mg/100ml）的机动车驾驶人，无论其对检验结果是否有异议，均立案查处，并由医疗机构或者具备资格的检验鉴定机构工作人员按照规范抽取血样，及时进行血液酒精含量检测。检测结果未达到醉酒标准的，撤销案件。

对被查获或发生道路交通事故后，在呼气测试或者提取血样前故意饮酒，经检测其血液酒精含量达到醉酒驾驶机动车标准的，立案查处。

对被查获或发生道路交通事故后，经呼气测试酒精含量达到醉酒标准，在抽取血样前逃跑的，立案查处。

五、关于刑事处罚

1.醉酒驾驶汽车，具有以下情节之一的，不得适用缓刑：（1）造成他人轻伤及以上后果的；（2）在高速公路上醉酒驾驶的；（3）醉酒驾驶营运机动车、中型以上机动车、或者严重超员、超载、超速驾驶的；（4）无驾驶汽车资格的（驾驶证被扣留、超出驾驶证年审期限未满一年、驾驶证记分满12分状态未满一年的除外）；（5）明知是不符合机动车安全技术检验标准或者已报废的汽车而驾驶，驾驶无牌机动车或者使用伪造、变造或其他车辆的机动车牌证的；（6）在被查处时有驾车逃跑或严重抗拒检查行为的；（7）在诉讼期间拒不到案或者逃跑的；（8）曾因酒后驾驶三年内、醉酒驾驶五年内被追究的。

2.醉酒驾驶汽车，无上述8种从重情节，且认罪悔罪，符合缓刑适用条件的，可以依法适用缓刑。酒精含量在170mg/100ml以下，认罪悔罪，且无上述8种从重情节，犯罪情节轻微的，可以不起诉或者免予刑事处罚。酒精含量在100mg/100ml以下，且无上述8种从重情节，危害不大的，可以认为是情节显著轻微，不移送审查起诉。

3.醉酒驾驶摩托车，认罪悔罪，符合缓刑适用条件的，可以依法适用缓刑。没有造成他人轻伤及以上后果，认罪悔罪，酒精含量在 200mg/100ml 以下，犯罪情节轻微的，可以不起诉或者免予刑事处罚；其中，酒精含量在 180mg/100ml 以下，危害不大的，可以认为是情节显著轻微，不移送审查起诉。

## 办案心得体会

"醉驾"案取证程序简单，现场办案人员权力集中，涉案人员摆脱刑事处罚的愿望强烈，导致该类案件办理中的风险增加。经研究，"醉驾"案件异常下行类案监督源头数据获取难度不大、技术能力要求不高，易于复制推广，但通过该模型直接获取的仅是异常案件线索，从线索到成案，需要以数字监督精准破题，以一体履职深挖彻查，以系统推动实现"一域突破，全域共享"。

### 一、数字化驱动，精准锁定监督切口

一是分析研判，找准监督突破口。"醉驾"案件的关键要素是酒精含量值，包括"呼气酒精测试值"和"血液乙醇含量"，前者一般在查获现场立即进行测试，其测试值直接上传，其间的权力寻租空间小，后者跨越血样提取、血样保管、血样送检、血样鉴定等多个环节，经手人员多，时间跨度大，存在一定的不可控因素。由此，在事实方面锁定"血液乙醇含量"为监督重点，并对危险驾驶类案进行汇总分析，研判发现"呼气酒精测试值"低于"血液乙醇含量"的一般规律，故即使将个案中的复杂情况考虑在内，"血液乙醇含量"也不会明显降低。二是紧密布局，发挥数字赋能优势。在构建模型之初，根据相关法律、司法解释确定的定罪量刑标准，在数据分析中加以结合，首先围绕罪与非罪、罪轻与罪重的标准筛选出"血液乙醇含量"异常降低的数据范围；

其次，融入职业、鉴定意见等关键要素，靶向针对公职人员、职业驾驶员等具有特殊身份的人员因"醉驾"案件下行而规避开除公职、吊销驾驶证等情形；最后，通过人工核查，梳理得到既存在数据明显异常，又有权力寻租动机的初查名单。

## 二、一体化联动，构建立体协同办案模式

初查名单仅是问题线索，距离查清职务犯罪任务艰巨，单打独斗难以破除信息数据壁垒，单一办案手段更难以取得突破性成果。针对所述监督线索成案难的问题，有必要做好"三个一"工作。一是"全院一盘棋"追踪。平阳县检察院由检察长牵头，组建跨审查、调查、侦查"三查融合"办案组，吸收具备信息技术能力的一线办案人员参与，充分发挥复合型人才优势，融合内部协作。围绕初查名单，运用审查、调查、侦查等手段，对血样编号、话单等进行系统分析研判，深化案件疑点审查，精细化筛选高质量职务犯罪可疑线索。二是"上下一条心"攻克。为充分发挥检察一体化优势，由市院抽调市县两级院侦查精干人员，成立工作专班，全程把控案件进展，指导开展调查核实和外围侦查工作，实现上下协同，锁定职务犯罪线索。三是"内外一股劲"突击。一改以往可能存在的各自为战的工作模式，深化检监配合，完善检察侦查与纪委监委审查调查衔接协同机制，信息即时通、线索即时转，实现办案效果最大化。

## 三、系统化推动，放大法律监督实战实效

所谓监督，系发现问题、纠正问题、预防问题的过程，检察机关在履行法律监督职能过程中，不应只局限于个案惩治，而是类案的根治。而今，借助数字检察具有的辐射面广、信息抓取准等天然优势，检察机关在各类案件办理过程中更易、更应识破隐藏于暗处的各类犯罪的面具，将现代化社会治理工作推上新的台阶。平阳县检察院以此次"醉驾"案件专项行动为契机，深化检警协作机制，总结梳理案件办理过程中发现的问题，依托侦查监督与协作配合办公室，系统整治"醉驾"案

件办理过程中存在的顽瘴痼疾。同时总结数字监督思路和路径，实现"一域突破，全域共享"，推动全市开展"醉驾"案件异常下行数字检察专项监督，在推动市域现代化治理进程中持续扩大检察机关法律监督的辐射面。


案件承办人：

　　"醉驾"案件酒精含量异常降低下行处理类案监督办案组

　　（平阳县人民检察院）

案例撰写人：

　　陈敏　颜惺惺　杨缝缝（平阳县人民检察院）

案例审核人：

　　赵戬　刘平（浙江省人民检察院）

# 集装箱专用 ETC 诈骗类案监督

◇ 平湖市人民检察院

📖 **关键词**

变更运营范围　申办集装箱专用 ETC　诈骗

📖 **要旨**

通过比对道路运输证经营范围变更的车辆信息、集装箱车辆运输明细与高速出口车辆流水明细,发现集装箱专用 ETC 诈骗类案监督线索,确定冒充集装箱专用车辆并使用 ETC 偷逃高速通行费的车辆信息。运用大数据平台打通部门之间数据壁垒,用好检察建议助力社会治理,同时充分发挥检察主导作用,跨部门协作治理行业漏洞、整治行业乱象。

📖 **基本情况**

2020 年 1 月,浙江省政府为深化收费公路制度改革,出台国际标准集装箱运输车辆通行费优惠政策,集装箱专用 ETC 车辆享受省内高速通行费六五折的优惠。2021 年 9 月,平湖市检察院在办理的一起诈骗案中发现,部分物流公司为非法牟利,在明知车辆不符合申办条件的情况下,通过变更道路运输证经营范围手段申领集装箱专用 ETC,非法享受集装箱货车专用 ETC 高速通行费优惠,偷逃高速通行费,造成国有资产流失。平湖市检察院立足打击诈骗犯罪和保护国有资产双重目标,开展集装箱专用 ETC 诈骗类案监督,先后发现 3 家物流公司 54 辆运营车辆存在诈骗行为，并向公安机关移送有关线索，共有 24 名犯罪嫌疑人被立案侦查，其中 3 家物流公司的 6 名法定代表人及股东已经被平湖市法院判决，对其余挂靠车车主在退赃退赔的情况下作出相对不起诉处理，累计追回国有资产损失 180 余万元。针对交通运输行业审批监管漏洞，平湖市检察院制发社会治理类检察建议，推动交通运输局与检察机关建立行刑衔接协作机制，实现高速公路收费的规范管理。

## 📖 线索发现

2021 年，平湖市检察院在办理一起刑事案件中发现，犯罪嫌疑人作为物流公司股东及驾驶员，为了非法牟利，利用疫情期间省内收费公路针对集装箱运输车辆通行费优惠政策，在明知名下车辆不符合申请办理集装箱专用 ETC 的情况下，通过变更道路运输证经营范围申办集装箱专用 ETC，从而逃避高速路口称重、偷逃通行费。通过讯问犯罪嫌疑人、现场走访、询问高速工作人员后发现，该问题绝非个案，必然还存在一批同类案件，有必要通过大数据分析开展专项治理。

## 📖 数据分析方法

### 数据来源

1.道路运输证经营范围变更的车辆信息（源于交通运输局）；

2.集装箱车辆运输明细（源于辖区内独山港、乍浦港两个集装箱货运码头）；

3.高速出口车辆流水明细（源于浙江省交通集团高速公路嘉兴管理中心、嘉兴市嘉通高速公路管理有限公司）。

### 数据分析关键词

以"集装箱货运"为关键词，从道路运输证经营范围变更的车辆信息中筛选出经营范围仅有集装箱货运的车辆信息，再与集装箱车辆运输明细进行比对，确定实际未装载集装箱的车辆信息。通过将实际未装载集装箱的车辆信息与高速出口车辆流水明细进行比对，确定冒充集装箱专用车辆并使用 ETC 偷逃高速通行费的车辆信息。

### 数据分析步骤

第一步：从平湖市交通运输局获取道路运输证经营范围变更的车辆信息，从平湖市辖区内独山港、乍浦港两个集装箱货运码头获取集装箱车辆运输明细，同时从浙江省交通集团高速公路嘉兴管理中心、嘉兴市嘉通高速公路管理有限公司获取高速出口车辆流水明细，在数据应用平台形成基础数据库。

第二步：筛选出道路运输证经营范围变更后，经营范围仅有集装箱货运的车辆车牌信息（重点关注集中、批量、反复变更的物流公司）。

第三步：将经营范围仅有集装箱货运的车辆车牌信息，与集装箱车辆运输明细进行数据比对，筛选出实际未装载集装箱的车辆信息。

第四步：将实际未装载集装箱的车辆信息与高速出口车辆流水明细进行比对，确定冒充集装箱专用车辆并使用 ETC 偷逃高速通行费的可疑车辆信息。

### 思维导图

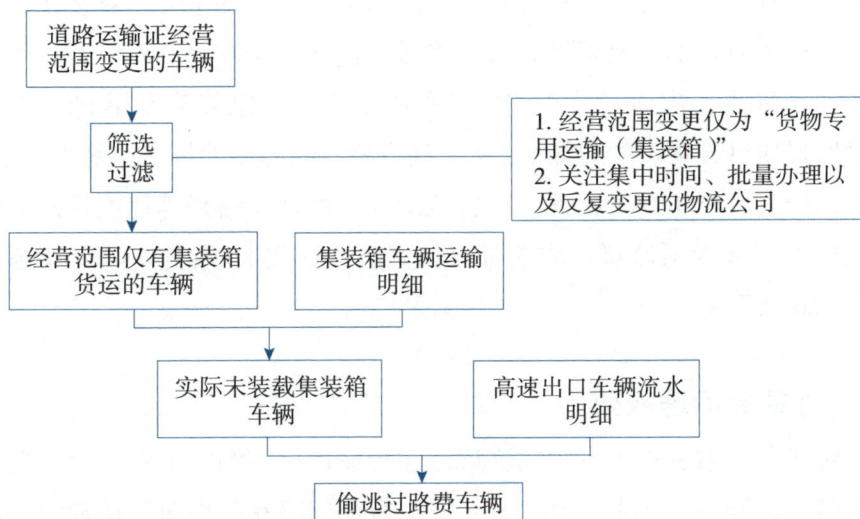

## 📖 检察融合监督

### 刑事检察监督

平湖市检察院积极运用自行补充侦查权，建立专班，总结个案犯罪特征，对多个数据线索进行分析研判，走访高速口实地考察通行情况，询问、讯问相关人员，对调取的数据分析建模、层层筛选后，确定首批3家物流公司54辆车有偷逃过路费的事实。后制作分析研判报告，召集公安、高速管理公司联合会议，移送公安机关立案侦查，目前已对3家公司24人立案侦查并移送审查起诉。类案办理中，平湖市检察院坚持贯彻少捕慎诉慎押刑事司法政策，对其中犯罪情节相对较重的3件6人提起公诉，已经平湖市法院判决，分别被判处有期徒刑1年9个月至3年不等；对犯罪情节相对较轻的挂靠车车主，在退赃退赔情况下作相对不起诉处理；对犯罪情节显著轻微的驾驶员，建议侦查机关不作为犯罪处理，以证人身份参与诉讼，降低社会对抗面。

### 公益诉讼检察监督

平湖市检察院坚持"刑事＋公益诉讼"一体化监督模式，通过院协作机制，将相关线索移送公益诉讼检察部门。公益诉讼检察部门走访调研行业主管部门，针对建模过程中发现的未构罪案件车辆，对接并推动行政机关及时追回国有资产，累计追缴违法所得180余万元。嘉兴市检察院研究部署，出台《关于印发〈平湖市检察院集装箱专用ETC诈骗类案监督项目方案〉的通知》，将平湖市检察院的做法推广至嘉兴全市，已追回国有资产130余万元。全省范围内，衢州、绍兴等地检察机关运用该模型开展专项监督，成功督促侦查机关立案80余件，涉及偷逃高速费280余万元。

## 📖 社会治理成效

对于在办案过程中发现的交通运输行业审批漏洞，平湖市检察院专班专门走访调研行业主管部门，总结主管部门存在的如对于短期内的批量办理经营范围变更现象的不合理性未予重视、未实质性审查申报货车是否具备装载集装箱条件等问题，针对性制发检察建议，建议行业主管部门规范审批制度，及时采取措施追回国有资产损失，杜绝类似问题再次发生。同时联合公安、交管等部门对辖区内的物流公司开展企业合规经营法治教育专项行动，规范交通运输领域的市场秩序，优化领域内营商环境，推动行业健康发展。

检察建议发出后，行业主管部门高度重视，及时予以回复，迅速开展行动。一方面，以案释法，制作宣传手册，对前来办理变更车辆经营范围的用户进行发放，同时在公众号上进行广泛宣传；另一方面，通过建立"实施告知提醒、签订承诺书、加强预警通报"等防范机制实现长效常治。

同时，为了更好地打击、预防交通领域犯罪，强化职能监督，嘉兴市检察院会同浙江省交通集团高速公路嘉兴管理中心出台《关于在高速公路领域加强行刑共治的若干意见》，并成立工作联络站，真正实现了"以案促建、以案促治"的良好效果。

### 📖 法律法规依据

《中华人民共和国刑法》第二百六十六条　诈骗公私财物，数额较大的，处三年以下有期徒刑、拘役或者管制，并处或者单处罚金；数额巨大或者由其他严重情节，处三年以上十年以下有期徒刑，并处罚金；数额特别巨大或者有其他特别严重情节的，处十年以上有期徒刑或者无期徒刑，并处罚金或者没收财产。本法另有规定的，依照规定。

## 办案心得体会

### 一、线索发现

案件的大背景要追溯到 2019 年 5 月开始推广的 ETC 业务，为了深化收费公路制度改革，加快电子不停车收费系统的推广应用，国务院办公厅出台了《深化收费公路制度改革取消高速公路省界收费站实施方案》。文件中要求交通运输部、国家发展改革委、财政部等部门修订《收费公路车辆通行费车型分类》标准，并规定从 2020 年 1 月 1 日起，统一按车型收费。文件出台后，各地出台了因地制宜的实施方案。自 2020 年 1 月 1 日起，浙江省出台了国际标准集装箱运输车辆通行费优惠政策，对道路运输证经营范围仅为"集装箱专运"的车辆，允许申领集装箱专用 ETC，申领后不用走人工通道，而且通行费还比原来优惠了许多。比较下来，集装箱专用 ETC 给单一经营集装箱运输的企业节省了不少运营成本和时间成本。

但是该项惠民政策却被一些不法分子钻起了漏洞。高速公路收费站的工作人员在例行巡检时注意到，有普通货运车辆竟然堂而皇之进入 ETC 专用通道，计费显示的也是使用了集装箱专用 ETC，随后通过调取高速出入口视频监控后发现，这种情况并不在少数。在接到报警后，查明系某物流公司负责人宋某等人为了让自己公司名下的普通货运车辆也能"享受"到集装箱专用 ETC 带来的优惠和便利，故意变更运输证上的营运范围，从而申领到了集装箱专用 ETC，逃避人工检查，偷逃通行费共计 43 余万元。之后，该案被移送起诉。

平湖市检察院在受理案件后讯问了宋某，其交代："这事其实也不是我自己想出来的，有次我去交管局，我看别人在变更经营范围，就多嘴问了一句，才知道有这么个政策。"这话引起了承办人的思考，这背后可能不止宋某一家企业这么做，会不会存在行业监管漏洞？为了解决内心疑问，承办人遂走访高速口查询高速出入口系统、排查车辆进出口、询问高速工作人员，高速工作人员也反馈有其他物流公司这么干，但由于使用 ETC 后无人工核查，且车辆多很难系统排查，只能发现一次补交一次。通过开展自行补充侦查，发现确实存在行业乱象，为做好行业清源，有必要成立数字办案专班，开展类案监督。

## 二、模型搭建

### （一）数据调取

数字专班成立后，明确总体思路是运用大数据分析手段对集装箱专用 ETC 车辆偷逃高速公路通行费开展整体性、针对性筛查比对，以实现面的突破。首先需要解决怎么调数据、调哪些数据、以怎样的方式去调取的问题。通过再次梳理个案，在案件特质分析基础上，提取了"变更经营范围""申办集装箱专用 ETC""货车走高速口 ETC 专用通道"等几组关键词，初步搭建了逻辑框架，大致清楚调取数据的范围。第一次调取数据采取的是以院名义对接的方式，通过函的形式向对方单位调取，但交管部门反映由于系统升级，基层数据无法直接导出，市级层面也有类似的问题，主要通过复制粘贴或者让数据维护人员从省里后台调取的方式解决。通过这次调取，平湖市检察院也吸取了经验教训，即以院名义的调取容易引起行政主管部门的误解，所以后期办案中以补充侦查办案名义生成《调取证据通知书》调取数据，无论是银行、高速管理公司还是市场监督管理局，调取都非常顺利。

（二）分析筛查

数据调取后的分析研判是检察官主导并提出需求、技术人员落实的过程。

第一步：明确异动车辆，即分析 2020 年 5 月以来变更经营范围的数据。虽然优惠政策是 2020 年 1 月开始实施的，但是因为 1 月至 5 月期间，由于疫情原因高速不分车型全部免费，所以从 2020 年 5 月以后出现了一个批量变更经营范围的高潮。

| 车牌号码 | 道路运输证号 | 异动类别 | 异动前 | 异动后 | 操作日期 | 业户名称 | 车辆类型 | 目前经营范围 |
|---|---|---|---|---|---|---|---|---|
| 浙FJ9377 | | 变更经营范围 | 变更前经营范围代码：2100，2201，变更前经营范围：货运：普通货运、货物专用运输（集装箱）。 | 变更后经营范围代码：2201，变更后经营范围：货运：货物专用运输（集装箱）。 | 2020/5/8 | 嘉兴市港达运输有限公司 | 牵引车 | 货运：货物专用运输（集装箱）。 |

**图 1　调取到的表格样式**

表格中包括了车牌号，业户名称、变更的时间，以及变更的内容，同时还有代码，比如 2201 指的是仅有货物专用运输。

根据文件仅有集装箱专营车辆才能申办集装箱专用 ETC 规定，所以筛选的主要数据信息就是将普通货运和集装箱货运（J2）变更为集装箱货运（J1）的车辆。上述缩小经营范围的车辆即为下一步需要对撞的数据。实践中，平湖市检察院为了办案效率及抓住重点，在上述可疑车辆的基础上继续筛查分析得出有重大嫌疑的车辆。主要分两类：一是筛选批量变更经营范围的物流公司，短时间内批量缩小经营范围并导入算子，即业户名称大于 10 的公司。二是反复变更经营范围的车辆，由于 2021 年 3 月平湖的个案被抓，有一些公司因为做贼心虚，又把经营范围变更回来，这部分也属于重点筛选对象，算子的逻辑就是异动后车牌号码大于 1，之后把这两类车进行并集、去重，形成重点怀疑的车辆。

需要注意办案中的节奏把握，实践中可分批次移送相关线索。因为疑似车辆是缩小经营范围的车辆，数据量较大。而重大嫌疑车辆筛查的成功率更高，即短期内批量变更、反复变更、集中时间变更的物流公司，可将上述公司作为重点对象先行排摸，取得阶段性成效。

第二步：细化筛选，锁定作案目标。首先，从集装箱码头调取车辆通行明细，装载过集装箱的车辆在集装箱码头都是有登记的，将该数据与只能运集装箱的车辆进行对撞，通过差集，会发现有一批车，明明只能运集装箱，可实际上却没有运输过集装箱。其次，从高速管理有限公司调取车辆通行明细，目的是确认上述没有运输过集装箱的车辆有无使用集装箱专用 ETC，而调取的数据中有一列就是"收费员"，如果使用 ETC，收费员信息显示为"ETC 专用"。通过上述步骤可发现有一批车辆没有运输过集装箱却通过集装箱专用 ETC 走了快速通道，享受了集装箱专用车辆才能享受的优惠，便可将其确定为偷逃过路费的车辆。

第三步：量化违法犯罪数额，移送相关线索，主要目的是确定上述偷逃过路费的车辆具体的偷逃费用。调取高速管理有限公司的车辆通行明细，其上载明了该车实际缴存的费用，根据高速管理公司的计费软件倒推应缴存费用，两者差就是本次的偷逃数额。最后从市场监督管理局调取上述偷逃车辆公司的法定代表人、股东等信息，移送侦查机关办理。

### 三、跟踪督促

案件移送侦查机关后，不可避免地会碰到取证"瓶颈"，这时候需要充分发挥检察主导作用。下面罗列公安机关在取证时遇到的几个问题。

问题一：人员处置问题。通过调查，物流公司车辆分三种类型，分别是物流公司所有、共同共有及挂靠。其中物流公司所有或共同共有均是物流公司实际操作变更经营范围、申办集装箱专用 ETC、雇用驾驶员使用上述 ETC 偷逃过路费，且偷逃过路费的实际获益人是物流公司。挂靠车则是由挂靠车车主提出需求，由物流公司帮助操办相关业务，实际获益人是挂靠车车主。针对上述三种情形，公安机关、检察院坚持贯彻宽严相济刑事政策和少捕慎诉慎押刑事司法政策，分层级处理涉案人员。对物流公司的法定代表人、股东或主要负责人提起公诉，在退赃退赔的情况下建议适用缓刑，使企业能够正常存续；对挂靠车驾驶员，在退缴违法所得、认罪认罚的情况下相对不诉；对被雇用的驾驶员或其他起到辅助作用的当事人，建议侦查机关不作为犯罪处理，以证人身份参与诉讼。

问题二：部分车辆存在真实装载集装箱情形。根据模型，调取了辖区内的码头数据，但可能存在到异地装载集装箱的情形，根据平湖市检察院了解，集装箱行业通常是短距离运输，因此异地装运的可能性不大，但实践中确实有遇到。针对该问题，平湖市检察院要求侦查机关调取车辆"挂"的尺寸、装箱单明细。大型车辆由"车头＋挂"组成，通常物流公司有较多的"车头＋挂"，可自由组合，但挂靠车车主仅购买一组"车头＋挂"，而政策所指的集装箱是国际标准集装箱，有专门的尺寸，如果"挂"的尺寸与国际标准集装箱不符，就不具备实际装载的可能性。同时也要求侦查机关调取集装箱的装箱单明细及相关运输单证，包括"设备交接单"、出口"场站收据"、进口"交货记录"。集装箱装箱单是详细记载每一个集装箱内所装货物名称、数量、尺码、重量、标志和箱内货物记载情况的单证。它是发货人向承运人提供集装箱内所装货物的明细清单、是在卸箱地作为办理集装箱保税运输手续和拆箱作业的重要单证，相关运输单证则是证实集装箱在交接、运输等过程中的凭证，用上述客观性证据印证有无实际装载集装箱。

问题三：数额认定的问题。对此，要求侦查机关厘清高速管理公司管辖明细，调取涉案车辆涉及高速口明细，根据高速管理公司计费软件，依法认定偷逃数额。

## 四、社会治理

2019 年 5 月国务院办公厅出台《深化收费公路制度改革取消高速公路省界收费站实施方案》之后，2021 年 6 月交通运输部、国家发展改革委、财政部等多部门再次出台《全面推广高速公路差异化收费实施方案》，进一步深化交通运输领域供给侧结构性改革，坚持系统观念，统筹全路网资源，深度挖掘空间，因地制宜，诚信服务，强化技术支撑，完善政策引导，全面推广高速公路差异化收费，持续提升高速公路网通行效率，降低高速公路出行成本，促进物流业降本增效，让社会公众更多分享高速公路改革发展的红利。这些政策一方面是在推广安装 ETC，加快电子不停车收费系统的推广应用，以浙江省为例，只要安装电子不停车收费（ETC）就能享受通行费九五折的基本优惠；另一方面，针对不同车型的车有不同的优惠措施，包括涉案嫌疑人驾驶的普通货车，只要安装了 ETC，也可以享受八五折优惠。但是如此利好的政策却被错误解读、错误示范，并且形成规模效应、行业乱象。上述现象的发现不仅仅局限于浙江省境内，据不完全统计，新疆、天津、辽宁、福建、宁夏、贵州等多省区市都已出台相关政策。为了更好地贯彻落实上述文件政策，应及早进行行业整治，完善高速公路信用体系，对偷逃车辆通行费等失信行为实施联合惩戒。

对此，工作专班对这几起案件进行细致梳理分析后发现，这些物流公司在申请变更营运范围过程中，只需运输车辆所有权人进行网上申请并上传原运输证原件照片，然后经行业主管部门书面审核确认后，即可变更为 J1 型运输证。物流公司再凭借 J1 型运输证到银行直接申请办理集装箱专用 ETC 即可。多家物流公司短时间内批量将公司的运输车辆从 J2 运营范围缩小成 J1，随后为了装货，又拆卸集装箱顶棚，依然从事 J2 营运，以非法手段享受着不应享受的优惠政策，导致了国有资产的大量流失。

针对发现的问题，工作专班走访调研了行业主管部门。走访初期，行业主管部门认为自己的审批行为本质上是没有问题的，因为本次变更经营范围的本质是缩小经营范围，根据相关审批要求只需进行形式审查，上述物流公司均符合形式审查条件，而且根据浙江省"最多跑一次"的行政服务要求，行业主管部门应当及时审核通过。为此，平湖市检察院多次与行业主管部门座谈，逐一指出行业监管漏洞：一是风险防范意识不强、对异常现象敏锐度不高；审批口是接触当事人的第一窗口，调查中有工作人员自己都陈述说"当时就觉得奇怪，怎么变更经营范围的这么多，弄得一直加班，而且都是缩小经营范围"。要知道，正常经营做生意都是希望自己的经营范围越广越好，缩小经营范围本就是异常现象，而对于如此频繁的异常现象却视而不见，没有深入分析事态变化的原因，没有及时采取规制手段，没有做好信息报送工作。二是没有做好法规政策的解读及普及。作为行业主管部门本就有对最新法律法规、上级文件学习领会及上传下达的职责，根据部委相关规定，也要求各地要加强高速公路差异化收费政策宣传解读和收费标准信息公开，进一步提高收费透明度，使应知对象正确理解相关文件，防止错误解读导致的"钻空子"现象。三是没有做好重点领域的教育整顿、行业清源工作。交通运输行业作为重点领域之一，对于其中出现的行业乱象，应当及时整治，作为行业主管部门，在开展稽查、走访、调查等多项工作时，没有依法开展行业法治建设，导致类案频发。平湖市检察院建议行业主管部门一定要引起重视，堵塞系统漏洞，杜绝此类问题再次发生。

检察建议发出后，行业主管部门立即研究整改措施，结合行业实际情况，一是实施告知提醒，在申请人办理集装箱专运运输证件时，引导申请人自愿签订《守法经营承诺书》，使申请人知晓逃费危害，自觉抵制逃费犯罪。二是加强预警通报，建立对接平台，主管部门每月根据整理的月清单，综合月均集装箱专运运输证办件量、企业规模等信息进行分析和研判，发现异常情况，及时预警、移送侦查机关、检察机关及时干预。三是专门编印发放警示教育宣传单《假冒集装箱逃费"要不得"》5000余份，利用执法检查、上门服务、窗口审批等时机进行警示提醒，覆盖辖区内物流公司 30 余家。四是全面有效开展普法教育，通过"请进来""走出去""撒网式"宣传等方式，全方位开展法治宣传，促进全社会学习交通法规、理解交通执法、支持交通运输。为了更好地打击、预防交通领域犯罪、强化职能监督，嘉兴市检察院会同浙江省交通集团高速公路嘉兴管理中心出台《关于在高速公路领域加强行刑共治的若干意见》，并成立工作联络站，真正实现长效久治的良好效果。

## 附：全国范围内集装箱专用 ETC 优惠政策汇总

交通运输部、国家发展改革委、财政部印发的《全面推广高速公路差异化收费实施方案》(交公路函〔2021〕228号)第2条第2款规定，分车型(类)差异化收费。继续深化分车型(类)差异化优惠政策。强化技术创新和管理创新，结合实际情况，对不同车型(类)普通货车或国际标准集装箱运输车辆、危险货物运输罐式车辆等专用运输车辆实施差异化收费，提高专业运输效率，支持物流运输转型升级，促进实体经济发展。平湖市检察院通过咨询当地交通运输管理部门、网络收集等方式不完全统计，目前，已有14个省份出台国际标准集装箱的高速通行费优惠政策(包括浙江、福建、辽宁、新疆、天津、宁夏、贵州、河北、广西、江西、黑龙江、安徽、山西、江苏)，具体如下：

(一)福建

福建省交通运输厅(闽交规〔2021〕45号)文件规定，实施8项差异化收费优惠措施，对集装箱车辆分车型（类）实行差异化收费。

（二）辽宁

《辽宁省高速公路差异化收费政策实施方案》规定，继续实施的差异化收费政策，集装箱车辆分支付方式差异化收费，办理 ETC 卡的国际标准集装箱运输车辆享通行费 6.5 折优惠。2021 年 9 月 30 日起实施的差异化收费政策规定，6 类货车实行分车型差异化方式实施 8.7 折通行费优惠，在上述优惠基础上，ETC 车辆还能叠加享受 9.5 折优惠。

（三）新疆

自 2021 年 12 月 13 日零时起，对国际标准集装箱运输车辆实施差异化收费政策。为不增加运输国际标准集装箱的合法营运车辆通行费成本，对通行全区收费公路的国际标准集装箱运输车辆予以 6.4 折通行费优惠，根据交通运输部有关规定对安装集装箱专用 ETC 套装设备的车辆，通行设置 ETC 车道的收费公路实行预约优惠通行。安装集装箱专用 ETC 套装设备的车辆通行未设置 ETC 车道的收费公路，在 ETC 车道予以通行费优惠。

（四）天津

《天津市交通运输委员会、天津市发展和改革委员会关于调整我市高速公路差异化收费政策的通知》规定，对进出天津港的特定国际标准集装箱货车的通行费差异化收费政策：通过海滨高速公路永定新河站、临港站，京津高速公路北塘站，京津塘高速公路塘沽站，津晋高速公路塘沽站等 5 个收费站之一并经确认进出天津港的合法装载的特定国际标准集装箱货车，实施如下通行费优惠政策：（1）国 V 排放标准车辆实施 8 折优惠（国 IV 及以下排放标准车辆不再实施通行费优惠）；（2）国 VI 排放标准车辆实施 2 折优惠；（3）新能源车辆（本政策指电动汽车和氢能燃料电池汽车）免收通行费；（4）若本政策实施有效期内国家生态环境部门发布实施新的机动车污染物排放标准，则对各类排放标准车辆的通行费优惠政策实施顺序退位，即：出台国 VII 排放标准后，国 VII 排放标准车辆取代国 VI 标准车辆享受的优惠政策（对国 VII 排放标准车辆实施 2 折优惠），国Ⅵ排放标准车辆取代国Ⅴ标准车辆享受的优惠政策（对国Ⅵ排放标准车辆实施8折优惠），国Ⅴ排放标准车辆不再享受优惠政策，以此类推，顺序退位；新能源车辆优惠政策不变；对行驶京津高速公路天津段全路段的合法装载货车的通行费差异化收费政策；对行驶京津高速公路天津段全路段（即行驶路线为京津界至北塘收费站或北塘收费站至京津界的主线全程）的合法装载货车继续实施通行费6.5折优惠政策。

（五）宁夏

《宁夏回族自治区交通运输厅、宁夏回族自治区发展和改革委员会、宁夏回族自治区财政厅关于全面开展高速公路差异化收费工作的通知》（宁交办发〔2021〕59号）规定，对使用ETC通行全区高速公路的国际标准集装箱运输车辆，通行费在现有收费标准基础上优惠15%。本差异化收费优惠政策执行期暂定1年。其中，国际标准集装箱运输车辆优惠自2021年12月1日起至2022年11月30日结束；其他差异化优惠自2021年10月15日起至2022年10月14日结束。《宁夏回族自治区交通运输厅、宁夏回族自治区发展和改革委员会、宁夏回族自治区财政厅关于调整宁夏高速公路货运车辆差异化收费标准的通知》（宁交办发〔2021〕3号）通行费优惠与本通知通行费优惠叠加执行，政策结束日期延长至2022年10月14日。ETC用户在本通知优惠的基础上仍享受5%的通行费优惠。国际标准集装箱运输车辆优惠在本差异化优惠政策基础上叠加执行。

（六）贵州

实施分车型（类）差异化收费。对不同车型（类）货车、国际标准集装箱运输车辆、垃圾（指生活及医疗垃圾）运输车辆实施差异化收费，提高运输组织效率，对通过"中国ETC服务"小程序预约通行的国际标准集装箱运输车辆，继续实行7折优惠。

（七）河北

《河北省交通运输厅、河北省发展和改革委员会、河北省财政厅关于延续地方性车辆通行费减免政策的通知》对在该省收费公路（含高速公路和普通收费公路）行驶的国际标准集装箱车辆，享受通行费30%优惠政策。

## （八）广西

《广西高速公路全面推广差异化收费实施方案》（桂交规〔2021〕2号）规定，合法装载并通过预约通行指定收费站进出北部湾三港口三口岸及西江经济带港口码头的集装箱运输专用 ETC 车辆，可继续享受通行费 5 折优惠。

## （九）江西

《江西省交通运输厅、江西省发展和改革委员会、江西省财政厅关于延续我省收费公路差异化收费政策的请示》（赣交财务字〔2021〕37号）规定，对通行于昌栗高速公路且使用 ETC 缴费的合法装载货车实行通行费 8.5 折优惠；对 18 点至次日凌晨 6 点通行于泰井高速公路、广吉高速公路吉安支线、铜万高速公路、井睦高速公路、祁浮高速公路、抚州东外环高速公路、昌宁高速公路南昌连接线、船广高速公路且使用 ETC 缴费的合法装载货车实行通行费 8.5 折优惠；对已安装集装箱专用 ETC 车载装置，在预约平台预约的合法装载国际标准集装箱运输车辆，且正常使用 ETC 通行该省高速公路、九江长江公路大桥（二桥）按 1.15 元/公里计费进行优惠，通行九江长江大桥（一桥）按 23.5 元/车次计费进行优惠。

## （十）黑龙江

《黑龙江省高速公路差异化收费实施方案》（黑交规〔2021〕9号）规定，对国际标准集装箱运输车辆差异化收费。对单纯运输国际海运标准集装箱（IAA 型，即 40 英尺；IC 型，即 20 英尺），正常合法装载运输，并使用 ETC 的车辆，给予通行费 7.5 折优惠，其中以黑河、同江、抚远、绥芬河、东宁等 5 个口岸为目的地的（指定出口收费站），在目的地地市级行政区域内给予通行费 5 折优惠；对使用国际海运标准集装箱运输中欧货运班列出口货物的车辆，给予免收通行费优惠。

## （十一）安徽

《安徽省高速公路差异化收费实施方案》规定，该省主要港口和中欧亚班列集装箱运输车辆差异化收费。采用分车型（类）差异化收费、分出入口差异化收费相结合的方式，全省高速公路对进出合肥港、芜湖港、蚌埠港、安庆港和服务合肥国际陆港中欧、中亚班列的合法装载ETC套装集装箱运输车辆,在规定的收费站点按批复收费标准的50%收取通行费,执行期限暂定为2021年11月1日至2022年12月31日。

（十二）山西

《山西省高速公路2020年度差异化收费优惠政策细则》规定,实施特定车辆优惠政策。对道路运输证经营范围为"货物专用运输（集装箱）"且不含"普通货运"的牵引车、办理带有"集装箱专用车辆"特殊标识信息的ETC车载装置的集装箱车辆,在享受上述优惠政策同时,再优惠20%,最大优惠幅度不超过50%（实行分时段差异化收费优惠政策的5条路段不超过70%）。

（十三）江苏

《江苏省关于印发江苏省关于进一步降低物流成本的实施方案》（苏发改经贸发〔2020〕1227号）规定,对进出口连云港港、太仓港、南京港和中欧中亚班列集装箱运输车辆免收车辆通行费。

说明:（1）根据人民网2022年3月1日报道,交通运输部副部长戴东昌在国办新闻发布会上表示:"交通运输部指导各地全面推广高速公路差异化收费,目前29个省份也都出台相应举措,出台了167项高速公路差异化收费政策。"（2）除上述已出台国际标准集装箱的高速通行费优惠政策的14个省份外,还搜索到7个省份已出台高速公路差异化收费政策,但没有包括集装箱,故统计中未列明,其余8个省份政策未搜索到。（数据截至2022年3月8日）

案件承办人、案例撰写人:

向鸣霞（平湖市人民检察院）

案例审核人:

郦纪城　余雁泽（浙江省人民检察院）

# 涉企"挂案"清理类案监督

◇ 杭州市西湖区人民检察院

## 关键词

先刑后民　插手经济纠纷　撤案监督　刑事挂案

## 要旨

分析比对法院因刑事立案被驳回、中止的民事诉讼数据和公安机关立案数据、检察业务应用系统数据，提取"立案一年以上未侦结""未对犯罪嫌疑人采取强制措施"等关键词，筛查出用刑事手段插手经济纠纷、不应当立案而立案、长期"挂案"等违法线索。应用大数据手段，灵活贯通数据壁垒，依法开展撤案监督，保障企业合法权益，营造更优法治化营商环境。

## 基本情况

杭州市西湖区检察院在履职中发现，某案中民事诉讼被告恶意利用"先刑后民"规则，通过对原告的刑事指控和刑事立案，导致其数千万的民事诉讼请求无法实现。经审查，原告并无犯罪内容，公安机关对其刑事立案后未实质侦查，久未移送至检察机关，形成了"挂案"，损害了企业利益。杭州市西湖区检察院以此为切入口，成立数字办案单元，重点针对公安机关可能存在违法动用刑事手段插手民事、经济纠纷等违法立案情形开展类案监督。

📖 **线索发现**

杭州市西湖区检察院在办理一起撤案监督案件中发现，民事诉讼被告张某向杭州市公安局西湖区分局报案称原告王某侵占其公司股份，公安机关刑事立案，民事诉讼原告王某的起诉因涉及刑事案件被法院裁定驳回，导致原告王某数千万民事诉讼请求无法实现。原告王某向检察机关申诉，经检察机关调查，被告张某与王某之间仅有股权转让民事纠纷，所谓的"犯罪嫌疑人"王某并不涉嫌犯罪，公安机关对王某刑事立案后也并未进行实质侦查，在没有犯罪事实情况下，长期"挂案"，严重损害了王某及相关企业利益。公安机关立案的事实被报案人张某用于民事诉讼抗辩理由，经检察机关向公安机关提出撤案监督，最终公安机关撤销案件。

上述情况在实践中并非个案，有些案件不排除存在公安人员利用刑事手段插手经济纠纷的可能。据统计，因同一事实可能涉及刑事犯罪而被人民法院判决驳回起诉的民事诉讼，占到了民事诉讼整体驳回起诉案件量的 30% 以上，有些案件不排除存在公安人员利用刑事手段插手经济纠纷的可能。

📖 **数据分析方法**

### 数据来源

1. 民事诉讼中止、驳回起诉数据（源于中国裁判文书网）；

2. 公安机关立案、强制措施等数据（源于公安机关）；

3. 信访数据（源于信访局）；

4. 公安机关立案卷宗（源于公安机关）；

5. 民事裁判文书（源于中国裁判文书网及法院共享数据）；

6. 检察院受案数据（源于检察业务应用系统）。

### 数据分析关键词

杭州市西湖区检察院根据涉企"挂案"特点，确定以下关键字："立案告知书""立案通知书""最高人民法院关于在审理经济纠纷案件中涉及经济犯罪嫌疑若干问题的规定""立案侦查""未采取刑事强制措施"等。

### 数据分析步骤

1.已实现公安机关及信访局数据共享,具体如下:

第一步:向法院调取因刑事立案被驳回、中止起诉的民事案件数据,或者通过"立案决定书""立案通知书"及"最高人民法院关于在审理经济纠纷案件中涉及经济犯罪嫌疑若干问题的规定"等关键词筛查中国裁判文书网上法院因为公安机关刑事立案裁定中止、驳回的案件数据。

第二步:向公安机关调取立案、采取刑事强制措施处理情况数据(以法院因刑事立案裁定中止、驳回的案件数据为清单),根据案件特征进一步缩小范围,筛选出一年以上未侦结且未对任何犯罪嫌疑人采取强制措施的案件数据。

第三步:对筛选出的一年以上未侦结且未对犯罪嫌疑人采取强制措施的案件,与信访局数据中的信访人、信访概况进行碰撞,筛查出当事人持续上访反映公安机关司法干预民事纠纷的长期"挂案"案件数据。

第四步:对于同时满足第二步、第三步,或单独满足第二步筛选条件的案件,进一步调取公安机关立案卷宗核查,最终锁定不应立案而立案案件,进行撤案监督。

2.无法实现公安机关立案和信访局数据共享。以检察机关的刑事受案数据作为公安机关数据的补充和代替,进行模型筛查,具体如下:

第一步:向法院调取的因刑事立案被驳回、中止起诉民事案件数据,或者通过"立案决定书""立案通知书"及"最高人民法院关于在审理经济纠纷案件中涉及经济犯罪嫌疑若干问题的规定"等关键词筛查中国裁判文书网上法院因为公安机关刑事立案裁定中止、驳回的案件数据。

第二步:将法院因刑事立案裁定中止、驳回的案件数据与检察业务应用系统内刑事受案数据进行比对,剔除公安机关已移送检察机关的案件，筛查得到一年以上未侦结且未移送检察机关的案件数据。

第三步：进一步调取公安机关立案卷宗核查，最终锁定不应立案而立案案件，进行撤案监督。

**思维导图**

1.公安机关及信访局数据可获取的情况下：

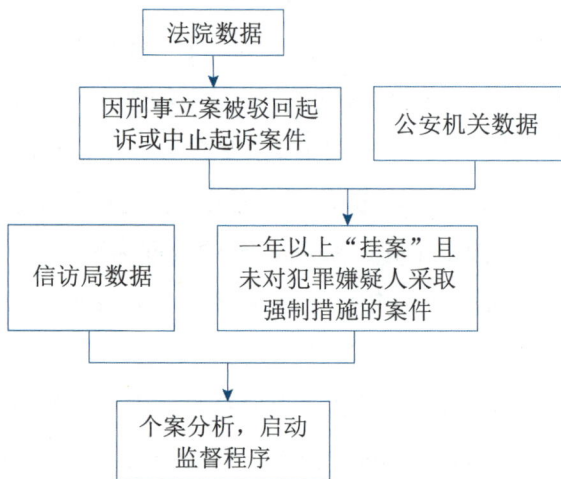

```
                    ┌──────────┐
                    │  法院数据  │
                    └────┬─────┘
          ┌─────────────▼──────┐      ┌──────────┐
          │ 因刑事立案被驳回起    │      │ 公安机关数据 │
          │ 诉或中止起诉案件      │      └────┬─────┘
          └──────┬─────────────┘           │
  ┌──────────┐   │    ┌──────────────────▼─┐
  │ 信访局数据 │   │    │ 一年以上"挂案"且      │
  └────┬─────┘   │    │ 未对犯罪嫌疑人采取      │
       │         │    │ 强制措施的案件        │
       │         │    └──────┬──────────────┘
       └─────────┴───────────┤
                    ┌─────────▼────────┐
                    │ 个案分析，启动      │
                    │ 监督程序          │
                    └──────────────────┘
```

2.公安机关及信访局数据难以获取的情况下：

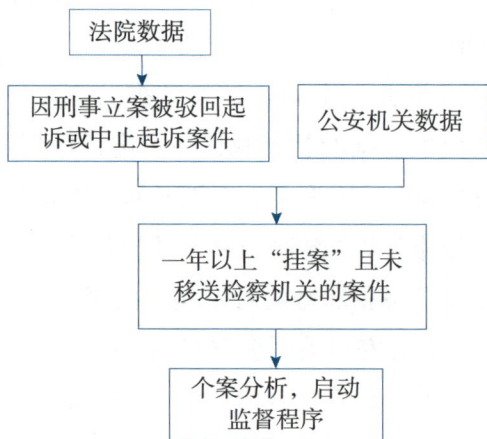

```
                    ┌──────────┐
                    │  法院数据  │
                    └────┬─────┘
          ┌─────────────▼──────┐      ┌──────────┐
          │ 因刑事立案被驳回起    │      │ 公安机关数据 │
          │ 诉或中止起诉案件      │      └────┬─────┘
          └──────┬─────────────┘           │
                 │    ┌──────────────────▼─┐
                 └────┤ 一年以上"挂案"且未    │
                      │ 移送检察机关的案件     │
                      └──────┬──────────────┘
                    ┌─────────▼────────┐
                    │ 个案分析，启动      │
                    │ 监督程序          │
                    └──────────────────┘
```

### 📖 检察融合监督

#### 撤案监督

涉企"挂案"模型关注刑事办案领域深层次问题，通过对类案监督点或者高频率的字符段落进行检索分析，将大批量的文书降低到人工可审查的量级，以大数据排查和人工审查相结合的方式，化被动监督为主动监督，较为精确地锁定相关"挂案"，及时监督公安机关对久拖不决的刑事案件作撤案处理。杭州市西湖区检察院依托涉企"挂案"模型，通过数据碰撞对比，已发现省内撤案监督线索 24 条，其中杭州地区涉及线索 8 条，目前已经开展撤案监督案件 2 件，涉案标的额分别达 3500余万元和 1000 余万元。

#### 民事裁判监督

目前依照"先刑后民"的原则，在民事诉讼涉及的事实可能与刑事犯罪相关的情况下，法院需要对案件事实进行实体审理，但具体到个案中每个法院把握尺度不同。近几年法院多引用《最高人民法院关于在审理经济纠纷案件中涉及经济犯罪嫌疑若干问题的规定》第 11 条用以驳回原告起诉，缺乏分析环节，可能影响民事诉讼当事人的合法权益。为此，杭州市西湖区检察院通过搭设院内信息互通平台，及时排查"挂案"并移交线索，由民事检察部门与法院对接，重启民事诉讼程序，发挥法律监督的职能，主动作为，目前刑事检察部门已向民事检察部门移送线索 2 条。

#### "三查融合"办案

深挖执法司法领域深层次问题的难度大、情况复杂，是检察机关履行法律监督职能的重点和难点。涉企"挂案"的监督模型对于司法工作人员职务犯罪侦查有着重要意义。通过该数字模型对法院裁定、公安机关立案等数据进行分析研判，可以发现公安机关利用刑事手段插手经济纠纷或怠于侦查长期"挂案"的渎职线索，通过审查、调查、侦查"三查融合"，查办公安人员职务犯罪，相比撤案监督或纠正违法更能彰显警示教育意义和影响力。目前已移送公安机关工作人员职务犯罪线索 1 条。

## 📖 社会治理成效

杭州市西湖区检察院将数字检察成果和理念应用到优化营商环境的各个方面，实现"单一"到"多跨"的倍增效应，有效实现三个转变：一是治理措施由"单一性"转向"综合性"。与区公安机关联合签署《关于在刑事执法司法活动中全面加强检警协同的若干意见》，依托侦查监督与协作配合办公室，通过派驻检察官定期查阅审查公安"挂案"，跟踪督查及时处理，建立健全防止涉企"挂案"长效机制。针对浙江数字经济发达，数据安全、数据合规需求迫切的情况，联合相关部门研究出台《企业数据合规指引》，引导企业合规经营，以企业家看得见的方式落实保护政策。二是治理信息由"碎片化"转向"整体化"。针对辖区内"高新技术企业多、互联网经济发达，新型业务易引发新型金融风险导致企业垮台"的难题，利用"企诊卫士"等数据平台，根据公安机关日常工作中的举报情况、市场监督举报信息、外地协查信息等形成大数据系统，分析排查辖区内存在风险的企业名单。三是治理过程由"事后治理"转向"事前预防"。根据风险企业名单，对涉刑风险进行深度剖析、提前预判、分层管理：对已越过法律红线，涉及严重违法犯罪的，关停打击；对刚触碰法律红线，情节轻微的，修复整改；对未触及法律红线，涉刑风险较小的，警示提高。

## 📖 法律法规依据

1.《人民检察院刑事诉讼规则》第五百五十七条第一款　被害人及其法定代理人、近亲属或者行政执法机关，认为公安机关对其控告或者移送的案件应当立案侦查而不立案侦查，或者当事人认为公安机关不应当立案而立案，向人民检察院提出的，人民检察院应当受理并进行审查。

第五百五十九条　人民检察院经审查，认为需要公安机关说明不立案理由的，应当要求公安机关书面说明不立案的理由。

对于有证据证明公安机关可能存在违法动用刑事手段插手民事、经济纠纷，或者利用立案实施报复陷害、敲诈勒索以及谋取其他非法利益等违法立案情形，尚未提请批准逮捕或者移送起诉的，人民检察院应当要求公安机关书面说明立案理由。

**第五百六十一条第一款**　公安机关说明不立案或者立案的理由后，人民检察院应当进行审查。认为公安机关不立案或者立案理由不能成立的，经检察长决定，应当通知公安机关立案或者撤销案件。

2.《**浙江省人民检察院关于进一步规范侦查监督的工作指引（试行）**》**第二十条**　有下列情形之一的，人民检察院应当依法进行撤案监督：

（一）没有犯罪事实的；

（二）犯罪嫌疑人死亡的；

（三）情节显著轻微、危害不大，不认为犯罪的；

（四）其他依法不追究刑事责任的。

## 办案心得体会

法治是最好的营商环境，公平正义的法治环境是企业安全感和信心的来源。因公安机关有未审结的刑事立案，法院驳回相关民事诉讼，可见刑事司法进程切实关系到民事诉讼主体的权益实现。公检法工作互相制约的特点决定了公安机关的办案效率影响法院的审判流程，以此为切口，检察机关严格落实党中央提出的"紧盯消除法律监督薄弱环节不放过"的要求，将法律监督触角延伸到尚未移送审查起诉的刑事案件上，切实提升能动履职质效。对涉企"挂案"法律监督模型而言，如何获取监督数据，如何将"挂案"监督落到实处，如何实现"三查融合"，真正实现"监督一处，教育一片"，助力涉企"挂案"清零是模型继续深挖的工作要点。

### 一、组建检察长任组长的数字办案专班，厘清类案办理思路

由个案发现组建数字团队。西湖区检察院在办理一起撤案监督案件中，发现民事诉讼被告利用"先刑后民"规则，通过对原告的刑事指控和刑事立案，人为造成民事诉讼拖而不决的情况，致使原告实控的公司业务开展困难重重。经审查，虽然存在原告权利行使过程中的程序瑕疵，但不具有任何犯罪事实，民事诉讼被告将民事纠纷转化为刑事指控，公安机关也未实质审查，形成"挂案"，给当事人造成"诉累"，甚至造成巨大经济损失。通过大数据分析比对，上述情况在实践中绝非个案，涉企"挂案"严重影响了企业的发展，无论是监督撤案还是刑事案件继续推进，都有利于涉企"挂案"清理，这也是检察机关法律监督职责所在。

经院党组研究决定，迅速成立数字办案专班，由检察长任组长，刑事、民事、技术等部门骨干成员任组员。通过定期讨论形式，由刑事检察部门提出模型的设计思路，会同技术部门试验数据碰撞结果，将相关线索移交民事、自侦部门，实现"四大检察"相互协作、融合监督的办案模式。

### 二、建设监督模型，实现数据贯通

建立模型首先就是要梳理出类案监督的特征。通过大数据相关要素自动串联，梳理发现类案特点，如公安机关长期未结案且并未对当事人采取强制措施，立案决定书被用于相关民事诉讼，当事人一方多为企业，涉及的立案罪名为职务侵占、挪用资金、合同诈骗等。在此基础之上运用数字模型筛查案件，就筛查结果进一步重点审查，最终锁定监督对象。

得到类案监督关键词之后，如何获取数据源就成为开展工作遇到的第一个问题。在没有具体监督案件的情况下，多数公安机关不愿提供立案数据给检察机关，即使提供了，数据也不完整，仅有立案时间、犯罪嫌疑人姓名、案由等部分信息，没有案情、后续处理等关键信息。西湖

区检察院采用"迂回战术",从法院一端获取因刑事立案而中止、驳回民事起诉案件数据。有了这些数据清单,检察机关再向公安机关提出批量监督数据要求,获取侦查监督数据,由此打开一条对前端案件监督的通道。另外,目前部分地区数据壁垒仍然存在,在难以调取公安机关和信访局数据的情况下,检察机关自身的刑事受案数据也可以作为公安机关数据的补充和代替,可剔除公安机关未移送检察机关的案件,实现模型筛查目的。如本模型在省级层面实践过程中,因无法获得省级公安机关立案数据,于是检察机关运用自身的刑事受案数据,为模型找到了可靠的替代数据。

### 三、坚持"三查融合",深挖司法工作人员职务犯罪

西湖区检察院以大量类案文书为基础设计的涉企"挂案"类案监督模型,除了助力"挂案"清理,更为重要的是通过"数字赋能＋单元办案",致力深挖司法工作人员利用刑事手段插手经济纠纷的职务犯罪。

实践中,一方面可以通过分层检索、数据碰撞、数据统计等方式对海量文书进行分析研判、挖掘初步线索,化被动监督为主动监督,及时监督公安机关对久拖不决的刑事立案作撤案或者移送审查起诉处理,早日重启民事诉讼程序,保障企业利益;另一方面可以通过分析数据碰撞结果,发现公安机关存在的长期涉企"挂案"有利用刑事手段插手经济纠纷之嫌,在建立"三查融合"机制基础上,实现线索融合、手段融合、人员融合,通过调取公安机关内卷、询问相关当事人等方式,调查核实公安机关在立案过程中是否存在管理漏洞以及渎职犯罪,促进对严重影响司法公信力深层次问题的整治。

### 四、坚持能动检察,实现由被动监督到主动作为

刑事检察传统监督模式多是"被动受案、个案办理",清查"挂案"基本是采用倒查的思路,往往是在当事人申诉的情况下,再审查公安机关立案的相关材料,这已经跟不上数字检察的发展步伐,无法满足人民群众的需求。杭州市西湖区检察院按照《中共中央关于加强新时代检察

机关法律监督工作的意见》要求，努力践行"数字赋能监督，监督促进治理"的法律监督模式变革，从法院裁判数据中找到突破口，应用大数据赋能，主动开展公安刑事挂案清查，积极作为，取得良好成效。目前该模型已在全省进行推广。

案件承办人、案例撰写人：

从鑫莎（杭州市西湖区人民检察院）

案例审核人：

范红森　余雁泽（浙江省人民检察院）

# 特殊人群指定法律援助权利
# 保障类案监督

◇ 慈溪市人民检察院

### 📖 关键词

特殊人群　指定法律援助　阻碍律师权利　诉讼权利保障

### 📖 要旨

解析指定法律援助阻碍律师权利个案，将法律援助中心受援人数据与被采取刑事强制措施的未成年人、盲聋哑等特殊人群数据进行碰撞比对，发现批量"应援助未援助""未及时援助"等违法线索，开展类案专项监督。进一步完善政法一体化指定法律援助应用场景，对该领域违法行为进行系统性治理，维护律师合法执业权利，保障特殊人群法律援助权益。

### 📖 基本情况

2020年至2021年期间，公安机关在办理未成年人陈某诈骗、精神病人韦某放火、盲聋哑人林某盗窃等案件过程中，在采取强制措施并进行首次讯问后，知道或者应当知道上述犯罪嫌疑人属于未成年人、盲聋哑人等四类特殊人群的情况下，未通知或者未及时通知司法局法律援助中心指派法律援助律师提供辩护，违反了《最高人民法院、最高人民检察院、公安部、国家安全部、司法部关于依法保障律师执业权利的规定》第 5 条,《最高人民法院、最高人民检察院、公安部、司法部关于刑事诉讼法律援助工作的规定》第 9 条的规定。慈溪市检察院在归纳个案要素特征的基础上,开展阻碍指定法律援助律师行使诉讼权利专项监督,充分运用检察业务应用系统、浙江省政法一体化办案系统、法律援助中心管理平台、浙江公安监管综合管理平台,对刑事检察业务数据、指定法律援助数据、刑事强制措施数据进行碰撞比对,从两年近 2000 条法援数据中筛查上述违法线索近 100 条,并以办理类案的形式予以监督。

## 📖 线索发现

2021 年 8 月,慈溪市检察院收到律师应某控告,反映公安机关在办理牟某诈骗案中违反刑事诉讼法律援助工作规定,阻碍律师行使诉讼权利。经调查,该案为未成年人犯罪案件,犯罪嫌疑人牟某在诉讼过程中享有指定法律援助的权利,但慈溪市公安局在侦查阶段未通知法律援助机构指派律师为其提供辩护,在案件移送起诉后,经慈溪市检察院未成年人检察部门通知法律援助机构才指派了辩护律师。通过走访慈溪市司法局法律援助中心及部分法律援助律师,控告申诉检察部门发现公安机关普遍存在未及时为特殊人群指定法律援助律师的重大违法情形。

## 📖 数据分析方法

### 数据来源

1. 法律援助中心依公安机关通知指派法律援助律师信息（源于法律援助中心管理平台）;

2. 看守所采取刑事拘留强制措施人员数据（源于浙江公安监管综合管理平台）;

3. 刑事非羁押强制措施人员数据（源于检察业务应用系统）;

4. 四类特殊人员数据（源于检察业务应用系统）。

### 数据分析关键词

以四类特殊人员数据为基础，重点分析以下要素：盲聋哑残疾人，精神病人，可能被判处无期徒刑、死刑的犯罪嫌疑人，未成年人，法律援助律师，强制措施时间，指派律师时间等。

### 数据分析步骤

第一步：调取司法局法律援助中心指派法律援助律师明细，筛选由公安机关通知的指定法律援助受援人数据。

第二步：将第一步的数据与看守所刑事拘留人员数据进行匹配，得出刑事拘留且指派法律援助律师的人员数据。

第三步：将第二步得出数据中法律援助受理日期与看守所入所日期进行差值计算，将超出 3 日的数据标记为疑似未及时指定法律援助线索。

第四步：将第三步中未匹配成功的受援人数据与检察院非羁押强制措施人员数据进行匹配，得出非羁押人员并指派了法律援助律师的人员数据。

第五步：将第四步得出数据中法律援助受理日期同非羁押强制措施决定日期进行差值计算，将超出 3 日的数据标记为疑似未及时指定法律援助线索。

第六步：将第二步中未匹配成功的刑事拘留人员数据和第四步中未匹配成功的非羁押人员数据进行汇总后，与检察业务数据中的未成年犯罪嫌疑人、盲聋哑犯罪嫌疑人等四类特殊人群数据进行匹配，将得出数据标记为疑似应援助未援助线索。

第七步：调阅电子卷宗，人工核实前述步骤标记的可疑线索，对公安机关阻权违法行为予以监督。

思维导图

## 检察融合监督

### 刑事侦查活动违法监督

　　慈溪市检察院对近两年法律援助相关数据碰撞分析，从8780条被采取刑事强制措施犯罪嫌疑人信息中，获得79条法援超期通知的违法线索、18条应援未援的违法线索，后通过审查、核实调查和自行补充侦查，利用上述线索监督成案共计48件，其中，未提供辩护类阻权案件5件，未及时提供辩护类阻权案件 43 件。通过对此类阻碍律师行使辩护权的案件开展更深层次的审查，发现还同时存在超期羁押、违规鉴定等侦查活动违法情形。针对上述侦查违法乱象，慈溪市检察院一方面向涉案辖区内其所在派出所发送纠正阻碍辩护人依法行使诉讼权利通知书，迅速纠正个案；另一方面，针对侦查阶段普遍性违法，共向慈溪市公安局发送纠正违法通知书 5 份，进行类案整体性纠偏，督促及时落实整改。

### 刑事立案监督

慈溪市检察院依据大数据模型计算结果，从指定法援后刑拘下行的 31 件案件中，通过核查法援数据中"未归档"项，重点核查法援数据中"未归档"时间接近两年的案件，再经过询问法援律师、犯罪嫌疑人、审查法援卷宗材料，查清是否存在"怠于侦查""久拖未决""挂案"等重大嫌疑，最后通过调取公安机关案件卷宗，查实是否存在"不当立案和撤案"，移送刑事检察部门，成功立案监督 1 件 3 人。

### 公益诉讼检察监督

2022 年 2 月初，慈溪市检察院主动对接慈溪市残疾人联合会，联合市残联进行指定法律援助类案检察监督效果的评估和跟踪，依托市残联开发的"慈溪市残疾人三色服务平台"，通过在该平台中嵌入检察机关司法保护模块，并会签《关于开展残疾人权益司法保护数字化协作工作的通知》，开展常态化办案协作。在办理律师谢某控告指定法律援助阻权类案过程中，与市残联利用上述残疾人权益保护数字化协作机制进行李某某等人的残疾证及残疾程度调查时，残疾当事人通过市残联反映，慈溪市人民医院未开展残疾人驾照体检工作，需远赴宁波市区体检，非常不便。对于该条公益诉讼线索，慈溪市检察院公益诉讼检察部门经调查核实后向慈溪市卫生健康局发出检察建议，相关问题得到及时整改，取得良好成效。

## 📖 社会治理成效

　　慈溪市检察院在运用大数据分析手段开展法律监督过程中，切实履行检察机关在刑事诉讼中的主导责任，通过与公安局、司法局加强数据共享、信息互通，在保障律师执业权益，维护当事人合法权益方面共同发挥作用，形成保护合力。一是与司法行政机关理念共融、数据共享。2021 年年底，慈溪市检察院牵头召开慈溪市深化检律协作联席会议，与司法局、律协持续推进检律协作机制，就指定法律援助律师过程中存在的问题进行沟通协商。同时，通过进一步加强数据互通共享，形成常态化的核查机制，使指定法律援助工作更加顺畅。二是与公安机关沟通协商、达成共识。2022 年年初，依托侦查监督与协作配合办公室，完善政法一体化依通知指派法律援助律师的应用场景，推动将特殊人群指定法律援助权利保障类案监督由事后监督转为事中监督，即公安机关通过政法一体化办案系统向法律援助中心推送要求指派法律援助律师公函时，应当同时推送犯罪嫌疑人基本信息、抓获经过、立案决定书、采取强制措施决定书，使司法局法律援助中心和检察机关都能够及时接收并审查公安机关指定法律援助律师是否符合法律规定，可以及时监督，防患于未然。三是与上级检察机关加强联动、助力推广。经过宁波市检察院推广，上述监督办案模型在宁波全市被广泛应用，共筛查出违法线索 125 条，成案 76 件，宁波市检察院联合市公安局、市司法局出台《关于规范侦查、审查起诉阶段特殊人群法律援助通知辩护流程的意见》，从源头上保障特殊人群的法律援助权利，避免因法律援助不到位而产生侦查违法行为。随后，该项工作又入选浙江数字检察"一本账 S1"，并在全国控告申诉检察业务培训中作经验交流，相关案例被《检察技术和数字监督》刊载，工作信息被最高人民检察院《检察工作简报》刊载，相关做法被最高人民检察院官微"大数据赋能新时代法律监督"栏目单独刊载，《检察日报》等多家媒体宣传报道。

### 📖 法律法规依据

1.《中华人民共和国法律援助法》第二十五条第一款　刑事案件的犯罪嫌疑人、被告人属于下列人员之一，没有委托辩护人的，人民法院、人民检察院、公安机关应当通知法律援助机构指派律师担任辩护人：

（一）未成年人；

（二）视力、听力、言语残疾人；

（三）不能完全辨认自己行为的成年人；

（四）可能被判处无期徒刑、死刑的人；

（五）申请法律援助的死刑复核案件被告人；

（六）缺席审判案件的被告人；

（七）法律法规规定的其他人员。

第二十八条　强制医疗案件的被申请人或者被告人没有委托诉讼代理人的，人民法院应当通知法律援助机构指派律师为其提供法律援助。

第三十六条　人民法院、人民检察院、公安机关办理刑事案件，发现有本法第二十五条第一款、第二十八条规定情形的，应当在三日内通知法律援助机构指派律师。法律援助机构收到通知后，应当在三日内指派律师并通知人民法院、人民检察院、公安机关。

2.《最高人民法院、最高人民检察院、公安部、国家安全部、司法部关于依法保障律师执业权利的规定》第五条　办案机关在办理案件中应当依法告知当事人有权委托辩护人、诉讼代理人。对于符合法律援助条件而没有委托辩护人或者诉讼代理人的，办案机关应当及时告知当事人有权申请法律援助，并按照相关规定向法律援助机构转交申请材料。办案机关发现犯罪嫌疑人、被告人属于依法应当提供法律援助的情形的，应当及时通知法律援助机构指派律师为其提供辩护。

3.《最高人民法院、最高人民检察院、公安部、司法部关于刑事诉讼法律援助工作的规定》第九条　犯罪嫌疑人、被告人具有下列情形之一没有委托辩护人的，公安机关、人民检察院、人民法院应当自发现该情形之日起 3 日内，通知所在地同级司法行政机关所属法律援助机构指派律师为其提供辩护：

（一）未成年人；

（二）盲、聋、哑人；

（三）尚未完全丧失辨认或者控制自己行为能力的精神病人；

（四）可能被判处无期徒刑、死刑的人。

**4.《公安机关办理刑事案件程序规定》第四十六条** 符合下列情形之一，犯罪嫌疑人没有委托辩护人的，公安机关应当自发现该情形之日起三日以内通知法律援助机构为犯罪嫌疑人指派辩护律师：

（一）犯罪嫌疑人是盲、聋、哑人，或者是尚未完全丧失辨认或者控制自己行为能力的精神病人；

（二）犯罪嫌疑人可能被判处无期徒刑、死刑。

**第三百二十条** 未成年犯罪嫌疑人没有委托辩护人的，公安机关应当通知法律援助机构指派律师为其提供辩护。

───────┤ **办案心得体会** ├───────

特殊人群指定律师法律援助工作对于促进司法公正、保障人权具有重要意义，是法治文明进步的重要标志。慈溪市检察院通过个案办理发现普遍性问题，运用大数据监督方法推进特殊人群指定法律援助权利保障类案监督，系统性治理法律援助领域存在的问题。工作开展以来，面对指定法援律师阻权领域"线索发现难""推动监督难""协同治理难"等问题，从"如何借个案办理发觉普遍性问题""如何发现类案特征进行数字监督""如何推进社会治理"等环节，努力做出最佳答卷。

## 一、个案办理发现问题，法援指定寻求路径

控告申诉检察工作是检察机关最贴近人民群众的工作，工作内容最

为细致、烦琐，通常关注点在个案正义，使得控告申诉检察部门在数字化办案方面反而有些"力不从心"，涉刑特殊人群指定法律援助就是这样一个新问题。

（一）从个案到类案，法援缺位并非偶然现象

2021年8月，慈溪市检察院未成年人检察部门反映，在办理未成年人涉嫌犯罪案件的过程中，发现公安机关在对犯罪嫌疑人采取强制措施后并未及时通知法律援助机构指派律师担任辩护人，往往是在审查起诉阶段由检察机关通知，这在一定程度上影响了案件的办理。以律师应某控告的牟某诈骗阻权案为例，牟某2020年6月到案后被取保候审，其间又在四川省成都市某区因犯诈骗罪被法院判处有期徒刑，刑罚执行完毕后，慈溪市公安局于2021年7月31日对其刑事拘留，同年8月7日监视居住，同月26日取保候审。整个侦查过程中，公安机关均未通知法律援助中心指派律师为其辩护，其在成都被判刑时也没有得到法律援助。上述案件让控告申诉检察部门意识到，由于侦查机关工作重点是突破案件，对是否通知或者何时通知法援中心指定法援律师可能存在一定的随意性。法律援助律师对此也向检察机关有所反映。通过对该院所办理的未成年人犯罪案件的初步梳理，发现还有其他未成年犯罪嫌疑人在被刑事拘留后，公安机关或没有通知，或超过3日才通知法律援助机构指派辩护人的线索，说明这并不是偶然现象，需要引起足够重视。

（二）从条例到法律，反思法援介入的重要意义

慈溪市检察院对该案启动监督工作时，正值《法律援助法》刚刚通过，《法律援助法》在《法律援助条例》的基础上作了较大的修改，从刑事诉讼中的依当事人申请、法庭审理阶段才有指定辩护，扩大至对没有委托辩护人的涉刑特殊人群从侦查阶段开始时，即可由公安机关直接通知法援中心指派辩护律师，进一步明确了在办理特殊人群刑事案件时，公安机关应当通知且要求自发现该情形之日起3日内通知法律援助机构为犯罪嫌疑人指派辩护律师。

对侦查机关作出3日内通知的时限规定，看似属于犯罪嫌疑人的一

项程序性权利，但该项权利实则蕴含丰富的实体法内涵。尤其对于未成年犯罪嫌疑人等特殊人群，侦查起始阶段正是该类人群最需要律师介入的时机，如果任由公安机关不通知或违反法律规定超期通知法律援助中心指派律师提供辩护，侦查机关已经有足够的时间采取各种措施完成突破口供等侦查行为，容易衍生指供、诱供等侵害当事人诉讼权利的违法行为，"姗姗来迟"的法律援助律师会使维护司法公正的制度价值荡然无存。对条例到法律的变化进行思考，对指定法律援助领域进行检察监督，纠正程序上的违法行为，有利于保护特殊人群的实体权利，对于保障《法律援助法》的顺利实施具有重大实践意义。

（三）从办理到治理，传统工作方法需要突破

对上述案件出现的违法问题，慈溪市检察院及时向慈溪市公安局发出《纠正阻碍辩护人依法行使诉讼权利通知书》，建议公安机关纠正违法行为，随后公安机关相关办案部门复函承认存在的问题，并积极落实整改。除此之外，检察机关走访了市司法局法律援助中心工作人员以及部分法律援助律师，相关人员对基层法律援助工作特别是指定法律援助活动中公安机关不规范或违法行为非常关注，反映公安机关未及时通知法律援助中心指派辩护律师的情形较为常见，大量刑事辩护律师都是在公安机关移送起诉之前才介入，显然不利于对涉刑特殊人群刑事诉讼权利的保护。检察机关意识到该问题并非个案存在，应当"以点带面"进行进一步的调查梳理，而落实这项类案治理任务，传统的人工核查方式显然难以完成，必须依托信息化手段，打破数据壁垒，探索数据共享，对该类违法行为开展全方位、深层次、系统性治理。

## 二、解析个案发现特征，数字监督独辟蹊径

检察人员囿于长年办案的工作习惯，相较于纸质卷宗开展证据审查，对数据的归集和分析并不擅长。激发检察监督办案的数字思维，需从大数据分析的路径节点入手，逐一进行突破：

（一）确定"关键词"

归纳前期办理个案的特征，法援权利保障类案的办理基本类型有

两类：一是"应通知指派而未通知"；二是"超过 3 日通知的超期指派"。如何知道是否通知指派，如何发现指派中存在的问题？慈溪市检察院认为，要利用数据碰撞获取信息，首先必须确定碰撞"关键词"。对于"应通知指派未通知"情形，其中的关键词为"犯罪嫌疑人的身份信息"，只要将法援中心指定法援受援人身份信息与四类特殊人群身份信息进行匹配，就可以得出违法线索；对于"超期指派"情形，从数据的碰撞价值分析，确定关键词为"3 日"，对比的是法援中心指定法律援助的受理时间与犯罪嫌疑人强制措施决定时间的差值，由于司法实践中，上述受理时间与指派时间均为同一日，而决定时间与首次讯问时间基本重合，故差值超过 3 日即为违法线索。

（二）获取数据

关键词确定后，还需获取包含关键词相关项目用来进行数据碰撞和对比分析的数据源。利用浙江省公检法司均入驻县级社会治理中心的便利条件，首先从司法局法律援助中心获取法律援助数据；其次从检察院派驻看守所检察室获取刑事拘留数据；最后从检察业务应用系统获取取保候审、监视居住犯罪嫌疑人数据和未成年人、盲聋哑残疾人、精神病人、可能判处无期徒刑以上重罪案件等犯罪数据。

（三）人工核查

数据碰撞对比分析得到的违法线索，需要人工核查，一是针对"应通知指派而未通知"，通过查询检察业务应用系统中相关案件电子卷宗，必要时对犯罪嫌疑人及其近亲属进行调查，在排除了特殊人群自行委托辩护律师等情形后，筛选出需要监督的违法情形。二是针对超期指派，通过查询检察业务应用系统中首次讯问笔录，结合到案经过、强制措施决定等材料综合分析，在确定了侦查人员知道或者应当知道犯罪嫌疑人系四类特殊人群的日期后，筛选出需要监督的违法情形。该项核查方式，四类特殊人群各有不同，对于未成年人，由于身份信息已载明出生日期，故查询到案经过可以确定；对于盲聋哑残疾人，由于残疾状况可以被及时感知，故审查首次讯问日期可以确定；对于精神病人，要对电子卷宗中身份信息、讯问笔录、询问笔录等材料予以全面审查，依最早载明其精神病信息证据材料来确定；对于可能判处有期徒刑以上刑罚人员，则通过其立案决定涉嫌的罪名和到案日期可以确定。

### 三、综合施策融合监督，社会治理取得成效

发现类案违法线索并非大数据法律监督所追求的终极目标，审查各类数据、运用侦查思维、开展必要的调查核实，在落实法律监督职责基础上，进一步巩固提升社会治理成效才是数字检察的题中之义：

#### （一）融合监督，部门协同形成合力

阻碍律师行使诉讼权利的违法行为不仅侵害法律援助律师的诉讼权利，也侵害未成年人、盲聋哑残疾人、精神病人、重罪案件犯罪嫌疑人的诉讼权利。慈溪市检察院在对监督线索进行核查时，从把握法律对特殊人群保护方面规定的同质性特点出发，对阻碍律师行使诉讼权利的违法行为进行审查的同时，同步深挖侵害特殊人群法律权利保障的其他违法行为。例如，在办理曹某诈骗案过程中，慈溪市检察院不仅发现该案存在未依法指定法律援助律师提供辩护的违法行为，同时发现公安机关在办案过程中存在超期收押和笔录重新签署的违规违法情况，对于发现的各类违法行为，由控告申诉检察部门牵头，将各类违法线索分别移交刑事检察、刑事执行检察、公益诉讼检察等业务部门办理，部门之间通过协同互助，为兑现大数据法律监督成果凝聚合力。

#### （二）完善指定法律援助权利保障应用场景

类案线索的发现和办理也应当引起公安和司法行政部门的反思与共鸣，问题的长效化解决有赖于齐抓共管的工作格局和稳定的工作机制。为此，慈溪市检察院会同市公安局、市司法局深入开展协商研判，最终确定：公安机关通过政法一体化办案系统通知法援机构指派律师担任辩护人时，将《要求指派法律援助律师公函》一并推送检察机关，由检察机关对公函进行同步审查，并监督公安机关同时推送犯罪嫌疑人基本信息、抓获经过、立案决定书、采取强制措施决定书等材料，检察机关可

以随时在一体化办案系统上审查公安机关是否通知指派，以及通知是否超过 3 日的时限规定，进而从源头上保障特殊人群的法律援助权利，堵塞由此衍生的各类重大侦查违法行为漏洞。与此同时，慈溪市检察院积极联合慈溪市司法局对政法一体化办案系统的架构和应用场景进行拓展和完善，切实将特殊人群指定法律援助权利保障类案监督由事后监督延伸至事中监督，扩大对特殊人群合法权益保障的覆盖面。

（三）"三查融合"，从法律援助向社会治理拓展

大数据比对、碰撞产生的价值远不止于辅助办案，专项监督是否有拓展的空间，如何在指定法律援助领域深化社会治理，值得更深层次的思考和探索。慈溪市检察院除积极向司法行政机关调取法律援助数据用于开展违法监督之外，还通过对历年刑事案件指定法律援助案件信息和人数、法援律师信息、财政局法律援助补贴发放信息等数据进行碰撞比对，进而核查是否存在违法指定法律援助律师、未按照规定发放金额等情形。以数字赋能法律援助领域的监督、以监督促进相关领域的社会治理，确保指定法律援助工作更加规范、有序。

案件承办人：

王志勤（慈溪市人民检察院）

案例撰写人：

倪时颖　王志勤　张晶　沈韬（慈溪市人民检察院）

案例审核人：

付照　刘平（浙江省人民检察院）

# 社区矫正对象无证驾驶
# 收监执行类案监督

◇ 德清县人民检察院

### 📖 关键词

社区矫正　无证驾驶　行政处罚　收监执行

### 📖 要旨

解析社区矫正对象无证驾驶收监执行个案，提取交通肇事罪、危险驾驶罪、驾驶证被吊销、驾驶机动车等要素特征，批量发现社区矫正对象无证驾驶的类案监督线索，督促公安机关对被判处交通肇事罪等罪名的社区矫正对象依法吊销驾驶证，同步监督公安机关和社区矫正机构对无证驾驶社区矫正对象履行监管、惩治职责。

### 📖 基本情况

德清县检察院在开展社区矫正法律监督中发现，被吊销驾驶证的社区矫正对象存在无证驾驶情况，严重危害道路交通安全。该院运用社区矫正管理平台、检察业务应用系统、公安机关电子抓拍系统等进行分析研判，通过数据碰撞比对开展案件核查和办理，推动湖州市开展社区矫正对象无证驾驶收监执行专项监督行动。通过加强"行刑衔接"，打通交通肇事罪等刑事生效裁判信息实时共享堵点，督促公安机关及时吊销相关社区矫正对象的驾驶证。优化全链条监管体系，建议公安机关对无证驾驶社区矫正对象作出行政处罚，并进一步推动收监执行。完善机制建设，推动形成社区矫正"查管育"的系统治理格局，助力消除道路交通安全监管盲区。

## 📖 线索发现

2020 年 9 月，德清县检察院刑事执行检察部门在日常工作中发现，社区矫正对象鲁某某因犯交通肇事罪被德清县法院宣告缓刑，但在社区矫正期间，鲁某某仍然从事货物配送工作，可能存在无证驾驶违法情形。为固定鲁某某违法行为的相关证据，刑事执行检察部门通过查阅档案、向社区矫正工作人员了解情况，将相关线索反馈至县公安局交警大队，应用公安机关电子抓拍系统进行识别比对，确认鲁某某存在无证驾驶的违法行为。通过综合研判，德清县检察院发现由于传统监管方式不到位等原因，社区矫正对象无证驾驶违法情形难以发现，有必要通过数字化法律监督开展专项治理。

## 📖 数据分析方法

### 数据来源

1. 交通肇事罪、危险驾驶罪的案件信息（源于检察业务应用系统）；
2. 社区矫正对象基本信息（源于司法行政机关）；
3. 吊销驾驶证人员信息（源于公安机关）；
4. 电子监控抓拍驾驶人员信息（源于公安机关）。

### 数据分析关键词

关键词 1：身份。需重点关注社区矫正对象中被判处交通肇事罪、危险驾驶罪等人员信息，包括非本地法院判决但在本地进行社区矫正的人员。

关键词 2：驾驶证被吊销。需核实上述社区矫正对象的驾驶证是否已被公安机关吊销。

关键词 3：驾驶机动车。需确认被电子监控抓拍的人员在道路上驾驶机动车。

### 数据分析步骤

第一步：将社区矫正对象中被判处危险驾驶罪、交通肇事罪的人员基本信息与公安机关吊销驾驶证的人员信息进行比对，筛选出社区矫正对象中未被吊销驾驶证和已被吊销驾驶证的人员信息。

第二步：将第一步得出的被吊销驾驶证人员信息与公安机关电子抓拍系统抓拍的驾驶人员信息进行比对，筛选出无证驾驶人员数据。同时，整理出第一步得出的应当被吊销但未被吊销驾驶证的人员信息。

第三步：对第二步筛选出的无证驾驶人员数据进行人工核查，确定无证驾驶人员系社区矫正对象且正处于社区矫正期间，根据实际情况开展监督。

### 思维导图

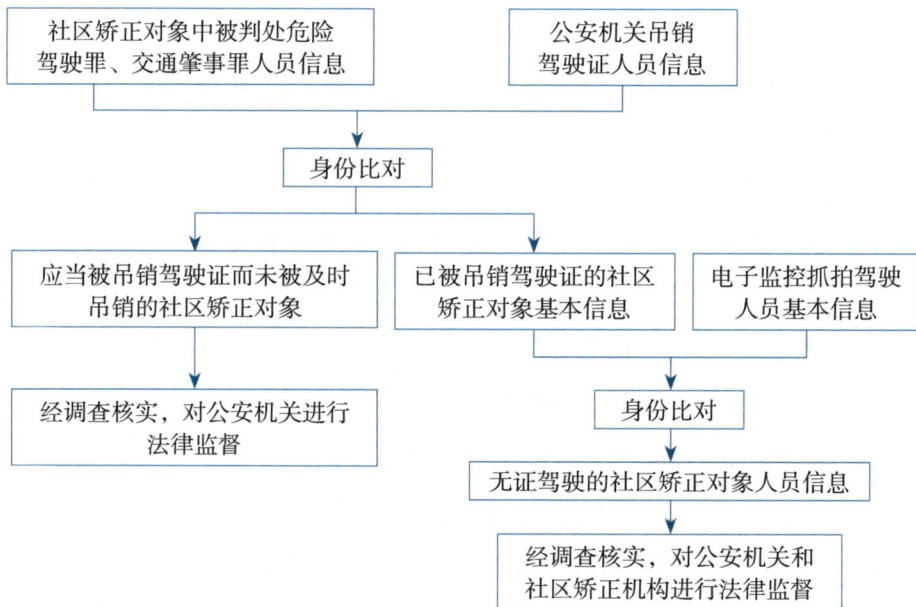

社区矫正对象中被判处危险驾驶罪、交通肇事罪人员信息 → 身份比对 ← 公安机关吊销驾驶证人员信息

应当被吊销驾驶证而未被及时吊销的社区矫正对象 → 经调查核实，对公安机关进行法律监督

已被吊销驾驶证的社区矫正对象基本信息 / 电子监控抓拍驾驶人员基本信息 → 身份比对 → 无证驾驶的社区矫正对象人员信息 → 经调查核实，对公安机关和社区矫正机构进行法律监督

## 📖 检察融合监督

### 刑事执行检察监督

德清县检察院以数字化理念为引领，增强一体化监督能力，通过数据碰撞、线索筛查、穿透融合，有效破解社区矫正对象无证驾驶查处难、监管难、治理难等问题。截至目前，共发现 4 名社区矫正对象存在无证驾驶违法情形，建议德清县公安局对其作出行政处罚后，依法向社区矫正机构发出收监执行监督意见书并全部获采纳，4 名社区矫正对象均已被收监执行。

### 行政检察监督

针对刑事生效裁判信息不对称等原因导致的社区矫正对象驾驶证应吊销而未吊销问题，建议德清县法院在判决生效后及时抄送县公安局交警大队，畅通信息共享渠道。定期筛查辖区内无驾驶资格人员信息，发现 2 名社区矫正对象被判处交通肇事罪后未吊销驾驶证的情况，督促公安机关及时依法履职，并建议同步查处已解除社区矫正但吊销驾驶证期限未满人员的无证驾驶违法行为，有效推动"行刑衔接"工作深入开展。

## 📖 社会治理成效

德清县检察院以执法司法信息共享为契机，联合县委政法委等五家单位出台《关于加强对无驾驶资格社区矫正对象数字化监督管理的实施办法》，梳理形成监管工作成员单位责任清单，全面打通数据壁垒，创新构建刑事执行多跨协同应用场景，变"多头分散管理"为"一个场景监督"。深入做好"监督促进治理"后半篇文章，对社区矫正对象所涉罪名、从事行业等情况开展趋势研判，提示各责任单位对原从事交通运输、仓储物流、邮政快递等行业的无驾驶资格社区矫正对象予以重点关注，推动"末端治理"向"前端预防"转变。将公开听证、以案释法、警示教育等活动融入数字化普法平台，常态化开展教育矫正活动，引导社区矫正对象认清无证驾驶的法律后果和社会危害，从源头上降低重新违法犯罪率。自湖州市开展专项行动以来，已发现监督线索20余条，基层检察院线索覆盖率100%。其中，应吊销驾驶证而未吊销的社区矫正对象12人，无证驾驶的社区矫正对象7人，相关人员均受到了相应处罚。

📖 **法律法规依据**

1.《中华人民共和国刑法》第七十七条第二款  被宣告缓刑的犯罪分子，在缓刑考验期限内，违反法律、行政法规或者国务院有关部门关于缓刑的监督管理规定，或者违反人民法院判决中的禁止令，情节严重的，应当撤销缓刑，执行原判刑罚。

2.《中华人民共和国道路交通安全法》第一百零一条第一款  违反道路交通安全法律、法规的规定，发生重大交通事故，构成犯罪的，依法追究刑事责任，并由公安机关交通管理部门吊销机动车驾驶证。

3.《中华人民共和国社区矫正法》第二十八条第一款  社区矫正机构根据社区矫正对象的表现，依照有关规定对其实施考核奖惩。社区矫正对象认罪悔罪、遵守法律法规、服从监督管理、接受教育表现突出的，应当给予表扬。社区矫正对象违反法律法规或者监督管理规定的，应当视情节依法给予训诫、警告、提请公安机关予以治安管理处罚，或者依法提请撤销缓刑、撤销假释、对暂予监外执行的收监执行。

4.《中华人民共和国社区矫正法实施办法》第四十六条第一款  社区矫正对象在缓刑考验期内，有下列情形之一的，由执行地同级社区矫正机构提出撤销缓刑建议：

（一）违反禁止令，情节严重的；

（二）无正当理由不按规定时间报到或者接受社区矫正期间脱离监管，超过一个月的；

（三）因违反监督管理规定受到治安管理处罚，仍不改正的；

（四）受到社区矫正机构两次警告，仍不改正的；

（五）其他违反有关法律、行政法规和监督管理规定，情节严重的情形。

## 办案心得体会

德清县检察院立足数字化监督优势，聚焦实战实效，努力破解监督难点，促进社区矫正法律监督工作走深走实，推动实现精准治理、系统治理和源头治理。

### 一、问题的发现及研判

实践中，大部分社区矫正对象能自觉接受矫正教育，但仍有少部分人员存在侥幸心理，触碰甚至超越法律底线。德清县检察院在开展社区矫正法律监督工作中发现，社区矫正机构对被判处交通肇事罪、危险驾驶罪的社区矫正对象缺乏有效监管。近两年来，仅在德清县辖区内就有 4 名被判处交通肇事罪的社区矫正对象在驾驶证被吊销的情况下仍然违法驾驶机动车，而危险驾驶类犯罪更是社区矫正对象再犯罪的"重灾区"。[①] 社区矫正对象在矫正期间再次违法犯罪，既是对司法权威的严重挑衅，也严重危害社会安全。

### 二、案发原因剖析

经梳理发现，近两年社区矫正对象因无证驾驶被收监执行案件呈高发态势，主要有内外两大原因。

（一）社区矫正对象自身因素

1. 缺少谋生手段。部分被判处交通肇事罪的社区矫正对象，在判决前主要从事交通运输行业，一旦不开车可能面临失去经济收入的窘境，导致部分社区矫正对象明知违法仍然选择无证驾驶。

2. 法律意识淡薄。多数情况下，涉嫌交通肇事罪或危险驾驶罪的被告人会被法院宣告缓刑，从而接受社区矫正，但部分人员对社区矫正的

---

① 据统计，2018 年至 2022 年，全省共发生 231 起社区矫正对象再犯罪案件，其中，再犯危险驾驶罪的 47 人，占比 20.3%。

法律性质和法律后果缺乏正确认识，在驾驶证被吊销的情况下仍然选择无证驾驶甚至醉酒驾驶。

（二）外部环境因素

1.存在监管"盲点"。实践中，社区矫正监督管理的重点是把"人"管住，避免产生脱管漏管现象。社区矫正对象无证驾驶的活动范围一般都在本辖区内，只要按时报到、按时参加集中学习活动等，社区矫正机构通常不会主动查询其具体"行踪"，也就难以发现其违法行为。例如，在办理社区矫正对象饶某某无证驾驶收监执行监督案中，饶某某坦言自己第一次无证驾驶后很久都没有被发现，因此更加肆无忌惮继续违法驾驶机动车。

2.缺乏监管手段。传统的社区矫正主要采取见面谈心、电话沟通等方式，难以发现社区矫正对象无证驾驶的违法行为。对判决地与居住地不同的社区矫正对象，由于相关信息无法在各单位间实现有效共享，更加难以实现管控。例如，原判法院未将刑事生效判决抄送执行地公安机关和检察机关，公安机关就无法及时吊销相关社区矫正对象的驾驶证，检察机关也无从开展有效监督。

## 三、办案的难点及突破方式

该类案件的办理难点：一是违法行为隐蔽，线索发现难。部分社区矫正对象的社区矫正期限较短，有的只有两三个月，如果没有及时发现其无证驾驶行为，可能面临对已解除社区矫正的人员较难启动收监执行程序的情况。同时，公安机关电子抓拍系统中的人员信息数据一般只保存两个月，如果数据碰撞的间隔周期较长，则无法发现社区矫正对象无证驾驶的违法线索。二是职能单位之间信息不通，沟通衔接不畅。社区矫正是一项系统工程，要实现"保障刑事判决、裁定、决定正确执行，促进社区矫正对象顺利融入社会，预防和减少犯罪"的目的和宗旨，需要各相关单位严密协同配合，充分形成工作合力。因此，检察机关要依法能动履职，创新应用场景，立足多跨协同，充分发挥数字办案、数据赋能的穿透性、创造性和集成性，运用数据赋能来发现疑点、破除难点、打通堵点，真正实现从类案监督到促进社会治理的转变。

（一）通过数字赋能推动刑行衔接

根据相关规定，被判处交通肇事罪的被告人一般要到判决生效后才会被公安机关吊销驾驶证，但实践中部分被告人应当被吊销驾驶证而未被吊销。因此，第一步就要确定碰撞的人员是否已被公安机关吊销驾驶证，该部分数据可以从公安机关车管部门直接获取。经过数据碰撞，可以得到社区矫正对象中未被吊销驾驶证和已被吊销驾驶证的人员信息。对于未被吊销驾驶证的情况，可以运用"三查融合"理念和方法，将相关线索移交行政检察部门，督促公安机关及时吊销相关人员的驾驶证。

（二）以机制为牵引实现协同监管

由于社区矫正对象无证驾驶严重影响道路交通安全，检察机关要积极争取党委政府的大力支持，充分发挥党委政法委的领导统筹作用，联合相关单位出台工作机制，明确司法行政机关在排查登记、综合评估、执行建议等方面的职责，突出公安机关在数据碰撞、技术协作等方面的优势，发挥检察机关法律监督的功能价值以及监督贯穿刑事诉讼全过程的职能。依托大数据的实时监控，形成齐抓共管的强大合力，扫除道路交通安全隐患，以"我管"促"都管"。同时，针对公安机关电子抓拍系统信息保存期限较短的问题，明确数字化碰撞频次以 1 个月为周期，最大限度彰显打击力度。

（三）创新监督方式筑牢平安防线

被吊销驾驶证的社区矫正对象如果因驾驶机动车引发交通事故，不属保险公司的理赔范围，对被害人的医疗、经济等方面容易造成叠加性伤害，进一步产生因案致贫、因案致困等社会问题，影响共同富裕示范区建设。据统计，近两年来德清县检察院受理的危险驾驶类案件中，无证驾驶比例达 8.9%。因此，加强对无驾驶资格社区矫正对象的监管力度，可以从源头预防该类违法犯罪的发生。检察机关在办理该类案件时，可以采用"公开听证＋新闻宣传＋典型案例"等方式，不断扩大办案效果，以点带面引导社区矫正对象学法守法，提升教育矫正质效，助力更高水平平安建设。

## 四、关于做好后续工作的深层次思考

一要运用大数据加强监管。充分运用现代化信息技术，强化"数字化"办案思维，实现对无驾驶资格社区矫正对象等重点人群的数字化管理。通过数字化改革"撬动"法律监督，依托大数据系统，通过"个案办理—类案监督—系统治理"的监督场景，推进社区矫正法律监督模式的重塑变革。

二要完善协作配合机制。建立健全信息共享机制，打破政法单位之间信息流转的"孤岛现象"，实现公检法司之间信息互联共享。在强化监管的同时要注重维护社区矫正对象的合法权益，积极预防和减少社区矫正对象重新违法犯罪。

三要加强社区矫正法律监督。检察机关要从理念上改变侧重监管场所检察而轻视社区矫正检察的错误认识，落实专人负责社区矫正法律监督工作。注重监督社区矫正机构提升教育帮扶的质量和水平，引导社区矫正对象主动融入社会，推动新时代社区矫正法律监督工作高质量发展。


案件承办人：

　　周甲准　黄勇（德清县人民检察院）

案例撰写人：

　　黄勇（德清县人民检察院）

案例审核人：

　　李宁（浙江省人民检察院）

# 社区矫正交叉巡回检察类案监督

◇ 宁波市人民检察院

## 📖 关键词

社区矫正 "纸面服刑" 交叉巡回检察 职务犯罪

## 📖 要旨

解析社区矫正对象保外就医个案，查阅当事人病历资料、社区矫正档案等材料，发现其并不属于法定保外就医的范围。通过审查个案，针对存在的"纸面服刑"问题，及时组织开展交叉巡回检察，对不符合保外就医的对象依法监督收监，对涉嫌渎职犯罪的相关司法工作人员依法立案查处，同时出台相应规范，完善对暂予监外执行对象的监督管理。

## 📖 基本情况

宁波市检察院在对全市辖区 10 个基层司法局、51 个基层司法所开展社区矫正交叉巡回检察办案中，通过对 1500 余份社区矫正档案以及 457 名被暂予监外执行的社区矫正对象的病历资料进行核查，发现以"纸面服刑"为典型的社区矫正违法违规乱象普遍存在。经与宁波市司法局、市卫健委、市大数据局等单位沟通对接，针对社区矫正案件信息、社区矫正人员身份信息和医疗信息分别构建数据库，以暂予监外执行案件中常见的医学诊断指标为关键词，对数据库信息进行比对碰撞，筛查出病情异常、实际不符合保外就医条件的社区矫正人员信息，运用

"三查融合"办案手段，通过制发检察建议、纠正违法通知书督促相关单位落实整改，对涉嫌徇私舞弊暂予监外执行罪的司法工作人员及时立案查处。同时，会同宁波市司法局、市卫健委就规范开展暂予监外执行联合出台文件，及时填补制度漏洞，完善常态化治理。

## 📖 线索发现

2021年年底，宁波市检察院在办理社区矫正对象吴某某收监执行案中发现，吴某某因疾病长期保外就医，经调查其所患疾病并不属于《保外就医严重疾病范围》，但却长期未被收监执行，形成了事实上的"纸面服刑"。对该案进一步剖析发现，因同步监督滞后、医学知识欠缺等原因，对暂予监外执行检察机关法律监督存在短板。针对上述情况，宁波市检察院决定组织开展全市社区矫正交叉巡回检察，并将暂予监外执行检察作为此次巡回检察的重点。

## 📖 数据分析方法

### 数据来源

1. 服刑一年内被暂予监外执行人员（源于检察业务应用系统）；

2. "三类罪犯"和暂予监外执行十年以上人员（源于宁波市司法局）；

3. 病情复查的暂予监外执行人员（源于宁波市司法局）；

4. 暂予监外执行人员病情复查动向（源于宁波市大数据局）；

5. 暂予监外执行人员病情复查结果（源于宁波市卫健委）。

### 数据分析关键词

根据社区矫正人员"纸面服刑"违法行为的基本特征和前期个案办理过程中积累的监督经验，确定大数据数据研判的关键词：一是血压值（$\geq 160/100\text{mmHg}$）、靶器官受损；二是肿瘤五年；三是肌酐清除率（$\geq 30\text{ml/min}$）；四是肝功能PTA（$>70\%$）；五是血清总胆红素（$<34\text{umol/L}$、$\text{PTA}>70\%$）。

### 数据分析步骤

第一步：通过检察业务应用系统筛选出服刑一年以内就被暂予监外执行的重点人员。

第二步：通过社区矫正信息基础数据库筛选出"三类罪犯"名单和暂予监外执行已十年以上的重点人员。

第三步：通过将服刑一年以内就被暂予监外执行的重点人员与"三类罪犯"名单、暂予监外执行已十年以上的重点人员进行联立分析，构建社区矫正重点人员数据库。

第四步：将社区矫正重点人员数据库与医疗信息数据库进行比对，通过设定关键词进行筛选，如颈动脉板块大小、血压值、肌酐清除率、血清胆红素等，从而筛选出未按期进行病情复查人员名单、疑似病情异常人员名单。

### 思维导图

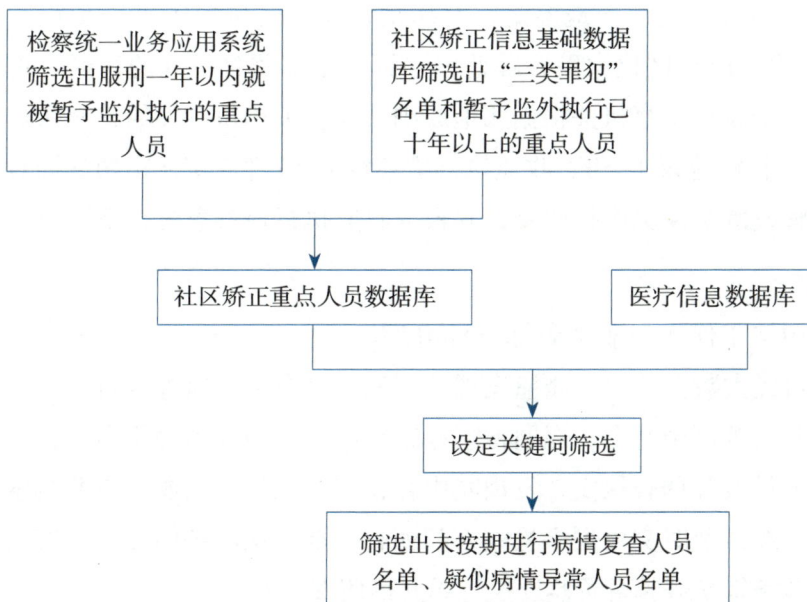

### 📖 检察融合监督

#### 交叉巡回检察监督

宁波市检察院根据大数据分析研判所得出的监督信息，充分发挥检察一体化优势，从两级院挑选业务素质过硬的刑事执行、侦查、法医等人员共同组成 10 个巡回检察组，每个巡回检察组由市院刑事执行检察部门一名副主任带队。交叉巡回检察中，将暂予监外执行的 457 名矫正人员作为重点对象，并将矫正对象是否定期到指定医院病情复查、病情诊断书是否存在造假、"三类罪犯"病情是否符合短期内有生命危险等作为审查重点内容。

#### 刑事执行检察监督

运用"三查融合"理念，线索分类调查处置。巡回检察组 3 名法医对筛选出来的"三类罪犯"、疑似病情异常等人员的案卷材料、病历资料、鉴定意见等进行逐一审查分析，对病情明显存在异常的 15 人，由宁波市检察院组织异地鉴定；对病情存在好转迹象需进一步跟进关注的 19 人，由辖区检察院跟踪监督。针对跟踪监督发现的社区矫正监管漏洞，宁波市检察机关根据属地原则共向相关单位制发纠正违法通知书14 份、检察建议 11 份、收监执行检察意见 19 件。宁波市司法局对检察建议整改落实情况进行回复，并根据收监执行检察意见，依法收监执行19 人。

#### 司法工作人员职务犯罪案件办理

对经大数据比对、碰撞发现的明显不符合暂予监外执行、应当收监而未收监等可疑情形，巡回检察办案组第一时间开展分析研判，通过对涉案人员展开调查核实，发现其中存在司法工作人员职务犯罪线索，遂将监督线索及时交由刑事检察部门侦查。刑事检察部门经过初查后，最终以涉嫌徇私舞弊暂予监外执行罪立案侦查 3 人。

## 📖 社会治理成效

宁波市检察院在组织开展交叉巡回检察过程中，定期会同宁波市县（区）两级司法局召开联席会议，及时通报和反馈个案的监督办理情况。结合巡回检察发现的当前区域内暂予监外执行普遍存在的监管漏洞，宁波市检察院专门撰写调研信息、工作简报向宁波市委政法委作翔实汇报，得到宁波市委的高度重视。与此同时，为完善暂予监外执行监督管理机制，推动常态化治理，宁波市检察院与市司法局、市卫健委进行会商，经多次磋商后联合出台《宁波市暂予监外执行对象监督管理办法》，有效深化暂予监外执行规范化开展中部门协作，为加强社区矫正领域的行刑衔接构筑制度屏障。

## 📖 法律法规依据

1.《中华人民共和国刑法》第四百零一条　司法工作人员徇私舞弊，对不符合减刑、假释、暂予监外执行条件的罪犯，予以减刑、假释或者暂予监外执行的，处三年以下有期徒刑或者拘役；情节严重的，处三年以上七年以下有期徒刑。

2.《中华人民共和国刑事诉讼法》第二百七十六条　人民检察院对执行机关执行刑罚的活动是否合法实行监督。如果发现有违法的情况，应当通知执行机关纠正。

3.《中华人民共和国社区矫正法》第六十二条　人民检察院发现社区矫正工作违反法律规定的，应当依法提出纠正意见、检察建议。有关单位应当将采纳纠正意见、检察建议的情况书面回复人民检察院，没有采纳的应当说明理由。

4.《人民检察院刑事诉讼规则》第六百四十二条　人民检察院发现社区矫正决定机关、看守所、监狱、社区矫正机构在交付、接收社区矫正对象活动中违反有关规定的，应当依法提出纠正意见。

第六百四十三条　人民检察院发现社区矫正执法活动具有下列情形之一的，应当依法提出纠正意见：

（一）社区矫正对象报到后，社区矫正机构未履行法定告知义务，致使其未按照有关规定接受监督管理的；

（二）违反法律规定批准社区矫正对象离开所居住的市、县，或者违反人民法院禁止令的内容批准社区矫正对象进入特定区域或者场所的；

（三）没有依法监督管理而导致社区矫正对象脱管的；

（四）社区矫正对象违反监督管理规定或者人民法院的禁止令，未依法予以警告、未提请公安机关给予治安管理处罚的；

（五）对社区矫正对象有殴打、体罚、虐待、侮辱人格、强迫其参加超时间或者超体力社区服务等侵犯其合法权利行为的；

（六）未依法办理解除、终止社区矫正的；

（七）其他违法情形。

**第六百四十四条** 人民检察院发现对社区矫正对象的刑罚变更执行活动具有下列情形之一的，应当依法提出纠正意见：

（一）社区矫正机构未依法向人民法院、公安机关、监狱管理机关提出撤销缓刑、撤销假释建议或者对暂予监外执行的收监执行建议，或者未依法向人民法院提出减刑建议的；

（二）人民法院、公安机关、监狱管理机关未依法作出裁定、决定，或者未依法送达的；

（三）公安机关未依法将罪犯送交看守所、监狱，或者看守所、监狱未依法收监执行的；

（四）公安机关未依法对在逃的罪犯实施追捕的；

（五）其他违法情形。

5.**《人民检察院巡回检察工作规定》第四十八条第一款** 对社区矫正等其他刑事执行活动进行巡回检察，参照本规定执行。

6.**《暂予监外执行规定》第六条** 对需要保外就医或者属于生活不能自理，但适用暂予监外执行可能有社会危险性，或者自伤自残，或者不配合治疗的罪犯，不得暂予监外执行。

对职务犯罪、破坏金融管理秩序和金融诈骗犯罪、组织（领导、参加、包庇、纵容）黑社会性质组织犯罪的罪犯适用保外就医应当从严审批，对患有高血压、糖尿病、心脏病等严重疾病，但经诊断短期内没有生命危险的，不得暂予监外执行。

对在暂予监外执行期间因违法违规被收监执行或者因重新犯罪被判刑的罪犯，需要再次适用暂予监外执行的，应当从严审批。

**第八条** 对在监狱、看守所服刑的罪犯需要暂予监外执行的，监狱、看守所应当组织对罪犯进行病情诊断、妊娠检查或者生活不能自理的鉴别。罪犯本人或者其亲属、监护人也可以向监狱、看守所提出书面申请。

监狱、看守所对拟提请暂予监外执行的罪犯，应当核实其居住地。需要调查其对所居住社区影响的，可以委托居住地县级司法行政机关进行调查。

监狱、看守所应当向人民检察院通报有关情况。人民检察院可以派员监督有关诊断、检查和鉴别活动。

**第三十一条** 人民检察院可以向有关机关、单位调阅有关材料、档案，可以调查、核实有关情况，有关机关、单位和人员应当予以配合。

人民检察院认为必要时，可以自行组织或者要求人民法院、监狱、看守所对罪犯重新组织进行诊断、检查或者鉴别。


---

## 办案心得体会


近年来，我国社区矫正工作发展迅速，取得了一定成效，为维护社会稳定、节约国家刑罚执行成本、促进司法文明发挥了重要作用。检察机关作为法律监督机关，对社区矫正履行法律监督职责，为促进社区矫正依法顺利进行、维护社会公平正义作出了贡献。但实践中也暴露出社区矫正法律监督工作存在监督方式单一、监督滞后、监督效果弱化等问题。巡回检察作为一项全新的检察监督方式，对推动社区矫正法律监督工作高质量发展具有十分重要的意义。

## 一、交叉巡回检察是开展社区矫正监督的有力举措

2021 年，最高人民检察院印发《"十四五"时期检察工作发展规划》，明确要求探索对社区矫正机构巡回检察，同时也是落实"巡察就是办案"的要求。社区矫正巡回检察有常规、机动、专门和交叉巡回检察，对于发现的普遍性问题可以开展交叉巡回检察。开展社区矫正交叉巡回检察要始终立足于检察机关法律监督职能，聚焦社会和老百姓所关注的问题，严格贯彻宽严相济的刑事政策，切实维护司法公平公正。一方面，要突出对有权人、有钱人暂予监外执行案件的监督，突出对"三类犯"非监禁刑事执行活动的监督，突出对社区矫正对象脱漏管情况的监督。另一方面，要突出对涉民营企业社区矫正对象外出从事生产经营活动依法行使财产权和经营权合法权益的监督。要以服务保障经济社会发展大局为中心，把社区矫正巡回检察与推进社区矫正法关于请假外出规定的贯彻执行有机结合，确保社区矫正对象"放得出""管得住"，以法律监督高效履职服务保障民营经济高质量发展。

开展社区矫正交叉巡回检察，应当制定相关方案。在巡回检察前，应当深入分析存在问题的具体情况以及背后的原因，及时撰写报告向院领导汇报；同时，应当有针对性地制定巡回检察方案，并与相关单位作好沟通协调。在巡回检察中，应当由市级院刑事执行检察部门领导带队赴各地开展交叉巡回检察，检察中应当紧盯重点对象、重点问题开展工作。巡回检察后，应及时总结发现的问题，并向相关单位反馈，适时开展"回头看"。

## 二、突破交叉巡回检察的监督壁垒须借助大数据赋能

巡回检察工作要牢固树立大数据思维，强化数字赋能，善于运用大数据手段筛查重点监督对象，提升监督的精准性和有效性。要转变传统的监督理念，实现由"书面检察"向"书面检察＋大数据核查"转变，用大数据核查为社区矫正巡回检察提供监督线索和方向。

（一）紧盯个案办理，找准薄弱环节

对吴某某个案进行剖析发现，由于暂予监外执行检察监督工作存在监督手段单一、同步监督滞后等问题，对暂予监外执行活动尤其是对保外就医的检察监督履职成为刑事执行检察监督中的薄弱环节。对此，以该案为切口，运用大数据思维，在全市范围内部署开展以暂予监外执行为重点的社区矫正交叉巡回检察。

（二）坚持问题导向，推动数据共享

坚持以问题为导向，重点切入，以点及面。紧盯暂予监外执行罪犯日常监督管理及病情复查、诊断中存在的未按规定到指定医院检查、病情诊断书造假、"三类罪犯"病情审查不严等问题，加强与大数据局、司法局、卫健委等单位沟通协调，有的放矢解决数据来源。通过数据共享激活检察监督效能，变事后监督为同步监督，增强监督时效、提升监督质量。

（三）做好筛查比对，科学分类处置

用好"大数据碰撞＋人工核查"。可以邀请技术部门人员参与数据建模、筛选比对，对结果科学分类；根据数据比对结果，再逐一核实病历资料，判断个案具体情况，并视具体情况依法处置。

## 三、"三查融合"是落实交叉巡回检察监督职能的核心手段

交叉巡回检察要灵活运用"三查融合"机制，深入开展"一案多查"，实现从"被动审查"到"主动调查"的转变。

（一）全面加强办案力量融合

"一把手"充分发挥"头雁作用"和组织协调作用，亲自部署，共同参与分析研判。充分发挥检察一体化优势，在市院层面组建跨部门、跨区域、跨领域的复合性、融合性、开放性办案组织。由检察长任组长，从两级检察机关挑选业务素质精湛的刑执、侦查、技术、法医等人员组建工作专班，立足各自职能，发挥专业优势，分工负责，互相配合，着力打好"组合拳"，形成工作合力。

### （二）灵活运用审查调查手段

依法能动履职，开展实质化审查调查，加强对原始材料的审查判断，综合运用审查、调查、侦查"三查融合"思维和方法。巡回检察中，在对一起法院以生活不能自理作出暂予监外执行决定的案件线索，检察人员在对案件材料进行细致审查的基础上，主动向法院和司法局调查核实并实地走访矫正对象暂住地所属社区。针对社区网格员反映其家属拒绝进入家中这一细节，敏锐意识到背后可能存在的问题。经进一步调取其暂住地附近的监控视频，发现该社区矫正对象于两个月内先后12次在监控点附近提扛重物、干农活等。后经会商，采取上门突击走访的方式，最终查明该矫正对象为逃避刑罚执行假装瘫痪在床的事实，成功将其收监执行刑罚。

### （三）充分发挥侦查托底作用

注重发挥检察侦查工作的托底作用，加大对司法工作人员相关职务犯罪的查办力度。用侦查调查的思维和方法做好巡回检察，以发现和监督纠正深层次问题为导向，敏锐挖掘异常数据背后可能存在的司法工作人员相关职务犯罪线索。一方面，以刑罚执行领域司法工作人员相关职务犯罪样态为蓝本，全方位梳理暂予监外执行工作中司法工作人员失职、渎职重点环节；另一方面，对巡回检察中发现的案件线索，由侦查工作专班组成外围取证组、审讯突破组、证据审查组，分工负责，确保查深查透，用更强的"穿透式"打击能力，确保检察监督工作更有底气、更有刚性。

## 四、交叉巡回检察监督成效的巩固有赖于多方协同、建章立制

交叉巡回检察整改阶段要加强建章立制，深化部门协作推进规范发展，实现"办理一案、治理一片"的效果。不仅要办好个案、类案，同时要秉承双赢多赢共赢理念，加强与相关单位协作配合，共同推进社区矫正工作机制建设。针对交叉巡回检察中发现的问题，特别是保外就医对象病情监督管理虚化这一监督难点，检察院应协同司法局、卫健委等

相关单位共同出台相关工作机制，健全暂予监外执行中诊断、鉴定等操作流程，从审查程序、适用标准、监管措施等维度织密监督法网。

　　案件承办人、案例撰写人：

　　　　鲍华权（宁波市人民检察院）

　　案例审核人：

　　　　章祖众　刘平（浙江省人民检察院）

# 虚假诉讼类案监督

◇ 绍兴市人民检察院
◇ 绍兴市上虞区人民检察院

📖 **关键词**

民间借贷　虚假诉讼　涉黑犯罪　刑民融合监督

📖 **要旨**

解析民间借贷纠纷个案，提炼同一原告、密集起诉、公告送达、缺席判决等数据要素特征，发现涉"套路贷"虚假诉讼线索。通过对线索梳理研判，对重点放贷人员进行深入调查、移送侦查，与刑事检察部门联合开展融合监督，打击黑恶势力犯罪，纠正错误民事裁判，促进社会长效治理。

📖 **基本情况**

2014年以来，程某某先后纠集彭某某等10余名社会闲散人员和刑满释放人员，以其经营的典当行和二手车行为据点，在绍兴市上虞区及周边地区从事高利贷业务，通常月利率达到30%，付款时扣除首期（10天）利息和其他费用，并要求借款人出具虚增借款金额的借条。在借款人无力归还本息的情况下，程某某等人通过使用暴力胁迫、限制他人人身自由或者侵入他人住宅、恐吓、跟踪、骚扰等手段催收非法债务，对借款人及其家庭成员的人身、财产安全以及社会治安造成严重侵害。其中，一起案件一家三人因遭受暴力胁迫而卖房还款，后相约自杀致两死一伤。在催收无效的情况下，程某某主要指派彭某某出面提起民事诉讼，隐瞒借款真实情况，骗取法院生效裁判。通过数据碰撞分析发现，2016 年 6 月至 2018 年 5 月期间，彭某某等人先后起诉吕某某等 70 余名借款人员，上虞区法院作出相应生效裁判 60 余件，涉案金额合计 310 余万元。绍兴市和上虞区两级检察院成立专案组开展融合监督，向公安机关移送涉黑犯罪线索，立案查办 14 人；针对虚假诉讼案件提出抗诉 10 件、再审检察建议 51 件，法院全部再审改判。

### 📖 线索发现

近年来，民间借贷领域中非法放贷引发的暴力、"软暴力"索债及"套路贷"犯罪案件呈高发态势，而部分非法借贷又通过虚假诉讼方式成功"洗白"为合法债权，检察机关依靠传统被动个案审查方式难以有效发现和打击。为破解这一难题，绍兴市检察院运用自主研发的"民事裁判文书智慧监督系统"（以下简称智慧系统）从海量文书中筛选异常裁判文书，使线索数量降低到人工可处理量级。2018 年 5 月，绍兴市检察院运用智慧系统对绍兴地区近三年 30 万余份民事裁判文书进行检索，以同一原告、缺席判决、民间借贷等要素进行数量排序，梳理全市民间借贷纠纷案件，发现以彭某某名义提起的诉讼频率畸高，遂对该批裁判文书进行二次分析研判，怀疑存在虚假诉讼行为。后将线索汇总梳理后交由上虞区检察院办理，并由两级检察院组成专案组，对案件展开深入调查。

### 📖 数据分析方法

#### 数据来源

1.民事裁判文书（源于中国裁判文书网、浙江裁判文书检索系统）；

2.公安机关查询信息（源于公安机关）；

3. 关联人员资金明细与交易流水（源于金融机构）。

## 数据分析关键词

从裁判文书基本信息分析，基础数据以原告、被告、案由、代理人为要素，并对此类借贷案件的特性进行分析，进一步归纳出同一原告、密集起诉、公告送达、缺席判决等监督点，然后通过数据排序，经列表形式推送出一批原告（诉讼代理人）集中度高、手段雷同的案件。

## 数据分析步骤

第一步：文书信息要素化。智慧系统在 2018 年初采集了绍兴地区法院近三年来各类民商事裁判文书共 30 万余份，并对文书中的信息予以要素化，如诉讼主体、程序、时间节点等均可以作为要素。通过要素化，文书信息可以被电脑分析和识别。

第二步：提炼检察监督点。对案由为民间借贷类案件，由承办人根据日常办案经验提炼检察监督点，系统根据监督点检索发现案件异常之处。彭某某案中所抓取的同一原告密集起诉、缺席判决、公告送达等，均为民间借贷类案件常见的检察监督点。

第三步：智能化分析。根据设置的检察监督点，系统采取数据碰撞、分层检索、挖掘统计等方法对文书信息进行自动分析，并将结果予以推送。彭某某案即由系统根据监督点，对民间借贷类裁判文书进行检索，按照内设方法风险等级分析排序后自动推送。

第四步：汇总文书比对。通过列表汇总裁判文书发现，彭某某作为原告在两年间密集起诉 70 多人，且相关案件均具有借贷金额小、借贷对象年纪轻、无诉讼代理人、借条格式化（统一格式、出借人名字空白、无利息约定、无支付凭证）、多为缺席判决、频繁起诉与集中起诉等模式化特征，怀疑存在虚假诉讼行为。

第五步：关联信息研判。通过获取彭某某的职业、家庭、社保、银行关联账号等信息发现，彭某某年仅 25 岁，系外地无业人员，借款人支付和法院执行到位的"本息"并非最终全部流入其银行账户，初步判断彭某某不是资金所有人，存在与他人结伙放贷的可能。经查询公安机关信息，又发现彭某某不但具有涉非法拘禁、持枪抢劫的刑事前科，还有敲诈勒索、寻衅滋事的警情举报，且起因均为非法讨债，初步判断彭某某背后存在以高利放贷、虚假诉讼为手段的犯罪团伙。

### 思维导图

```
                    民事裁判文书
                        │
                        ▼
                 筛选出借贷纠纷案件
                        │
                        ▼
            提取原告、被告、代理人、裁判时间
                        │
                        ▼
              筛选出同一原告密集起诉案件
                        │
                        ▼
  提取特征点：借贷金额小、出借人年纪轻、出借人为外地人、借条格式化、无支
  付凭证、缺席判决、公告送达等，符合特征点越多，"套路贷"虚假诉讼嫌疑越大
                        │
        ┌───────┬───────┼───────┬───────┐
        ▼       ▼       ▼       ▼       ▼
    报警记录  行政处罚  刑事前科  个人基础信息  资金流水
        └───────┴───────┼───────┴───────┘
                        ▼
            确定"套路贷"虚假诉讼案件
```

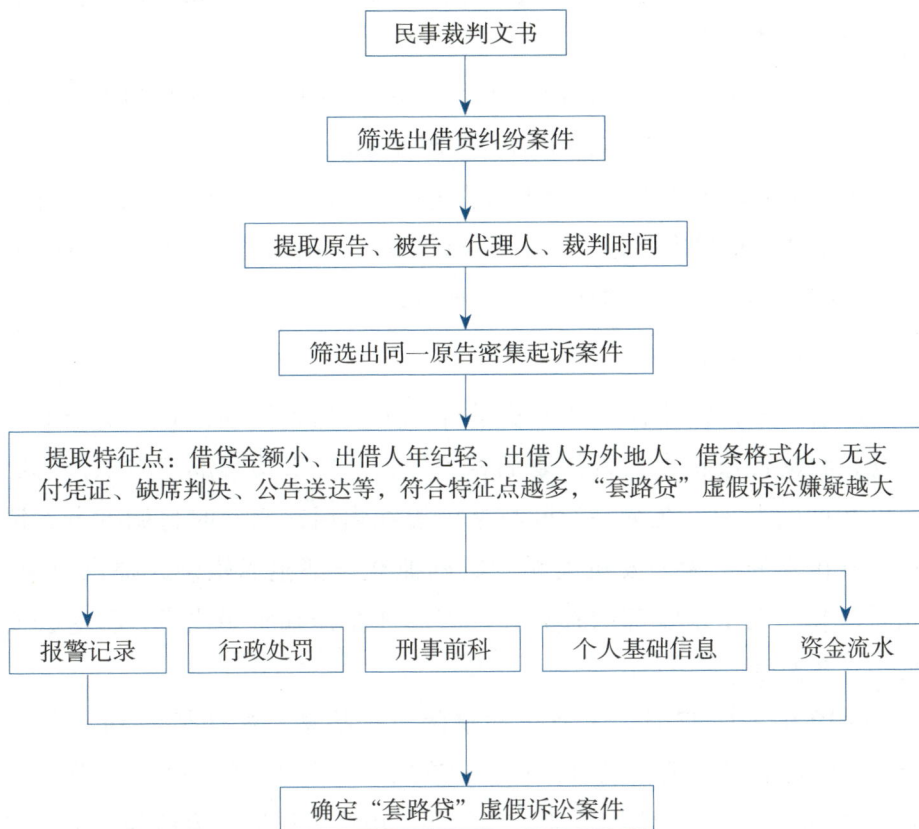

### 📖 检察融合监督

#### 民事检察监督

民事检察部门对通过智慧系统检索到的彭某某名下异常诉讼案件线索，经梳理研判后认为涉嫌虚假诉讼及黑恶势力犯罪，遂将初查报告及相关材料移送公安机关侦查，并同步告知刑事检察部门开展立案监督。

同时，市县两级检察院成立专案组共同推动案件深入办理，除调取法院卷宗、银行交易流水等材料以及对部分关联人员开展调查核实外，向刑事检察部门移送线索，由其介入侦查以助力民事调查，引导公安机关寻找众多失联借款人（受害人）到案接受询问，对在押犯罪嫌疑人进行针对性讯问，从扣押物件提取微信聊天记录、手机备忘录等重要证据，最终查明彭某某在程某某指使下签订虚增借款金额借条、隐瞒还款情况起诉、暴力讨债等作案手段。

2018 年 9 月至 2019 年 12 月期间，市县两级检察院民事检察部门以借贷事实涉嫌犯罪、原审认定借款数额存在错误、原告主体不适格、诉讼行为严重妨碍司法秩序及损害司法公信等为由，对彭某某等人 61 件虚假诉讼案件分批提出监督。其中，抗诉 10 件，提出再审检察建议 51 件。截至 2020 年 1 月，已全部得到法院再审改判。

### 刑事检察监督

刑事检察部门指派检察官提前介入公安侦查活动，同步引导取证固证，收集民事检察监督需要的相关证据。民事检察部门亦积极协助刑事案件的办理，在第一时间移送涉黑线索后，又及时将调查方案调整为外围调查，为公安机关顺利收网抓获全部犯罪嫌疑人提供时机。此后，又向刑事检察部门补充提供五起涉嫌诈骗犯罪线索，移送公安机关立案侦查。

2019 年 4 月 27 日，上虞区检察院对程某某、彭某某等 14 人提起公诉，涉嫌罪名包括：组织、领导、参加黑社会性质组织罪，敲诈勒索罪，寻衅滋事罪，非法拘禁罪，诈骗罪，虚假诉讼罪，容留他人吸毒罪等。2020 年 1 月 8 日，上虞区法院对该案进行公开宣判，程某某、彭某某等 14 人被判处有期徒刑 21 年到 1 年不等刑期。

### 📖 社会治理成效

通过本案办理，实现了对黑恶势力刑事犯罪的有力打击和对民事虚假诉讼的有效监督，对本地高利贷从业人员产生极大的震慑力，民间借贷领域的行业秩序得到明显改善，社会不稳定因素与群体性事件风险得到有效控制。在该案办理后，不仅批量错案得到有效纠正，也促使法院加强对民间借贷纠纷类案件的审查、核实及违法行为惩治力度，并出台本地区职业放贷人名录，从而进一步规范了民间借贷纠纷诉讼活动。同时，检察机关联合公安机关、法院出台打击虚假诉讼联合机制，促进民间借贷领域长效治理。本案系全国检察机关首起通过大数据排查发现并成功办理的虚假诉讼与涉黑涉恶刑民同步监督案件，写入2019年度最高人民检察院工作报告。办案中运用的民事裁判监督模型于2020年在全国检察机关推广。

民事裁判监督模型在民事检察监督中发挥显著作用，2020年、2021年连续两年，浙江省检察机关得到法院改判的民事抗诉案件数量均占全国的10%，得到采纳的民事再审检察建议数量均占全国的20%。绍兴市检察机关得到法院改判的民事裁判结果监督案件数量从民事裁判监督模型运用前4年的64件、年均16件，上升到后4年的913件、年均228件，年均监督数增长13.25倍，更有大量的类案采用附清单方式交由法院自行纠正。绍兴市检察机关还向全国检察机关移送"套路贷"犯罪团伙线索350多条，相关民事裁判案件近4万件。

### 📖 法律法规依据

1.《中华人民共和国民事诉讼法》第一百一十五条　当事人之间恶意串通，企图通过诉讼、调解等方式侵害他人合法权益的，人民法院应当驳回其请求，并根据情节轻重予以罚款、拘留；构成犯罪的，依法追究刑事责任。

第二百零七条　当事人的申请符合下列情形之一的，人民法院应当再审：

（一）有新的证据，足以推翻原判决、裁定的；

（二）原判决、裁定认定的基本事实缺乏证据证明的；

（三）原判决、裁定认定事实的主要证据是伪造的；

（四）原判决、裁定认定事实的主要证据未经质证的；

（五）对审理案件需要的主要证据，当事人因客观原因不能自行收集，书面申请人民法院调查收集，人民法院未调查收集的；

（六）原判决、裁定适用法律确有错误的；

（七）审判组织的组成不合法或者依法应当回避的审判人员没有回避的；

（八）无诉讼行为能力人未经法定代理人代为诉讼或者应当参加诉讼的当事人，因不能归责于本人或者其诉讼代理人的事由，未参加诉讼的；

（九）违反法律规定，剥夺当事人辩论权利的；

（十）未经传票传唤，缺席判决的；

（十一）原判决、裁定遗漏或者超出诉讼请求的；

（十二）据以作出原判决、裁定的法律文书被撤销或者变更的；

（十三）审判人员审理该案件时有贪污受贿，徇私舞弊，枉法裁判行为的。

**第二百一十五条** 最高人民检察院对各级人民法院已经发生法律效力的判决、裁定，上级人民检察院对下级人民法院已经发生法律效力的判决、裁定，发现有本法第二百零七条规定情形之一的，或者发现调解书损害国家利益、社会公共利益的，应当提出抗诉。

地方各级人民检察院对同级人民法院已经发生法律效力的判决、裁定，发现有本法第二百零七条规定情形之一的，或者发现调解书损害国家利益、社会公共利益的，可以向同级人民法院提出检察建议，并报上级人民检察院备案；也可以提请上级人民检察院向同级人民法院提出抗诉。

各级人民检察院对审判监督程序以外的其他审判程序中审判人员的违法行为，有权向同级人民法院提出检察建议。

**2.《中华人民共和国刑法》第三百零七条之一第一款** 以捏造的事实提起民事诉讼，妨害司法秩序或者严重侵害他人合法权益的，处三年以下有期徒刑、拘役或者管制，并处或者单处罚金；情节严重的，处三年以上七年以下有期徒刑，并处罚金。

3.《最高人民法院关于在审理经济纠纷案件中涉及经济犯罪嫌疑若干问题的规定》第十一条　人民法院作为经济纠纷受理的案件，经审理认为不属经济纠纷案件而有经济犯罪嫌疑的，应当裁定驳回起诉，将有关材料移送公安机关或检察机关。

4.《最高人民法院关于审理民间借贷案件适用法律若干问题的规定》第二条　出借人向人民法院提起民间借贷诉讼时，应当提供借据、收据、欠条等债权凭证以及其他能够证明借贷法律关系存在的证据。

当事人持有的借据、收据、欠条等债权凭证没有载明债权人，持有债权凭证的当事人提起民间借贷诉讼的，人民法院应予受理。被告对原告的债权人资格提出有事实依据的抗辩，人民法院经审查认为原告不具有债权人资格的，裁定驳回起诉。

## 办案心得体会

实践证明，依靠传统被动式个案审查，检察机关对于如上述彭某某等人提起的批量虚假诉讼案件难有作为。为破解这一难题，绍兴市检察院尝试运用大数据手段从海量裁判文书中智能筛查案件线索，再运用侦查思维进行分析研判，成功办理了包括彭某某虚假诉讼监督系列案在内的一大批效果好、影响大的案件。办案过程中，逐步探索总结出了办理民事虚假诉讼监督案件的"五步法"。

### 一、虚假诉讼监督"五步法"是如何开展的

"五步法"主要包括智能排查、人工初查、深入调查、引导侦查和裁判监督五个步骤。

一是智能排查。运用智慧系统从海量民事裁判文书中筛选出异常裁判，并以风险值排序的方式推送高风险案件，将重点监督的裁判文书数量降到人工可以处理的量级。

二是人工初查。由办案人员通过分析汇总、关联查询、信息验证等方法对系统推送的风险案件进行专门审查和研判，据此判断是否构成有效线索。

三是深入调查。对于经人工初查发现确有必要继续核实的案件，检察机关通过向法院调取案卷、向公安机关查询信息、向相关人员及有关部门调查取证等方式，进行深入调查。

四是引导侦查。对于在深入调查中发现的涉嫌犯罪线索，及时移送公安机关立案侦查，并由刑事检察部门提前介入引导侦查取证，助力民事案件调查。

五是裁判监督。结合刑事侦查和民事调查结果，在查明事实后，民事检察部门及时向法院提出抗诉或者再审检察建议，进行生效裁判结果监督。

以彭某某案为例，2018 年 5 月，智慧系统筛选并推送彭某某名下 50 多件民间借贷纠纷案件为高风险案件，经人工初查发现，虚假诉讼的可能性较大。随后运用调查核实权开展深入调查，将调查中发现的涉嫌虚假诉讼线索移送公安机关，再由刑事检察部门同步引导侦查，最终查明全部案件事实，民事生效裁判监督取得圆满成功。

## 二、智慧系统是如何实现案件线索精确筛查的

智慧系统的研发和运行，首先由检察官归纳裁判文书的结构要素，再由系统按照模板对海量民事裁判文书进行要素化处理，使之可以进行检索及大数据分析；其次由检察官分类提炼检察监督点；再次由系统根据监督点对裁判文书进行电脑筛选，降低文书数量量级；最后由检察官进一步深入进行人工审查研判。经过一个"人脑—电脑—人脑—电脑"反复交互过程，实现办案人员的需求、经验与系统程序深度融合，最终形成"人机合力"精确筛查线索模式。具体分为以下四个步骤：

第一步：民事裁判文书信息要素化。民事裁判文书是民事诉讼信息的载体，也是智慧系统处理的基础数据。因此，分析检索裁判文书的首要任务是对裁判文书中的信息进行要素化，主要有以下几类：一是裁判

文书类型方面，包括判决书、裁定书、调解书；二是当事人基本信息方面，包括姓名、性别、出生年月、住址、身份证号码等；三是时间信息方面，包括起诉日期、立案日期、裁判日期、执行日期等；四是审判信息方面，包括案由、审理方式、是否系公告送达或缺席判决等。裁判文书信息要素化的作用在于，可使裁判文书成为被大数据分析检索的基础数据，并在此基础上对其分类展示，以供自由检索之用。

第二步：提炼检察监督点。提炼检察监督点是系统分析的前提，检察监督点的确定主要考虑两个因素：一是该类型案件数量是否在所有案件中占比较高？二是该类型案件在审理过程中出现问题概率是否较高？智慧系统在研发初期确定了民间借贷、劳资纠纷、婚姻财产和交通事故损害赔偿等四类案件为重点审查案件，并归纳出80多个具体的检察监督点。彭某某案所抓取的同一原告密集起诉、证据格式化、缺席判决、公告送达等检察监督点，就是在民间借贷案由下设置的检察监督点。根据这些监督点，可以实现从30多万份文书到3000多份异常文书的快速筛选。

第三步：智能分析和处理。智慧系统根据检察监督点，采取数据碰撞、分层检索、挖掘统计等方法对海量裁判文书信息进行自动分析，并将结果推送展示。在操作层面，系统设置了四种运行方式，分别是基本检索、组合检索、自定义检索和工具筛选。在作用层面，该系统又兼具三种功能：一是风险案件推送功能，系统根据不同案由案件的检察监督点进行智能筛查，对检索出的案件按风险等级由高到低进行排序推送，检察人员可以对案件具体信息及异常监督点进行查看，便于下一步研判分析。二是案件信息查询功能，系统对已收集的裁判文书进行初步分类后，检察人员可以在初步分类的基础上进行案件查询，也可以依据已经掌握的信息直接对目标案件进行搜索。三是可疑案件探索功能，如可通过统计律师异常胜诉率发现律师和法官的异常行为，进而发现可能存在问题的裁判文书。在彭某某案中，通过几个监督点的组合检索，显示以彭某某为原告的批量民间借贷纠纷诉讼案件符合筛查条件，系统作为风险案件将其予以推送。

第四步：人工审查和研判。智慧系统所推送的风险案件，属于"异常裁判"，但并不表示该案件就一定存在错误，需要进行人工审查和研判。审查方法主要包括：一是汇总分析，汇总同一原告、同一被告所有相关民事案件，分析有无规律性异常。在彭某某案件中，通过列表汇总发现，彭某某作为原告在一年间密集起诉50多人，但50多份判决均具有借贷金额小、借贷对象年纪轻、借条格式化、多为缺席判决等共同点。二是关联查询，对接刑事、行政信息库，查询当事人有无报案记录、刑事前科，并获取其职业、家庭、关联人物信息，实现案件外围排查。经查询发现，彭某某不但涉非法拘禁、持枪抢劫的刑事前科，又有敲诈勒索、寻衅滋事的警情举报。同时发现，彭某某系外地无业青年，本人及亲属并未经商办企业，缺乏放贷资金来源，且与程某某、徐某等人关系密切，存在结伙非法放贷、虚假起诉嫌疑。三是延伸调查，采取调阅卷宗、查询银行交易流水、询问相关人员等方式进行。在系统发现彭某某案线索后，检察机关迅速向法院调取卷宗16卷，查询银行交易流水10多份，并选择性询问相关人员9人。经调查发现，案件背后可能存在一个高利贷及涉黑涉恶团伙。

## 三、深入调查中需要注意哪些重点

智慧系统的作用在于筛选出可疑的案件线索，相对于浩如烟海的法院裁判文书无疑是高度"精确"了，但对于具体的案件办理而言，仍是第一道"粗选"关，案件能否最终办理成功，仍有待于下一步的深入调查。要通过全面调查、制表对比、关联分析、材料研判等方式把好第二道深入调查的"精选"关。民事检察部门在对彭某某案进行深入调查过程中，主要开展了以下三方面工作：

一是调阅法院卷宗，确定案件异常。经查，此前在线索初查中发现的诉讼标的额不大、无诉讼代理人、借条格式化、缺席判决、频繁起诉与集中起诉等现象在所有案件中均有存在，在个别被告出庭应诉的案件中，被告认为案件存在虚增借条金额、隐瞒部分还款事实的情形。

此后又通过寻找部分缺席判决案件中的被告到案接受讯问，发现上述虚增借条金额、隐瞒还款情况起诉、暴力讨债等情形系普遍现象，案情异常明显。

二是收集相关信息，发现人员异常。从外围入手，在不惊动彭某某及其关联人员的情况下，通过包括向部分案件知情人员，以及工商部门、金融机构、公安机关进行调查、查询等方式，对彭某某等人的个人资料、信息、相关经济实体、固定居所、活动场所、活动方式等情况进行了摸排核实，发现彭某某与程某某关系异常，初步认定彭某某与程某某可能系团伙犯罪成员。

三是根据调查情况，发现涉黑线索。根据前述调查结果，结合案情与人员异常情形，认为该批案件不仅虚假诉讼的可能性较大，且民事案件的背后极可能牵涉到一系列与暴力讨债犯罪相关的黑恶性质团伙犯罪活动，遂将该批案件线索定性为民事虚假诉讼与刑事涉黑犯罪共生案件，将犯罪线索及时移送公安机关，并告知刑事检察部门在必要时进行立案监督。

### 四、刑事侦查如何助推民事调查

在将程某某、彭某某等人虚假诉讼及涉黑线索移送公安机关后，根据以往惯例，民事检察部门一般会中止民事监督案件的办理，待刑事案件作出结论后再行恢复办理。但该惯例不仅在学理上存在一定争议，也缺乏明确的法律依据，同时也会影响民事监督案件的办案效率与监督成效。为此，民事检察部门并未固守"先刑后民"惯例，而是敏锐意识到可以尝试借助刑事案件的办理来推动民事监督案件的调查。遂突破常规，因势利导，变被动为主动，除自身依据职能进行进一步深入调查外，还根据绍兴市公检法相关协作机制，积极探索在现行制度允许的范围内借力刑事案件办理促进民事监督案件调查的方法，实现调查工作上的刑民"双轮驱动"。主要做法有：

一是引导公安机关找人。鉴于该批虚假诉讼案件中的借款人或保证人已普遍处于失联或者不愿前来协助调查的现状，遂将相关人员名单移交给公安机关，引导公安机关运用其有效的技术手段与刚性的侦查权力找人到案，信息共享。

二是引导公安机关问话。由于该案中程某某、彭某某等人因涉嫌刑事犯罪而被公安机关羁押，检察机关在侦查阶段暂时无法直接当面问询，而刑事案件与民事监督案件在调查的方向、内容上又存在差异。为此，民事检察部门利用本院刑事检察部门提前介入刑事案件的契机，就办理虚假诉讼案件需要对相关在押人员进行的询问内容向公安机关予以说明，使公安机关就民事监督所需要核查的内容有意识地对犯罪嫌疑人进行讯问，同时在时机允许的情况下联合刑事检察部门作针对性询问。

三是引导公安机关查物。因与该批虚假诉讼案件相关的书证、物证均已被公安机关查封、扣押，检察机关无法取得相关材料进行直接审查，民事检察部门利用前述刑事案件对接机制，对被扣押物件的调查重点、方向向公安机关予以了说明。公安机关据此从程某某等人的微信聊天记录、手机备忘录中查找到了民事检察案件办理所需的证据材料。

四是会同刑事检察部门开展补充调查。在审查逮捕、审查起诉阶段，民事检察部门会同刑事检察部门，一方面直接对相关在押人员进行补充询问；另一方面对公安机关移送的相关证据材料进行审查，对其中有用部分复印存留。

### 五、民事调查如何协助刑事侦查

民事检察部门在彭某某案的办理过程中，通过积极发挥民事检察职能，有效协助刑事侦查工作的开展。

一是力促刑事线索立案。虽然通常刑事案件的办理会使对应民事监督案件的办理受到诸多限制，但考虑到扫黑除恶专项斗争工作的大局性与重要性，民事检察部门在第一时间将该涉黑线索移送公安机关，迅速促成刑事案件的立案。

二是保障刑事案件开局。为避免引起相关涉案人员的警觉，检察机关民事调查未与程某某、彭某某等人直接接触，从而为公安机关的侦查工作取得良好开局提供了便利。2018 年 8 月 20 日，公安机关在相关人员均毫无察觉的情况下全面收网，一举将 14 名犯罪嫌疑人全部抓获归案。

三是助力刑事案件进度。在刑事案件的办理初期，民事检察部门会同刑事检察部门与公安机关举行多次专案通报会，向公安机关通报当前民事虚假诉讼监督案件的办理情况，主动提供相关数据、材料、具体线索供公安机关参考，并在此后的侦查阶段，协助公安机关做好虚假诉讼刑事案件部分的调查取证工作。

四是协助刑检补充事实。在刑事检察部门对程某某等人涉黑刑事案件审查起诉阶段，民事检察部门主动配合，协助审查，对自行发现但公安机关未移送起诉的 5 起涉嫌犯罪事实，及时提供给刑事检察部门。

## 六、如何参与社会治理

党的十九大报告中首次提出"三大攻坚战"任务，其中第一项便是要防范化解重大风险，而对民间借贷相关的金融风险进行防范化解应为题中之义。我国社会民间借贷历来普遍存在，而与之伴生的非法高利放贷极易引发一系列违法犯罪行为，已成为当前一个重大的社会不稳定因素。绍兴两级检察院通过本次对民事虚假诉讼的监督与刑事黑恶犯罪的打击，使得本地民间金融风险在一定程度上得到了化解与防范。具体体现在：

一是本地高利贷乱象得到明显遏制。本案的办理对本地高利贷从业人员产生极大震慑，目前与高利贷相关的如暴力收债、虚假诉讼等违法犯罪现象得到了明显遏制，众多高利贷受害人的人身与财产安全得到了保障，民间借贷领域的行业秩序得到明显改善，此前存在的社会不稳定因素与群体性事件风险得到有效控制。

二是法院涉民间借贷诉讼活动加以规范。检察机关通过对本案的监督工作，不仅使得批量错案得到纠正，而且也促使法院启动内部追责程序，加大了对一线法官的教育工作，从而大大促进了法院在民间借贷纠纷类案件的受理、审理、执行等各个环节中依法审查、核实、惩治的力度，也为检法联手打击虚假诉讼，协同规范民间借贷案件的办理提供了最直接的案件经验借鉴。

三是民间借贷领域得到长效治理。2018年12月，上虞区法院结合本案的监督情况出台了《关于建立"职业放贷人名录"制度的意见（试行）》，以此来进一步规范该院民间借贷纠纷诉讼活动。此外，绍兴市检察院与绍兴市公安局、市法院出台《关于建立防范和打击虚假诉讼联动衔接机制的意见》《关于开展涉"套路贷"虚假诉讼专项整治活动的通知》等联合文件，为实现民间借贷领域长效治理提供了制度保障。


案件承办人、案例撰写人：

　　章芳芳（绍兴市人民检察院）

　　章天恩（绍兴市上虞区人民检察院）

案例审核人：

　　柯中莲（浙江省人民检察院）

# 网络司法拍卖民事执行
# 违法犯罪类案监督

◇ 松阳县人民检察院

## 关键词

网络司法拍卖　民事执行　拒不执行判决、裁定　司法人员职务犯罪

## 要旨

计算机智能提取网络司法拍卖页面租赁、评估报告、执行依据、税费承担、成交金额等信息，自动进行大数据碰撞比对，批量发掘并移送全省拍卖案件异常信息。对丽水市域异常信息线下调查核实，发现违法拍卖案件；通过民事检察监督，督促法院纠正违法行为；检察侦查部门开展调查、侦查，查办审执人员职务犯罪案件；向公安机关移送被执行人拒不执行判决、裁定犯罪线索，依法追究相关人员的刑事责任。

## 基本情况

网络司法拍卖（以下简称司法网拍）是浙江法院在全国首创的执行方式，具有时代引领性，实施后广受好评。其初衷是规范拍卖行为，降低拍卖成本，提高司法效率。《最高人民法院关于人民法院网络司法拍卖若干问题的规定》（以下简称《拍卖规定》）自2017年1月1日实施后，

司法网拍在全国推行。运行多年后，新的拍卖不规范问题逐渐显露，利用司法网拍损害债权人利益牟利和司法人员违法违纪行为日益增多。检察机关对司法网拍进行系统性法律监督，有助于司法网拍更加规范化、标准化，助力浙江法院司法网拍继续引领发展方向。但是，以传统的人工办案手段，对海量网拍数据进行核查，不仅工作量大、效率低、容易出错，还对有限司法资源造成挤占和浪费。为节约资源、提高效率，松阳县检察院从个案办理中，归纳整理司法网拍违法违规行为共性要素特征，进行系统分析研判，在丽水市检察院指导下，成功研发"司法网拍监督系统"（以下简称"网拍监督系统"），实现司法网拍监督数字赋能。2021 年，在省、市检察院指导下，松阳县检察院对网拍监督系统进行迭代升级，经浙江省委政法委、省检察院协调，打通阿里司法拍卖平台数据库，实现数据实时共享，为全省各级检察机关共享网拍监督系统创造了条件。

2020 年 8 月该系统 1.0 版上线运行，先后对丽水市乃至浙江省司法拍卖案件进行数据整理、筛查，大批量发现并移交了司法网拍违法违规信息。其中，全省、全市带 10 年以上租赁合同房产拍卖案件分别为 847 件、34 件，丽水市涉某被执行人的就有 13 件。依托检监协作机制和市县一体化办案机制，由丽水市监委、丽水市县两级检察院组成专案组对该被执行人进行秘密初查。调取法院相关案卷材料和房产过户信息后，发现该 13 套房产的买受人，均是该被执行人的近亲属。进一步查证后发现，包含该被执行人在内，共有 6 人涉嫌拒不执行判决、裁定犯罪（以下简称拒执犯罪）、虚假诉讼犯罪，部分民事判决可能错判，个别执行人员可能存在执行判决、裁定失职等犯罪。丽水市检察院还组织全市检察机关，以网拍监督系统提供的信息为支撑，开展司法网拍专项监督，以制发检察建议等方式，推进司法网拍类案综合治理，对错误民事裁判提起抗诉，移送拒执犯罪线索，成功侦破后依法提起公诉，对相关执行人员涉嫌职务犯罪案件进行调查，通过司法网拍监督小切口，拉开民事监督大场景，促进司法行为更加公开公正。

## 📖 线索发现

2020 年 3 月，松阳县检察院在开展民事执行活动监督工作中发现，某竞拍人通过阿里司法拍卖平台拍得的一处房产，因违法建设未处理，实际占地面积比证载面积缩水近百平方米，导致不动产登记过户存在障碍，买受人利益受到损害，原本用于解决纠纷的司法拍卖，不仅旧的纠纷没解决，还产生了新的纠纷。类似这样的问题，仅仅是个案，还是多发常发的类案？松阳县检察院组织精干团队，对阿里司法拍卖平台上的相关数据进行综合分析研判，发现司法网拍存在一系列不规范问题，严重侵害当事人利益。

## 📖 数据分析方法

将《拍卖规定》《浙江省高级人民法院执行局关于规范不动产网络司法拍卖、变卖工作指引》（以下简称《拍卖指引》）等有关司法拍卖规定，与司法网拍公开信息对照研判，筛选出各种违法违规拍卖场景，针对这些场景，以关键词检索为核心，编制筛选规则并转化为计算机语言，通过计算机自动检索司法拍卖案件数据库，对全量拍卖案件进行筛查，批量发现拍卖异常信息，提示办案人员作出处置。

### 数据来源

1. 拍卖平台公开数据（源于阿里司法拍卖平台，通过互联网对接阿里拍卖平台服务器，交换所有司法拍卖数据，并建立每天交换更新数据机制，持续更新数据库）；

2. 与拍卖异常案件相关的法律文书（源于中国裁判文书网）；

3. 人民法院司法档案（通过调取人民法院审判、执行卷宗获取）。

### 数据分析关键词

针对各项违法违规拍卖场景，逐项建立"算法"，即针对每一项场景设计特定"法律语言"——关键词或关键词组合，以"法律语言"作为"算法"底层规则，再将"法律语言"转换成计算机语言后，用于数据库检索，检验其命中成功率，对成功率不合格的"算法"进行优化，直到符合设计要求。

### 数据分析步骤

第一步：提取拍卖信息要素。这些要素隐含在"拍卖公告""执行依据""评估报告"等拍卖网页公开文件中，通过计算机自动提取每个司法网拍案件标的物起拍价、保证金、租赁期限、优先购买权人、买受人等各种信息，保存在数据库中。

第二步：筛查异常信息。通过"算法"，对提取的要素信息进行检索，即"数据碰撞"，从中筛选出存在拍卖公告发布异常、房产瑕疵说明异常、租赁信息异常等可能存在违法违规拍卖行为的案件。

第三步：建立异常信息库。数据碰撞后，自动形成每个异常案件对应的一个或几个违法违规项，汇集后建立拍卖异常案件数据库。

第四步：异常信息处置。针对筛查出的数据异常案件，比对裁判文书网法律文书，对有监督价值的案件调取相关案卷材料，人工比对核实，视情形开展实地勘查、检验检测、询问当事人等必要调查，综合分析研判，跟进案件处理。

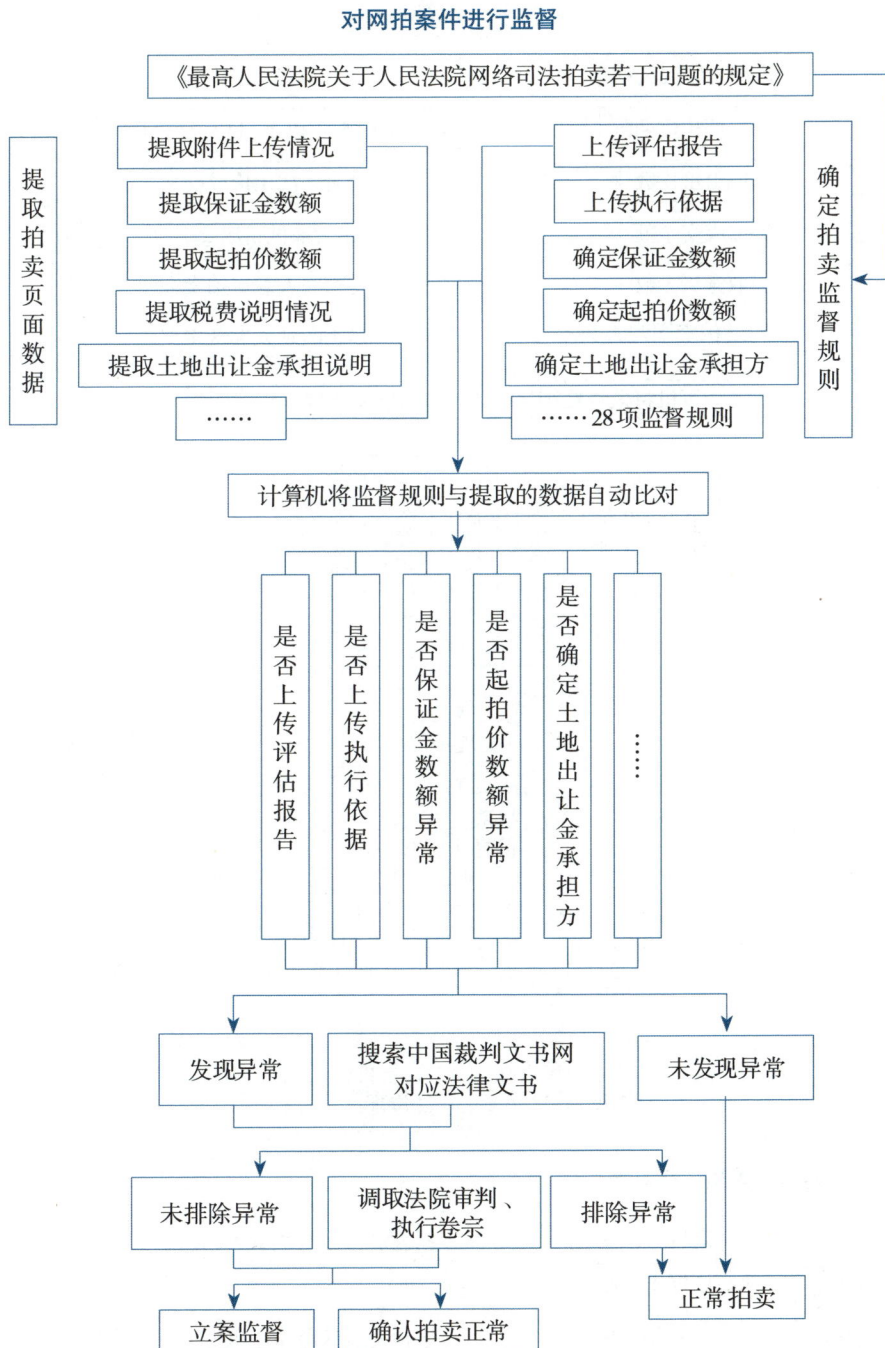

## 思维导图

**对网拍案件进行监督**

《最高人民法院关于人民法院网络司法拍卖若干问题的规定》

提取拍卖页面数据

提取附件上传情况
提取保证金数额
提取起拍价数额
提取税费说明情况
提取土地出让金承担说明
......

上传评估报告
上传执行依据
确定保证金数额
确定起拍价数额
确定土地出让金承担方
......28项监督规则

确定拍卖监督规则

计算机将监督规则与提取的数据自动比对

是否上传评估报告
是否上传执行依据
是否保证金数额异常
是否起拍价数额异常
是否确定土地出让金承担方
......

发现异常
搜索中国裁判文书网对应法律文书
未发现异常

未排除异常
调取法院审判、执行卷宗
排除异常

立案监督
确认拍卖正常
正常拍卖

**对涉案当事人进行监督**

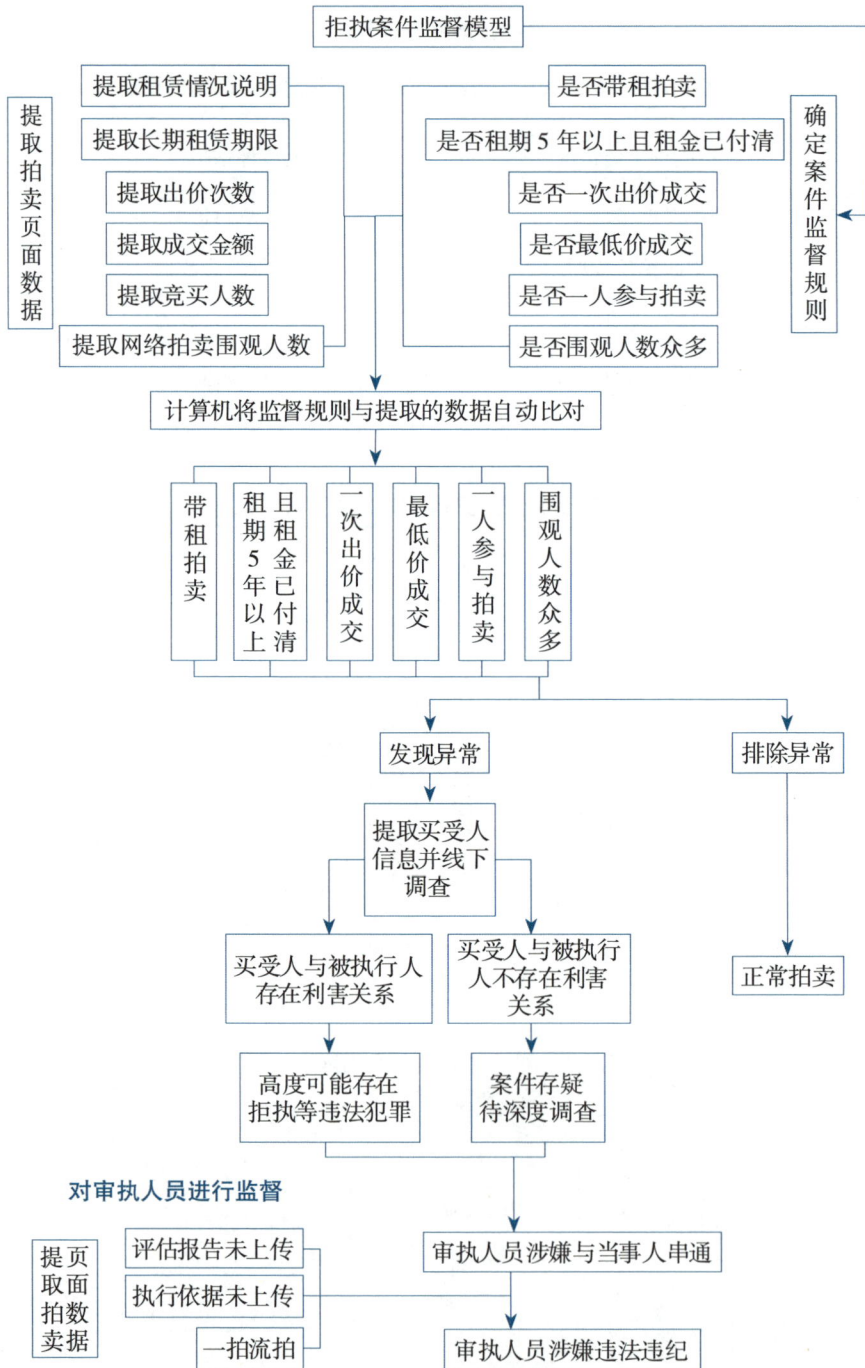

拒执案件监督模型

提取拍卖页面数据

- 提取租赁情况说明
- 提取长期租赁期限
- 提取出价次数
- 提取成交金额
- 提取竞买人数
- 提取网络拍卖围观人数

- 是否带租拍卖
- 是否租期5年以上且租金已付清
- 是否一次出价成交
- 是否最低价成交
- 是否一人参与拍卖
- 是否围观人数众多

确定案件监督规则

计算机将监督规则与提取的数据自动比对

- 带租拍卖
- 且租金已付清租期5年以上
- 一次出价成交
- 最低价成交
- 一人参与拍卖
- 围观人数众多

发现异常 / 排除异常

提取买受人信息并线下调查

买受人与被执行人存在利害关系 / 买受人与被执行人不存在利害关系

正常拍卖

高度可能存在拒执等违法犯罪 / 案件存疑待深度调查

**对审执人员进行监督**

提取页面拍卖数据

- 评估报告未上传
- 执行依据未上传
- 一拍流拍

审执人员涉嫌与当事人串通

审执人员涉嫌违法违纪

250

### 📖 检察融合监督

#### 民事执行类案监督

松阳县检察院通过大数据计算方式，对丽水市全量网拍案件进行整体性筛查，共发现司法网拍存在拍卖公告发布异常、确定税费负担不合理、拍卖标的瑕疵说明不完整等 3 大类 28 项问题。经进一步分析研判，丽水市至少有 3000 多起民事执行案件在对标的物进行司法网拍过程中，存在不符合司法拍卖规定的情形。针对司法网拍存在问题，2020 年 8 月至 11 月，全市各基层检察院依法向全市各基层人民法院发出类案监督检察建议 187 件，要求各人民法院在司法网拍过程中按照法律、司法解释及上级人民法院有关规定，加强审查拍卖公告内容，依法确定税费负担主体，规范公告发布、财产评估、瑕疵公示等拍卖行为。有关人民法院对检察建议均予以采纳，对部分尚未完成拍卖的案件信息进行补充公告，严格公告发布手续，细化公告内容审核，进一步强化了执行活动内部监督管理，切实维护司法网拍秩序，保护当事人合法权益。

#### 民事生效裁判监督

丽水市检察机关通过网拍监督系统排查出带长租拍卖房产买受人系被执行人近亲属后，通过梳理民事案件当事人之间的关系和资金流转脉络，发现当事人之间通过循环转账制造虚假流水证据，实施虚假诉讼的事实。通过刑民联动办案，及时突破口供，进一步夯实虚假诉讼证据根基，民事检察部门接续监督，依法就相关民事生效裁判启动抗诉程序予以纠正。如莲都区检察院民事检察部门就涉虚假诉讼的（2019）浙1102 民初 934 号民事调解案，提请市检察院向市中级法院提出抗诉，市中级法院作出（2021）浙 11 民抗 6 号民事裁定书，指令该案由莲都区法院再审。

#### 打击拒执犯罪

将打击拒执犯罪与监督司法网拍违法违规行为相融合，用数据引导拒执犯罪侦查方向。如上文的思维导图中，"对涉案当事人进行监督"

模型，网拍监督系统自动筛查出的严重影响正常拍卖的异常信息，如集中指向特定案件，或者集中指向特定被执行人，或者集中指向特定竞买人，则案件背后可能存在拒执犯罪行为。假设某房产带长期租赁拍卖，剩余十多年租期租金已付清，第一次拍卖流拍，第二次拍卖仅有一人或者极少数人参与竞拍，以起拍价或者接近起拍价竞得，则很可能存在竞买人与被执行人恶意串通，以虚假租赁关系阻却其他潜在竞争者参与竞买，以低成交价实现部分转移被执行财产目的。针对此类拒执行为，根据松阳县检察院移送的全省带长期租赁房产拍卖案件信息，浙江省检察机关在开展司法网拍专项监督中，将其作为重点打击对象，目前丽水市、绍兴市、金华市、宁波市均有查获案件或发现线索。其中，丽水市莲都区检察院已对 6 名伪造房产租赁合同、虚构租赁事实侵害买受人权益的涉案人员，依法以拒不执行判决罪向法院提起公诉。

### 查处执行人员职务犯罪

执行人员在司法网拍中违法违纪或失职行为，可以从网拍监督系统中发现部分端倪。将监督司法网拍违法行为与查处执行人员违法违纪或失职行为相融合，可以为办理司法人员职务犯罪提供线索、指引侦查方向。仍以前述拒执犯罪情形为例，如租金已付清的带长期租赁房产拍卖时，房产评估报告、执行依据未上传拍卖平台，则很可能存在执行人员与被执行人、竞买人恶意串通的行为，通过尽量不公开标的物信息阻却正常拍卖行为，意在阻止潜在竞争者参与竞买，甚至有意促使一拍乃至二拍流拍，让知情竞买人以最低价拍得标的物。即使没有恶意串通行为，该案执行人员也存在对标的物审查不严、遗漏应上传至拍卖平台的关键拍卖文件等失职行为，如果此类行为反复发生，情节严重，可能构成执行判决、裁定失职罪和执行判决、裁定滥用职权罪等职务犯罪。就带长租拍卖房产类案件，目前丽水市检察机关正对多条职务犯罪线索进行调查，绍兴市检察院已立案查处 2 人。

### 📖 社会治理成效

#### 撬动全省监督

2021 年，在省检察院指导下，丽水市检察院、松阳县检察院共同对 2020 年 8 月上线运行的网拍监督系统进行迭代升级。同年 8 月，浙江省检察院印发了《浙江省检察机关开展数字监督集中专项行动工作方案》，部署了包括司法网拍在内的四个专项监督行动。该系统共推送拍卖异常信息 27900 多条，全省检察机关同步开展监督，从中发现案件线索 7833 条，以类案监督理念，立案 293 件，发出检察建议 214 件。如上所述，专项行动还发现一批拒执犯罪、司法人员违法违规等监督线索。

#### 实现三个转变

一是实现从个案监督向类案监督转变。零敲碎打的个案监督，成效有限。如司法网拍中，程序性违法违规类监督案件，由于拍卖财产已经处置完毕，一般不具有可整改性，因此受监督人民法院即便接受监督意见，一般也不需要对个案采取实际整改措施，屡改屡犯情况时有发生。通过数字化手段，对程序性违法拍卖行为进行类案检索，可以全量统计出违法违规数据，尤其是对处于公告期内或正在拍卖的程序性违法行为进行监督，可以实时督促法院改正错误，变不需要个案整改为个案需要立即整改，提高整改刚性，最终实现拍卖规范化、标准化。二是实现从被动监督向主动监督转变。传统的民事法律监督，基本停留在被动个案监督模式，即依当事人申请并立案初查后，再作出监督决定。民事检察办案处于信息不对称，被动实施监督的状况。数字化背景下，实行类案监督后，解决了信息不对称困境，主动监督就能成为新常态。三是实现从传统监督转型为数字检察。通过数字赋能，以计算机自动筛查替代大量人工审查，不仅可以极大地节约司法资源，还能高效获取优质监督信息，对同一类或同一领域的监督信息，实现全量"秒杀"，彻底改变案件审查绩效，呈几何级提升监督效率。无论是松阳县检察院这样的基层小院，还是人数相对较多的大院，在海量数据信息面前，如果用人工对司法网拍案件进行全量审查，几乎不可能做到；如果用数字说话，运用网拍监督系统，一个熟练的司法雇员，每月累计不到半天时间，就能完成线索筛查任务，而且随着深入推进监督，审查耗时会越来越少。

### 促进执行规范

司法网拍是民事执行财产处置的核心措施之一，涉及面广，涉及财产金额大，且在第三方平台上操作，直接面向社会公众，其规范性直接影响司法机关形象，进而影响司法公信力。检察机关作为法律监督机关，通过监督司法网拍，有力提升司法拍卖规范性，有效降低司法拍卖纠纷发生率，促进实现"司法网拍标准化、审查监督智能化、矛盾纠纷最少化"目标，为社会治理能力提升贡献检察智慧。如图 1 所示，通过网拍监督系统数据比对发现，自 2020 年 8 月以来，丽水市各级法院司法拍卖规范化水平一直居于全省首位。

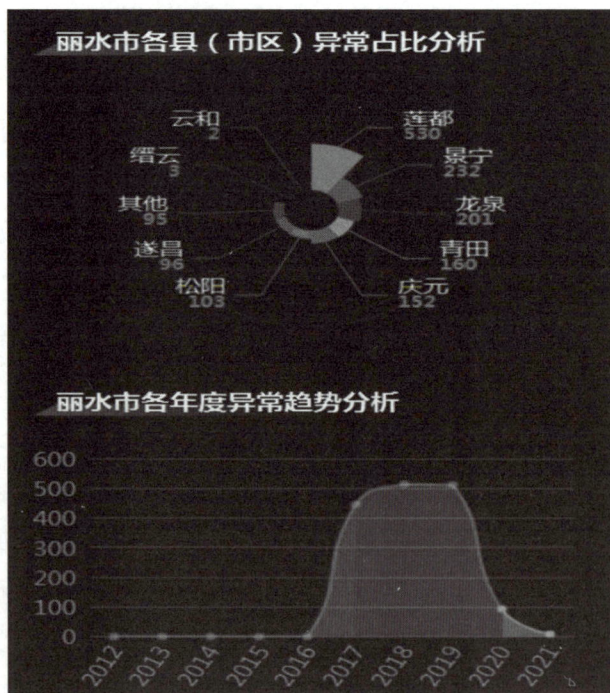

图 1　丽水市各年度及各县市区拍卖异常信息统计数据，自 2020 年起，
全市异常信息数据总量明显下降

### 📖 法律法规依据

司法网拍适用的法律依据，共有1部法律、5部司法解释，其中三部司法解释专门针对司法拍卖制定，且浙江省高级人民法院还针对司法网拍出台了文件，上述依据合计总字数超过2万字，限于篇幅，除对民事诉讼法及其司法解释列出重要条款外，其他部分只列目录。

1.《中华人民共和国民事诉讼法》第二百五十四条 财产被查封、扣押后，执行员应当责令被执行人在指定期间履行法律文书确定的义务。被执行人逾期不履行的，人民法院应当拍卖被查封、扣押的财产；不适于拍卖或者当事人双方同意不进行拍卖的，人民法院可以委托有关单位变卖或者自行变卖。国家禁止自由买卖的物品，交有关单位按照国家规定的价格收购。

2.《最高人民法院关于适用〈中华人民共和国民事诉讼法〉的解释》第三百七十条 人民法院审查后，按下列情形分别处理：

（一）当事人对实现担保物权无实质性争议且实现担保物权条件成就的，裁定准许拍卖、变卖担保财产；

（二）当事人对实现担保物权有部分实质性争议的，可以就无争议部分裁定准许拍卖、变卖担保财产；

（三）当事人对实现担保物权有实质性争议的，裁定驳回申请，并告知申请人向人民法院提起诉讼。

3.《最高人民法院关于人民法院网络司法拍卖若干问题的规定》

4.《最高人民法院关于人民法院民事执行中拍卖、变卖财产的规定》

5.《最高人民法院关于冻结、拍卖上市公司国有股和社会法人股若干问题的规定》

6.《最高人民法院关于人民法院确定财产处置参考价若干问题的规定》

7.《浙江省高级人民法院执行局关于规范不动产网络司法拍卖、变卖工作指引》

---

## 办案心得体会

　　司法拍卖广泛应用于民事执行程序、破产程序、刑事罚没程序，本文所指司法拍卖，仅指人民法院在民事强制执行程序中，对查封、扣押的财产，通过公开竞价形式，转让给最高应价者，并将所得款项用以清偿债务的司法行为。民事强制执行中，司法拍卖是联结财产控制与财产分配的重要执行措施，不仅直接涉及债权人权利兑现，也是"执行难""执行乱"现象高发领域。在网络时代，检察机关如何及时、全面、精准监督司法网拍，是摆在我们面前的一项重要课题。松阳县检察院开发的网拍监督系统，通过对浙江省数十万件司法网拍案件进行智能化分析，不仅系统梳理出司法网拍存在的问题，还对这些问题在宏观上进行了比较准确的量化，实现从多维度对其精准画像。

### 一、系统升级与案件办理交互式跟进

　　运用大数据开展法律监督的办案模式，当前主要分为两种类型：一种是通过数表碰撞办案模式。通过数表碰撞发现异常案件信息，经进一步查证后作出监督决定。其主要方法是把两个或者多个不同来源的数据分列，以数表（Excel 表格等）进行比对，排除无关数据，筛出有价值案件线索。另一种是应用计算机软件智能化筛查办案模式。其主要方法是建立案件信息数据库，并开发计算机应用，通过计算机智能分析，抓取有价值信息，自动推送给办案人员，用于办理检察机关法律监督案件。松阳县检察院"网络司法拍卖民事执行违法犯罪类案监督"办案模式，就是为了适应监督工作智能化新需求，在第一种办案模式实践基础上研发的。即通过建立司法网拍案件信息数据库并开发计算机应用，实现实时全量监督司法拍卖行为，应用计算机智能化办案。2020 年 5 月，松阳县检察院首次提出网拍监督系统建设方案，并在丽水市检察院统一领导下，调集技术部门和民事检察部门业务骨干集中攻坚，短短三个月时间，应用开发项目初步完工。同时就筛查出的异常信息，依托市县两

级院一体化办案机制，开展司法网拍执行违法行为专项监督，通过边办案边验证方式，不断提高监督规则运算技术准确性。

系统升级是为了更好满足监督办案新需求，而监督办案在为系统升级打下实践基础的同时又倒逼系统升级。系统升级与监督办案之间的关系，正如人之双脚，两者须在交互跟进中前进。通过前述第一种办案模式即数表碰撞式实现了检察机关首次系统性规模化监督司法网拍行为，弥补该类案件监督空白。但经过一定时间应用后，监督办案对系统智能化、自动化、即时化提出了新需求。网拍监督系统1.0版就是为了满足这种新需求应运而生。网拍监督系统1.0有效解决了办案实践中这种新需求，实现了对批量发现的网拍案件违法违规民事执行程序问题进行类案监督。在上述类案监督过程中，发现在民事执行程序问题背后隐藏着被执行人拒执犯罪、有关人员虚假诉讼犯罪、执行人员职务犯罪。这又催生了该系统精准、高效筛查上述犯罪监督线索等新需求。丽水市检察机关现正在推动该系统再次迭代升级。

图2　监督司法网拍的计算机应用软件"数据驾驶舱"页面截图

## 二、最大化运用社会数据

数字检察语境下的社会数据，是指从监督对象以外的其他途径，批量获得用于大数据监督的数据。这类数据有的直接来源于监督对象，如中国裁判文书网公开的裁判文书、司法拍卖平台公开的拍卖公告及其附件等；有的虽然不能确定是否直接来源于监督对象，或者系非监督对象的数据，但是根据实践经验，数据有高度可靠性，如企查查、天眼查、法信等提供的数据。前者可以直接应用于办案，后者可以为办案提供可靠信息源，甚至作为间接证据使用。

检察大数据监督基础在数据，难点也在数据。如果按照传统方式，直接从被监督对象获取相关数据，往往会因监督利害关系，出现各种工作困难。在获取数据源上，网拍监督系统实现了创新和突破，即以从阿里司法拍卖平台获取社会数据为主、从法院获取司法数据为辅。同时，通过对接司法拍卖平台数据交换接口，实现存量拍卖数据共享和增量数据每天更新。该系统至今共对接了2012年以来33万余件案件数据，获取了"评估报告""裁定书""租赁合同""定价依据""不动产权证书""调解书""委托书"等35万余份文书资料，为民事执行检察监督提供了海量的数据资源，是检察监督宝贵的可持续再生数据资产。

## 三、递进式推进监督层次

在民事执行类案监督的基础上，通过融合运用调查、侦查、审查手段，进一步厘清执行申请人、被执行人、拍卖参与人、执行人员对程序性违法问题所起的作用。对于拍卖异常信息指向较集中的案件、人员，通过进一步查证，发现刑事案件线索，延伸监督链条。司法网拍监督案件类型，逐步由执行程序性类案监督，向民事生效裁判监督延伸，最后向被执行人员拒执犯罪、有关涉案人员虚假诉讼犯罪、审执人员职务犯罪等刑事领域推进，监督案件层次不断深化。

（一）明晰民事执行类案监督边界

计算机对海量网拍案件自动筛选，得到的拍卖异常信息也是海量的。对浙江省全部 33 万余件司法拍卖案件筛查得到的拍卖异常信息有 49 万余条之多。如果一一对应制发检察建议，则至少要向法院发出数以万计的检察建议书，显然是不切实际的。一则这些信息提示的异常项，大部分是程序性违规问题，由于拍卖已经结束，拍卖物已经处置完毕，客观上不可能为了程序性瑕疵重新举行拍卖，因为这不仅会产生一系列执行回转后再次执行等徒劳的执行程序重复问题，而且会对已经趋于稳定的社会关系产生实质性冲击，使其重新处于不确定状态，甚至拍卖物价值随着市场变化而产生价格变化，其差价也会成为重新拍卖后财产分配难以逾越的障碍。因此，即便如确定税费承担责任错误等实体性违法违规拍卖案件，如果没有当事人主动申请监督，也不宜提出实体性纠正检察建议。鉴于此，需要对拍卖异常信息明晰基本处置原则。

其一，对明显损害国家利益或者社会公共利益的拍卖案件，应当依法监督人民法院纠正错误拍卖行为。

其二，对处于公示期间或正在进行的拍卖，如果发现有违法违规情形，不论属于程序性问题还是实体性问题，都应当监督拍卖法院立即纠正。

其三，对已经完成的司法网拍案件，属同一程序性违法违规场景的，向同一法院只发一件检察建议，但可以将其所有同类违法违规拍卖案件列表一并抄送或者作为检察建议的附件。属于细微瑕疵，不会对拍卖产生实质性权利损害的，可以口头提出纠正意见，记入拍卖异常信息审查处置记录中备案。

其四，对已经完成拍卖，并经过一定期限（各地可自行确定合理年限）的案件，原则上非依申请不监督，但可以将系统筛查出的拍卖异常信息与被监督人民法院共享。

其五，如前述思维导图中，对"对涉案当事人进行监督""对审执人员进行监督"等模型筛选出的异常信息，应当妥善保管认真处理，不宜由没有侦查权的基层检察院处置。建议由设区市一级检察机关主要负责人、分管自侦工作副检察长、检察侦查部门负责人等极少数人管理该类信息，防止信息泄露或者不当使用。

在制发检察建议对个案实施监督的基础上，为提高司法网拍的规范性，检察机关应当与人民法院协商，建立常态化联络和信息共享机制，把"司法网拍标准化、审查监督智能化、矛盾纠纷最少化"作为"两院"共同目标，实现"法院自主纠正为主，检察建议监督为辅"良性互动局面，切实提升社会治理水平。

（二）针对问题指向集中的被执行人、执行人员，视情形启动刑事检察监督

充分关注网拍案件标的物价值高、民事执行程序违法问题指向集中的案件。在检察官研判后有深入调查价值的，可成立专案组办理。专案组可由民事检察、刑事检察、检察侦查和数字检察等各类专业人员共同组成，相关专业力量可在检察系统内统筹使用。重大案件还可考虑由纪委监委、审计机关等单位派员参与办案。办案过程中，利用网拍监督系统筛查同一被执行人、买受人及债务人名下所有网拍房产、债券、股权和车辆信息，并调取执行卷宗，进一步捋清案件关联人员相互间债务关系、亲属关系、资金关系和租赁关系等。通过查清文书资料真实性、评估报告价格、房屋实际租住情况、银行流水往来等信息，找准信息间矛盾之处，实现案件突破。必要时，可以依法调查并分析相关人员异常通话情况、异常交往甚至资金往来等，进一步梳理出有深层次监督价值的线索，并视情形推进虚假诉讼犯罪和拒执犯罪、审执人员违法犯罪等深层次监督。

（三）针对刑事检察监督所涉错误民事生效裁判，开展再审监督

在推进前述几类罪名刑事检察监督的同时，还可就相关诉讼参与人所涉民事生效裁判案件开展同步审查，对于可能存在虚假诉讼、错误裁判、徇私枉法的民事案件，依职权启动检察监督程序，形成刑事检察、民事检察、检察侦查相互支撑、相互促进的局面。

## 四、当前正在进行的迭代升级方向

（一）进一步实现业务协同和数据对接

紧贴检察官对线索研判和案件高效办理的现实需求，在浙江省既有

的"政法一体化"系统中构建新办案通道及一体化智能化"检政调查通道"两个方面发力，推动相关数据全面、即时共享。"政法一体化"办案通道方面，在省检察院指导下，确定数据交换标准和内容，适时进行网拍监督系统与"政法一体化"系统接口开发。在一体化智能化"检政调查通道"方面，确定自然资源规划部门和公安机关为数源部门，确认对接数据项，使检察官可以一键查询房产的产权人身份信息及房屋建筑面积、结构、共有等信息。

（二）进一步提升线索筛查精准性

结合办案需要，针对不同标的物类型及标的物拍卖的规范性、程序性，创建不同的监督规则和监督模型，如司法网拍拒执类犯罪中"长租型""评估失实型"等，以实现对监督线索更加精准筛查。同时，根据《拍卖规定》重新梳理规则，对原有要素提取不精准等问题，进行摸排并予以迭代升级。如带租拍卖房产，重点提取"租赁期限""租金情况""不负责腾空""未腾空""竞买人数""出价次数"等要素，提升筛查信息质量。

（三）新建"三查融合"管理模块

按照系统研判、民事调查、自侦侦查各业务事项中的数据研判、线索流转、证据固定等流程，提炼关键要素，形成"三查融合"指标，通过科学设定指标阈值，动态掌握线索查办进度和部门力量融合情况。

（四）完善数据底座和重构用户交互

对每一个网拍标的物的基本要素、异常情形、关联关系进行最小单元拆解，形成可勾选条件，通过对筛选规则进行自由排列组合，实现超级检索，供检察官在不同检察监督场景下信息查询、线索筛查和数据碰撞使用。

（五）上架并兼容检察办案数据应用平台

根据浙江省检察院统一部署，将网拍监督系统作为网拍专题应用场景，上架到省检察院办案数据应用平台。对网拍附件数据进一步实现结构化，形成网拍数据目录，输出到该数据应用平台，供全省检察机关使用。

## 五、办案成效

浙江省检察院依托丽水市检察机关研发的网络司法拍卖民事执行违法犯罪类案监督模型，在全省范围内部署开展了网络司法拍卖专项监督行动。截至目前，共筛查出网拍程序性监督线索 3000 多条，通过制发检察建议监督纠正 478 件；筛查出"带十年以上租赁"的房产网拍案件线索近千件，全省检察机关深入核查后向公安机关移送涉嫌虚假诉讼、拒执犯罪的案件线索，公安机关已立案 14 件 36 人；检察机关也已立案查办执行判决、裁定滥用职权等执行法官职务犯罪 21 件 21 人。


案件承办人：

　　汪兴　阙福亮　吕夏炀俊　林杰　杨莹（松阳县人民检察院）

　　郑茂芬　施柳伊　李国平（莲都区人民检察院）

　　吴国栋（云和县人民检察院）

　　陈映宏（丽水市人民检察院）

案例撰写人：

　　阙福亮（松阳县人民检察院）

　　张军方（丽水市人民检察院）

案例审核人：

　　屈继伟　王晓青（浙江省人民检察院）

# 虚假调解司法确认类案监督

◇ 云和县人民检察院

## 📖 关键词

劳动报酬　虚假调解　司法确认　"智汇引擎"平台

## 📖 要旨

解析司法确认民事裁定个案，提取纠纷标的额较小、债务人扎堆履行义务、劳动报酬畸高且为整数等数据要素特征，筛查出一批调解员造假型和虚构劳动报酬型虚假司法确认线索。通过统筹市县两级检察院力量开展调查核实，在监督个案纠正、依法追究刑事责任的同时，推动人民法院、司法行政部门完善司法确认、人民调解员聘用管理工作机制，构建联防共治新格局。

## 📖 基本情况

2018 年，丽水市某建筑公司因未能偿还巨额债务被多名债权人起诉至法院，判决生效进入强制执行程序后，该公司上千万元资金被人民法院冻结。为套取上述冻结款项，该公司虚构拖欠民工工资的事实，指使他人冒充民工与公司达成系列虚假调解协议，向人民法院申请司法确认案件 60 起，并依据相关裁定文书从人民法院骗领执行款 130 余万元，严重损害真实债权人受偿权益。

2021 年初，丽水市某基层调解员为骗领调解案件补贴，虚构物业费纠纷调解案件，采取伪造人民调解协议、司法确认申请书、冒充当事人签名等手段向人民法院申请司法确认。基层法院未严格审核当事人身份及调解协议的真伪，径直裁定确认调解协议有效，导致系列案件当事人在不知情的情况下"被司法确认"。

云和县检察院分析总结上述两类案件的规律，按照不同行为人的造假动机分类画像、分类建模，依托自主研发的"智汇引擎"应用平台进行线索筛查，推动丽水市检察机关开展专项监督活动，启动一体化办案机制进行调查核实，陆续查明一批调解员造假、虚构劳动报酬案件和审执人员违法案件。

### 📖 线索发现

1.虚构劳动报酬案。2018年，多名执行申请人向检察机关举报，称当地法院于4月至5月，批量作出关于被申请人丽水市某建筑公司与不明人员的劳动报酬纠纷司法确认案件，存在骗取优先受偿、干扰正常执行嫌疑。检察机关调查核实后查明60起虚假司法确认案件，解析发现系列案件中单个民工工资畸高且为整数，不符合行业规律。经"智汇引擎"平台建模比对，在全市范围内排查出疑似伪造劳动报酬类虚假司法确认线索近200条。

2.人民调解员造假案。2021年4月初，检察机关接到某小区业主举报，称其在自觉支付相应物业费，从未与物业公司达成过任何调解协议，亦未向人民法院提出申请的情况下，莫名地"被司法确认"了。经初查发现，该小区有8名业主存在同样遭遇，相关案件都存在标的额小、履行完毕、不需要申请执行的共同特征。后通过"智汇引擎"平台进一步排查，发现全市范围内有类似虚假司法确认线索近1900条。

### 📖 数据分析方法

#### 数据来源

1.民事裁判文书（源于浙江裁判文书检索系统）；

2. 人民调解数据（源于司法行政部门）。

### 数据分析关键词

根据不同造假动机，虚假司法确认案件数据特征也各有不同。

1. 虚构劳动报酬类案件。（1）涉案所称"拖欠工资"金额经常达到数万元甚至十余万元，远高于一般劳务方忍耐限度，且往往是整数，明显不符合同行业正常的民工个人计酬标准。（2）造假人为尽快实现非法目的，往往在短时间内密集提出司法确认申请，其调解日期、申请司法确认日期、司法确认裁定日期、裁定文书送达日期都是同一天，不符合常理。

2. 人民调解员造假类案件。（1）案件标的额往往较小且均已履行完毕，不具备申请强制执行的可能性，也就没有申请司法确认的必要性。（2）案件往往是批量"造假"，一方申请人为同一人，批量案件中的调解日期、申请司法确认日期、司法确认裁定日期均为同一日。（3）往往属于"一告多"情形，即债权方为一人（如物业公司），债务方为多人乃至几十人（如诸多业主）。根据生活常识判断，债务方扎堆集中在同一日前往法院履行债务、签署调解协议并申请司法确认的可能性不大。

### 数据分析步骤

第一步：数据汇集和清洗。（1）将收集到的 15 万份民事裁判文书及 2.7 万份司法确定裁定书、人民调解数据全部汇集到"智汇引擎"应用后台。（2）精准抓取申请人（原被告）信息、起诉日期、受理日期、判决（裁定）日期、是否出庭应诉、涉及调解委员会信息、涉案案由、涉案标的金额、履行情况（如"即时履行""履行到位"）等信息，为后续数据对比打好基础。

第二步：分类建模。（1）虚构劳动报酬类案件建模顺序为：一是在"追索劳动报酬""劳动合同纠纷"等关联案由下，聚合相关的调解文书、民事判决书（民初号）、司法确认裁定书（民特号）。二是梳理出相同当事人涉及的全部案件数据，根据案件密集程度聚合案件组形成待筛查单元。三是测算出同一批案件每位"民工"工资的平均值，将其中金额特别高的，尤其是高额且为整数的个案作重点标记。（2）人民调解员造假类案件建模顺序为：一是密集程度排名。筛查同一申请人、同一人民调解委员会涉及的涉众司法确认案件，选取集中爆发系列案件形成待筛查单元，根据案件数量进行倒序排列，提高筛查效率。二是开展案由筛查。由"智汇引擎"平台自动解析出司法确认案由，选取物业服务合同纠纷、泊车费纠纷等众多"一告多"类案由，筛查出造假可能性较高的批量线索。

第三步：风险评级。在分类建模的基础上对聚合形成的待查单元，即案件组进行得分计算。根据不同模型特征、检索方式以及抓取关键信息点，如密集程度、涉案金额大小、工资是否为高额整数、是否存在关联破产案件、是否为相同调解员、涉众案件案由真实性（是否属于"一告多"）等信息，匹配每个案件组与模型的契合度，进行案件组与模型相似度打分计算，根据计分结果划分风险等级，完成对案件组（线索）的五星分类，提高后续线索利用率和调查核实工作效率。

### 思维导图

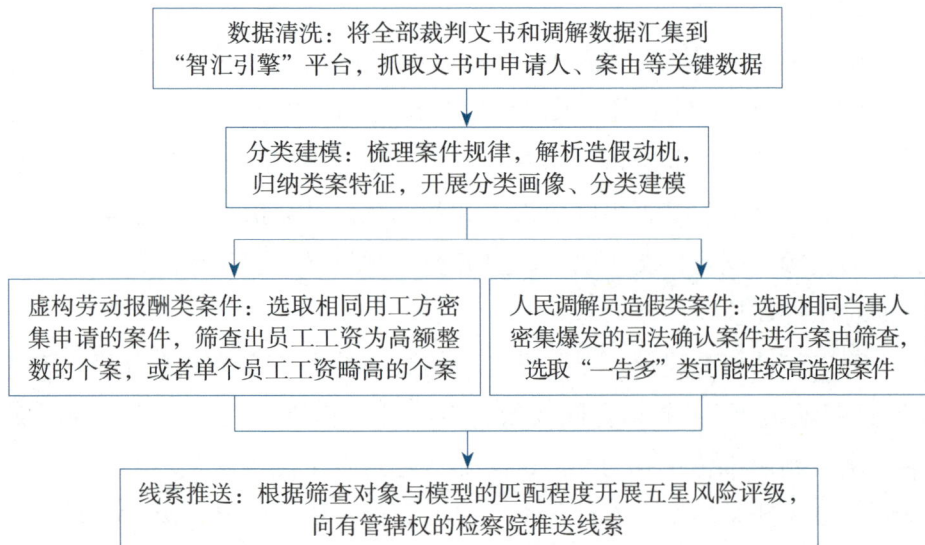

## 📖 检察融合监督

针对虚假司法确认存在刑民交叉、隐蔽性强、查纠难的特点，丽水市检察机关及时启动专项监督活动，充分融合审查、调查、侦查职能，释放融合监督效能。一方面，推进办案力量的整合，如办理的物业费纠纷系列专案中，由检察长牵头组建办案组，解析案件人物关系后分头出击，在三天内完成阅卷审查、当事人走访调查、调解员口供突破，查实一批履行完毕类虚假司法确认案件，并构筑好扎实的证据体系。另一方面，推进监督职能的融合，在查明事实真相后各条线围绕证据体系全面履行检察职能。如办理的虚构劳动报酬专案中，检察机关在查实丽水市某建筑公司虚构劳动报酬骗领执行款的事实后，由民事检察部门发出检察建议，监督法院撤销虚假司法确认裁定、追回错误发放的执行款；与此同时，梳理出背后的"刑民交叉"法律关系，由刑事检察部门监督公安机关开展刑事侦查，最终相关当事人因犯虚假诉讼罪被判处刑罚。专项行动开展以来，"智汇引擎"应用平台累计推送虚假司法确认案件线索 36 批次 2100 余条，初步查明虚假司法确认案件 578 件、涉案金额 630 余万元。截至目前，全市已发出检察建议 157 件，撤销虚假司法确认 108 件，挽回经济损失 130 余万元。

## 📖 社会治理成效

司法确认程序作为人民调解工作的司法保障，在减少群众诉累、深化"枫桥经验"方面起着重要作用。丽水市检察机关以"个案办理—类案监督—系统治理"为路径，一方面分类整治，监督法院撤销损害群众实体权益的司法确认裁定，监督司法行政机关解聘造假的人民调解员，严惩构成刑事犯罪的虚假诉讼行为人。另一方面追根溯源，联合法院、司法行政等部门查找虚假司法确认现象滋生的漏洞，推动法院完善诉前调解管理机制和绩效考评规则，助推司法行政部门规范人民调解员的聘用和管理，助力形成虚假司法确认问题联防共治的新格局，不断提升人民群众对司法办案的信任感、满意度。

### 📖 法律法规依据

1.《中华人民共和国民事诉讼法》第二百零二条 人民法院受理申请后，经审查，符合法律规定的，裁定调解协议有效，一方当事人拒绝履行或者未全部履行的，对方当事人可以向人民法院申请执行；不符合法律规定的，裁定驳回申请，当事人可以通过调解方式变更原调解协议或者达成新的调解协议，也可以向人民法院提起诉讼。

2.《中华人民共和国人民调解法》第三十三条 经人民调解委员会调解达成调解协议后，双方当事人认为有必要的，可以自调解协议生效之日起三十日内共同向人民法院申请司法确认，人民法院应当及时对调解协议进行审查，依法确认调解协议的效力。

人民法院依法确认调解协议有效，一方当事人拒绝履行或者未全部履行的，对方当事人可以向人民法院申请强制执行。

人民法院依法确认调解协议无效的，当事人可以通过人民调解方式变更原调解协议或者达成新的调解协议，也可以向人民法院提起诉讼。

3.《最高人民法院关于适用〈中华人民共和国民事诉讼法〉的解释》第三百五十八条 经审查，调解协议有下列情形之一的，人民法院应当裁定驳回申请：

（一）违反法律强制性规定的；

（二）损害国家利益、社会公共利益、他人合法权益的；

（三）违背公序良俗的；

（四）违反自愿原则的；

（五）内容不明确的；

（六）其他不能进行司法确认的情形。

4.《最高人民法院关于人民调解协议司法确认程序的若干规定》第六条 人民法院受理司法确认申请后，应当指定一名审判人员对调解协议进行审查。人民法院在必要时可以通知双方当事人同时到场，当面询问当事人。当事人应当向人民法院如实陈述申请确认的调解协议的有关情况，保证提交的证明材料真实、合法。人民法院在审查中，认为当事人的陈述或者提供的证明材料不充分、不完备或者有疑义的，可以要求当事人补充陈述或者补充证明材料。当事人无正当理由未按时补充或者拒不接受询问的，可以按撤回司法确认申请处理。

5.**《人民检察院民事诉讼监督规则》第一百条**　人民检察院发现同级人民法院民事审判程序中有下列情形之一的，应当向同级人民法院提出检察建议：

（一）判决、裁定确有错误，但不适用再审程序纠正的；

（二）调解违反自愿原则或者调解协议的内容违反法律的；

（三）符合法律规定的起诉和受理条件，应当立案而不立案的；

（四）审理案件适用审判程序错误的；

（五）保全和先予执行违反法律规定的；

（六）支付令违反法律规定的；

（七）诉讼中止或者诉讼终结违反法律规定的；

（八）违反法定审理期限的；

（九）对当事人采取罚款、拘留等妨害民事诉讼的强制措施违反法律规定的；

（十）违反法律规定送达的；

（十一）其他违反法律规定的情形。

## 办案心得体会

云和县检察院在探索数字化改革路径过程中，逐步明确了小切口、大数据、深治理的原则，并着手"智汇引擎"应用平台建设，该平台一期重点围绕虚假司法确认乱象进行数字筛查，助力全市检察机关开展专项监督，初步实现"个案办理—类案监督—系统治理"的跃升。大数据法律监督成效落地，需要"线上筛查＋线下调查＋市县一体"推进："线上筛查"的重点在于如何获取监督数据以及如何精准构建监督模型（设置检索条件）。"线下调查"的重点在于如何通过"三查融合"方式用足用好调查核实权还原案件真相，并构筑强有力的证据体系，彰显检察机关法律监督刚性。"市县一体"的重点在于如何归集个案素材、统筹办案力量、做大监督成效。

## 一、线上筛查

### （一）如何获取监督数据

一方面，要以落实《中共中央关于加强新时代检察机关法律监督工作的意见》为契机，争取党委政府支持，打通数据壁垒，积极拓展数据来源。另一方面，整合好已有数据，在"智汇引擎"应用平台建设过程中，在前期用尽"云监测"等现有数据资源的情况下，积极拓展人民调解、仲裁数据。同时充分利用中国裁判文书网、浙江裁判文书检索系统、浙检智库等平台数据，特别是争取获得浙江检察数据应用平台支持。

如果监督数据获取暂时受阻，检察机关还可以依托上述点对点查询平台，通过检索"物业服务合同纠纷"等案由排查辖区内调解员造假"一告多"类异常线索，或者关注辖区内劳动报酬领域案例，尤其是符合"春节前＋批量巨额＋集中发放＋建筑工程领域"条件的案件。

### （二）如何精准构建监督模型

云和县检察院在构建数据模型中发现，有以下几点值得尝试：一是坚持业务部门主导数字研发，由民事检察部门担当"先手"角色，坚持业务向技术靠拢，不断培育案件总结能力和数据应用能力。二是坚持一线思维，包括坚持从一线成案经验中分析梳理案件规律和数据特征，尽量规避"假设型"数字建模带来的风险，以及坚持从一线法律文书、案件原始数据素材中的"原话"中提取关键点、关键词进行数据建模。三是坚持"试错"原则，监督模型（检索规则）尽量经过"数据建模—检索验证—规则调整"流程反复校验，如调解员造假"一告多"模型，云和县检察院经过多轮调整上线后，线下排查发现准确率达到40%。

## 二、线下调查

### （一）统筹力量，用足用好调查核实权

一方面，改变过去重"审"轻"查"的固定思维，由检察长牵头组成办案组，开展自主调查取证。另一方面，坚持以刑事案件的侦查强度和证明标准，进行调查核实并及时固定证据，通过构建完整确凿的证据体系，实现对原审民事案件"谁主张谁举证"证据体系的高质量补充，彰显检察机关法律监督刚性。

### （二）遵循层级推进，确保调查取证进展顺利

一方面，通过查阅法院档案信息，查看系列案件中申请人签名真实性，如调解协议、申请确认文书、送达回证是否存在雷同笔迹、是否符合当事人文化程度等。另一方面，调查取证要遵循"债务方＞债权方＞调解员"的顺序，从最没有利害关系、获利最小、最没有虚假陈述必要的角色开始询问，重点了解是否存在真实的矛盾纠纷、是否履行完毕、对司法确认是否知情等，形成对调解协议真实性以及当事人是否有申请司法确认意识等情况的准确判断。

### （三）掌握行业规律，逐步还原案件事实真相

在调查取证过程中，要充分了解案涉行业的经济规律、交易习惯、个体心态，以便形成对案件真相的初步判断。如在"一告多"类批量造假案件中，在涉案标的往往较小且调解费时费力的情况下，债权方一般会要求调解后当场履行协议，往往不会去申请司法确认。又如建设工程领域农民工工资问题，由于层层转包的客观存在，真正的民工工资往往由中、小包工头在每年春节前支付完毕，业主即甲方拖欠的往往是中、小包工头的承包款，一旦发现建设施工时间与司法确认时间相差两个春节以上，且单个民工工资较高，则基本可以确定属于虚构劳动报酬。

## 三、市县一体

### （一）"一把手"挂帅

丽水市检察机关将专项监督工作列为年度首推工程。2022年3月初，丽水市检察院党组书记、检察长主持召开专题部署会，全市基层院检察

长、案件管理部门、民事检察部门及分管领导全体参会。会议指出，虚假司法确认专项监督活动是推进全市数字化办案的重要内容之一，要求各基层院"一把手"统筹全院力量加以推进。截至2022年4月初，多数基层检察院已查实一批虚假司法确认案件，4个基层检察院已发出检察建议。

（二）"1+N"架构

以"智汇引擎"应用平台建设为例，该平台由丽水市检察院统一领导、云和县检察院负责项目承建、多个基层院共同参与。目前上线的"调解员造假"模型素材来自龙泉市检察院，"虚构劳动报酬"模型素材来自庆元县检察院，"个案工资畸高"模型素材来自青田县检察院。在市检察院统一领导下，由云和县检察院不断汇集来自多个兄弟检察院关于虚假调解司法确认方面的"金点子"，有效克服山区检察机关人口规模小、案件体量小、问题类型少等短板。

（三）"一体化"监督

一方面共享办案经验，在专题部署会上由最先办出案件的基层检察院案件承办人介绍数字筛查方法，解析不同造假动机，讲解案件查获流程，分享办案经验，并提供线索清单、询问提纲、法律法规等办案素材。另一方面统一调配办案力量，统筹全市具有侦查工作经验的业务骨干组成"机动调查队"，快速支援各基层检察院专啃"硬骨头"，一个月内陆续查实80余起虚构劳动报酬司法确认案件。

案件承办人：
　　陈乐（云和县人民检察院）
　　吴亮（龙泉市人民检察院）
　　林亚鹏（庆元县人民检察院）

案例撰写人：
　　吴国栋（云和县人民检察院）

案例审核人：
　　杨明霞（浙江省人民检察院）

# 涉诉讼主体失格检察类案监督

◇ 瑞安市人民检察院

## 📖 关键词

民事诉讼主体死亡　民事生效裁判　民事执行监督

## 📖 要旨

解析民事执行中对当事人死亡后的财产处置个案，提取涉诉讼主体在民事诉讼不同阶段死亡的清单，发现批量问题裁决线索。通过调卷审查、核对户籍材料以及对代理律师、当事人调查核实，纠正错误民事裁判，推动法院自查，联合出台治理机制，健全民事诉讼中自然人民事权利能力审查，同时促进辖区内律师执业规范、律师行业高质量健康发展。

## 📖 基本情况

瑞安市检察院在行使民事监督职能过程中发现，人民法院对诉讼主体的资格审查存在疏漏，对于诉讼主体死亡的问题不够重视，导致批量案件诉讼主体已经死亡，法院仍将其作为诉讼主体作出生效裁判、限制高消费令以及执行财产等。据此，瑞安市检察院对法院作出的相关民事裁判、执行开展民事检察监督，就延伸问题开展行政检察监督，并推动法院开展专项自查，联合法院出台治理机制。

该模型在温州全市推广，目前有9个基层院就民事生效裁判发出检察建议38份，就民事执行发出检察建议16份。典型的如龙湾区检察院，复用模型监督民事生效裁判、调解案件 4 件，民事执行案件 11 件，涉及人员 47 名，均被法院采纳；同时还牵头区公安分局、区法院、区民政局、区卫生健康局召开联席会议，针对部门间信息互通不及时等问题出台《关于建立当事人死亡信息协作联动机制会议纪要》，堵塞制度漏洞。

### 📖 线索发现

瑞安市检察院发现在民事执行过程中被执行人死亡后，法院明知被执行人已死亡却仍对死亡的被执行人作出限制高消费令，将其纳入失信被执行人名单，还超出遗产范围执行了夫妻共同财产。《民事诉讼法》第 263 条规定，作为一方当事人的公民死亡，需要等待继承人继承权利或者承担义务的，人民法院应当裁定中止执行。《人民法院办理执行案件规范》第 52 条规定，作为被执行人的公民死亡或被宣告死亡，申请执行人申请变更、追加该公民的遗嘱执行人、继承人、受遗赠人或其他因该公民死亡或被宣告死亡取得遗产的主体为被执行人，在遗产范围内承担责任的，人民法院应予支持。继承人放弃继承或受遗赠人放弃受遗赠，又无遗嘱执行人的，人民法院可以直接执行遗产。根据上述规定，法院对该案依法本应当中止执行。在案件办理过程中，办案人员走访相关部门，了解到类似情况在审判和执行案件中均有存在。这不仅会影响当事人及其继承人的合法权益，还会影响司法公信力，需要予以纠正。诉讼主体死亡问题在以往通过个案审查难以发现，而通过数据比对能够对海量数据进行分析，从而实现快速发现监督线索。

### 📖 数据分析方法

#### 数据来源

1. 瑞安火化人员名单（源于殡仪馆）；

2. 终本执行案件被执行人清单（源于法院）；

3. 民商事案件清单（源于法院）；

4.失信人员名单、限制高消费人员名单（源于浙江检察数据应用平台）。

### 数据分析关键词

瑞安市检察院在运用大数据分析手段筛查线索的过程中，重点以两类要素为靶点展开研判：一是火化人员姓名、身份证号码、火化日期；二是终本执行案件被执行人姓名、身份证号码、立案时间、结案时间、案由、结案方式。

### 数据分析步骤

第一步：将从法院获取的终本执行案件被执行人清单、民商事案件清单分别与从殡仪馆获取的火化人员名单进行碰撞，筛取参与过民事诉讼死亡人员名单、当事人死亡的终本执行案件清单和当事人死亡的审判案件清单。

第二步：将当事人死亡的终本执行案件清单与失信人员名单、限制高消费人员名单进行比对，得到不必列入失信而列入失信的人员和不必限高而限高的人员名单。

第三步：分别对当事人死亡的终本执行案件和当事人死亡的审判案件的死亡时间与立案时间、结案时间进行比对，得到终本执行前当事人死亡的案件、民事案件立案前死亡的案件、审判过程中死亡的案件3个清单。

第四步：对民事案件立案前死亡的案件和审判过程中死亡的案件调卷进行审查，主要审查立案、审判行为是否存在不当，是否需要启动审判监督程序予以纠正，得出需要监督的案件。

第五步：对终本执行前死亡的案件调卷进行审查，主要审查有无中止执行，对物即财产的查封、冻结等措施，对人的布控、拘留等措施是否存在问题，得出需要监督的案件。

第六步：针对需要监督的案件中审执人员是否存在过错和违法进行分析，依法移送相关线索。

## 思维导图

```
┌──────────────────┐   ┌──────────────┐   ┌──────────────┐
│ 民事终本执行案件   │   │ 火化人员名单   │   │ 民商事案件清单 │
│ 被执行人清单       │   │              │   │              │
└──────────────────┘   └──────────────┘   └──────────────┘
```

```
┌──────────────┐   ┌──────────────┐        ┌──────────────┐
│ 失信人员名单、 │   │ 当事人死亡的   │        │ 当事人死亡的   │
│ 限制高消费     │   │ 终本执行案件   │        │ 审判案件清单   │
│ 人员名单       │   │              │        │              │
└──────────────┘   └──────────────┘        └──────────────┘
```

```
┌──────────────┐  ┌──────────────┐  ┌──────────────┐  ┌──────────────┐
│ 应当移除人员   │  │ 终本执行前     │  │ 立案前死亡     │  │ 审判过程中死   │
│ 名单           │  │ 死亡案件清单   │  │ 案件清单       │  │ 亡案件清单     │
└──────────────┘  └──────────────┘  └──────────────┘  └──────────────┘
```

```
        ┌────────────────────────────┐
        │ 人工核查，确定需要监督案件    │
        └────────────────────────────┘
```

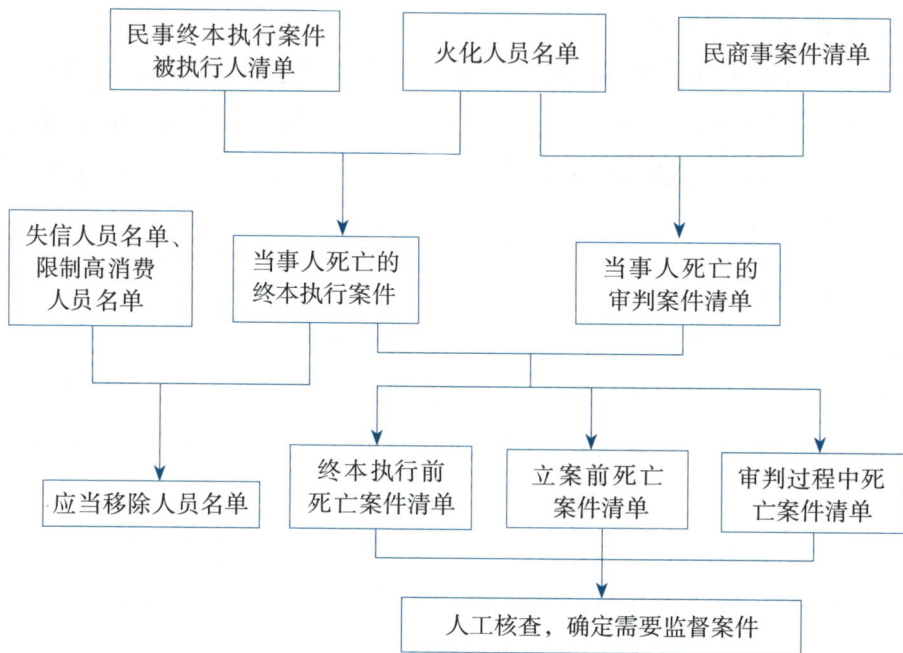

## 📖 检察融合监督

### 民事检察监督

通过数字模型，瑞安市检察院对 2 万多条民事诉讼案件数据进行筛选，排查出有监督可能的生效裁判案件 40 余件和执行案件 70 余件。经调卷、集体讨论研究以及与法院沟通后，就判决前当事人已死亡的生效裁判发出检察建议 11 件，就 50 余件执行案件制发 3 件个案检察建议和 1 件类案检察建议，其余案件作为线索移送法院自行处理。

### 行政检察监督

瑞安市检察院将模型拓展运用至行政生效裁判监督，对行政诉讼案件进行数据排查，并就民事检察监督过程中发现的律师代理已死亡自然人参与诉讼的违法情形，向瑞安市司法局制发行政检察建议，督促其及时开展专项检查，整治区域内律师违规代理问题。

## 📖 社会治理成效

推动法院自查，严肃司法，严格完善对户籍信息的审查机制、对律师代理的当事人资格审查以及法院与公安部门的信息互通。法院编发《关于核实立审执各环节当事人生存状态的提示》，检法两家出台《关于健全民事诉讼中自然人民事权利能力审查机制的细则》，加强对自然人民事权利能力审查。下一步法院还将继续对诉讼阶段当事人死亡的进行专项调研，追究相关人员责任。

检察建议整治律师违规代理等行业突出问题，推动辖区内律师执业规范、律所合规经营、律师行业高质量健康发展。瑞安市司法局已在全市开展律师违规代理等专项检查。

## 📖 法律法规依据

1.《中华人民共和国民法典》第十三条 自然人从出生时起到死亡时止，具有民事权利能力，依法享有民事权利，承担民事义务。

2.《中华人民共和国民事诉讼法》第一百二十二条 起诉必须符合下列条件：

（一）原告是与本案有利害关系的公民、法人和其他组织；

（二）有明确的被告；

（三）有具体的诉讼请求和事实、事由；

（四）属于人民法院受理民事诉讼的范围和受诉人民法院管辖。

**第一百五十三条第一款第一项** 有下列情形之一的，中止诉讼：

（一）一方当事人死亡，需要等待继承人表明是否参加诉讼的。

**第二百六十三条第一款第三项** 有下列情形之一的，人民法院应当裁定中止执行：

（三）作为一方当事人的公民死亡，需要等待继承人继承权利或者承担义务的。

3.《人民法院办理执行案件规范》 52.作为被执行人的公民死亡或被宣告死亡，申请执行人申请变更、追加该公民的遗嘱执行人、继承人、受遗赠人或其他因该公民死亡或被宣告死亡取得遗产的主体为被执行人，在遗产范围内承担责任的，人民法院应予支持。继承人放弃继承或受遗赠人放弃受遗赠，又无遗嘱执行人的，人民法院可以直接执行遗产。

## 办案心得体会

适格的当事人是民事诉讼的基础。但由于信息共享不畅、法院无法实时掌握当事人生存情况，代理律师未尽职审查、法院审查难度大等原因，导致出现法院对已死亡当事人作出裁决的情况。检察院运用大数据监督上述案件，逻辑较为简单，可复用性强，主要的难点在于数据的获取以及准确性。公安机关的户籍登记信息最为全面和准确，但是难以获取，因此将殡仪馆的数据作为替代，排查出具体的当事人后辅以公安机关户籍登记信息印证。瑞安市检察院紧紧围绕当事人资格审查的检察机关法律监督，通过大数据比对，精准监督法院对于律师代理案件的原告资格审查不足、被告民事权利能力审查不清以及内外部机制不完善等因素造成的错误履职行为，既维护当事人及其继承人的合法权益，又督促法院健全机制，共同维护司法公信力。

### 一、民事、行政、职务犯罪侦查协同配合办案

检察长带头办案，在民事检察监督办案过程中，明确检察融合监督要求，关注民事诉讼违法背后的深层次问题。抽调刑事侦查、民事、行政精干力量成立专案办理小组，逐一对相关案件进行深入细致调查。为扩大监督成效，将涉诉讼主体失格案件中可能存在法官违法的案件经办人与近年来因执行程序违法而被检察院监督的案件经办人清单进行碰撞筛选，锁定若干人员，扩充问题案件库和有违法行为人员库，为下一步深入监督做好准备。

### 二、以一地突破带动全域共享，全面提升数字检察工作的实战效果

一是数字赋能，实现类案监督。对一起申请生效裁判监督案件延伸审查，构建涉诉讼主体失格监督模型，对法院审判、执行案件信息与殡

仪馆火化数据碰撞筛查，批量发现法院错误裁决。二是上下一体，实现全域推进。推动温州全市开展涉诉讼主体失格专项监督，有9个基层院成案，发出检察建议54份。

### 三、以外部协同推动堵漏建制，着力构建双赢多赢共赢的有利局面

一是能动履职，推动法院自查整改。该监督专项大数据排查出批量处理错误的民事诉讼案件后，与法院多次协商，并通过案件协调会、参与审委会会议等形式，探讨监督的具体形式，从有利于维护司法公正和维护人民合法权益出发，确定监督的典型案件，起到示范监督的效用。同时推动法院开展全面自查，目前在立案阶段已审查出多起律师代理的原告已死亡情况。二是建章立制，全面堵塞工作漏洞。联合法院出台《关于健全民事诉讼中自然人民事权利能力审查机制的细则》，形成贯穿立案、审理、执行全过程的审查机制。

### 四、以融合监督促进系统治理，注重解决执法司法领域的重点问题

一是一案多办，推动律师规范执业。坚持民事检察与行政检察融合推进，将民事办案中发现的律师代理已死亡自然人并参与诉讼的违法线索，同步移送至行政检察部门，通过制发检察建议督促司法局开展律师违规代理案件专项检查，推动辖区内律师行业规范发展。二是跟进监督，保护当事人合法权益。针对律师代理已死亡原告诉讼获得债权、已死亡被告案件审判而未通知继承人等情况，加强跟进监督纠正，推动执行回转，保障相关当事人的合法权益。


案件承办人：

朱捷　夏爱福　郑洁　简嘉奇　黄丹（瑞安市人民检察院）

案例撰写人：

郑洁（瑞安市人民检察院）

案例审核人：

杨明霞　刘平（浙江省人民检察院）

# 涉住房公积金终结本次执行类案监督

◇ 温州市鹿城区人民检察院

## 关键词

住房公积金　终结本次执行　拒不执行判决、裁定

## 要旨

紧扣"执行难"民生热点，解析涉住房公积金终结本次执行（以下简称终本执行）个案特征，构建数字监督模型，批量筛查出法院终本执行案件被执行人住房公积金应执行而未执行的监督线索，制发检察建议，督促法院加大执行力度，维护申请人合法权益。开展"三查融合"，向公安机关移送拒不执行判决、裁定犯罪线索，依法惩治相关人员，促使部分被执行人主动履行义务。

## 基本情况

温州市鹿城区检察院在对鹿城区法院终本执行案件开展专项监督时发现，该院存在对被执行人住房公积金应当执行而未执行的情形。在分析研判、厘清监督重点后，调取住房公积金等数据与法院终本执行案件数据进行碰撞，批量筛查类案监督线索。通过制发检察建议，督促法院依法扣划被执行人住房公积金425余万元，建议司法冻结1283余万元，切实维护当事人合法权益，并推动法院开展历年终本执行案件住房公积金领域专项整治。同时，积极开展"三查融合"，移送相关拒不执行判

决、裁定犯罪线索，监督公安机关立案侦查。该监督被列为市级专项进行全市推广，截至目前，全市监督成案 143 件，督促法院依法冻结、扣押被执行人住房公积金 2742 余万元，促使 182 件案件执行到位。

## 📖 线索发现

2022 年年初，温州市鹿城区检察院受理了一起法院怠于执行被执行人住房公积金的执行监督案。通过法条分析研判、查阅执行案卷、与执行法官座谈、走访住房公积金管理部门，了解到住房公积金的执行是民事执行领域的薄弱环节。浙江省高级人民法院"点对点"住房公积金查询模块于 2021 年正式上线，在这之前的公积金查控需当事人提出申请，由执行人员持公函到住房公积金管理中心线下查询，而申请执行人往往不知道住房公积金属于可供执行的财产，被执行人更不会主动申报，且法院与公积金管理部门在查询、冻结、扣划等方面协作不畅，造成终本案件被执行人住房公积金应当执行而未执行的情形比较普遍，甚至出现被执行人擅自提取的情形，据此开展涉住房公积金终本执行类案监督。

## 📖 数据分析方法

### 数据来源

1. 终本执行案件数据（源于鹿城区法院）；
2. 失信、限高被执行人数据（源于中国执行信息公开网）；
3. 住房公积金账户数据（源于温州市大数据局）；
4. 特殊困难人员数据（源于浙江省救助信息系统）。

### 数据分析关键词

被执行人为个人的终本执行案件执行数据，住房公积金数据，终本执行案件被执行人住房公积金账户有余额但未被司法冻结的数据，符合住房公积金提取条件以及暂不符合提取条件的监督线索，可能涉嫌拒不执行判决、裁定罪的监督线索。

### 数据分析步骤

第一步：调取法院近两年被执行人为个人的终本执行案件数据，提取执行案件案号、被执行人姓名、身份证号码、执行标的金额、结案时间等信息。

第二步：调取住房公积金账户数据，提取个人账户余额、月缴存额、账户状态、是否司法冻结、开户日期、封存时间、最近一次提取日期、最近一次提取金额等信息。

第三步：将上述被执行人为个人的终本案件数据和住房公积金账户有余额但未被司法冻结的数据进行碰撞，提取终本案件被执行人住房公积金账户有余额但未被司法冻结的数据，将其作为基础数据。

第四步：将基础数据以被执行人年满60周岁为条件，筛选出被执行人因退休符合住房公积金提取条件的案件监督线索，从而反向筛选出未被冻结但尚不符合提取条件的案件监督线索。

第五步：将基础数据中的"存储余额"与终本案件数据中的"执行标的金额"进行比对，筛选出公积金账户存储余额大于执行标的金额数据，经向法院调查核实，确定"经强制执行提取被执行人住房公积金账户余额即可执毕"的案件监督线索。

第六步：对基础数据按照住房公积金"封存时间"进行过滤，筛查出"终止劳动关系封存满6个月"的案件监督线索。

第七步：提取出基础数据中申请执行人为个人的数据，将其与浙江省救助信息系统社会救助人员数据进行比对，筛选出申请执行人为低保特困人员、残疾人等数据，经向法院调查核实，确定申请执行人为特殊困难群体的案件监督线索。

第八步：将被执行人为个人的终本案件数据和住房公积金账户数据进行碰撞，筛选出被执行人提取住房公积金金额超5万元且提取时间在执行阶段的数据，再与中国执行信息公开网失信、限高被执行人信息比对，向法院核实，筛选出可能涉嫌拒不执行判决、裁定罪的案件监督线索。

## 思维导图

```
┌─────────────────────────┐          ┌─────────────────────┐
│ 终本案件被执行人数据      │          │ 住房公积金账户数据    │
└────────────┬────────────┘          └──────────┬──────────┘
             └──────────────┬───────────────────┘
             通过唯一的身份证号码进行数据碰撞
                            │
┌───────────────────────────────────────────────────────────┐
│ 筛选出终本案件被执行人住房公积金账户有余额但未被司法冻结的数据，  │
│                  将其作为基础数据                            │
└───────────────────────────────────────────────────────────┘
```

公积金账户余额与被执行人执行标的金额比对

通过年龄筛选

| 筛选出被执行人因离、退休符合公积金提取条件的案件监督线索 | 通过与终本执行案件清单碰撞，提取基础数据中申请执行人为个人的数据 | 对基础数据按照住房公积金"封存时间"进行过滤，筛查出"终止劳动关系封存满6个月"的案件监督线索 | 筛选出公积金账户余额大于执行标的金额数据，确定"经强制执行提取被执行人住房公积金账户余额即可执毕"的案件监督线索 |

| 筛选出未被司法冻结但尚不符合提取条件和已被其他法院司法冻结但鹿城区法院未查控的案件监督线索 | 将申请执行人数据与浙江省救助信息系统社会救助人员数据比对，筛选出申请执行人为低保特困人员、残疾人的特殊困难群体的案件监督线索 | | 筛选出被执行人提取住房公积金金额超5万元且提取时间在执行阶段的数据，调查核实后，确定可能涉嫌拒不执行判决、裁定罪的案件监督线索 |

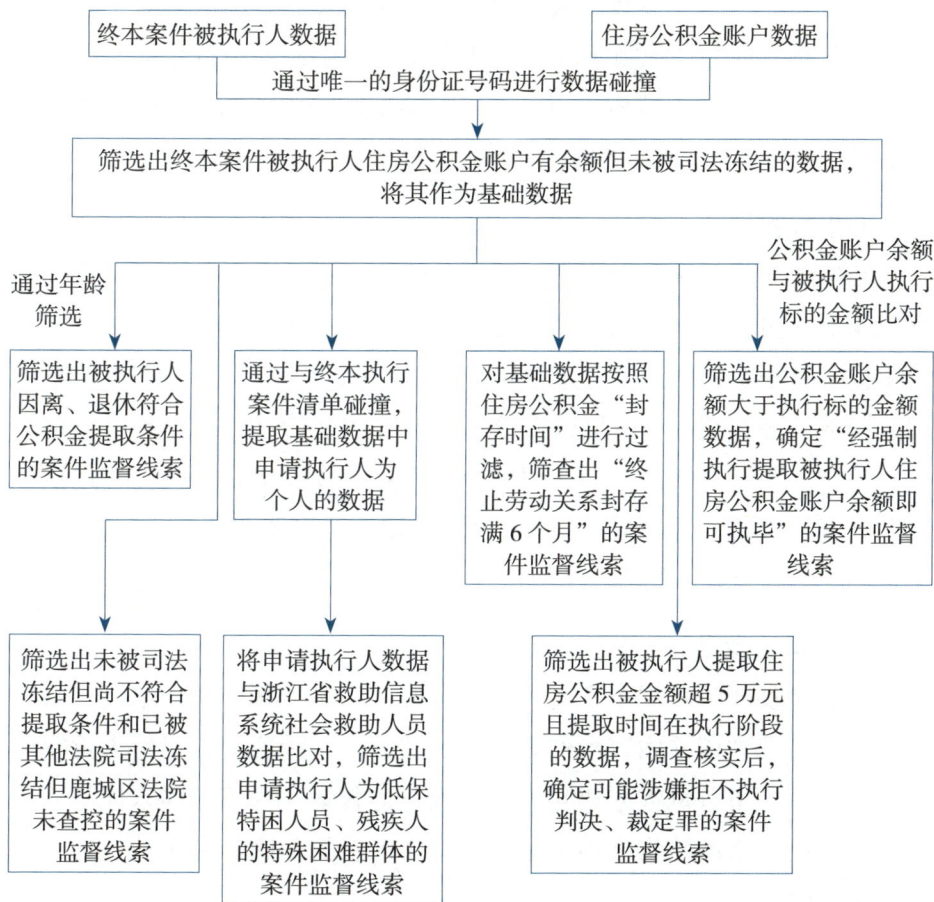

## 📖 检察融合监督

### 民事执行监督

2022年3月初，温州市鹿城区检察院在浙江检察数据应用平台上构建模型，对法院近两年终本执行案件数据与相应住房公积金数据等进行关键要素自动碰撞比对，筛查出被执行人住房公积金账户有余额、符合提取条件但未被法院冻结、扣划的案件线索48件，分类向法院发出检察建议，共督促法院依法扣划被执行人住房公积金425余万元，推动法院 19 件终本执行案件实现案结事了，为 1 名低保边缘未成年人、1 名生活不能自理的肢体二级残疾人追回执行款 4 余万元。同时，对于通过数字筛查比对发现的被执行人住房公积金账户有余额但不符合提取条件且未被法院冻结的案件线索 65 件，分别向法院发出类案监督检察建议和建议函，建议法院依法冻结住房公积金 1283 余万元。

### 刑事检察监督

经过数据分析，融合审查、调查、侦查"三查融合"手段，筛查涉嫌拒执罪人员。通过向公积金中心调取《住房公积金提取通知书》，进一步核实公积金提取人、提取事项、提取时间和金额等，与刑事检察部门共同成立办案组，对被执行人擅自提取公积金的行为定性和是否构罪进行分析，并请公安机关第一时间介入重点关注。向公安机关移送拒执犯罪线索，涉嫌犯罪人员 27 人（含涉公职人员和党员干部 22 人），涉案金额 532 余万元，已有 7 人被立案侦查。

### 联动司法救助

民事检察部门发现个别案件中执行标的系追索抚养费、申请人系特困人群，意识到该项内容可作为全新的监督点，遂联合未成年人检察部门成功办理全市首例涉未成年人民事执行监督案，并移送涉未成年人案件线索 2 件，联动控告申诉检察部门对 2 名有特殊困难的申请执行人开展司法救助。

## 📖 社会治理成效

在监督过程中，温州市鹿城区检察院充分运用法检两家的民事执行法律监督工作机制，积极践行双赢多赢共赢理念，针对法院与公积金管理部门协作不畅问题，多次牵头召开联席会议，共同研究解决遇到的问题与困难，推动双方在公积金查询、冻结、扣划等方面加强协作，助力法院破解住房公积金执行难题。同时，督促法院对历年终本执行案件开展涉住房公积金专项整治，逐案自查，加大住房公积金执行力度，提升终本执行规范化程度。

### 📖 法律法规依据

1.《住房公积金管理条例》第三条　职工个人缴存的住房公积金和职工所在单位为职工缴存的住房公积金，属于职工个人所有。

第二十四条第一款第二项　职工有下列情形之一的，可以提取职工住房公积金账户内的存储余额：

（二）离休、退休的。

2.《温州市中级人民法院、温州市住房公积金管理中心关于建立协作联动机制的若干意见（试行）》　被执行人退休、经强制执行提取被执行人住房公积金账户余额即可执毕、终止劳动关系封存满 6 个月、申请执行人为特殊困难群体四类情形，可提取公积金。

## 办案心得体会

鹿城区检察院紧扣"执行难"民生热点，以涉住房公积金终本执行类案监督为支点，借力数字赋能、"三查融合"，实现个案办理向类案监督、系统治理的转变，助力破解民事执行难题，彰显检察监督刚性，提升人民群众获得感，营造诚信执行良好氛围，努力实现政治效果、社会效果和法律效果有机统一。

### 一、聚焦监督需求，剑指民事执行薄弱环节

（一）专项监督深挖问题根源

民事检察工作要让党委政府有感知度、司法同行有认同感、人民群众有获得感，必须"剑指要处"，促进解决民事诉讼领域的重点、难点问题。为此，鹿城区检察院聚焦民事执行难题，针对群众反映强烈的法院终本执行程序不当、不及时恢复执行、选择性执行等问题，开展终本

执行案件专项监督。在办理一起法院怠于执行被执行人住房公积金的执行监督案过程中，发现法院以被执行人暂无可供执行的财产为由，裁定终结本次执行程序，该案一直未执行到位；但是，经查询发现，被执行人住房公积金账户有余额 3.8 余万元未被法院查控。通过分析研判认为，《住房公积金管理条例》明确住房公积金属于职工个人所有，只不过其占有、使用受到了条例有关规定的限制；那么，只要法院强制执行时符合条例规定的提取条件，就可以对被执行人的住房公积金采取冻结、扣划等强制执行措施，即被执行人的住房公积金符合提取条件的，法院有权执行。通过驻点监督、查阅执行案卷、与执行法官座谈、走访住房公积金管理部门等方式发现，住房公积金的执行一直是民事执行领域的薄弱环节：浙江省高级人民法院"点对点"网络查控系统的住房公积金查询模块直至 2021 年才正式上线，在此之前，住房公积金查询需当事人提出申请，由执行人员持公函到住房公积金管理中心线下查询；而申请执行人往往不知道住房公积金属于可供执行的财产，被执行人更不会主动申报，法院与公积金管理部门在住房公积金的查询、冻结、扣划等方面也存在协作不畅问题。基于此，被执行人住房公积金应当执行而未执行的情形非常普遍，甚至出现过被执行人擅自提取的情形。

（二）精准研判确定监督切口

既然被执行人的住房公积金符合提取条件的，法院有权执行，那么必须清楚住房公积金的提取条件有哪些。对此，《住房公积金管理条例》第 24 条作出了规定，各地亦出台了相应文件予以细化。经调研走访发现，温州市中级人民法院与温州市住房公积金管理中心曾出台《关于建立协作联动机制的若干意见（试行）》，进一步明确法院在执行工作中，经过对被执行人的财产依法通过浙江省高级人民法院"点对点"网络查控系统、最高人民法院"总对总"网络查控系统查询后，被执行人确无其他可供执行的财产或其他财产不足以清偿债务的，对于被执行人有住房公积金且符合相应情形的，可以通知住房公积金管理中心协助扣划被执行人的住房公积金。该意见为监督提供了有效依据并指明了具体方向。根据上述规定并结合本地实际，鹿城区检察院选取"被执行人退休""经强制执行提取被执行人公积金余额即可执毕""终止劳动关系封存满 6 个月""申请执行人为特殊困难群体"四类情形作为监督重点，先后向区法院、市住房公积金管理中心、市社保局、市民政局等多家单位以及中国执行信息公开网等网络平台调取数据 3 万余条。

## 二、善用数字碰撞，强化数字办案实战实效

### （一）用足用好各类数据资源

2022 年 3 月初，鹿城区检察院利用获取的 3 万余条数据在浙江检察数据应用平台上构建模型，打造涉住房公积金终本执行类案监督场景。首先，将被执行人为个人的终本执行案件数据和住房公积金数据进行碰撞，筛查出被执行人住房公积金有余额但未被司法冻结的终本执行案件 664 件。随后，将上述基础数据与相关数据进行碰撞：一是将基础数据与社保退休人员信息进行比对，筛查出"被执行人退休"案件 9 件；二是将基础数据中的住房公积金余额与终本执行案件标的金额进行比对，筛查出"经强制执行提取被执行人住房公积金余额即可执毕"案件 19 件；三是对基础数据按照住房公积金账户"封存时间"进行过滤，筛查出"终止劳动关系封存满 6 个月"案件 18 件；四是过滤出基础数据中申请执行人为个人的数据，并将其与浙江省救助信息系统社会救助人员进行比对，筛查出"申请执行人为特殊困难群体"案件 2 件。

### （二）切实转化办案实战实效

通过上述数据碰撞发现，被执行人住房公积金有余额且符合提取条件但未被冻结、扣划的案件线索 48 件，分类向法院发出检察建议，督促扣划被执行人住房公积金 425 余万元。同时，对于发现的被执行人住房公积金有余额但不符合提取条件的案件线索 65 件，向法院发出类案监督检察建议和建议函，建议冻结被执行人住房公积金 1283 余万元。

### 三、坚持双赢多赢共赢，借助内外联动延伸办案质效

（一）践行"三查融合"贯通赋能，放大法律监督"利器"优势

经过数据分析研判发现，可能存在涉嫌拒不执行判决、裁定犯罪线索，成立由检察长领衔，资深刑事、民事检察官共同参与的跨职能办案单元，充分发挥各自优势，运用审查、调查、侦查"三查融合"手段，最大限度释放融合办案效能。经调查核实，内部移送拒执犯罪线索，涉及人员 27 人（含涉公职人员和党员干部 22 人），涉案金额 532 余万元；向公安机关发出《犯罪线索移送函》，目前已有 7 人被立案侦查，促使部分被执行人主动履行义务；强化司法救助意识，将人文关怀贯穿案件办理始终，对于类案监督过程中遇到的困难对象，及时启动司法救助程序，彰显司法温情。

（二）践行双赢多赢共赢理念，做深做实"监督促进治理"

通过类案监督，鹿城区检察院督促法院出台《关于开展涉住房公积金终本执行案件专项治理活动的实施方案》，促使法院对历年终本执行案件涉住房公积金执行情况开展逐案自查，推动依法规范开展涉住房公积金执行活动，严格规范民事执行案件终本执行程序，切实维护当事人合法权益，有效提升司法公信力。同时，就住房公积金执行问题，多次牵头召开联席会议，共同研究解决遇到的问题与困难，促使法院与住房公积金管理部门在住房公积金查询、冻结、扣划等方面加强协作联动，助力法院破解住房公积金执行难题。


案件承办人、案例撰写人：

　　张华锋　林爽（温州市鹿城区人民检察院）

案例审核人：

　　胡春霞　王晓青（浙江省人民检察院）

# 查封车辆民事执行活动
# 数字检察类案监督

◇ 安吉县人民检察院

📖 **关键词**

数据应用平台　查封车辆　民事执行监督

📖 **要旨**

调取法院终结本次执行案件信息、车管所查封车辆信息及税务局车船税征收信息等数据，通过数源分析、系统建模、数据碰撞等方式，筛查法院终结本次执行程序不当线索。制发检察建议，监督法院加大执行力度。对符合刑事立案标准的，依法向公安机关移送刑事犯罪线索。同时，依托办案，建章立制，明确公检法三家在民事执行车辆查封领域信息互通共享、联合执法工作机制。

📖 **基本情况**

安吉县检察院在履职中发现，法院在执行过程中存在"被执行人有车辆被查封，但因车辆无法执行到位而终结本次执行案件"的情形。经分析研判，认为依托当前的信息技术条件，可以通过查询车辆的保险缴纳记录、停车记录、高速通行记录等数据，确定车辆的使用情况和大致活动范围，为查扣车辆提供数据支持，督促法院破解相关案件的执行难题。安吉县检察院运用数字化办案手段，查实违法线索 55 条，切实保障申请执行人的合法权益，维护司法权威和社会稳定。

## 📖 线索发现

2021 年 8 月，申请执行人朱某向安吉县检察院申请监督，反映被执行人李某名下被查封车辆仍在正常行使，但法院以被执行人名下无财产为由而终结本次执行。安吉县检察院调查发现，被执行人李某名下有 2 辆车，第一辆车车牌号为浙 EC×××× 的东南牌机动车于 2010 年 11 月 4 日购入，价值 72800 元，年审期限至 2021 年 11 月 30 日止；第二辆车车牌号为浙 EF×××× 的机动车于 2013 年 3 月 2 日购入，价值 121400 元，年审期限至 2022 年 4 月 30 日止。同时，通过查询车辆停车缴费记录、车辆高速出入信息等数据，查实被执行人李某名下的车辆均在正常行驶。申请执行人反映的情况属实，被执行人名下并非无财产可供执行。经分析研判，安吉县检察院以上述案件办理为切入口，对法院执行案件进一步排查梳理，有效监督了一批违法终本执行案件。

## 📖 数据分析方法

### 数据来源

1. 查封车辆清单（源于安吉县交警大队车管所）；

2. 法院终本执行案件清单（源于安吉县法院）；

3. 车船税征缴记录（源于安吉县税务局）；

4. 车辆活动轨迹信息（源于安吉县交警大队科技中心）。

### 数据分析关键词

1. 执行案号。从安吉县法院"执行案件信息管理系统"调取终结本次执行案件信息，包含关键词"执行案号"。

2. 被查封车辆信息。从安吉县公安局"交通管理综合应用平台"调取包含"车牌""执行案号""锁定时间""查封日期""检验有效期"等关键词的查封车辆数据。

3. 车船税征缴记录。从安吉县税务局调取车船税征缴记录，包含关键词"车牌""缴纳时间""车辆品牌型号""车辆购置时间"等。

4. 车辆活动情况。通过安吉县交警大队科技中心进一步查询车辆行驶轨迹，分析研判出车辆的重点活动区域。

### 数据分析步骤

第一步：将从安吉县法院调取的终本执行案件数据 1933 条、从安吉县公安局交警大队车管所调取的查封车辆数据 542 条、从安吉县税务局调取的车船税征缴记录 146102 条均导入浙江检察数据应用平台。

第二步：进入浙江检察数据应用平台"模型中心"，新建模型，对数据进行运算处理。（1）运行"过滤算子"对从车管所调取的数据进行过滤，排除已经解除查封的车辆数据，得出尚在查封状态的车辆数据 512 条。（2）运行"交集算子"将上述过滤后得到的 512 条数据和从法院调取的 1933 条终本执行案件数据进行第一次碰撞，得出法院终本执行案件中涉查封车辆的案件数据 321 条。（3）运行"字符串处理算子"对碰撞后的 321 条数据进行处理，目的是统一车牌号码。因为从调取的车管所数据看，其车牌号统一省略了"浙"字，为了和后续的税务数据统一，需要做一个字符串拼接处理。（4）再次运行"交集算子"将上述数据与从税务局调取的 146102 条车船税征缴数据进行第二次碰撞，得出被查封后仍在缴纳车船税的车辆数据 70 条（缴纳车船税意味着缴纳保险正常使用）。（5）运行"分组去重算子"对同一车牌号被多次查封的数据进行去重处理，只留下最先锁定数据，最终剩余 55 条有效数据。

第三步：通过安吉县交警大队科技中心，查询上述 55 条数据所涉车辆首封记录和行驶轨迹，剔除非首封车辆以及两年内在县城无行驶轨迹的车辆。

第四步：将第三步筛选出的车辆数据与淘宝网车辆拍卖信息对比，排除已经被拍卖或者正在拍卖中的车辆。

第五步：在剩余数据中选出品牌型号较好、购买年份较近（车辆残值较高）的机动车，调取相应执行案件卷宗，人工审核，向法院提出处理意见，监督法院对以上车辆依法查扣执行。

## 思维导图

```
┌──────────────────┐        ┌──────────────────┐
│ 安吉县法院        │        │ 安吉县车管所      │
│ 终本执行案件数据  │        │ 被查封车辆数据    │
└──────────────────┘        └──────────────────┘
          │                          │
          ▼          ┌────────┐      │
          └─────────▶│ 通过案号 │◀────┘
                     │ 进行比对 │
                     └────────┘
                          │
          ┌───────────────▼──────────────┐    ┌──────────────────┐
          │ 获取终本执行案件中           │    │ 安吉县税务局      │
          │ 涉查封车辆的数据             │    │ 车船税征缴数据    │
          └──────────────────────────────┘    └──────────────────┘
                          │                          │
                          │      ┌────────┐          │
                          └─────▶│ 通过车牌号│◀────────┘
                                 │ 进行比对 │
                                 └────────┘
                                      │
┌──────────────────┐        ┌──────────────────┐
│ 车辆行驶轨迹记录  │        │ 被查封后仍在缴纳  │
│ 及是否首次查封    │        │ 车船税的车辆数据  │
└──────────────────┘        └──────────────────┘
          │                          │
          │    ┌─────────────────┐   │
          └───▶│ 剔除非首封车辆及 │◀──┘
               │ 两年内无县城行驶 │
               │ 记录的车辆数据   │
               └─────────────────┘
                        │
               ┌─────────────────┐
               │ 被查封后仍在频繁 │
               │ 活动的车辆数据   │
               └─────────────────┘
                        │
               ┌─────────────────┐
               │ 剔除已拍卖或正在 │
               │ 拍卖的车辆数据   │
               └─────────────────┘
                        │
               ┌─────────────────┐
               │ 确定监督车辆线索 │
               │ 人工核查执行卷宗 │
               └─────────────────┘
```

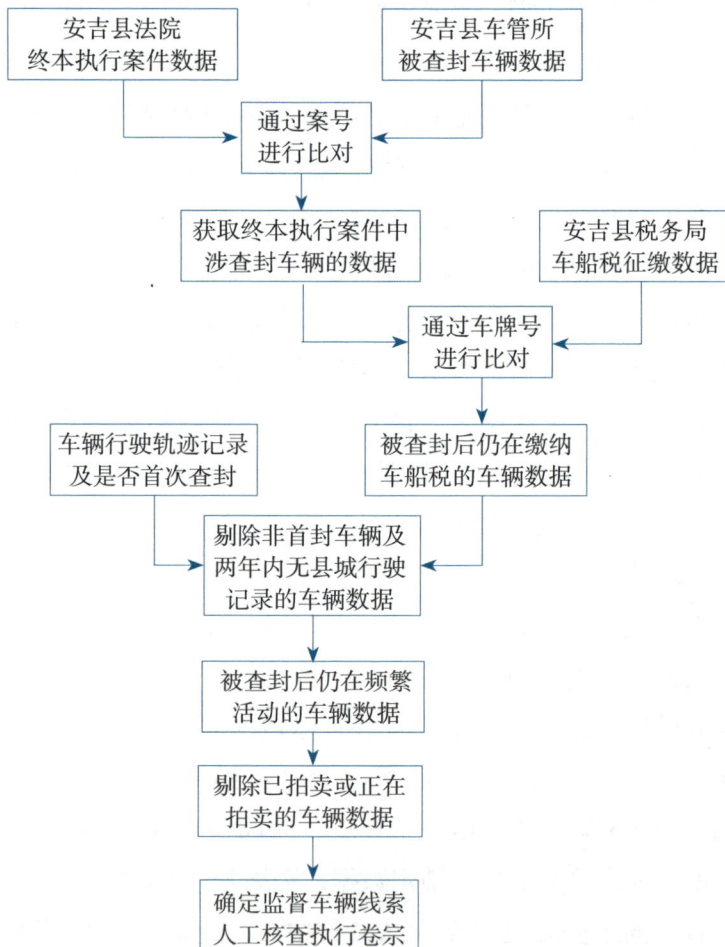

## 📖 检察融合监督

### 民事检察监督

通过运用浙江检察数据应用平台进行大数据筛查，成功从海量数据中精准锁定涉车辆查封扣押领域监督线索 55 条，移送涉车辆查封未扣押终本执行案件线索 43 条，针对县法院终本执行程序后仍有可供执行财产的，依法制发检察建议，监督法院恢复执行。同步移送终本执行案件中被查封仍正常使用的车辆信息。安吉县法院发出《关于责令被执行人交付车辆的公告》，并向县公安局发出协助执行通知书开展路面查控，成功查扣车辆 24 辆，捍卫当事人胜诉权益百余万元。

### 刑事检察监督

有效发挥四大检察联动融合式办案特点。根据监督线索类型、所处诉讼阶段，有效分流处置，确保线索实效。向安吉县公安局移送犯罪线索 21 条，向刑事检察部门移送立案监督线索 10 条。针对监督模型中锁定发现的陈某拒不交付被查封车辆涉嫌拒执犯罪案件，人民法院移送公安机关但公安机关不立案的情形，及时对接刑事检察部门开展联动监督；组成联合办案组，充分分析论证证据，会商研判刑事成案可能与公诉必要，最终经刑事立案监督实现拒执案件"自诉转公诉"办理。

## 📖 社会治理成效

安吉县检察院以被执行车辆查扣难问题治理为契机，联合县法院、县公安局召开查封车辆专项执行商讨会，会签《关于建立完善车辆查封领域执行协作机制的实施意见》《关于进一步加强拒不执行判决、裁定犯罪联合治理与法律监督工作意见》，推动车辆查封领域民事执行深度治理。一是联合开展车辆专项查扣。经通知后被执行人仍不配合主动交付车辆的，可由公安交警部门负责对车辆进行预警查控，协助法院查扣到位。二是创新预警审查通报机制。在公安交警车管所开展车辆年审、违章处理等工作中，加入"法院被执行车辆审查"的环节，公检法三家建立"被执行车辆年审信息通报机制"。三是持续强化拒执犯罪打击。先后制定《拒执监督"三查融合"工作指引》《拒执犯罪"自诉转公诉"办案监督指引》，提升法律监督主动性、能动性，规范监督线索流转处置，实现执行监督领域"四大检察"互利共荣，达到类案领域长效长治。

安吉县检察院率先探索涉车辆查封扣押民事执行类案监督，首创数字监督模型，成功办理一批执行监督案件。数字监督模型被省院采纳，经完善后全省推广运用。

## 📖 法律法规依据

1.《中华人民共和国民事诉讼法》第二百四十二条　人民检察院有权对民事执行活动实行法律监督。

2.《人民检察院民事诉讼监督规则》第一百零六条　人民检察院发现人民法院在执行活动中有下列情形之一的，应当向同级人民法院提出检察建议：

（一）决定是否受理、执行管辖权的移转以及审查和处理执行异议、复议、申诉等执行审查活动存在违法、错误情形的；

（二）实施财产调查、控制、处分、交付和分配以及罚款、拘留、信用惩戒措施等执行实施活动存在违法、错误情形的；

（三）存在消极执行、拖延执行等情形的；

（四）其他执行违法、错误情形。

3.《最高人民法院关于严格规范终结本次执行程序的规定（试行）》第九条　终结本次执行程序后，申请执行人发现被执行人有可供执行财产的，可以向执行法院申请恢复执行。申请恢复执行不受申请执行时效期间的限制。执行法院核查属实的，应当恢复执行。

终结本次执行程序后的五年内，执行法院应当每六个月通过网络执行查控系统查询一次被执行人的财产，并将查询结果告知申请执行人。符合恢复执行条件的，执行法院应当及时恢复执行。

———— / **办案心得体会** / ————————————

一直以来"执行难"都是执行领域的痛点和难点，也是群众关注的热点。为积极回应群众执行领域需求，助力解决执行难题，安吉县检察院运用数字赋能检察监督，靶向发力，成功办理一批车辆查封扣押领域民事执行监督案件。

### 一、把握每个线索，深入挖掘

民事案件监督线索的挖掘、事实的调查，甚至是监督点的着眼，都需要发挥承办人的主观能动性，必须主动出击。2021 年，安吉县检察院受理了申请执行人朱某的监督申请，其诉李某民间借贷纠纷案获安吉县法院生效民事判决，法院依法对被执行人李某名下两辆机动车予以查封，但未实际扣押。后法院以被执行人李某无财产可供执行为由，对该执行案件决定终结本次执行。但朱某反映其多次看到李某的车辆上路行驶。受理该案后，安吉县检察院民事检察部门敏锐地发现，这可能不是个案，于是第一时间进行调查。

### 二、运用科技赋能，精准锁定

如何在法院海量案件中，锁定监督线索，这是摆在承办人面前的难题。恰逢数字化检察全面铺开，大数据、碰撞、算法等新鲜词汇一下子蹦到了承办人脑海中，将法院终本执行案件数据和车管所查封数据一碰撞，不就可以得出法院有车辆查封但未扣押的终本执行案件数据了？安吉县检察院民事检察部门分别从安吉县法院获取"法院终结本次执行案件清单"数据，从安吉县交警大队车管所获取"查封车辆清单"数据。但既然是法院终本执行案件，就意味着车辆扣押不了，如何证实被查封车辆具有扣押可能性？可以从查询车辆轨迹入手，如果车辆有明显的活动轨迹，不是"僵尸车"，那么法院在未对车辆进行扣押的情况下就终结本次执行程序，显然执行力度是不够的。

如何证实车辆在正常使用？安吉县检察院民事检察部门分别至安吉县公安局交警大队科技中心、安吉城投集团停车管理处、湖州高速指挥中心了解情况，却被告知上述部门只能提供对车牌的"点对点"查询，不能提供某一时间段辖区内全部车辆的轨迹。民事检察部门又考虑到是否可以从车辆投保情况入手，一般而言，上路行驶的机动车都会缴纳保险。于是到保险公司，希望可以依法调取车辆保险记录，但又被告知上述信息无法批量提供，检察院只能针对车牌号进行依法查询。没有批量数据，如何实现进一步碰撞？如果仅进行第一步碰撞，得出的数据太多，会面临人工核查任务重、效率低的问题，同时也无法体现数字化办案优势。

既然保险数据不能批量获取，那么税务数据呢？车辆缴纳保险时保险公司会代征车船税，这部分数据将会归口到当地税务机关。民事检察部门来到安吉县税务局，经沟通终于得到肯定回复：全县车辆纳税数据确实有，但因为数据庞大需要逐级审批由税务局科技中心提供。分管副检察长了解到这一情况后，向检察长进行了汇报。在检察长的重视协调下，税务部门加快审批，将两年车船税征收数据提供给了检察机关。经过二次碰撞，民事检察部门很快梳理出一批法院终本执行案件中查封未扣押但在正常使用的车辆信息。通过调取卷宗进一步人工核查后，制发检察建议，对安吉县法院的执行活动进行监督。

### 三、以创新创优发挥数字检察倍增效应

信息化时代，数字检察建设是一场顺应时代潮流、因应社会环境变化的重大变革，也是推动检察工作高质量发展的重大契机。过去，民事检察的法律监督线索多来自诉讼程序中和当事人举报申诉，属于别人"送什么办什么"，线索非常有限。在数字检察模式下，检察机关获取线索的主动性大大增强。随着数据应用平台和检察数仓的上线运行，可以更精准地发现案件监督线索。数字检察带来的最大变化就是监督方式的变化，原来多是受案后的审查式监督，现在基于大数据分析可以开展调

查式监督，不仅促进了检察机关内部职能融合，也促进了和公安、法院等外部系统的融合，并进一步推动社会治理。

坚持"双赢多赢共赢"监督理念，不断强化政法机关之间协作配合，推动公检法三家形成车辆查封民事执行、拒执犯罪等领域监督协作治理共识，建立健全配套机制，推动法院规范车辆查封、扣押执行，持续有效打击"老赖"行为，及时维护当事人合法权益，实现类案领域长效长治。

### 四、以共享共治理念助推全省专项监督

在浙江省检察院的统一部署下，全省多地检察机关结合实践，围绕查封车辆民事执行活动领域相继启动数字检察监督工作。安吉县检察院作为先行先试单位，积极分享数字建模思维方法和监督办案经验，助力全省专项监督行动取得良好成效。其中，嵊州市检察院民事检察部门依托大数据分析手段，共挖掘立案监督线索 2 条并及时移送本院刑事检察部门；东阳市检察院发现本地法院在民事执行工作中存在各类违法线索 70 余条，后据此向法院制发检察建议 11 份，均得到法院的采纳和整改；宁波市鄞州区检察院结合限高消费人员信息，经对查封车辆民事执行情况开展数字化追踪，共发现违反限高令人员 155 名，后对其中 19 名涉嫌拒执犯罪的被执行人，及时督促法院移送线索至公安机关进行刑事立案侦查；温岭市检察院经大数据分析研判，共筛查出车辆查封期限届满后未办理续行查封手续线索 123 条，被查封但未扣押车辆仍在正常使用线索 68 条，随后依据违法情形的具体类别，分别以制发个案检察建议、类案检察建议方式予以监督纠正。


案件承办人、案例撰写人：

　　吴佩珏　崔露（安吉县人民检察院）

案例审核人：

　　屈继伟　王晓青（浙江省人民检察院）

# 纺织品花型著作权恶意诉讼类案监督

◇ 绍兴市柯桥区人民检察院

## 📖 关键词

著作权　恶意诉讼　比例分析

## 📖 要旨

提取行为频次偏高、占数据总量的比例远高于平均值等数据要素，发现编造纺织品花型著作权申请登记材料非法取得著作权登记证书，后以该著作权证书为凭向经营同类纺织品花型的商户恶意诉讼索赔，骗取钱财的犯罪线索。检察机关移送公安机关立案并引导侦破，挖掘出批量的错误民事裁判线索，有力打击知识产权领域违法犯罪行为，为知识产权健康发展提供有效的司法保障。

## 📖 基本情况

2007年10月，周某某、陈某某成立某版权代理公司，从事著作权登记注册代理及后续维权诉讼，并先后招募杨某某、王某某等人为工作人员。在明知客户无实际著作权、客户的花型系抄袭他人作品或市场上已流通纺织品花型的情况下，编造著作权申请登记所需材料，并将创作日期提前一年，向版权登记机关申请著作权登记。在取得登记证明后，就以著作权人的名义，以侵犯其"著作权"为由向在柯桥区中国纺织品城经销类似花型纺织品的商户索取"赔偿款",未果就聘请律师提起诉讼。因其能出示著作权登记证明,法院通常支持其诉讼请求,大量此类案件在起诉后以被告支付"赔偿款"、原告撤诉方式结案,所得钱款大部分为周某某等人所占有。这种作案方式迷惑性较大,相关被害商户在取证、诉讼方面完全处于劣势地位。由于无人举报,该团伙盘踞在柯桥区中国轻纺城作案长达 10 余年。经检察机关数据分析研判、调查发现相关犯罪线索,移送公安机关侦查才侦破案件,查明周某某等人共计作案 340 余次,被害经营户达 300 余户,被诈骗金额累计 380 余万元。

### 📖 线索发现

柯桥区中国轻纺城的纺织品花型著作权侵权纠纷层出不穷,存在大量的诉讼案件。在这些案件中,法院认定著作权人的主要证据通常是版权局的登记证明。版权局的登记是自愿登记,只要申请即可登记,版权局并不对著作权进行实质审查。民事检察部门认为法院对著作权的审查过于依赖登记证明,存在事实认定错误的风险。但是否存在错误案件,其中有无违法犯罪的情形,尚需排查线索,因此委托技术部门进行大数据筛查。

经过对绍兴市柯桥区法院 2008 年以来的 2916 份纺织品花型著作权案件的大数据分析,检察机关发现数据比例分布异常。以此作为突破口,抓住异常数据循迹溯源,分析异常的原因,从中挖掘出某版权代理公司的相关人员涉嫌虚假诉讼犯罪的线索,引导公安机关侦破了该团伙案件。

### 📖 数据分析方法

#### 数据来源

1.民事裁判文书(源于中国裁判文书网、浙江法院裁判文书网);

2.民事审判卷宗(源于法院);

3.公安机关查询信息(源于公安机关);

4. 工商登记信息（源于天眼查）。

### 数据分析关键词

著作权权属、侵权纠纷、著作权权属纠纷、侵害作品复制权纠纷、侵犯著作财产权纠纷、原告、委托（诉讼）代理人、判决、调解、撤诉、恶意、取证人员。

### 数据分析步骤

通过不断地分析数据、摸索试错，逐渐厘清思路，找到方向，最终确定存在犯罪嫌疑并挖掘出线索，具体步骤及采取的方法如下：

第一步：定向收集、筛选文书。全面收集绍兴市柯桥区法院 2008 年以来的裁判文书约 16 万份，从中选出纺织品花型著作权纠纷案件的裁判文书。技术上采用了正则表达式"两次匹配一选一删"的方法对文书进行筛选。"选"：关于纺织品花型著作权纠纷案件的案由有多种，分别为著作权权属纠纷、侵权纠纷、侵害作品复制权纠纷、侵犯著作财产权纠纷等。用著作权、作品复制权为匹配关键词从 16 万份文书中筛选出匹配的文书；"删"：在之前选出的数据中以音像作品、文字作品等特征关键词为匹配模式，将侵犯音像作品、影视作品、照片、文字等作品的其他著作权纠纷案件进行删除，剩下的就是纺织品花型著作权纠纷案件，得到 2916 份裁判文书。

第二步：建立模型和排查异常。从裁判文书中提取相应的要素，然后用各种分类来建立分析模型。先后采用按案件审结方式分类、按当事人分类和代理律师分类，然后对数据进行研判分析。首先，根据当事人背景信息发现异常，一些明显没有美术功底的人员登记为了纺织品花型著作权人，有些人员是外省农村户籍人员，有些是普通商户，这些人员创作美术作品的可能性很小，却都成了"著作权人"，成为诉讼中的原告。这些异常的批量出现，分析人员认为中间一定存在某种联系，原告很可能是"工具人"，有幕后的操作者。其次，在律师代理市场占有率分析上取得突破。统计发现，共有 334 名律师代理过纺织品花型著作权纠纷案件，办案数量分布却是非常不均匀。平均办案件数为 8.73 件，占总数 0.3%，推算代理原告一方，则数据减半，人均办案 4.37 件，占比 0.15%。但有同一律所的两名律师朱某、陈某基本只代理原告，办案数量分别为 745 件、648 件，分别占总数的 25.55% 和 22.22%，数量和比例远远高于平均值。经分析认为，如果当事人自主委托律师，数据应该是均匀分散的，不可能大幅度地集中于同一律所的两名律师。这说明所谓的"原告"很可能处于某种控制之下，由此推断案件被故意制造出来、纺织品花型著作权纠纷领域有违法犯罪的概率非常大。

第三步：可疑现象挖掘。对数据异常的朱某、陈某两名律师，筛选其办理的案件进行重点阅读，挖掘可疑现象和异常现象。经阅读，发现了某版权代理公司利用他人身份登记著作权并恶意诉讼案件。查到谢某某恶意提起知识产权诉讼损害责任纠纷案 5 件（其中一件提到原案代理律师朱某），案涉纺织品花型经证实系市场上早已流通的花型，所谓的纺织品花型著作权登记证书无非是到版权登记机构将市场流通纺织品花型申请登记取得的。原告谢某某提到著作权登记及诉讼都是由某版权代理有限公司代为操作，原案赔偿款 12000 元，谢某某仅得 500 元。幕后操作"黑手"某版权代理公司开始浮出水面。

第四步：锁定嫌疑人员和嫌疑事实。调查某版权代理有限公司的工商登记信息，发现股东为陈某某（任监事）、周某某（任执行董事、总经理）。以二人为关键词在 2916 份文书中筛查，发现了陈某某、王某某等"取证人员"群体。这些所谓的"取证人员"带领公证人员到市场伪装成普通消费者购买面料，取得"侵权"证据，经统计发现这些人员在 373 份判决书中出现了 348 次。由此判断某版权代理有限公司为柯桥纺织品花型著作权纠纷的幕后操纵者，进而推断其基本的行为方式是：利用他人身份等虚假材料申请登记著作权，然后又接受委托代"著作权人"调查取证，这样编造出"被侵权"的假象，向商户索取"赔偿金"，达不到目的则代"著作权人"委托律师提起诉讼（律师代理案件比例异常就是因此形成），取得"赔偿款"。

综上，通过对数据不断地探索分析，先运用比例分析发现异常，然后对造成异常的原因循迹溯源，挖掘出了某版权代理有限公司的相关人员假借著作权实施虚假诉讼的犯罪线索及相应的法院被虚假诉讼误导的错误裁判线索。

**思维导图**

```
                    ┌──────────────────┐
                    │  16万份裁判文书    │
                    └──────────────────┘
                       选      删
                          ↓
              ┌────────────────────────────┐
              │  2916 份花型著作权裁判文书    │
              └────────────────────────────┘
        ↓                   ↓                      ↓
┌─────────────┐   ┌──────────────────┐   ┌────────────────────────┐
│  原告异常     │   │  律师代理比例异常   │   │  "取证人员"异常          │
│（非著作权人、  │   │（代理案件所占比例违背 │   │（柯桥区大部分花型著作权纠纷 │
│  嫌疑大）     │   │  规律统计学）      │   │  为某版权代理公司控制规律） │
└─────────────┘   └──────────────────┘   └────────────────────────┘
                          ↓                          ↑
                    ┌──────────────┐                 │
                    │  发现某版权    │─────────────────┘
                    │  代理公司      │
                    └──────────────┘
                          ↓
        ┌──────────────────────────────────────┐
        │  某版权代理公司幕后操纵花型著作权纠         │
        │  纷案件,有实施敲诈勒索、虚假诉讼犯          │
        │  罪嫌疑,相关民事裁判可能在认定事实、        │
        │  适用法律及程序上存在错误                 │
        └──────────────────────────────────────┘
```

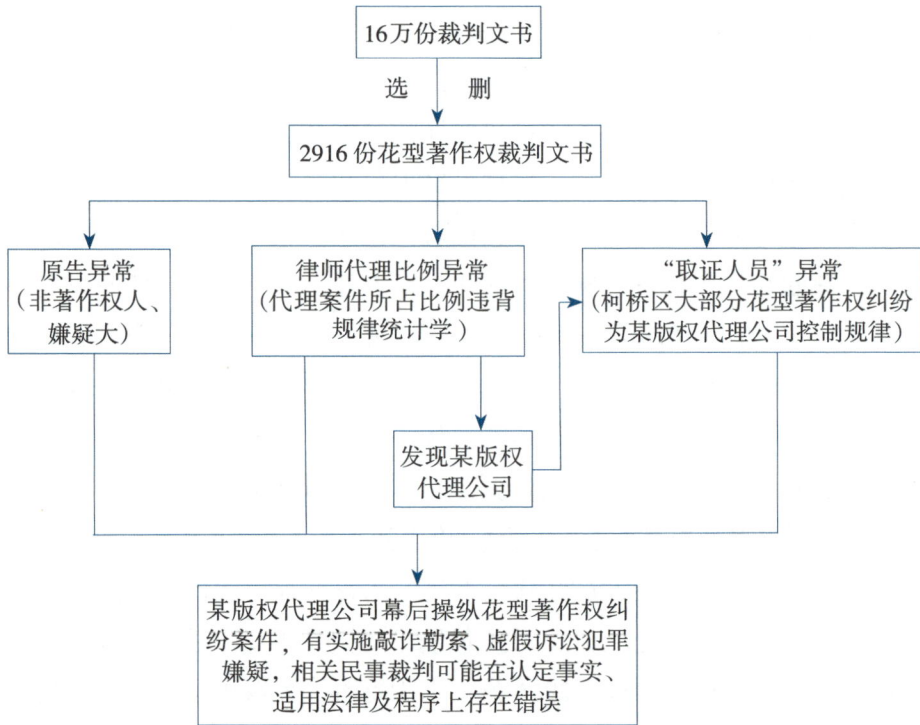

## 📖 检察融合监督

### 刑事检察监督

民事检察部门在技术部门的线索分析研判报告基础上进行深入调查，和刑事检察部门就案情进行讨论，一致认为构成线索，于是制作线索报告，经控告申诉检察部门登记后移送公安机关。为保障案件侦查突破，检察机关和公安机关密切协调，公安机关抽调精干力量组成破案组，精心组织、严密部署开展侦查活动，检察机关提前介入引导侦查，经过数月努力，查清了某版权代理公司相关人员利用著作权登记漏洞，以非法占有为目的，以虚假材料将抄袭纺织品花型申请著作权登记，后充作合法"著作权人"向商户恶意诉讼索赔为主要作案方式的诈骗案件，抓获犯罪嫌疑人27名。对于侦查查明的事实，检察机关审查后认为，实施虚假登记著作权、恶意"维权"索赔的周某某等人涉嫌诈骗罪，起诉至法院，法院一审判决周某某等4人犯诈骗罪，处有期徒刑11年6个月等不同刑罚，二审维持原判。对于23名多次参与"诉讼维权"的犯罪嫌疑人即"原告"经营户，其在案件中的主要作用是被利用身份，仅获少量利益甚至未获利。绍兴市柯桥区检察院根据案件事实情况，秉持客观公正、宽严相济的原则，对15名经营户作相对不起诉处理，对8名经营户要求公安机关撤回案件。

### 民事检察监督

绍兴市柯桥区检察院借力刑事检察查明事实，及时启动民事监督程序。根据刑事案件相关证人证言和被害人陈述，认定涉案的原审原告均未曾独立创作省版权局登记的美术作品，并不具有作品的著作权，无权提起作品的著作权侵权责任赔偿，原审原告捏造本人作者身份，提起案件著作权诉讼，系捏造事实提起诉讼，属于虚假诉讼。绍兴市柯桥区检察院发现相关虚假诉讼案件800余件，对其中50件向绍兴市柯桥区法院发送再审检察建议，其余案件建议绍兴市柯桥区法院自行纠正。

### 行政检察监督

发现上述50件虚假诉讼案件共涉及原告11人、被告41人，涉及《中黑花红-花型》《卷帘滴滴》《绣球花开》等纺织品花型33个《作品登记证书》，其中属浙江省版权局办理登记的有27份。经查实，浙江省版权局办理登记的27份作品并非作者独立创作，作品持有人不具有作品的著作权，作者登记的内容与事实不符，提出呈请报告，建议依法由浙江省版权局撤销上述登记。

### 📖 社会治理成效

本案的办理，有力打击了盘踞在中国轻纺城涉嫌利用纺织品花型著作权恶意诉讼犯罪的团伙，治理了纺织品花型著作权虚假登记以及恶意诉讼的行业乱象。同时，就本案暴露出来的著作权登记管理及著作权纠纷案件审理中存在的不足，进行了系统的治理。

一是加强著作权登记管理，消除抄袭作品申请著作权登记的空间。经对本案深入分析，周某某等人之所以能将此类抄袭纺织品花型成功申请著作权登记，是因为各省版权局之间存在数据壁垒。比如在浙江省版权局申请登记某纺织品花型时，该局查询数据库后告知周某某已有同类花型，不能重复登记。周某某于是到另一省版权局申请登记，该局未检索到同类花型，则予以登记并发放著作权登记证书。因数据壁垒导致无法有效查重，必然导致相当数量的抄袭纺织品花型取得"著作权证书"的合法外衣，并引发一系列的纠纷和风险。因此，建议堵塞各省版权局数据壁垒导致申请登记标准不一的漏洞，进而杜绝不法分子借"维权"敛财，优化源头治理。

二是强化对著作权权利的审查，严格著作权的审判认定。在司法审判方面，坚持庭审纠偏，针对法院未能围绕原告是否系著作权人进行深入的法庭调查的问题，主动加强与辖区法院沟通协调，围绕纺织品花型著作权举证责任问题进行专题研讨，就审理纺织品花型著作权案件举证责任问题达成共识。2022 年 7 月 12 日，绍兴市柯桥区检察院与绍兴市柯桥区法院出台《防范和打击花样著作权虚假诉讼工作方案》，推动形成统一执法司法标准。一方面，聚焦实质审查，注重原始证据。法院审理纺织品花型著作权民事纠纷案件时，《作品登记证书》属于原告享有权利的初步证据，应当对作品的独创性开展实质性审查，可以要求原告提供底稿、原创手稿等证明作者创作过程的原始证据，如原告仅以《作品登记证书》证明权利来源的，法院可通过数字技术手段，对涉案花样图案进行查重和溯源，对可能涉嫌虚假诉讼的，应及时将线索移送公安机关。

三是积极开展著作权普法，推动市场经营者守法经营依法维权。积极落实"谁执法谁普法"的普法责任制，拍摄《保护花样版权，检察与您同行》宣传片。建立与区工商联的日常联系，借助工商联的优势，将该宣传片推广至工商联的微信公众号和各商会、行业协会，教育市场经营户依法维权。联合工商联共同举办花样版权保护专题培训，真正实现办理一案、治理一片的社会效果。

### 📖 法律法规依据

1.《中华人民共和国刑法》第二百六十六条　诈骗公私财物，数额较大的，处三年以下有期徒刑、拘役或者管制，并处或者单处罚金；数额巨大或者有其他严重情节的，处三年以上十年以下有期徒刑，并处罚金；数额特别巨大或者有其他特别严重情节的，处十年以上有期徒刑或者无期徒刑，并处罚金或者没收财产。本法另有规定的，依照规定。

第二百七十四条　敲诈勒索公私财物，数额较大或者多次敲诈勒索的，处三年以下有期徒刑、拘役或者管制，并处或者单处罚金；数额巨大或者有其他严重情节的，处三年以上十年以下有期徒刑，并处罚金；数额特别巨大或者有其他特别严重情节的，处十年以上有期徒刑，并处罚金。

第三百零七条之一第一款　以捏造的事实提起民事诉讼，妨害司法秩序或者严重侵害他人合法权益的，处三年以下有期徒刑、拘役或者管制，并处或者单处罚金；情节严重的，处三年以上七年以下有期徒刑，并处罚金。

2.《中华人民共和国著作权法》第十二条　在作品上署名的自然人、法人或者非法人组织为作者，且该作品上存在相应权利，但有相反证明的除外。

作者等著作权人可以向国家著作权主管部门认定的登记机构办理作品登记。

与著作权有关的权利参照适用前两款规定。

3.《中华人民共和国民事诉讼法》第二百零七条　当事人的申请符合下列情形之一的，人民法院应当再审：

（一）有新的证据，足以推翻原判决、裁定的；

（二）原判决、裁定认定的基本事实缺乏证据证明的；

（三）原判决、裁定认定事实的主要证据是伪造的；

（四）原判决、裁定认定事实的主要证据未经质证的；

（五）对审理案件需要的主要证据，当事人因客观原因不能自行收集，书面申请人民法院调查收集，人民法院未调查收集的；

（六）原判决、裁定适用法律确有错误的；

（七）审判组织的组成不合法或者依法应当回避的审判人员没有回避的；

（八）无诉讼行为能力人未经法定代理人代为诉讼或者应当参加诉讼的当事人，因不能归责于本人或者其诉讼代理人的事由，未参加诉讼的；

（九）违反法律规定，剥夺当事人辩论权利的；

（十）未经传票传唤，缺席判决的；

（十一）原判决、裁定遗漏或者超出诉讼请求的；

（十二）据以作出原判决、裁定的法律文书被撤销或者变更的；

（十三）审判人员审理该案件时有贪污受贿，徇私舞弊，枉法裁判行为的。

**第二百一十五条第一款**　最高人民检察院对各级人民法院已经发生法律效力的判决、裁定，上级人民检察院对下级人民法院已经发生法律效力的判决、裁定，发现有本法第二百零七条规定情形之一的，或者发现调解书损害国家利益、社会公共利益的，应当提出抗诉。

4.**《最高人民法院关于在审理经济纠纷案件中涉及经济犯罪嫌疑若干问题的规定》第十一条**　人民法院作为经济纠纷受理的案件，经审理认为不属经济纠纷案件而有经济犯罪嫌疑的，应当裁定驳回起诉，将有关材料移送公安机关或检察机关。

## 办案心得体会

### 一、主动关切社会问题的意识是发现线索的基础

本案属于无举报而挖掘出线索的情形，案件的分析研判之所以会启动，是基于发现了非常细小的情况。一是在对裁判文书数据分析时注意到了有大量的纺织品花型著作权纠纷案件。这些案件涉及中国轻纺城市场的营商环境，是党委政府的中心工作，需要检察机关高度重视，积极作为予以有力的法治保障，以营造法治这一最好的营商环境。故柯桥区检察院将之作为重要的分析研究方向。二是该类型案件数量较大，案情简单类似，与虚假诉讼的某些特征相似，凭借敏锐的办案直觉分析可能存在监督线索。三是民事检察部门注意到法院在此类案件中认定著作权及著作权人流于形式，过于依赖未经实质审查的著作权登记证明，这潜藏着事实认定错误的风险。结合上述情况，柯桥区检察院认为应该把这一问题研究透彻，开始有意识地收集信息、着手进行数据分析。没有这样的主动性，就不会有后续的线索发现。

### 二、数字为表、侦查为里，产生穿透性的洞察力

本案有一个鲜明的特征是大数据分析在案件线索发现中起了突出作用。违法犯罪会留下异常数据，并扭曲正常的数据比例。在本案中，著作权恶意诉讼团伙持续委托律师利用诉讼为手段向商户取财，产生了大量诉讼痕迹数据，使纺织品花型著作权纠纷案件原告的诉讼代理人集中于个别律师，在数据表现上相关律师案件代理率占比异常偏高，明显有别于自然产生的案件，透露出相关诉讼系人为操纵的秘密。柯桥区检察院正是通过发现律师代理案件数量比例异常，进而循迹溯源，挖掘深层次的问题，最终锁定犯罪嫌疑人，方法既科学又巧妙，把大数据分析的作用体现得淋漓尽致。

（一）从大数据到类案线索

本案的分析路径有别于通常的个案到类案。个案到类案的分析路径是总结个案特征，然后借助数据的桥梁，把具有同样特征的数据筛选出来进行研究，分析出更多的批量同类型案件线索，数据分析就是照方抓药、按图索骥。本案的路径则是直接从大量数据到类案线索，没有个案可以参考，其特点是黑箱探索，大数据是一个黑箱，是否隐藏有违法犯罪的信息、以什么样的角度和方法去分析数据、分析的结果是否正确、有无遗漏重点问题，都需要探索。在实际办案中，也走过了一个曲折的过程，分析的焦点从诉讼原告到律师，最后才落到版权代理公司的相关人员，即本案的犯罪嫌疑人。

（二）以侦查思维引领，穿透迷障

之所以能最终透过表面现象直抵幕后的实质，最根本的就是侦查思维的引导。最开始时，分析的焦点在著作权纠纷的原告上，不仅因为这些原告在裁判文书上直接呈现，是最先被注意的信息，而且因为有些原告确实存在异常，有的文化水平低，且明显没有在柯桥活动的痕迹，有虚假诉讼的迹象。但是进一步分析则发现有大量原告进行类似的操作，必定存在某种关联，因此判断所谓的原告应该是工具人，潜藏着幕后操控者。于是尝试挖掘这些案件中共通的信息，发现了这些案件多委托同一律所的两名律师，经过统计其代理案件的数据发现了代理比例上的异常，嗅到了违法犯罪的端倪。但律师应该不是追查的终点，因为犯罪嫌疑人自己不出面，利用他人为原告的行为习惯表明，其尽可能地要隐藏自己，而律师却是公开的，因此还应该进一步地挖掘。这些犯罪嫌疑人应该和律师有联系，和律师代理的案件也有联系，围绕这些要点去查应该能有所发现。果然，在阅读这两名律师代理的案件裁判文书时直接就有了发现，某版权代理公司的相关从业人员浮出了水面。能穿透犯罪嫌疑人设置的民事案件原告和代理律师两层迷障，起决定作用的正是侦查思维，经过逻辑分析，认为有一个幕后的团伙，在此思维的引导不停地追查，并判断所查到的对象是否符合幕后团伙的行为特征，直至发现最终目标。

总结本案分析研判的关键，是数据分析和侦查思维表里相互结合、共同推进。侦查思维为里，是数据分析的灵魂，决定数据挖掘分析的方向和方法；数据分析为表，挖掘出大量数据中的隐藏信息，印证侦查思维，为之提供有力的信息支撑。两方面结合起来，产生了穿透现象的洞察力。

### 三、多种查证手段融合，缺一不可

如何将线索转化为成案，这同样是一项关键工程。这需要调查、侦查等多种查证手段融合运用，在本案中体现得非常鲜明。

#### （一）调查强化线索

大数据分析某版权代理公司的人员可能是真正的幕后黑手，民事检察部门调取资金流水进行分析，发现案件胜诉后的资金确实流向了分析预判的嫌疑人员，而不是所谓的原告。这样证实了周某某等人操控纺织品花型著作权诉讼的行为，使案件线索的可靠性大幅提升。

#### （二）检察与侦查密切协作

最终要将线索变成案件，公安机关侦查的大力配合是关键。本案的办理过程中，柯桥区检察院领导多次和公安机关协调，公安机关抽调精兵强将组成了专案组侦办案件。本案的侦查相当有难度，虽然检察机关对犯罪嫌疑人进行了锁定并预判了其基本的作案手段，但犯罪嫌疑人有很强的反侦查意识和能力，且善于钻法律的空子，把自己的违法犯罪行为用"法律维权"包装成合法行为，极具迷惑性，易于规避罪责。柯桥区检察院调配精干力量充分引导侦查，公安机关全力以赴，配合到位，案件才得以侦破。

#### （三）查治结合，案件办理方得圆满

本案反映出利用著作权实施恶意诉讼犯罪的发生机制及相应的制度漏洞。其关键就是著作权及著作权人的认定问题，在这个问题上，实践中具体表现为两大漏洞：一是著作权登记管理中无法有效查重的漏洞。

各省著作权登记数据未联网，仅能做到省内查重而无法进行全国查重，但其颁发的著作权登记证书却在全国范围内有效，于是不法人员就利用省际差别到著作登记管理的"洼地"进行申请，将申请人无著作权的纺织品花型登记成作品。二是法院审理过度依赖著作权登记证书，忽视对著作权权源审查的问题。著作权登记证书不是权利证书，而仅仅是当事人享有著作权的初步证据。法院凭著作权登记证书就认定原告享有著作权，容易为虚假诉讼利用。因此，检察机关通过对案件发生机制的梳理，通过监督和协调，在著作权登记管理和著作权案件审理两大环节加大对纺织品花型著作权合法性的管理和审查，有效排除抄袭纺织品花型或市场流通纺织品花型的著作权，从而在根本上防止恶意利用著作权违法犯罪及相应错误民事裁判的发生。

（四）比例分析，善化善用威力无穷

大数据比例分布异常是违法犯罪的标记信息，在本案中起到了很好的效果，而且其可以显示某个领域是否存在违法犯罪，运用比例分析的这一功能可以将其作为很好的领域治理工具。问题在于中国轻纺城只有一个，同样的分析方法看似难以复制，实则不然。因为比例分析法的应用，需要进行更为本质的思考，更为灵活地考虑具体应用场景。比例分析法并不是专指律师代理案件数量比例法，其本质是追踪违法犯罪造成的数据比例扭曲。违法犯罪形形色色，各种领域都会存在，同样数据比例扭曲的形态也形形色色，存在于各种领域和场景。关键就是找到违法犯罪的领域和场景，找到承载比例扭曲的数据。从这样抽象的本质出发再进行演绎，可以找到比例异常分析法的各种化用，试举以下类型：（1）市场占有率比例失常分析法。市场占有率失常，合法的未能占领全部市场，说明有非法的占据了部分空间，可能是欺行霸市、非法竞争，也可能是权力垄断，总之暗示着违法犯罪的存在。如食品安全领域，可以计算平时合法屠宰厂的屠宰数量和严查非法屠宰时期合法屠宰厂的比例（可以确定此时市场上的肉基本上出自合法屠宰），这个比例如果接近于1，说明市场基本为合法屠宰厂占领，如果这个比例明显小于1，说明平时有非法屠宰厂在活动，比例越小，非法屠宰厂活动越活跃。又如安全领域，可以计算正规燃气的市场是否全部为生产、生活用户，可以将正规燃气用户数量和自来水用户数量或电力用户数量计算比例，比例明显小于1，说明有非法灌装的瓶装气或者燃料油在使用。(2)业务勾稽比例失常分析法。业务各项数据之间由于存在关联，会保持一定的比例关系，这些比例关系如果出现异常，就会透露出违法犯罪的存在。如生产同样产品的企业，耗电量代表生产的数量，会和缴纳的税款形成一定的比例关系，如果某企业纳税金额和耗电比明显低于行业均值，那么偷税的可能性就较高。又如同样的类型的企业，用水量和排污量形成一定的比例，某企业纳管排污量和用水量比远小于行业均值，那么该企业偷排的风险就较高。(3)发生概率失常法。如发生车辆保险事故，根据大数法则，事故发生比例是一个相对固定的值，如果某投保人年发生事故率远高于平均比例，且连年如此，则说明保险诈骗的风险较高。

同样的例子还有很多，可知比例是一个领域的全景透视镜，善化善用可以使检察机关全面掌握某一领域内是否存在违法犯罪，哪些主体可能存在违法犯罪的信息。

案件承办人：

　　顾淑婷　谢兴峰　赵少岸（绍兴市柯桥区人民检察院）

案例撰写人：

　　赵少岸　胡成英（绍兴市柯桥区人民检察院）

案例审核人：

　　张艳萍　余雁泽（浙江省人民检察院）

# 行政罚款终结本次执行类案监督

◇ 永嘉县人民检察院

### 📖 关键词

行政罚款　非诉执行　财产调查　终结本次执行

### 📖 要旨

解析人民法院终结本次执行程序案件（以下简称终本执行案件），并通过相关数据平台提取被执行对象银行账户资金流水记录、房产和车辆登记信息、工商登记信息，发现被执行人有可供执行的财产但法院在终本执行程序前应发现而未发现的、应追加个体工商户经营者财产而未追加的，或者在终本执行程序后五年内发现被执行人有可供执行财产的，检察机关应予以监督。在类案监督基础上，针对行政机关一般不积极或较难获取被执行人财产信息等问题，检察机关可与法院搭建执行案件信息共享平台，与政府部门搭建行政执法信息共享平台等，以强化监督预警。

### 📖 基本情况

永嘉县检察院在办理行政罚款类非诉执行监督案中发现，永嘉县法院在执行中可能存在对被执行对象财产情况调查不彻底、终本执行程序不当、终结程序后未及时恢复执行等问题，遂调取省市相关数据平台信息，并与法院执行数据碰撞，精准挖掘了一批监督线索，推动了一批长期未执行到位的行政处罚执行到位，追缴了国有财产，维护了行政执法的权威。

## 📖 线索发现

永嘉县检察院在办理某混凝土有限公司执行监督案中发现，永嘉县法院未穷尽财产调查措施，在被执行公司对公银行账户上有大量流水、余额，公司正常纳税、经营的情况下，却以未发现被执行人有实际可供执行的财产为由，裁定终结本次执行程序，或在被执行对象资金充沛的情况下未及时恢复执行，致使本应进入国库的行政罚款迟迟未得到履行。

经综合研判后认为，终本执行程序不当或未依法恢复执行问题，既在民事执行领域存在，也在行政非诉执行领域存在。民事执行案件当事人会想方设法寻找被执行人的相关财产线索，故法院在处理民事执行案件时也会更加慎重。而行政非诉执行案件的申请执行人是行政机关，因未涉及个人利益，工作人员履行完向法院申请强制执行等程序后，往往不可能像民事案件当事人那样时刻关注被执行人的财产情况。此外，因法院执行案件多、任务重，对终本执行案件，往往不会主动恢复执行。永嘉县检察院认为此类终本执行程序不当或未及时恢复的情形绝非个别现象，有必要通过大数据分析开展专项监督。

## 📖 数据分析方法

### 数据来源

1. 行政非诉终本执行案件数据（源于永嘉县法院）；

2. 行政案件准予执行裁定书（源于浙江裁判文书检索系统）；

3. 决定终本执行裁定书（源于永嘉县法院）；

4. 行政非诉执行案件卷宗材料（源于永嘉县法院）；

5. 被执行对象国内主要银行的账户信息、资金流水记录（源于浙江省检察院银行账户数字化查询系统）；

6. 被执行对象房产和车辆登记信息（源于温州市检察院大数据查询分析系统）；

7. 工商登记信息（源于市场监督管理局）。

### 数据分析关键词

因无可供执行财产终本执行案件名单、被执行人银行账户流水、被执行人房产车辆等财产信息、非自然人组织的具体性质。

### 数据分析步骤

第一步：调取法院所有未执行终结的行政非诉执行案件的数据及名单。

第二步：筛选出因无可供执行财产而终本执行案件的数据及名单，如被执行人是非自然人，通过比对工商登记信息核实是否系个体工商户，列出个体工商户经营者名单。

第三步：通过浙江省检察院银行账户数字化查询系统查询被执行人及个体工商户经营者相关银行账户信息，如果符合"执行期间有可供执行财产；终本执行裁定后五年内有可供执行财产；目前有可供执行财产"中的一条或者多条，则调取相关案卷进一步核实。如果经查询发现没有可供执行的财产，则通过温州市检察院大数据查询分析系统，查询被执行人有无可供执行的房产和车辆，如果有则调取相关案卷进一步核实。

第四步：综合调取的财产信息和案件材料分析执行裁定有无存在违法情形。

第五步：对存在违法情形的案件建议法院恢复执行。

**思维导图**

```
┌─────────────────────┐
│ 调取法院所有未执行终结的 │
│ 行政非诉执行案件数据及名单 │
└──────────┬──────────┘
           ↓
┌─────────────────────┐    ┌──────────────┐      ┌──────────────┐
│ 筛选出因无可供执行财产 │    │ 温州市检察院大数据 │ ──→  │ 有无可供执行的 │
│ 而终本执行案件数据及名单 │    │ 查询分析系统    │      │ 房产和车辆    │
└─────┬──────────┬────┘    └──────────────┘      └──────────────┘
      ↓          ↓               ↑ 否                    │ 有
┌────────┐  ┌──────────┐          │                      ↓
│被执行人  │  │被执行人是   │   ┌──────────────────┐      ┌──────────────┐
│是自然人  │  │非自然人的，  │   │符合以下一条或多条：  │ 有   │向永嘉县法院调取 │
└────┬───┘  │核实是否个   │   │1.执行期间有可供执行 │ ──→  │相关执行案件卷宗 │
     │      │体工商户    │   │财产              │      └──────┬───────┘
     │      └─────┬────┘   │2.终本执行裁定后五年 │             │
     │         是 │        │内有可供执行财产     │             ↓
     ↓           ↓        │3.目前有可供执行财产  │      ┌──────────────┐
┌──────────────────┐     └──────────────────┘  否 │审查相关行政裁定、│
│通过浙江省检察院银行账 │            ↑            ┌──────────┐ ←─│执行裁定是否合法 │
│户数字化查询系统，查询  │ ──────────┘            │制发检察建议│    └──────────────┘
│比对被执行人及个体工商  │                        └──────────┘
│户经营者的银行账户信息  │
└──────────────────┘
```

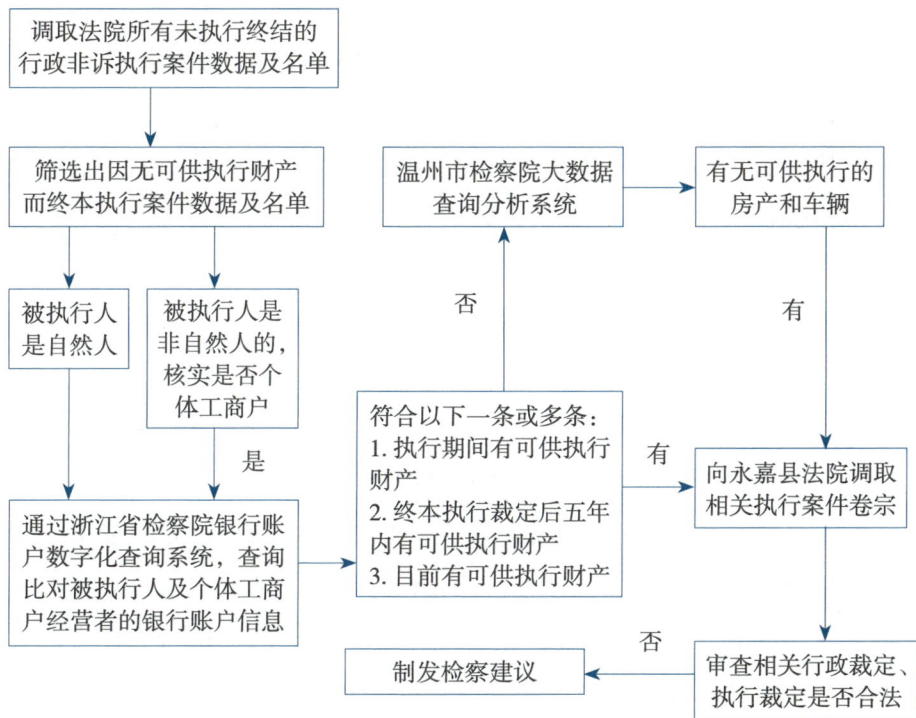

　　永嘉县检察院通过比对上级院反馈的银行账户信息、资金流水记录、不动产登记信息、车辆登记信息及调取的工商信息等数据，针对不同情况做进一步筛查、核实工作，具体包括以下四个方面：

　　一是针对房产信息，核实相关房产是否属于被执行人的唯一房产。

　　二是针对车辆信息，核实涉案车辆的品牌、车型、年限、是否被强制报废等信息，估算车辆现有残值，结合涉案标的的金额判断涉案车辆是否具有执行价值。

　　三是针对银行账户信息，核实在案件执行期间被执行人的银行账户流水、目前账户内是否有可供执行的余额等相关情况。

　　四是针对非自然人组织，进一步核实涉案非自然人组织的具体性质。通过市场监督管理部门查询涉案非自然人组织的具体性质。经查询后确定属于个体工商户的，进一步核实其经营者的财产状况，并建议法

院根据《人民法院办理执行案件规范》第 55 条的相关规定，追加个体
工商户的经营者为案件的被执行人。

最终审查发现，该批案件终本执行程序中存在三类违法情形：一
是执行期间被执行对象有可供执行财产而未执行，而法院以被执行对象
无可供执行财产为由终结本次执行程序；二是作出终本执行裁定后五年
内发现被执行对象有了可供执行财产，法院未恢复执行程序；三是执行
对象为个体工商户字号，法院未同步将相关经营者列为被执行人。

## 📖 检察融合监督

### 行政检察监督

全面筛查以被执行人无可供执行的财产为由裁定终本执行的案件共
计 500 余件，发现有 50 件案件存在违法情形。永嘉县检察院就上述案
件向永嘉县法院发送检察建议书，建议恢复执行。永嘉县法院对检察建
议内容全部予以采纳，对 50 件案件均恢复执行，已经执行到位金额共
计人民币 124 余万元。除督促案件执行外，永嘉县检察院还督促法院对
5 名被执行人处以司法罚款，维护司法权威和公正。

### 公益诉讼检察监督

除行政罚款类案件外，永嘉县检察院在案件办理过程中发现部分行
政处罚涉及破坏生态环境与自然资源的有关内容，如"责令补种""责
令恢复原状"等。对于不履行此类恢复原状等行政处罚决定、造成环境
污染或者破坏自然资源的，行政强制法明确了行政机关可"代履行"强
制措施权等规定。因此，永嘉县检察院公益诉讼检察部门介入相关案
件，建议行政机关探索建立第三方代履行机制，破解恢复原状类行政处
罚决定"执行难"问题，并通过永嘉县第一次府检联席会议，将该机制
探索写入府检会签文件，督促提升行政强制执行力。

## 📖 社会治理成效

### 建立执行监督机制

永嘉县检察院以办理某混凝土有限公司执行监督案为契机，与永嘉县法院共同印发《关于建立民事行政执行法律监督工作机制的实施意见》。该意见确定检法两家建立民事行政执行监督工作信息共享等机制，永嘉县法院应当向永嘉县检察院定期通报执行信息，包括但不限于每月收结案信息、每季度执行动态分析报告，既畅通了与法院的信息共享机制，又规范了法院执行活动。

### 推动省市开展专项行动

永嘉县检察院终本执行程序非诉执行监督，得到了温州市检察院的肯定，并推动在全市范围内开展行政非诉执行专项监督。例如，苍南县检察院积极排查企业涉欠薪行政非诉终本执行案件的类案监督线索，建议法院将个体工商户的企业经营者列为被执行人，建议行政机关向法院申请追加个人独资企业的投资人为被执行人，并通过成立劳动者权益保护检察办公室，建立行检协作机制，推进劳动者欠薪问题治理。专项行动开展以来，全市范围内通过数字化手段摸排行政非诉终本执行监督数据线索 694 条，监督成案 324 件。

浙江省检察院以永嘉经验为蓝本，在全省范围内部署开展了行政非诉终本执行案件专项监督行动，引领全省行政检察部门开展数字监督办案，2021 年全年通过数据分析摸排监督线索 4809 条，成案 1151 件，取得显著成效。其中，龙泉市检察院、兰溪市检察院、武义县检察院等行政检察工作较为薄弱基层院，在永嘉案例的指引下，迅速打开了行政检察监督局面。

## 📖 法律法规依据

1.《中华人民共和国行政诉讼法》第一百零一条　人民法院审理行政案件，关于期间、送达、财产保全、开庭审理、调解、中止诉讼、终结诉讼、简易程序、执行等，以及人民检察院对行政案件受理、审理、裁判、执行的监督，本法没有规定的，适用《中华人民共和国民事诉讼法》的相关规定。

2.《中华人民共和国民事诉讼法》第二百四十九条第一款  被执行人未按执行通知履行法律文书确定的义务，人民法院有权向有关单位查询被执行人的存款、债券、股票、基金份额等财产情况。人民法院有权根据不同情形扣押、冻结、划拨、变价被执行人的财产。人民法院查询、扣押、冻结、划拨、变价的财产不得超出被执行人应当履行义务的范围。

3.《最高人民法院关于严格规范终结本次执行程序的规定（试行）》第八条  终结本次执行程序后，被执行人应当继续履行生效法律文书确定的义务。被执行人自动履行完毕的，当事人应当及时告知执行法院。

第九条第二款  终结本次执行程序后的五年内，执行法院应当每六个月通过网络执行查控系统查询一次被执行人的财产，并将查询结果告知申请执行人。符合恢复执行条件的，执行法院应当及时恢复执行。

4.《人民法院办理执行案件规范》 55.作为被执行人的个人独资企业，不能清偿生效法律文书确定的债务，申请执行人申请变更、追加其投资人为被执行人的，人民法院应予支持。个人独资企业投资人作为被执行人的，人民法院可以直接执行该个人独资企业的财产。

个体工商户的字号为被执行人的，人民法院可以直接执行该字号经营者的财产。

62.作为被执行人的一人有限责任公司，财产不足以清偿生效法律文书确定的债务，股东不能证明公司财产独立于自己的财产，申请执行人申请变更、追加该股东为被执行人，对公司债务承担连带责任的，人民法院应予支持。

──── ✧ **办案心得体会** ✧ ────

### 一、如何发现和研判类案监督线索

通过数字化手段开展类案监督的第一步，就是判断问题是否具有普遍性。这既要有高度敏感性，也需要深入分析。永嘉县检察院监督终本执行程序不当或未依法恢复执行案件，具有类案监督可能性的依据是：

（一）执行程序相对封闭，存在亟待规范的问题

行政处罚非诉执行案件与民事执行案件一样，都需要查询被执行对象的财产，需要穷尽财产调查措施，但由于人力、物力等主客观因素，法院在以终本执行程序对案件结案前，是否已经穷尽财产调查措施，这既是司法工作中较难落实的领域，又是监管盲区，群众对此意见较多，需要检察机关依法监督。

（二）行政非诉执行案件有其独特性，需要检察机关重点监督

在行政非诉执行案件中，因不涉及个人利益，行政机关工作人员不可能像民事执行案件申请人那样时刻关注被申请人可执行财产情况。法院在办理行政非诉终本执行案件时，因没有当事人跟进推动，在缺乏监督的情况下，可能存在未穷尽财产调查措施终本执行程序或未依法恢复执行的情况。

### 二、如何破解数据查询和分析难题

既要大胆设想，也要细心求证。调查基本方向确定后，永嘉县检察院从永嘉县法院调取了近年来辖区内所有行政非诉执行的案件清单，发现案件总数有500余件。经研判后，永嘉县检察院明确了以数字化为主导，充分利用上级院大数据查询平台提高办案效率的总体思路。

首先，从浙江省检察院银行账户数字化查询系统内获取了被执行对象的银行账户信息，以及被执行对象的准予执行时间、终本执行程序时间等信息。将两者碰撞比对后，筛选出了在案件执行期间、终本执行后

五年内被执行人有大量银行账户流水，且目前账户内有可供执行余额的案件。

其次，通过温州市检察院动产和不动产查询平台，成功调取了被执行人在全市范围内的房产和车辆等登记信息。当然，实践中也存在房产共同所有权人分别登记，名为两个房产、实际为同一地址房产的情况；车辆购置和上牌时间明显较久，没有执行价值等情况。对此，需在大数据筛查基础上，结合必要的人工研判和核实进行精准筛选。

最后，向永嘉县法院调取了相关案件执行卷宗材料，经过进一步核实后，筛选出一批执行期间法院明显未穷尽财产调查手段，或终本执行程序后五年内具有恢复执行条件的案件。

### 三、如何丰富监督模型，拓展监督领域

在专项行动推进过程中，部分地区在丰富监督模型、拓展监督领域方面取得了较好的效果。如温岭市检察院在土地执法查处领域，通过将法院与行政机关的数据组合、碰撞，精准挖掘出已裁定准予强制执行，但未执行到位的案件线索，通过制发检察建议促使法院及时移送执行生效行政裁定，保障案件尽早全面执行，切实维护良好的土地管理秩序。余姚市检察院在涉及环境资源、食药安全、税务管理、知识产权等重点领域，针对被执行人是个人独资企业、普通合伙企业、法人分支机构、一人有限责任公司等法人或其他组织，以"穿透式监督"的办案理念，既监督人民法院公正司法，促使法院规范行政非诉执行的实施活动，又促进行政机关正确履行职责，切实维护国家利益和社会公共利益。

### 四、如何依法能动履职，促进社会治理

在类案监督基础上促进社会治理，是"数字赋能监督，监督促进社会治理"的应有之义，也是检察机关依法能动履职的重要表现。检察院在对法院未穷尽财产调查措施导致终本执行程序不当等问题进行监督时，对于行政机关履职瑕疵和不到位问题也进行了深入分析，认为既有申请不积极的原因，也有行政机关受查询权限所限无法获知可供执行

财产情况等因素，故应借助数字化平台补齐监管漏洞，以融合监督方式促进社会治理。对此，永嘉县检察院既与法院签订执行案件信息共享机制，又借助府检联席会议搭建行政执法信息共享平台，通过数据比对碰撞，发现可供执行财产线索，推动跨领域问题在多跨应用场景中得到解决，一方面推动行政罚款依法执行并上缴国库；另一方面推动法律面前人人平等原则在行政处罚领域的落实落地，进一步营造公平竞争的良好市场环境。这既是贯彻落实新时代检察工作高质量发展的重大战略，更是实现法律监督质效飞跃的关键变量。


案件承办人：

李俊　谷银芬　周健丰　王素君　黄珍珍　陈增辉

（永嘉县人民检察院）

案例撰写人：

周健丰　陈增辉（永嘉县人民检察院）

案例审核人：

俞炜（浙江省人民检察院）

# 建设工程领域发承包
# 违法行为类案监督

◇ 宁波市人民检察院
◇ 象山县人民检察院

## 📖 关键词

建设工程　违法发承包　行政处罚缺失　司法与行政执法衔接

## 📖 要旨

解析建设工程合同民事裁判纠纷个案，提取"工程验收合格""依法认定无效"以及"发包""分包""转包"或"挂靠"等关键词进行数据建模，发现建设工程施工过程中存在违法发承包及挂靠等线索。通过线下核查，对尚未超过行政处罚追诉期的违法主体建议主管机关进行处罚，并联合相应主管部门建立行政执法与刑事司法衔接机制，推动完善建筑市场信用体系。

## 📖 基本情况

建设工程违法发承包及挂靠等违法行为既扰乱了建筑市场秩序，又无法保障工程质量和施工安全，还可能导致拖欠农民工工资等社会问题。宁波市检察机关通过对近两年案由为建设工程施工合同纠纷、分包合同纠纷、劳资纠纷、劳动权益纠纷等案件的裁判文书进行检索，对建设工程发承包领域开展专项监督，确认存在建设工程违法发承包及挂靠等违法行为案件 148 件，其中 16 件未超过行政处罚追诉期。宁波市两级检察机关针对上述案件，依法向当地建设工程主管部门发出检察建议，要求对相关违法行为依法进行调查并作出相应处理，建立行政执法与刑事司法衔接机制，推动完善建筑市场信用体系。

## 📖 线索发现

象山县检察院在办理一起民事监督案件中发现，陈某国与浙江某消防安装有限公司（以下简称某公司）之间存在借用资质承揽合同的违法行为。2019 年，陈某国借用某公司资质承接了杭州某集团有限公司象山连锁店消防工程，双方之间签订了《浙江某消防安装有限公司工程项目内部承包协议书》（以下简称《协议书》），约定某公司收取工程款 2% 作为管理费，其他税费由陈某国自行承担。2021 年 6 月 9 日，陈某国以建设工程施工合同纠纷为由向象山县法院提起诉讼，庭审中双方就陈某国借用某公司资质承揽工程的行为均表示认可，经象山县人民法院审查认定，双方之间签订的《协议书》违反法律禁止性规定，应属无效合同。象山县检察院通过查询浙江省人民政府行政处罚结果信息公开网，发现上述违法行为至今未受到行政处罚。经综合分析研判，该问题绝非个案，应该还存在同类案件，有必要通过大数据分析开展专项治理。

## 📖 数据分析方法

### 数据来源

1. 行政处罚决定书（源于浙江检察数据应用平台、浙江政务服务网行政处罚结果信息公开查询平台）；

2. 行政裁判文书（源于浙江检察数据应用平台、中国裁判文书网）；

3. 执行案件卷宗材料（源于法院）。

### 数据分析关键词

从建设工程发承包违法行为涉及的合同纠纷、劳资纠纷、劳动权益纠纷民事类案件的生效判决文本中提取关键词，有"工程验收合格""依法认定无效"以及"发包""分包""转包"或"挂靠"等信息表述。

### 数据分析步骤

第一步：对近年来辖区内合同纠纷类民事案件裁判文书进行文本拆解筛查，挑选出含有"工程验收合格""依法认定无效"以及"发包""分包""转包"或"挂靠"等信息的裁判文书。

第二步：判断裁判文书内涉及工程发承包存在违法行为，提取裁判文书内企业主体，构成企业名称、时间、工程名称信息表格。

第三步：利用浙江检察数据应用平台或浙江政务服务网行政处罚结果信息公开查询平台查询相应行为是否已经受过行政处罚。若该行为已被处罚，则将企业标记为 B；若该行为未被处罚，则将企业标记为 C。

第四步：以 B、C 类企业名单，反向检索裁判文书。收集这些企业各自涉及的合同纠纷类民事诉讼和工程项目，构成企业名称及涉合同纠纷的工程名称线索列表。

第五步：结合排查出的线索情况，调取相关案卷材料，开展线下核查调查。

## 思维导图

```
┌─────────────────┐
│ 设置条件         │
│ 筛查裁判文书     │
└────────┬────────┘
         ↓
┌─────────────────┐
│ 人工概要判断     │
└────────┬────────┘
         ↓
┌─────────────────┐                    ┌──────────────────────┐
│ 行政处罚结果信息 │                    │ 以企业名称检索裁判文书库，│
│ 公开查询平台逐一核实│                   │ 梳理汇总相应工程列表    │
└────────┬────────┘                    └──────────┬───────────┘
         ↓                                         ↓
┌─────────────────┐                    ┌──────────────────────┐
│ 是否已经处罚     │                    │ 开展线下核查调查        │
└────────┬────────┘                    └──────────────────────┘
    是         否
    ↓          ↓
┌────────┐  ┌────────┐
│企业标记为B│  │企业标记为C│
└────┬───┘  └────┬───┘
     ↓           ↓
┌─────────────────────┐
│ 形成分类企业列表     │
└─────────────────────┘
```

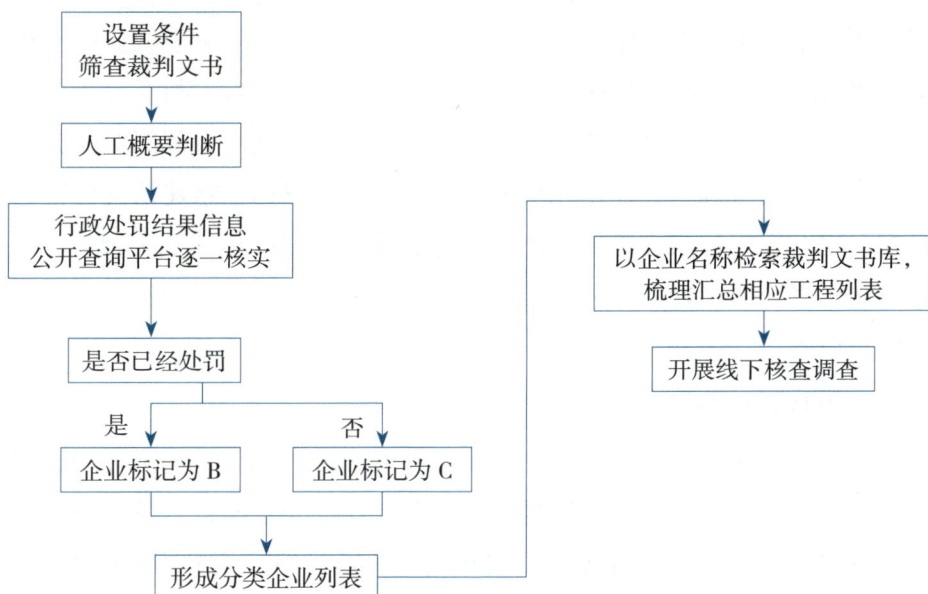

## 📖 检察融合监督

### 行政检察监督

象山县检察院借助中国裁判文书网、浙江政务服务网行政处罚结果信息公开查询平台，对经法院裁判认定存在违法分包、发包等情形的案件进行梳理、数据碰撞，共发现线索 30 条。通过线下逐一核查发现该 30 件案件均有阴阳合同，当事双方之间签订的内部合同均存在违法分包、发包和转包、挂靠等违法行为，并且均未受过行政处罚。宁波市检察院听取象山县检察院汇报后，认为建设工程施工转包、违法分包乱象时有发生，在全市具有普遍性，遂部署在全市范围内开展专项监督活动。专项活动期间，全市通过大数据碰撞，共筛查建设工程转包、违法分包等违法行为案件 148 件，经对这些案件线下逐一核查后，以案涉工程竣工验收合格时间起算，其中 132 件相关违法行为已超过两年行政处罚追诉期，尚有 16 件未超过行政处罚追诉期。宁波市两级检察机关认为建设单位将建设工程转包、违法分包，不仅违反法律、法规的禁止性规定，而且扰乱了正常的建筑市场秩序，容易引发重大安全事故。在与相关行政机关充分沟通的基础上，全市 10 个区县（市）检察机关分别向当地住建局制发类案监督检察建议，要求当地建设工程主管部门对相关违法行为依法进行调查并作出相应处理。目前，制发的检察建议均已得到采纳，建设工程行政主管机关已责令违法主体限期改正其违法行为，没收违法所得并处罚款。同时，对于超过行政处罚追诉期限的违法主体予以口头训诫。

### 建立长效机制

宁波市检察院会同宁波市法院、市发展和改革委员会、市住房和城乡建设局、市交通运输局等联合出台《关于建立司法与行政执法衔接联动机制协同治理建设工程施工发包承包违法行为的意见》，通过建立司法与行政执法衔接机制，从源头上有效遏制违法发包、转包、分包及挂靠行为，维护建筑市场秩序和建筑工程主要参与方的合法权益，完善建筑市场信用体系。

### 📖 社会治理成效

宁波市两级住建部门收到当地检察机关的检察建议后高度重视，均在当地部署开展专项整治行动，针对重点施工领域市场的薄弱环节开展重点监管，对"三包一靠"等违法行为加强日常巡查力度，以提升对该类违法行为的发现度。专项行动开展以来，市县两级主管机关已组织力量开展专项检查十余次，对违法企业通报批评数十次，对已超行政处罚追诉期限的企业予以口头训诫数十次，并联合相关部门通过降低信用度等方式进行联合整治，以推动当地建设工程施工企业依法合规经营。

## 📖 法律法规依据

1.《中华人民共和国建筑法》第六十六条　建筑施工企业转让、出借资质证书或者以其他方式允许他人以本企业的名义承揽工程的，责令改正，没收违法所得，并处罚款，可以责令停业整顿，降低资质等级；情节严重的，吊销资质证书。对因该项承揽工程不符合规定的质量标准造成的损失，建筑施工企业与使用本企业名义的单位或者个人承担连带赔偿责任。

2.《建设工程质量管理条例》第六十一条　违反本条例规定，勘察、设计、施工、工程监理单位允许其他单位或者个人以本单位名义承揽工程的，责令改正，没收违法所得，对勘察、设计单位和工程监理单位处合同约定的勘察费、设计费和监理酬金1倍以上2倍以下的罚款；对施工单位处工程合同价款2%以上4%以下的罚款；可以责令停业整顿，降低资质等级；情节严重的，吊销资质证书。

3.《住房和城乡建设部关于印发建筑工程施工发包与承包违法行为认定查处管理办法的通知》第三条第一款　住房和城乡建设部对全国建筑工程施工发包与承包违法行为的认定查处工作实施统一监督管理。

第十五条　县级以上人民政府住房和城乡建设主管部门对本行政区域内发现的违法发包、转包、违法分包及挂靠等违法行为，应当依法进行调查，按照本办法进行认定，并依法予以行政处罚。

（一）对建设单位存在本办法第五条规定的违法发包情形的处罚：

1.依据本办法第六条（一）、（二）项规定认定的，依据《中华人民共和国建筑法》第六十五条、《建设工程质量管理条例》第五十四条规定进行处罚；

2.依据本办法第六条（三）项规定认定的，依据《中华人民共和国招标投标法》第四十九条、《中华人民共和国招标投标法实施条例》第六十四条规定进行处罚；

3.依据本办法第六条（四）项规定认定的，依据《中华人民共和国招标投标法》第五十一条、《中华人民共和国招标投标法实施条例》第六十三条规定进行处罚。

4.依据本办法第六条（五）项规定认定的，依据《中华人民共和国建筑法》第六十五条、《建设工程质量管理条例》第五十五条规定进行处罚。

5.建设单位违法发包，拒不整改或者整改后仍达不到要求的，视为没有依法确定施工企业，将其违法行为记入诚信档案，实行联合惩戒。对全部或部分使用国有资金的项目，同时将建设单位违法发包的行为告知其上级主管部门及纪检监察部门，并建议对建设单位直接负责的主管人员和其他直接责任人员给予相应的行政处分。

（二）对认定有转包、违法分包违法行为的施工单位，依据《中华人民共和国建筑法》第六十七条、《建设工程质量管理条例》第六十二条规定进行处罚。

（三）对认定有挂靠行为的施工单位或个人，依据《中华人民共和国招标投标法》第五十四条、《中华人民共和国建筑法》第六十五条和《建设工程质量管理条例》第六十条规定进行处罚。

（四）对认定有转让、出借资质证书或者以其他方式允许他人以本单位的名义承揽工程的施工单位，依据《中华人民共和国建筑法》第六十六条、《建设工程质量管理条例》第六十一条规定进行处罚。

（五）对建设单位、施工单位给予单位罚款处罚的，依据《建设工程质量管理条例》第七十三条、《中华人民共和国招标投标法》第四十九条、《中华人民共和国招标投标法实施条例》第六十四条规定，对单位直接负责的主管人员和其他直接责任人员进行处罚。

（六）对认定有转包、违法分包、挂靠、转让出借资质证书或者以其他方式允许他人以本单位的名义承揽工程等违法行为的施工单位，可依法限制其参加工程投标活动、承揽新的工程项目，并对其企业资质是否满足资质标准条件进行核查，对达不到资质标准要求的限期整改，整改后仍达不到要求的，资质审批机关撤回其资质证书。

对2年内发生2次及以上转包、违法分包、挂靠、转让出借资质证书或者以其他方式允许他人以本单位的名义承揽工程的施工单位，应当依法按照情节严重情形给予处罚。

（七）因违法发包、转包、违法分包、挂靠等违法行为导致发生质量安全事故的，应当依法按照情节严重情形给予处罚。

**第十六条** 对于违法发包、转包、违法分包、挂靠等违法行为的行政处罚追溯期限，应当按照法工办发〔2017〕223号文件的规定，从存在违法发包、转包、违法分包、挂靠的建筑工程竣工验收之日起计算；合同工程量未全部完成而解除或终止履行合同的，自合同解除或终止之日起计算。

## 办案心得体会

象山县是浙江省首批"建筑之乡"、建筑业产值长年居宁波第一，象山县检察院积极运用大数据挖掘监督线索，并联合宁波市检察院在宁波市就建设工程领域开展精准监督，对照"个案办理—类案监督—系统治理"大数据法律监督路径，聚焦社会治理中的难点、痛点开展监督。该院在办理过程中面临着数据共享难、治理难度大以及超过行政处罚追诉期的违法主体如何处理等问题，下面围绕上述问题从该案办理的方法路径、办案质效和借鉴意义三个方面进行解读。

### 一、方法路径

这部分主要解决的是如何破解数据共享难问题。象山县检察院在履行民事检察监督职责中发现，部分建设工程合同纠纷案件中经同级法院裁定存在违法分包、发包、转包和挂靠的行为，但合同双方并未受到行政处罚，遂将线索移送至该院行政检察部门。

行政检察部门从必要性和可查性进行线索研判。首先是线索的必要性，近几年全国范围内建设工程领域安全事故频发，而建设工程领域中阴阳合同问题较为突出，行业主管部门难以自主核查发现。因此，有必要进行监督，督促行业主管部门及时依法处置。其次是线索的可查性，象山县检察院以同级法院近两年来审理的建设工程合同纠纷案件为基数，通过关键词检索后发现，经象山县法院裁判认定存在违法行为的案件占所有建设工程纠纷案件的一半以上。因此，在建设工程领域违法发承包现象较为普遍，对该案问题进行诉源治理很有必要。经象山县检察院向宁波市检察院汇报，两级院通过搭建数字模型，对建设工程领域违法发承包行为开展类案监督。

1. 绘制思维导图。象山县检察院借助裁判文书网，以近两年象山县法院裁判文书为基础，通过设置关键词"建设工程分包合同纠纷""建设工程施工合同纠纷""拒不支付劳动报酬"，对经法院裁判认定存在违法分包、发包等情形的案件进行梳理，共发现线索30条。

2. 进行数据比对。象山县检察院在上述数据基础上，借助浙江省行政处罚信息公开网，对排查出的30条线索进行数据碰撞，确定是否已受到行政处罚。经碰撞后发现，该30件违法行为迄今为止均未受过行政处罚，再通过人工概要判断。

3. 开展线下核查。根据《中华人民共和国建筑法》和《住房和城乡建设部关于印发建筑工程施工发包与承包违法行为认定查处管理办法的通知》的相关规定，建设工程领域内的违法情形包括以下几种：一是违法分包和转包，具备相应资质的建设单位按照法定的程序取得工程建设后，又分别肢解违法分包、转包给个人或者是不具备相应资质的单位；二是违法发包，镇、村建设工程未经法定招投标手续发包给个人或者是不具备相应资质的单位；三是挂靠，不具备相应资质的个人或者单位借用有资质的建筑施工个人或企业名义签订施工合同，实际开展施工。经向象山县法院调取之前排查出的30条异常数据的案卷材料，通过线下逐一核查发现30件案件中均有阴阳合同，当事双方之间签订的内部合同均存在违法分包、发包和转包、挂靠等违法行为，但只有4件尚在行政处罚追诉期内，其余案件均已过处罚期限。且4个涉案主体中有3个已在法院破产清算，故再予以追究行政责任社会效果不佳。因此，象山县检察院最后制发检察建议时仅要求行政机关处罚陈某国和浙江某龙公司之间的违法挂靠行为。

在开展数字化检察履职过程中，最先碰到也是最难的问题是如何实现数据共享。该案在办理过程中，象山县检察院灵活运用较为容易获取的裁判文书和行政处罚数据，实现质效最大化，破解了数据共享难的问题，将相关经验做法汇报给宁波市检察院后，在全市部署开展专项行动。

## 二、办案质效

将陈某国和浙江某龙公司之间的违法行为证据收集固定后，象山县检察院经向宁波市检察院请示后，为规范该县建设工程市场，保证工程质量，防范化解重大安全事故，向象山县住建局制发行政违法行为监督检察建议书，建议其依法行政，及时对陈某国和浙江某龙公司之间的违法行为进行调查并依法查处。行政机关收到检察建议后，立即展开调查，约谈相关人员，并已责令浙江某龙公司改正其允许其他单位或个人以本单位名义承揽工程的行为，没收该公司违法所得7027.95元，罚款人民币7380元。同时，对其他已经超过行政处罚追诉期限的主体予以口头训诫。

运用数字化开展个案监督的最终目的是强化数字赋能，通过个案监督撬动系统治理。象山县检察院在开展建设工程领域违法行为专项监督过程中从以下两个方面推进系统治理，做好"监督促进治理"的后半篇文章。一方面，积极主动和宁波市检察院加强沟通，把排查出来的问题分类汇总并及时向上级院汇报办案经验，在得到上级院肯定后，迅速将该案作为推广案例进行全市推广，达到了"办理一案，治理一片"的效果。另一方面，从机制创建上堵住治理过程中的监管漏洞，2022年3月9日，象山县检察院牵头与县法院、县住建局、县交通运输局、县水利和渔业局、县政务服务办公室联合会签《关于建立司法与行政执法衔接联动机制协同治理建设工程施工发包承包违法行为的意见》，加大从源头上预防和有效遏制违法发包、转包、分包及挂靠等违法行为，维护建筑市场秩序和建筑工程主要参与方的合法权益，完善建筑市场信用体系，提升诉源治理效能，促进该县建筑企业高质量发展。在此基础上，宁波市检察院联合相应市级行政机关签订协作机制，督促在全市范围内开展专项整治。专项活动期间，初步查明全市范围内法院作出生效裁判的案件中，存在建设工程转包、分包等违法行为的148件，全市行政检察部门对这些案件涉及的相关事实及诉讼证据逐一核实。以涉案工程竣工验收合格时间起算，148件案件中，132件案件相关违法行为已超过两年的行政处罚追诉期，尚有16件未超过行政处罚追诉期，现全市10个基层院均已向当地住建局制发检察建议并已全部采纳。

建设工程市场乱象治理难度大，跳出就案办案，从县级层面开始联合多部门签订协作机制到推动市级层面签订机制，真正解决一个区域信息不畅的问题，推进系统治理。

## 三、借鉴意义

象山县检察院对追诉期限内和超过追诉期限的案件进行分类汇总后将相关的经验做法报宁波市检察院，在宁波市检察院的牵头部署下，联合有关行政机关就宁波地区建设工程领域存在的违法乱象共同搭建"建设工程企业信用码"应用场景，旨在打通司法机关与行政机关、行政机关与行政机关之间存在的信息壁垒，实现不同机关之间数据多跨、实时共享，通过建库、预警、反馈闭环管理，生成建筑企业信用码（红、黄、绿），推动行政机关对存在违法发包、转包、分包、挂靠等问题的企业进行行政处罚，若处罚不当或未给予处罚，检察机关继而开展行政执法监督，督促相关行政机关依法履职。在此基础上，定期分析汇总"红码企业"并抄送招投标中心，作为不良企业信用记录，为当地建筑项目招投标提供参考，该场景正在谋划搭建。这部分要解决的是对于超过追诉期限的违法主体，检察机关如何发挥能动履职进行系统整治的问题。

结合该案的办理，数字检察工作应做到以下两点：

一要学会灵活运用大数据。检察机关是国家法律监督机关，由于身份性质的特殊性，在与其他行政机关调取数据过程中，可能会存在一定的难度，行政机关会有更多的顾虑、担忧，不愿意主动分享数据。因此在办案过程中，检察机关不要局限于向行政机关调取数据这一条思路，可以运用手头开放的数据，比如浙江检察数据应用平台、中国裁判文书网、行政处罚信息网、政府信息公开网等平台查找资源，得到数据后要综合运用大数据比对，快速找准想要的内容。

二要树立系统治理的理念。将数字检察办案与社会综合治理深度融合，进一步彰显"数字赋能监督，监督促进治理"的成果成效。检察机关在办案中要切实做到，从办案本身出发，提升某一领域的社会综合治理水平，真真切切让人民群众感受到检察监督带来的社会红利。如何能将办案质效最大化，需要借助大数据这把利剑，通过场景应用、数据筛查和比对等方式发现某一类问题，再通过监督行政机关开展系统治理。检察机关促进社会综合治理绝不单是为了办案，最终目的是预防此类现象再次发生，通过大数据建立场景应用模型，就是为了"治已病、防未病"，更大程度地促进社会治理现代化建设。

案件承办人：

汪培伟　林忆闫（宁波市人民检察院）

林玲（象山县人民检察院）

案例撰写人：

林玲（象山县人民检察院）

案例审核人：

谈文栋　王晓霞（浙江省人民检察院）

# 特种作业行政处罚类案监督

◇ 湖州市吴兴区人民检察院

📖 **关键词**

特种作业　行政处罚　安全生产　社会治理

📖 **要旨**

在审查伪造、买卖国家机关证件罪等刑事案件中，通过梳理上下游人物关系，提取疑似买卖、使用伪造特种作业操作证的人员数据，经过交集要素比对，发现批量人员持伪造证件从事特种作业的违法行为，监管机关怠于履行监管职责的监督线索。通过调查核实，在追诉刑事犯罪的同时，开展行业系统性诉源治理，对安全生产管理机关开展行政违法行为监督，制发检察建议，督促行政机关依法履职，促进特种行业领域有序规范。

📖 **基本情况**

湖州市吴兴区检察院落实最高检"八号检察建议"，利用大数据分析赋能开展特种作业安全生产领域行政违法行为法律监督专项行动，针对"伪造、买卖国家机关证件罪"刑事案件中，发现的行政机关对购买并使用伪造的特种作业操作证违法行为应当予以处罚而未处罚情形，依托执法司法信息共享平台，搭建数字模型，实现精准类案监督。综合运用专题调研、引入合规建设等创新举措，助推特种行业领域诉源治理，保障企业安全生产和人民群众生命财产安全。

## 📖 线索发现

2022 年 8 月，湖州市吴兴区检察院在办理陈某某伪造、买卖国家机关证件罪刑事案件中，发现李某某等 8 名证人在询问笔录中均承认向陈某某购买并长期使用伪造的特种作业操作证的事实。嗣后，刑事检察部门将审查发现的监督线索移送行政检察部门。行政检察部门迅速开展调查核实，查明李某某等 8 人存在购买并长期使用伪造的特种作业操作证的违法行为，且均未被行政处罚。在上级检察院一体化协同指导下展开行政违法行为法律监督，并通过数据调取、分析筛选、结果核查等数字化手段开展类案监督，新发现监督线索 25 件 25 人，实现由个案发现到类案监督的系统性转变，由专项监督到社会治理的溯源性迭变。

## 📖 数据分析方法

### 数据来源

1. 涉"特种作业操作证"要素的刑事案件基本信息（源于检察业务应用系统、浙江裁判文书检索系统或在浙江检察数据应用平台向浙江省检察院申请）；

2. 区域特种作业操作证持证登记人员数据（源于湖州安康安全技术服务中心、湖州市执法司法信息共享平台）；

3. 吴兴区应急管理局特种作业操作证行政处罚数据（源于吴兴区应急管理局、湖州市执法司法信息共享平台）。

### 数据分析关键词

首先以"特种作业操作证"为关键词进行筛选，有效过滤出伪造、买卖国家机关证件罪案件中涉及"伪造、买卖特种作业操作证"的刑事案件清单，着重对筛查出的刑事案件中提供证人证言的询问笔录逐一进行核查，梳理出"疑似购买、使用伪造的特种作业操作证人员数据"，并与获取的"特种作业操作证持证人员数据""特种作业操作证行政处罚数据"进行比对碰撞，将碰撞结果再以"违法时间距今不超过 2 年"为过滤条件进行筛查，最终得出"违法行为发生 2 年内行政机关未予行政处罚的人员数据清单"。

### 数据分析步骤

第一步：搭建特种作业监督基础数据库。从检察业务应用系统、浙江裁判文书检索系统或在浙江检察数据应用平台向浙江省检察院申请获取伪造、买卖国家机关证件罪刑事案件基本信息；依托信息共享平台，从湖州安康安全技术服务中心获取全区特种作业操作证持证登记人员数据、从吴兴区应急管理局获取特种作业操作证行政处罚数据。

第二步：初筛确定疑似购买并使用假证人员。以"特种作业操作证"为关键词，对伪造、买卖国家机关证件罪刑事案件作初步筛选，梳理出"伪造、买卖特种作业操作证"的刑事案件基本信息数据库，进一步人工核查证人证言、询问笔录，确定疑似清单。

第三步：建模数据分析获取最终清单。在浙江省检察院大数据应用平台建立特种作业行政处罚监督数字模型，以"人员姓名＋身份证号"为过滤条件，将"疑似购买、使用伪造的特种作业操作证人员数据"与"特种作业操作证持证登记人员数据""特种作业操作证行政处罚数据"等清单进行碰撞分析，并以"违法行为发生时间距今不超过 2 年"为条件进行去重，得出"违法行为发生 2 年内行政机关未予处罚的购买、使用伪造的特种作业操作证人员"的最终清单。

第四步：综合分析研判，人工调查核实。运用调阅卷宗、实地走访、调查询问等方式，进一步验证数字化手段得出数据的真实性、有效性及监督事项的合法性、合理性，确保类案监督精准性。

## 思维导图

```
┌──────────────────┐  ┌──────────────────────┐  ┌──────────────────────┐
│  检察业务应用系统  │  │ 浙江检察数据应用平台申请 │  │  浙江裁判文书检索系统  │
└──────────────────┘  └──────────────────────┘  └──────────────────────┘
```

┌────────────────────────────────────┐
│ 伪造、变造、买卖国家机关公文、证件、 │
│    印章罪刑事案件基本信息            │
└────────────────────────────────────┘

┌──────┐      ┌────────────────────────────────────────┐
│ 过滤 │ ───→ │ 伪造、买卖"特种作业操作证"相关刑事案件   │
└──────┘      └────────────────────────────────────────┘

┌────────────────────────────┐
│ 人工筛查讯问笔录、证         │
│ 人证言、询问笔录等           │
│     证据材料                 │
└────────────────────────────┘

┌────────────────────────┐   ┌────────────────────────────────────┐
│ 全区特种作业操作证持证   │   │ 初步得出"疑似买卖、使用伪造的特种作业 │
│ 登记人员数据清单         │   │ 操作证的人员数据"线索并整理成清单形式 │
└────────────────────────┘   └────────────────────────────────────┘

                  ┌──────┐
                  │ 交集 │
                  └──────┘

┌────────────────────────────┐   ┌────────────────────────────┐
│ 未持证登记确属于购买、使用   │   │ 吴兴区应急管理局关于         │
│ 伪造的特种作业操作证的人员数据 │   │ 特种作业操作证行政处罚数据   │
└────────────────────────────┘   └────────────────────────────┘

                  ┌──────┐
                  │ 交集 │
                  └──────┘

┌────────────────────────────┐   ┌────────────────────────────┐
│ 未被行政处罚的购买、使用伪造的 │   │ 以"违法行为发生             │
│ 特种作业操作证的人员数据      │   │ 时间距今不超过             │
└────────────────────────────┘   │   2 年"过滤                │
                                 └────────────────────────────┘

┌──────────────────────────────────────┐
│ 违法行为发生在 2 年内行政机关未行政     │
│ 处罚的购买、使用伪造的特种作业操作证的 │
│        人员数据                        │
└──────────────────────────────────────┘

## 📖 检察融合监督

### 行政检察监督

行政检察部门遵循"个案办理—类案监督—系统治理"的大数据法律监督路径，在收到移送线索后，在原有查实8件8人基础上，通过数字化手段拓展查实25件新监督线索。经调查核实后，依法向应急管理部门制发检察建议。检察建议得到全面采纳，行政机关依法对李某某等15人作出行政处罚。其余18件18人的违法行为发生在异地，及时通过线索移送函向江苏省无锡市、常熟市、江阴市等地应急管理部门予以通报，有力延伸并拓展了行政检察法律监督职能。

### 刑事检察监督

刑事检察部门办理涉嫌伪造、买卖国家机关证件罪刑事案件中，通过对案件事实的综合审查，对应当追究刑事责任的犯罪行为，依法提起公诉；对情节轻微，经审查后依法作出不起诉决定的，向行政机关制发检察意见书，督促行政机关及时予以行政处罚。对审查中发现一人多次买卖行为、帮助伪造或分销国家机关证件的情形，依法开展立案监督；发现行政机关应当及时予以履职但未监管的行为，及时将相关线索移送相应检察职能部门。

### 公益诉讼检察监督

行政检察部门履职过程中，发现应急管理部门未依法履行安全生产管理职责、涉特种行业安全生产领域违规生产等相关情形，及时向公益诉讼检察部门移送监督线索。公益诉讼检察部门先后接受移送线索7批次、共计12条，监督成案2件，有力保障特种行业领域公共利益的维护。

## 📖 社会治理成效

### 合规建设规范治理乱象

参考刑事合规考察制度，在行政检察履职中创新引入"合规建设"，协同应急管理部门对负责安全生产特种作业人员培训、教育、指导、审核的培训点和单位开展企业合规考察 4 次，约谈单位负责人 12 次，迭代延伸和升级行政检察能动履职效能。

### 建立多部门长效协作机制

通过专项治理，督促辖区内 42 家企业建立健全特种作业等安全生产教育培训日常管理机制 58 份。推动应急管理部门制定出台《打击假冒特种作业操作证专项治理行动方案》，集中开展"特种作业集中执法检查行动"。为持续巩固监督成果，检察机关与行政机关建立《关于进一步深化安全生产行政执法与刑事司法衔接机制的意见》等协作机制，系统性推动特种作业安全生产领域的重塑治理。

### 📖 法律法规依据

1.《中华人民共和国刑法》第二百八十条第一款　伪造、变造、买卖或者盗窃、抢夺、毁灭国家机关的公文、证件、印章的，处三年以下有期徒刑、拘役、管制或者剥夺政治权利，并处罚金；情节严重的，处三年以上十年以下有期徒刑，并处罚金。

2.《中华人民共和国安全生产法》第十条第一款　国务院应急管理部门依照本法，对全国安全生产工作实施综合监督管理；县级以上地方各级人民政府应急管理部门依照本法，对本行政区域内安全生产工作实施综合监督管理。

第三十条第一款　生产经营单位的特种作业人员必须按照国家有关规定经专门的安全作业培训，取得相应资格，方可上岗作业。

3.《人民检察院检察建议工作规定》第十一条　人民检察院在办理案件中发现社会治理工作存在下列情形之一的，可以向有关单位和部门提出改进工作、完善治理的检察建议：

（一）涉案单位在预防违法犯罪方面制度不健全、不落实，管理不完善，存在违法犯罪隐患，需要及时消除的；

（二）一定时期某类违法犯罪案件多发、频发，或者已发生的案件暴露出明显的管理监督漏洞，需要督促行业主管部门加强和改进管理监督工作的；

（三）涉及一定群体的民间纠纷问题突出，可能导致发生群体性事件或者恶性事件，需要督促相关部门完善风险预警防范措施，加强调解疏导工作的；

（四）相关单位或者部门不依法及时履行职责，致使个人或者组织合法权益受到损害或者存在损害危险的，需要及时整改消除的；

（五）需要给予有关涉案人员、责任人员或者组织行政处罚、政务处分、行业惩戒，或者需要追究有关责任人员的司法责任的；

（六）其他需要提出检察建议的情形。

4.**《特种作业人员安全技术培训考核管理规定》第七条第一款**　国家安全生产监督管理总局（以下简称安全监管总局）指导、监督全国特种作业人员的安全技术培训、考核、发证、复审工作；省、自治区、直辖市人民政府安全生产监督管理部门指导、监督本行政区域特种作业人员的安全技术培训工作，负责本行政区域特种作业人员的考核、发证、复审工作；县级以上地方人民政府安全生产监督管理部门负责监督检查本行政区域特种作业人员的安全技术培训和持证上岗工作。

**第三十六条**　生产经营单位不得印刷、伪造、倒卖特种作业操作证，或者使用非法印刷、伪造、倒卖的特种作业操作证。

特种作业人员不得伪造、涂改、转借、转让、冒用特种作业操作证或者使用伪造的特种作业操作证。

**第四十一条第一款**　特种作业人员伪造、涂改特种作业操作证或者使用伪造的特种作业操作证的，给予警告，并处 1000 元以上 5000 元以下的罚款。

―――――― ╱ **办案心得体会** ╱ ――――――

　　近年来，全国安全生产形势总体明显向好，但造成群死群伤的重特大安全生产事故仍时有发生，生产生活领域也多有常见事故发生。习近平总书记对安全生产工作多次作出重要指示，强调要树牢安全发展理念，加强安全生产监管，切实维护人民群众生命财产安全。2022 年 2 月，最高检专门制发"八号检察建议"，助推安全生产领域诉源治理。检察机关在办理涉安全生产领域相关案件时，牢固树立"三查融合"思维，落实"八号检察建议"部署要求，以"个案办理—类案监督—社会治理"的大数据法律监督路径，以"特种作业操作证行政处罚"为切口，精准发力涉安全生产行政处罚类案监督，推动行业专项整治，真正实现"数字赋能监督，监督促进治理"目标，保障企业安全生产和健康发展。

## 一、办案中遇到的困境和壁垒

　　一是特种作业行政监管存在漏洞。结合本案来看，伪造、买卖国家机关证件罪中，往往对伪造并买卖的主体予以刑事立案，而对于购买伪造的国家机关证件的主体，大多因达不到刑事立案标准而不予追究刑事责任，大多作为证人在公安侦查阶段提供证词等相关证据。基于该前提背景，对于伪造、买卖特种作业操作证的刑事案件，会出现两类行政监管不到位的具体情形：一种情形是检察机关审查后最终不起诉的刑事下行处罚案件，应急管理部门未及时进行行政处罚；另一种情形是公安机关在侦查中追加认定的案件事实中仅作为证人提供证言的假证购买者，因实践中公安机关与应急管理部门之间缺乏案件线索移送、信息共享等衔接机制，导致信息不对称，使得应急管理部门对上述达不到刑事立案标准却违反行政法律法规的假证购买者未予及时行政处罚，存在行政监管不到位问题。

　　二是特种作业等安全生产领域，传统检察监督具有一定滞后性。实践中，特种作业操作等安全生产领域往往是事故发生在前，监督问责在后。无论是行政机关执法监管上，还是检察履职监督，均具有一定的局限性和滞后性，无法做到预防性监督和长效化监管。

三是数据获取和线索来源存在困难。在开展数字化办案过程中，无法及时获取真实、完整的数据来源较为明显地影响了案件的整体推进，也大大缩窄了相关特种作业违规操作、伪造、购买假证、处罚缺失、处罚不当等线索的大幅度供给。

四是特种作业操作证"知假买假"背后，潜藏深层次原因。仅依托个案办理和类案监督，仍无法从根本上解决特种作业等安全生产领域"知假买假"的顽疾，无法根治背后的社会治理深层次难题。

## 二、利用大数据法律监督解题和破局

以大数据为基础支撑，以"数字革命"赋能新时代法律监督，在很大程度上消弭了传统检察履职监督的不足，有力拓展和提升了各项检察职能的刚性。该案办理过程中，检察机关牢牢抓住"护航民生民利"的根本着力点，本着"办理一案、治理一片"的监督理念，以数字驱动检察治理升级，尽最大努力保障人民群众的生命财产安全，保护企业的健康良性发展。

（一）强化"检察一体"格局，深化内部协作融合

湖州市吴兴区检察院早在2018年2月就建立了《线索内部发现和移送机制》，本案线索最终成案办理，也得益于刑事检察部门将可能存在特种作业行政处罚违法的线索及时移送行政检察部门，内部线索的移送在较大程度上为"四大检察"融合发展提供了肥沃的土壤，也为"三查融合"的具体实践创造了有利条件。

（二）数字赋能助力特种作业安全生产领域"抓前端、治未病"

搭建数字模型，从海量数据中筛选出有用信息，解决了安全生产领域传统检察监督滞后的弊端。特种作业等安全生产领域容不得弄虚作假。大数据法律监督路径助推检察机关在履行检察职能过程中，实现从

"抓末端、治已病"向"抓前端、治未病"的预防性司法理念的转变，办案轨迹逐渐由"个案办理"向"类案监督"拓展、由"案内审查"向"案外治理"延伸。

**（三）创新多跨场景搭建，实现数据共享、线索扩容**

数字赋能监督的基础在于数据的归集、筛查和使用。为解决数据来源渠道窄、数据收集少、易遗漏等现实难题，湖州市吴兴区检察院依托湖州市检察院"执法司法信息共享平台"实现数据的线上互联，将共享数据转化为法律监督的线索富矿，整合本地区数据资源，构建"检察＋矛调"线索分析平台，分别获取12345政府阳光热线、信访动态系统、基层治理等平台数据，广泛获取辖区内群众举报信息累计56.7万余条。通过数据建模、分类统计，有效把群众举报转化为法律监督线索来源，汇集覆盖"四大检察""十大业务"的监督线索。借助该平台，成功获取本案所需的应急管理部门涉特种作业行政处罚清单、全区特种作业操作证持证登记人员名录等数据，有效解决了本案数字化办理中的数据来源问题，为下一步构建数字模型夯实数据基础。最终本案成功由行政检察部门依法办理，向应急管理部门制发检察建议，督促其开展特种作业人员持证情况专项执法检查，对15人予以行政处罚、跨区域移送线索18件18人。

**（四）触类旁通，实现安全生产领域类案监督覆盖治理**

湖州市吴兴区检察院在办理一案基础上，深入落实"八号检察建议"，精准发力涉安全生产类案监督。通过调取安全生产领域行政处罚数据，发现存在大量违反安全生产法规的行为。其中，行政机关对于是否移送刑事立案的界限把握不准，存在以罚代刑情况。经建模分析，发现销售、存储、运输危险化学品、未批先建等可疑线索4件，其中对于经行政机关两次行政处罚仍拒不整改的非法存储、销售危化品企业进行立案监督。

**（五）开展专题调研探析案件背后深层次原因**

以本案为契机，部署开展特种作业领域"知假买假"专题调研，探究背后深层次原因，着力对症下药实现精准治理。经调研发现原因大致分三类：（1）部分企业经营者安全生产意识淡薄，存在未组织特种作业人员参加教育培训考试、将安全生产培训外包给不具备资质的第三方等行为；（2）部分特种作业人员群体年龄偏大，理论考试通过率低；（3）不法分子仍存在侥幸心理导致伪造、买卖特种作业操作证违法犯罪行为多发。针对上述调研结果，检察机关撰写专题调研报告，推动应急管理部门加强对企业安全生产日常培训，建立一套"责任到人、安全到底"的长效监管机制。同时，针对调查中发现的负责特种作业操作证教育、培训、考试等事项的市本级某安全技术服务中心在内部管理和制度建设上存在的监管漏洞问题，引入企业合规考察模式，联合行政机关对该单位开展有计划的合规建设，并全程跟进监督，提供专业化法律支持。

### 三、案件办理的借鉴意义

湖州市吴兴区检察院以"特种作业操作证"为切入点，结合最高检"全面深化行政检察职能，依法护航民生民利"专项行动，贯彻落实"八号检察建议"要求和内涵，以信息技术和数字赋能为双向支撑，促进行政机关依法履职，纵深推进安全生产领域诉源治理。

（一）牢牢把握司法为民的履职初心

检察机关办理关乎民生民利的安全生产案件，必须从服务社会大局的基本点出发，高度契合最高检的相关部署要求，始终坚持司法为民的初心，结合本地区实际情况和特点，善于以"小切口"深入开展专项治理，以实际检察履职依法护航民生民利，保障人民群众生命财产安全和社会安全生产稳定。

（二）高度重视并挖掘内生数字动能

以建章立制的形式促进和推动检察机关内部线索移送和融合协作水平。整合本地区现有数据资源，创新思路自主研发、自主搭建多跨应用场景，双管齐下实现数据共享畅通和线索高度扩容，由内向外激发数字动能，使其成为数字检察和"三查融合"实战实效的有效利器。

（三）多措并举推动社会综合治理

在数字赋能监督基础上，多举措开展精准调研，研究特种作业"知假买假"屡禁不绝背后的深层次原因，对企业积极引入"合规建设"考察模式，促进特种行业安全生产体系的完善，最终实现精准类案监督和融合式综合治理目标。

案件承办人：

沈慧良　芮斌斌　郑青霞（湖州市吴兴区人民检察院）

案例撰写人：

芮斌斌（湖州市吴兴区人民检察院）

案例审核人：

谈文栋　王晓霞（浙江省人民检察院）

# 虚假婚姻登记
# 行政违法行为类案监督

◇ 开化县人民检察院

## 📖 关键词

婚姻登记　重婚　冒名顶替　行政违法

## 📖 要旨

早期婚姻登记行政事项未录入婚姻登记系统导致婚姻登记信息不全，民政部门在婚姻登记时存在重复登记、冒名顶替登记的问题亟须监督纠正。检察机关通过调取档案局内乡镇办事处婚姻登记记录、民政部门现有系统平台婚姻登记记录对比碰撞，深挖虚假婚姻登记的类案线索，以检察建议助推专项治理，推动民政部门开展专项整治活动，促进社会治理创新发展。

## 📖 基本情况

开化县检察院在履职中发现，开化县的婚姻登记存在重复登记、冒名顶替登记的问题，因民政部门工作人员未依法履行审慎合理的审查职责以及婚姻登记信息不全等原因，导致该问题一直未能被发现、纠正，扰乱了正常的婚姻登记秩序。开化县检察院在归纳总结相关问题案件特征要素的基础上，通过调取档案局乡镇办事处婚姻登记记录、民政局系统平台记录、判决离婚案件信息等数据，批量筛查类案线索。经数据建模，精准筛查出全县范围内重复婚姻登记、冒名顶替登记线索 40 余条。开化县检察院随即针对上述线索开展调查核实，确定行政机关未依法履行职责存在重复登记 2 件，冒名顶替登记 11 件。通过制发检察建议督促县民政部门及时整改并全面排查冒名顶替或者重复登记的情况，规范婚姻登记行政行为，及时完善辖区内婚姻登记信息，推动实现对婚姻登记违法行为的系统治理、源头治理。

### 📖 线索发现

开化县检察院在办理龙某某暂予监外执行一案过程中发现，同案犯覃某某以"唐某某"的名义冒名顶替和郑某某登记结婚，后郑某某又重复登记结婚，认为开化县民政部门存在错误登记行为，遂向开化县检察院行政检察部门移送该线索。开化县检察院通过检察业务应用系统排查，发现本院刑事检察部门办理的黄某某重婚案中也存在类似情形，黄某某于 2005 年、2009 年先后在广西、湖南两地与他人登记结婚，在前两段婚姻均未解除的情况下又于 2011 年在浙江开化县和舒某某登记结婚。经综合研判分析认为，早期婚姻登记行政事项下放至乡镇街道且未录入婚姻登记系统，导致全县婚姻登记信息不全，如工作人员未按法定程序依法履行婚姻登记工作职责，则很有可能出现重复登记的情况，给冒名顶替骗婚行为可操作空间。此类情况较为典型，并非例外，有必要通过大数据分析手段对类案开展监督。

### 📖 数据分析方法

#### 数据来源

1. 2014 年以来涉重婚罪刑事案件数据（源于检察业务应用系统）；

2. 2012 年之前申请婚姻登记材料、婚姻登记数据（源于开化县档案局）；

3. 2012 年之后开化县所有婚姻登记信息数据（源于开化县民政局）；

4. 判决离婚案件（源于开化县人民法院民事审判庭）；

5. 可能存在的涉婚姻诈骗案件线索（源于中国裁判文书网）。

### 数据分析关键词

对民政部门重复婚姻登记行为监督的分析，需要调取档案局内乡镇办事处婚姻登记记录、民政部门现有系统平台婚姻登记记录，提取婚姻登记双方姓名、身份证号码等要素，并从法院民庭判决离婚案件中获取原被告姓名、身份证号码等要素，再通过内部、外部以及循环碰撞数据，结合查看历史档案材料、实地走访调查等，确认重婚或者冒名顶替的案件。

### 数据分析步骤

第一步：采集检察业务应用系统中案由为重婚罪（2014 年以来）的起诉意见书、审查报告；将开化县法院、诈骗罪、婚姻作为关键词，在裁判文书网筛查可能存在的重婚案案件线索。汇总以上线索，通过人工核查方式筛除事实婚姻重婚罪刑事案件，梳理出重婚罪、诈骗罪中重复婚姻登记案件线索。

第二步：将已经提取的刑事重婚案件数据与已判决离婚案件、民政局婚姻登记系统数据进行碰撞，若发现未离婚或者未被撤销婚姻登记的情况，制发检察建议。

第三步：将调取的民政局登记结婚的所有数据（2012 年以来），与从县档案局调取的 2012 年之前乡镇办事处婚姻登记数据，按照身份信息进行单独碰撞或相互碰撞，提取出其中重复婚姻登记的数据线索（排除离婚登记数据）。

第四步：将上述重复婚姻登记线索与法院判决离婚的案件数据再次进行碰撞，若已经离婚且办理离婚手续则终结审查；若存在重复登记、冒名顶替线索则启动进一步人工核查，确定行政机关未依法履职事实，制发检察建议，发现重婚涉刑线索则移送刑事检察部门处理；若已离婚但信息未

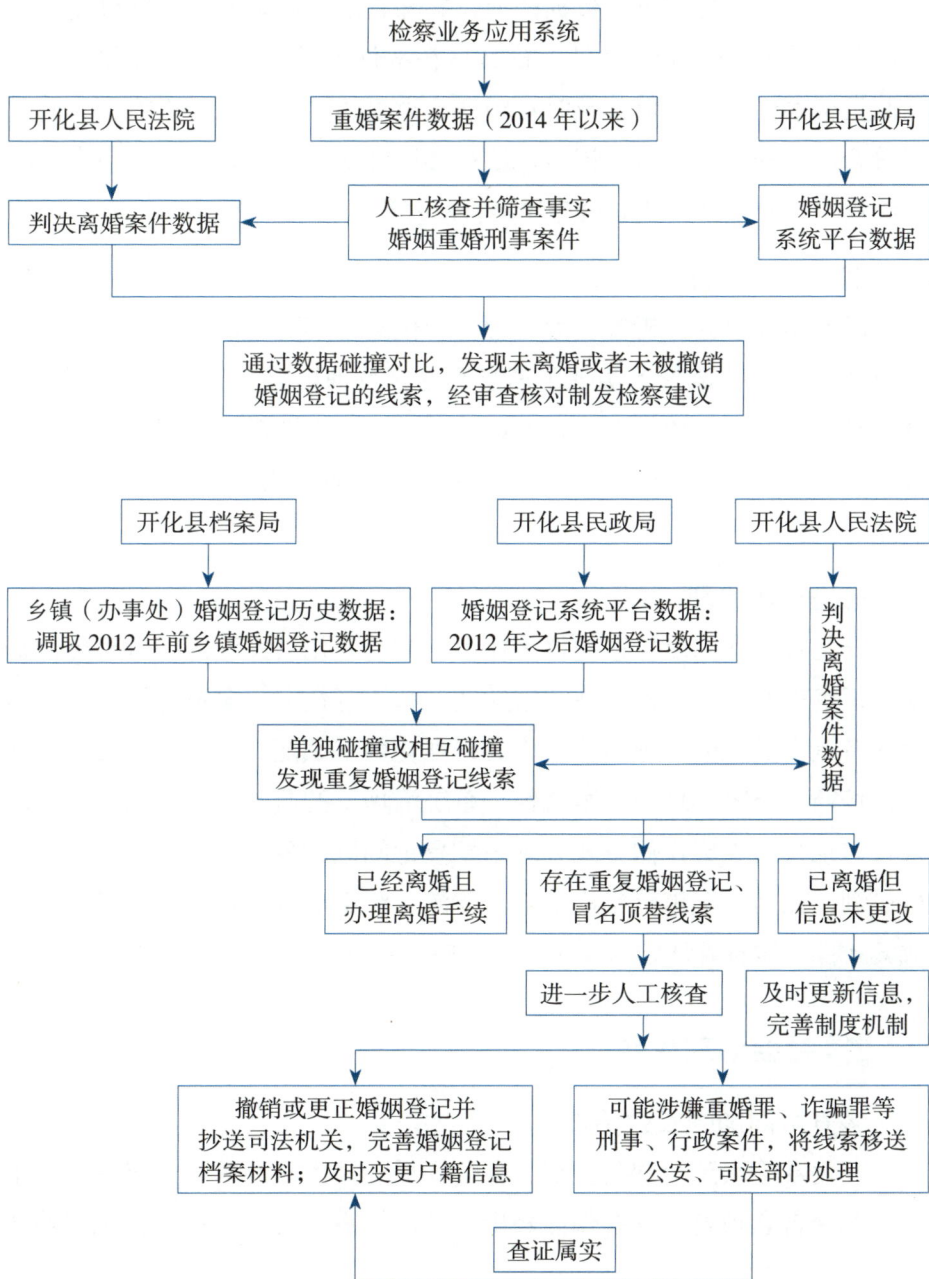

更新，则制发检察建议督促及时更新信息，完善制度机制。

**思维导图**

```
            检察业务应用系统
                 │
                 ▼
开化县人民法院    重婚案件数据（2014年以来）    开化县民政局
    │                 │                          │
    ▼                 ▼                          ▼
判决离婚案件数据 ◄── 人工核查并筛查事实 ──► 婚姻登记
                   婚姻重婚刑事案件            系统平台数据
                          │
                          ▼
        通过数据碰撞对比，发现未离婚或者未被撤销
        婚姻登记的线索，经审查核对制发检察建议
```

```
开化县档案局            开化县民政局        开化县人民法院
    │                      │                   │
    ▼                      ▼                   ▼
乡镇（办事处）婚姻登记历史数据：  婚姻登记系统平台数据：   判
调取2012年前乡镇婚姻登记数据    2012年之后婚姻登记数据   决
    │                      │                   离
    └──────────┬───────────┘                   婚
               ▼                               案
        单独碰撞或相互碰撞 ◄─────────────────► 件
        发现重复婚姻登记线索                      数
               │                               据
      ┌────────┼────────┐
      ▼        ▼        ▼
  已经离婚且  存在重复婚姻登记、  已离婚但
  办理离婚手续 冒名顶替线索      信息未更改
               │                │
               ▼                ▼
          进一步人工核查      及时更新信息，
               │            完善制度机制
      ┌────────┴────────┐
      ▼                 ▼
  撤销或更正婚姻登记并    可能涉嫌重婚罪、诈骗罪等
  抄送司法机关，完善婚姻登记 刑事、行政案件，将线索移送
  档案材料；及时变更户籍信息 公安、司法部门处理
      │
      └──────── 查证属实 ────────┘
```

## 📖 检察融合监督

### 行政检察监督

开化县检察院通过大数据碰撞，共筛查出重复婚姻登记案件 13 件，其中包含重复登记案件 2 件，冒名顶替案件 11 件。通过向开化县民政局制发检察建议，督促其及时对错误、重复的婚姻登记予以撤销，同时对符合法定程序的婚姻登记申请尽快办理确认，维护婚姻登记当事人的合法权益。开化县民政局迅速作出答复并积极落实整改。

### 刑事检察监督

以上述大数据分析模型为纽带，开化县检察院与民政局在婚姻登记行政违法行为的监督上实现了信息互通，行刑衔接工作开展更加顺畅。开化县民政局在加快补办婚姻登记的同时，对于涉嫌重婚犯罪线索及时移送司法机关。目前，共向公安机关移送犯罪线索 12 条，其中 2 条已被立案侦查。

### 推进全域治理

开化县检察院以检察建议为抓手，推动开化县民政部门认真履行婚姻登记审查职责，并通过浙江婚姻登记系统等数字化渠道开展了冒名顶替或者重复登记的专项整治工作。以强化数字赋能，扩大监督质效为导向，按照"个案办理—类案监督—系统治理"的监督路径，助推重婚以及冒名顶替或弄虚作假方式办理婚姻登记问题的妥善处理，依法护航民生民利，在衢州全市范围内推广，龙游、江山地区发现线索并最终办理成案 4 件，被省院认定为新领域有影响力案件。

## 📖 社会治理成效

### 多方协同加强长效治理

开化县检察院会同县法院、县公安局、县民政局等联合出台《关于建立办理冒名顶替、弄虚作假婚姻登记以及重婚案件协作配合机制的意见》，建立司法机关与民政部门数字化平台共享信息资源、实时数据交换，打通数据壁垒。建议民政部门及时开展自查自纠，对"存量"问题妥善处理。完善县域内婚姻登记纸质档案材料录入系统工作，规范日常登记程序，维护婚姻登记秩序和当事人合法权益。通过本案，推动了全市范围内民政领域专项检察监督工作，实现"办理一件、影响一片、带动一类问题解决"的法律监督成效。

### 法律监督服务民生保障

因早期婚姻登记管理权分散、信息全国不联网，重婚、骗婚现象多发，严重侵害民生利益。在类案监督过程中，开化县检察院加强内部协作配合，信息共享、线索移送常态化、动态化，不断促进行政检察与刑事检察相融合。通过检察建议的方式，督促行政机关依法履行职责，保护公民合法权利，解决好群众身边的操心事、烦心事、揪心事，有效促进社会和谐。

### 📖 法律法规依据

1.《中共中央关于加强新时代检察机关法律监督工作的意见》 10. 全面深化行政检察监督。检察机关依法履行对行政诉讼活动的法律监督职能，促进审判机关依法审判，推进行政机关依法履职，维护行政相对人合法权益；在履行法律监督职责中发现行政机关违法行使职权或者不行使职权的，可以依照法律规定制发检察建议等督促其纠正；在履行法律监督职责中开展行政争议实质性化解工作，促进案结事了。

2.《最高人民法院、最高人民检察院、公安部、民政部关于妥善处理以冒名顶替或者弄虚作假的方式办理婚姻登记问题的指导意见》 二、人民检察院办理当事人冒名顶替或者弄虚作假婚姻登记类行政诉讼监督案件，应当依法开展调查核实，认为人民法院生效行政裁判确有错误的，应当依法提出监督纠正意见。可以根据案件实际情况，开展行政争议实质性化解工作。发现相关个人涉嫌犯罪的，应当依法移送线索、监督立案查处。

人民检察院根据调查核实认定情况、监督情况，认为婚姻登记存在错误应当撤销的，应当及时向民政部门发送检察建议书。

四、民政部门对于当事人反映身份信息被他人冒用办理婚姻登记，或者婚姻登记的一方反映另一方系冒名顶替、弄虚作假骗取婚姻登记的，应当及时将有关线索转交公安、司法等部门，配合相关部门做好调查处理。

民政部门收到公安、司法等部门出具的事实认定相关证明、情况说明、司法建议书、检察建议书等证据材料，应当对相关情况进行审核，符合条件的及时撤销相关婚姻登记。

民政部门决定撤销或者更正婚姻登记的，应当将撤销或者更正婚姻登记决定书于作出之日起 15 个工作日内送达当事人及利害关系人，同时抄送人民法院、人民检察院或者公安机关。

民政部门作出撤销或者更正婚姻登记决定后，应当及时在婚姻登记管理信息系统中备注说明情况并在附件中上传决定书。同时参照婚姻登记档案管理相关规定存档保管相关文书和证据材料。

**3.《人民检察院检察建议工作规定》第十一条** 人民检察院在办理案件中发现社会治理工作存在下列情形之一的，可以向有关单位和部门提出改进工作、完善治理的检察建议：

（一）涉案单位在预防违法犯罪方面制度不健全、不落实，管理不完善，存在违法犯罪隐患，需要及时消除的；

（二）一定时期某类违法犯罪案件多发、频发，或者已发生的案件暴露出明显的管理监督漏洞，需要督促行业主管部门加强和改进管理监督工作的；

（三）涉及一定群体的民间纠纷问题突出，可能导致发生群体性事件或者恶性案件，需要督促相关部门完善风险预警防范措施，加强调解疏导工作的；

（四）相关单位或者部门不依法及时履行职责，致使个人或者组织合法权益受到损害或者存在损害危险，需要及时整改消除的；

（五）需要给予有关涉案人员、责任人员或者组织行政处罚、政务处分、行业惩戒，或者需要追究有关责任人员的司法责任的；

（六）其他需要提出检察建议的情形。

## 办案心得体会

近年来，冒名顶替、虚假婚姻登记引发的纠纷时有发生，导致此类乱象发生的关键原因之一，便是行政机关未依法履行审慎、合理的审查职责，因婚姻登记错误进而造成重婚或者离婚不能，严重损害了婚姻登记当事人合法权益。为此，检察机关在办案中，以虚假婚姻登记为切入口，通过"个案线索—类案办理—社会治理"工作路径，重点解决婚姻登记过程中存在的冒名顶替或者弄虚作假问题，同时通过建立工作协作机制，对冒名顶替或者弄虚作假方式办理婚姻登记的问题进行协同解决，不光是要解决"存量"，更要从源头上解决"增量"问题。

### 一、要善于从日常履职中发掘监督方向

在县"两会"上，人大代表向开化县检察院反映有外地已婚女子在当地又与他人结婚，收了礼金就一去不回的情况。同时还有其他人大代表就婚姻登记问题提出的意见建议，称有外地女子冒用他人名字和身份信息登记结婚，不仅严重影响本地婚姻登记秩序，使被骗婚者遭受重大财产损失，而且直接影响了其再婚权，人大代表提出的关于婚姻登记问题引起开化县检察院的重视，成立监督线索综合研判小组，统筹开展线索的移送和研判工作。

开化县检察院充分注重从"四大检察""十大业务"中发现行政机关违法行使职权或怠于行使职权的案件线索。本案的线索来源于开化县检察院刑事执行检察部门在办理一起暂予监外执行案件时发现婚姻登记

部门的登记行为存在错误，同时，经过排查，发现正在办理的一起重婚案中也存在类似违法情况。

## 二、要善于利用大数据分析手段筛查类案线索

通过个案分析，开化县检察院发现重复登记或者冒名顶替婚姻登记行为存在共性特征，一是相关职能部门信息不通畅、不对称，导致违法人员有可乘之机。例如，2012年以前婚姻登记权下放至各乡镇政府，登记信息不全且未上报系统，不同的行政辖区之间婚姻登记信息未联网，并且法院判决的离婚信息也有部分数据未向民政部门移送，存在信息"真空地带"。二是以合法行为掩盖非法目的。例如，有人利用合法婚姻登记形式骗取他人钱财，甚至与多人登记结婚，构成重婚罪、诈骗罪。

在衢州市检察院的指导下，通过会商研究，确定办案总体要求和思路，即以个案为突破口，从刑事案件中获取重婚、诈骗等相关罪名的案件材料，并从民政部门和法院分别调取婚姻登记和判决离婚的相关数据，针对民政部门深入开展在婚姻登记时未尽到合理审慎义务，导致出现重婚或者冒名顶替的线索进行摸排。一是检察机关通过检察业务应用系统调取2014年以来的重婚案件数据；二是积极对接县民政局，让对方主动提供县域范围内婚姻登记系统信息、县档案局婚姻登记信息；三是与县法院沟通，调取判决离婚案件数据，然后通过浙江检察数据应用平台进行建模筛查，对比、碰撞，筛选出类案线索；四是通过调取档案材料、实地走访排查等方式进一步核查，展开不同成效、不同层次的法律监督。

## 三、要善于发挥检察一体化办案优势开展融合监督

一是依法能动履职，确保监督质效。以《最高人民法院、最高人民检察院、公安部、民政部关于妥善处理以冒名顶替或者弄虚作假的方式办理婚姻登记问题的指导意见》为基础，依法向民政部门发出类案监督检察建议，要求撤销相关当事人婚姻登记，维护涉案婚姻登记当事人合法权益。建议民政部门根据反馈问题举一反三，在全县范围开展婚姻登

记问题专项整治行动；针对历史遗留问题，建议加快补办婚姻登记，解决历史婚姻档案数据缺失问题，全面推进婚姻档案数字化建设。二是开展融合式监督，系统治理漏洞。在刑事领域加强打击力度，与公安机关形成合力，对涉嫌重婚案件及时立案侦查。在婚姻登记环节，建议民政部门加强审查力度，对于可能存在弄虚作假、冒名登记的申请，进行必要的调查核实后依法处理。在审判环节，建议法院对涉及当事人冒名顶替或者弄虚作假婚姻登记类民事案件，规范裁判标准，依法向民政部门提出撤销建议。

## 四、要善于发挥检察主导作用推动长效治理

为进一步推动县域内婚姻登记规范化，加强对婚姻登记当事人合法权益的保障力度，开化县检察院联合县民政局、县法院、县公安局共同签署了《关于建立办理冒名顶替、弄虚作假婚姻登记以及重婚案件协作配合机制的意见》，建立妥善处理以冒名顶替或者弄虚作假方式以及重婚类案件工作协作机制，明确各部门关于线索移送、信息共享、日常联络、业务交流等方面的工作要求，进一步强化刑事司法与行政执法的衔接，以通力协作推动婚姻登记"存量"问题得到妥善处理，加大婚姻登记作假行为监督和管理力度，针对社会治理难点堵点，进一步放大检察机关法律监督职能作用，防范化解各类风险隐患。


案件承办人：

　　袁小荣　龚高华　陈凯　叶挺　厉昕琳（开化县人民检察院）

案例撰写人：

　　陈凯　厉昕琳（开化县人民检察院）

案例审核人：

　　谈文栋　刘平（浙江省人民检察院）

# 海警部门未依法查处
# 海上船舶航行违法行为类案监督

◇ 舟山市普陀区人民检察院

📖 **关键词**

船舶航行违法　海上安全　建模比对　执法司法衔接

📖 **要旨**

检察机关将行政检察职能融入海洋治理体系，通过分析研判刑事案件，发现海警部门可能存在遗漏处理的行政违法事项，进而对海警办理的刑事、行政案件数据与海事办理的行政案件进行建模比对，发现应当行政处罚而未处罚的线索。后制发检察建议并建章立制，联合海警和海事部门强化执法司法衔接，堵塞制度漏洞，为构筑海上航运安全管控格局织密法网。

📖 **基本情况**

2021年2月28日，赵某甲租用"华伦1898"内河船，分别雇用不具有适任证书的赵某乙、左某担任船长、二副，赵某乙雇用不具有适任证书的王某担任船员。2021年3月，受赵某甲的指使，赵某乙、左某无证驾驶"华伦1898"内河船违规跨航区前往福建省闽江口七星礁附近海域购买违法开采的海砂6253.91吨，其间船舶自动识别系统（英文简称

AIS）未保持正常运行。

2021 年 7 月 28 日，舟山海警局普陀第一工作站对赵某甲、赵某乙购买违法开采的海砂行为，以涉嫌掩饰、隐瞒犯罪所得罪移送舟山市普陀区检察院审查起诉，但截至 2022 年 5 月，未对赵某乙等人无证驾驶机动船舶的行为依法追究行政责任，亦未对涉案船只跨航区航行、航行过程中 AIS 未正常运行等违法行为移送海事部门追究行政责任。

## 📖 线索发现

舟山市检察院、舟山市普陀区检察院在办理涉海砂运输类掩饰、隐瞒犯罪所得罪案件中发现，犯罪嫌疑人在运输海砂过程中可能存在无证驾驶、故意关闭 AIS、雇用无证船员等行政违法行为，需要进一步核实该些行政违法行为有无被相关部门处理，同时经研判分析认为该问题应非个案，可能存在一批同类案件，有必要移送行政检察部门并通过大数据分析开展专项监督。

## 📖 数据分析方法

### 数据来源

1. 涉海案件人员行政违法信息（检察机关案件承办人登记）；

2. 受理审查起诉人员信息、不起诉人员信息（源于检察业务应用系统）；

3. 海警行政案件信息人卡（源于舟山海警部门办案系统）；

4. 海洋与渔业部门移送海警行政处罚信息（源于舟山市海洋与渔业部门业务系统）。

### 数据分析关键词

通过对受理的涉海案件人员信息进行全面梳理，总结此类案件数据研判的主要关键词：一是人员有无适任证书，筛选的人员包括普通船员、船长和船舶实际经营人（包括船舶承租人、船东等）；二是船舶是否为内河船,筛选的人员包括船长和船舶实际经营人;三是是否存在关闭 AIS 行为,筛选的人员包括责任船员(即直接行为人)、船长、船舶实际经营人。

### 数据分析步骤

第一步:收集、整合 2020 年以来检察机关受理的涉海案件人员行政违法信息,项目包括案件名称、承办单位、姓名、身份、船号、证书情况等,共计 102 条。

第二步:通过关键词筛选过滤,分别筛选出"船员无适任证书""关闭 AIS""内河船超越航区行驶"这三类违法行为信息。

第三步:将"船员无适任证书"信息、海洋与渔业部门移送海警行政处罚信息分别与海警行政案件信息人卡数据进行比对,取差集筛选出未被海警行政处罚的无证人员。

第四步:人工筛查第三步筛选出的"无证人员"是否存在无证驾驶情形,区分海警有无行政处罚权,筛查出无证驾驶人员信息 12 条,其他无证人员信息 2 条。

第五步:将"关闭 AIS"信息与不起诉人员信息进行比对,取交集筛选出有关闭 AIS 行为、检察机关作出不起诉的人员信息 7 条,取差集筛选出有关闭 AIS 行为的其他人员信息。

第六步:将第五步筛选出的"有关闭 AIS 行为的其他人员"信息与受理审查起诉人员信息进行比对,取交集筛选出有关闭 AIS 行为且涉刑(即检察机关已受理审查起诉)的人员信息 35 条,取差集筛选出有关闭 AIS 行为但未涉刑的人员信息 4 条。

第七步:通过第二步筛选出"内河船超越航区行驶"信息 26 条。通过人工核实,证实舟山海警局普陀第一工作站在办理赵某甲、赵某乙涉嫌掩饰、隐瞒犯罪所得案件中,未对相关人员无证驾驶机动船舶等行为依法追究行政责任。

## 思维导图

```
                         涉海人员行政违法信息
```

| 海洋与渔业部门移送海警行政处罚信息 | 海警行政案件信息人卡 | 船员无适任证书 | 关闭 AIS | 不起诉人员信息 | 内河船超越航区行驶 |

差集　　　差集

未被海警行政处罚的无证人员　　有关闭 AIS 行为的不起诉人　　其他人员　　受理审查起诉人员信息

无证驾驶人员　　其他无证人员　　未涉刑人员　　有关闭 AIS 行为的涉刑人员

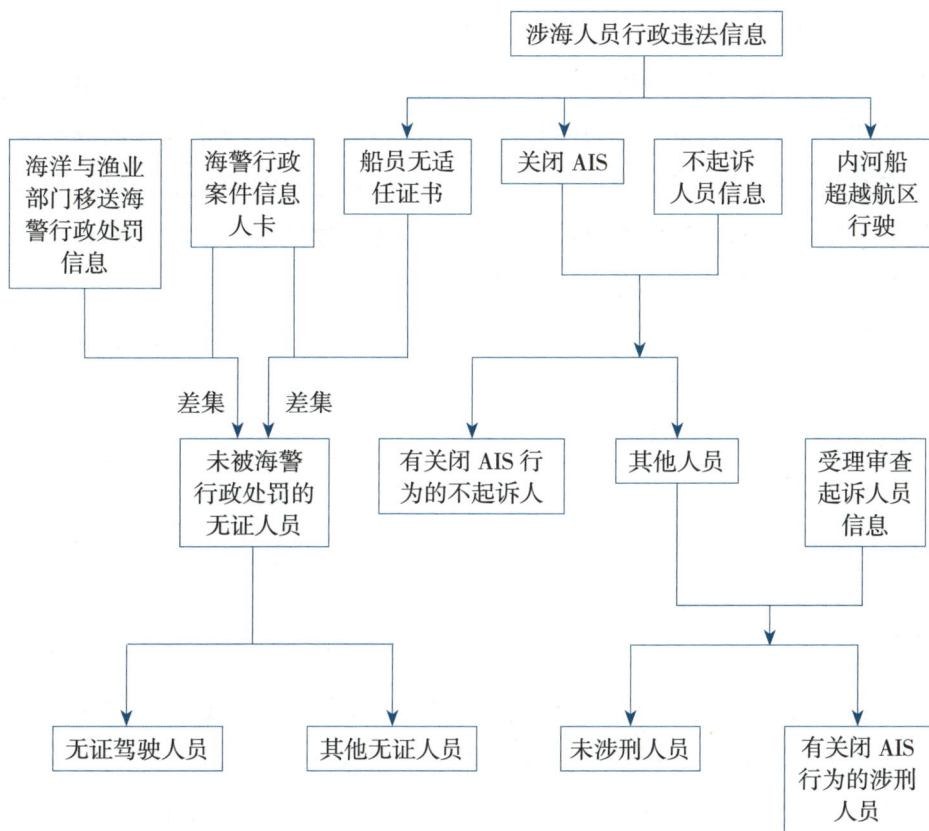

## 📖 检察融合监督

### 刑事检察监督

舟山市检察院刑事检察部门在办理涉海刑事犯罪案件中发现，因涉海行政执法机关与海警部门行刑衔接不畅等问题，可能存在案件应立未立、应撤未撤的情况。后通过数据建模比对，两级院刑事检察部门共监督立案 5 人、监督撤案 12 人。同时，将可能存在的行政违法行为"应罚未罚"线索移交行政检察部门进行调查核实。

### 行政检察监督

普陀区检察院行政检察部门接受线索后，综合运用"三查融合"手段进行调查核实，并进一步拓展行政检察监督线索：一是询问违法行为人赵某乙、左某等人，确认未被依法追究行政责任；二是走访海事、公安部门，了解同类案件行政、刑事责任共同追究的处理原则并调取相关数据及案卷材料；三是通过比对海警、海事及公安的行政处罚数据和本院刑事案件数据，深挖案件线索，排查发现除建模比对出的线索外，涉案船只及其他人员还存在无适任证书、未写航海日志等多项行政违法行为。根据《海警法》《行政处罚法》《行政执法机关移送涉嫌犯罪案件的规定》等相关规定，梳理出海警部门针对 5 名涉案人员合计存在 7 项"应罚未罚""应移未移"的问题清单。

## 📖 社会治理成效

### 推动开展专项行动

2022 年 6 月 8 日，普陀区检察院就海警部门未依法查处海上船舶航行违法行为的情况制发检察建议。海警部门依法针对上述 5 人 7 项行政违法行为启动行政处罚及移送处置程序，并将类案问题上报进行长效防范整改。舟山市检察院以普陀经验为蓝本，在全市范围内部署开展了海上船舶航行安全专项监督行动，引领岱山县检察院、嵊泗县检察院行政检察部门共计办理数字监督案件 2 件，办案效果得到浙江省检察院行政检察部门认可，在全省推广。

### 建立联合监督机制

普陀区检察院以案件办理为契机，牵头与海事部门、海警部门联合出台《关于强化海上航运安全执法司法工作的会议纪要》，强化检察机关与海事部门、海警部门的合作，建立海上安全执法司法衔接机制和海上行政执法协作互动机制，有效促进了东海海域海上交通航行安全的源头治理和系统治理。

### 📖 法律法规依据

1.《中华人民共和国行政处罚法》第二十七条　违法行为涉嫌犯罪的，行政机关应当及时将案件移送司法机关，依法追究刑事责任。对依法不需要追究刑事责任或者免予刑事处罚，但应当给予行政处罚的，司法机关应当及时将案件移送有关行政机关。

行政处罚实施机关与司法机关之间应当加强协调配合，建立健全案件移送制度，加强证据材料移交、接收衔接，完善案件处理信息通报机制。

2.《中华人民共和国治安管理处罚法》第六十四条　有下列行为之一的，处五百元以上一千元以下罚款；情节严重的，处十日以上十五日以下拘留，并处五百元以上一千元以下罚款：

（一）偷开他人机动车的；

（二）未取得驾驶证驾驶或者偷开他人航空器、机动船舶的。

3.《中华人民共和国海警法》第二十三条第一款　海警机构对违反海上治安、海关、海洋资源开发利用、海洋生态环境保护、海洋渔业管理等法律、法规、规章的组织和个人，依法实施包括限制人身自由在内的行政处罚、行政强制或者法律、法规规定的其他措施。

4.《中华人民共和国海上海事行政处罚规定》第三条　海事行政处罚，由海事管理机构依法实施。

第九条第一款　违反《海上交通安全法》第九条的规定，船舶、海上设施未持有有效的证书、文书的，由海事管理机构责令改正，对违法船舶或者海上设施的所有人、经营人或者管理人处3万元以上30万元以下的罚款，对船长和有关责任人员处3000元以上3万元以下的罚款；情节严重的，对违法船舶或者海上设施的所有人、经营人或者管理人处3万元以上30万元以下的罚款，暂扣船长、责任船员的船员适任证书18个月至30个月，直至吊销船员适任证书；对船舶持有的伪造、变造证书、文书，予以没收；对存在严重安全隐患的船舶，可以依法予以没收。

第十八条　违反《海上交通安全法》第三十四条、第三十五条、第三十六条、第四十三条、第四十四条、第四十五条、第四十七条、第五十七条、第五十八条、第五十九条和第六十一条的规定，船舶在海上航行、停泊、作业，有下列情形之一的，由海事管理机构责令改正，对违法船舶的所有人、经营人或者管理人处 2 万元以上 20 万元以下的罚款，对船长、责任船员处 2000 元以上 2 万元以下的罚款，暂扣船员适任证书 3 个月至 12 个月；情节严重的，对违法船舶的所有人、经营人或者管理人处 2 万元以上 20 万元以下的罚款，吊销船长、责任船员的船员适任证书：

……

（三）不符合安全开航条件冒险开航，违章冒险操作、作业，或者未按照船舶检验证书载明的航区航行、停泊、作业；

（四）未按照有关规定开启船舶的自动识别、航行数据记录、远程识别和跟踪、通信等与航行安全、保安、防治污染相关的装置，并持续进行显示和记录；

（五）擅自拆封、拆解、初始化、再设置航行数据记录装置或者读取其记录的信息；

……

（九）船舶在不符合安全条件的码头、泊位、装卸站、锚地、安全作业区停泊，或者停泊危及其他船舶、海上设施的安全；

……

5.《行政执法机关移送涉嫌犯罪案件的规定》第十三条　公安机关对发现的违法行为，经审查，没有犯罪事实，或者立案侦查后认为犯罪事实显著轻微，不需要追究刑事责任，但依法应当追究行政责任的，应当及时将案件移送同级行政执法机关，有关行政执法机关应当依法作出处理。

6.《舟山市公安局、舟山海事局关于打击整治无证驾驶机动船舶及使用伪造、变造船舶证书、船员适任证书等违法行为的通告》

一、驾驶机动船舶，有下列情形之一的，以无证驾驶机动船舶定性处理，并依据《中华人民共和国治安管理处罚法》等法律法规予以处罚：

（一）未取得船员适任证书的；

（二）船员适任证书超过有效期或被暂扣、吊销、撤销的；

（三）所驾驶船舶的航区、种类和等级或者所任职务超越所持船员适任证书限定范围的，包括持渔业船员职务证书驾驶交通运输船舶（包括游艇、摩托艇）、持轮机部船员职务证书参与甲板部驾驶等；

（四）船舶所有人、船舶经营人或其他直接责任人员在明知船员无证、持有假证或者证书不符的情况下，仍招录、唆使、安排其驾驶船舶的，按照共同违法行为论处。

二、无证驾驶机动船舶，有下列情形之一的，属于《中华人民共和国治安管理处罚法》第六十四条的"情节严重"情形：

（一）多次无证驾驶机动船舶的；

……

（七）十二个月内因无证驾驶机动船舶受过两次以上（含两次）处罚的；

（八）酒后无证驾驶的；

（九）无证驾驶机动船舶，有无证驾驶内河船舶非法参与海上航行情形；

（十）其他情节严重的。

## 办案心得体会

舟山市普陀区检察院立足海洋检察特色，秉持融合监督理念，依托大数据赋能检察法律监督，优化涉海行政执法机关共管格局，强化海上船舶航运安全的执法司法衔接，助力舟山海洋治理体系和治理能力提升。

## 一、以海洋治理为需求，拓展检察监督视野

近年来，东海海域内涉海砂掩饰、隐瞒犯罪所得犯罪案件持续多发，涉案船舶为了逃避执法和谋求更多利润，不顾航行安全，以内河船舶充当海运工具、航行中关闭 AIS 以及无证驾驶船舶等违法行为频频发生，埋下航行安全隐患，海上交通事故亦时有发生，部分案件死伤后果甚至达到刑事打击标准。经前期走访调查，发现舟山海域内海上刑事侦查权以海（岛屿）岸线、沿海港岙口、码头内外为区分标准分属公安、海警，行政处罚权以部门职责划分为区分标准分属公安、海警、海事及港航，由于各执法机关之间没有畅通数据共享渠道，致使同一行为人有多项违法行为时，相关执法机关不能掌握信息从而无法作出处理。当前舟山海域船舶违法航行行为多发、频发，需要联合海事、海警、港航等多个行政执法机关力量组建最严密的法网，以高压态势打击违法犯罪分子。

以此考量为基础，舟山市检察院及普陀区检察院刑事检察部门、行政检察部门通力合作，在认真审阅涉海砂掩饰、隐瞒犯罪所得犯罪卷宗基础上，发现海警部门立案侦查的刑事卷宗中有大量涉案人员提及存在内河船舶跨航区航行、无证驾驶的情况，但这些人员除以掩饰、隐瞒犯罪所得被移送起诉外，未接受海警、海事等部门关于行政违法行为的处罚。普陀区检察院行政检察部门认为，上述行政违法行为的疏漏处理，既减损了法律权威，也放任了海上安全隐患的滋生蔓延，有必要通过行政检察专项监督活动督促问题整改，促进海上安全执法司法衔接。

## 二、能动履职，逐个击破办案难点

### （一）充分运用调查核实权

鉴于海上执法部门众多，确定涉案人违法行为有无被追究行政责任是第一任务，办案组在全面排摸刑事卷宗证据材料线索基础上，多渠道进行核实。首先从主观性证据入手，通过远程视频、音频取证的方式形成违法当事人及证人的询问笔录，初步确认违法当事人在实施掩饰、隐

瞒犯罪所得行为时所触犯的行政违法行为未被及时处罚。其次从客观性证据入手，全面搜集涉海执法机关的行政处罚数据。由于管辖问题复杂、所涉部门众多，且海事、海警等部门属直管单位，办案组通过上下联动，由上级院业务部门及本院检察长协调对接调取数据。经全面调取比对辖区同类案件处理数据和具体案件信息后，发现同类案件存在海警海事同步处理、海警先行处理和海事先行处理三种不同的程序流转情况，但仅有海警部门先行处理的案件在追究刑事责任后未依法追究行政责任，存在同案不同罚的情况，有必要统一认识。

（二）稳妥论证监督可行性

经调查发现，舟山海警部门惯例将相关船舶航行违法行为作为刑事犯罪的酌定从重情节，一旦开展专项监督势必产生导向性影响，且主要存在两方面的障碍：一是可能与"一事不再罚"的原则存在冲突。有观点认为，在行为人以运输、收购海砂作为犯罪实行行为时，为实现犯罪目的大概率会实施关闭 AIS 等行政违法行为，故追究行政责任属一事二罚。但检察机关认为，无证驾驶、跨航区航行等行政违法行为和收购赃物类的掩饰、隐瞒犯罪所得犯罪侵犯的是不同法益，仅追究刑事责任是放任无证驾驶等行政违法行为存续。二是双重责任追究是否对行为人过于严苛。在解决法律适用基础上，基于船舶存在违反航行、避让、信号显示规则等多种危险驾驶行为对海上交通秩序管控形成较大威胁的现实情况，有必要以民事、行政和刑事手段共同予以规制，使行为人违法犯罪成本最大化，实现更强的威慑和警示作用，让试图游走在底线边缘的船舶所有人、管理人及驾驶人不敢为不想为，做到防患于未然。

（三）刚柔并济提质增效

案件调查核实过程中，海警部门提出此类案件办理模式系省内惯例做法，历史性溯源势必牵涉大量重复性执法司法资源，对检察机关法律监督有所顾虑，且类案不同处理问题的产生究其原因还有涉海多部门信息数据渠道未打通的因素。本着监督根本目的在于服务海洋治理体系完善的原则，普陀区检察院提出从重点案件办理出发，为检察建议制发之后类案的处理打造模板，历史性溯源由海警部门自行进行整改的监督方式。海警部门接受检察建议后，迅速对重点案件进行整改，对无证驾驶的雇佣者、实际驾驶人一并予以行政处罚，同时梳理类案情况提交上级海警部门予以处理。以案件办理为基础，普陀区检察院牵头海事、海警部门召开三家联席会议，搭建执法司法协作平台促进数据畅通、资源整合，在整改落实和长效机制建立之间找准契合点，充分释放案件查办"以案促改、以案促治"的综合效应。

### 三、案件办理的借鉴意义

一是坚持数据赋能，撬动监督办案。用足用好检察业务应用系统和互联网平台等现有应用，深研个案，找准切入口，延伸监督触角，不断拓宽案源线索渠道，实现办一案、治一串、成一片。

二是加强内部融合，深挖监督线索。增强"四大检察""十大业务"融合发展的意识，发挥内部多主体协同优势，打破部门间屏障，共享监督信息和线索，整合检察资源，凝聚法律监督合力。

三是建立长效机制，提升治理水平。检察机关牵头推动建立海上安全执法司法衔接机制和海上行政执法协作互动机制，从源头优化海上航行安全行刑共治格局的执法司法衔接机制，助力提升社会治理水平。

四是凝聚群众力量，构建共治共享。通过召开案件效果评估会的形式，邀请人大代表、人民监督员和东海渔嫂，及时跟进监督意见的落地落实，以人民监督力量促进监督意见落在实处，共同构建海上航行安全的共治共享格局。


案件承办人、案例撰写人：

　　张嫔　曲鸣英（舟山市普陀区人民检察院）

案例审核人：

　　李明　刘平（浙江省人民检察院）

# 非标油偷逃税、危害公共安全、污染环境类案监督

◇ 嵊州市人民检察院

## 📖 关键词

行政公益诉讼　非标油　税收流失　国有财产

## 📖 要旨

根据大型危化品车辆装卸货时间长、需储油设施接驳和运输成本高等特点，通过对比分析关联车辆运行轨迹时间、空间地理信息等数据，精准锁定油品装卸货地点和数量，碰撞税务数据挖掘偷逃税违法线索。通过对装卸货点开展深入调查，查明违法事实，有效打击加油站偷逃税、无证无照非法经营等违法行为，推动成品油市场突出问题综合整治。

## 📖 基本情况

当前，一些非标油、走私油通过黑色产业链流向市场，① 导致成品油市场乱象突出，损害了税收秩序、公共安全和生态环境。2021 年，嵊州市检察院在总结前期通过增值税发票抵税等数据碰撞办理非标油类案

---

① 非标油是指以各种化工名称销售但实际用于车辆、工程机械燃烧使用的油品，实质上等同于未缴纳消费税的成品油，主要来源于地方炼油厂或走私。

监督的基础上，以危化品车辆的运行轨迹信息数据为突破口，在中国科学院空天信息创新研究院的支持下，设计研发了"非标油偷逃税空天地一体化检察监督治理平台"（以下简称非标油监督模型）。该模型通过梳理危化品运输车辆的电子运单、路线轨迹等数据，可视化地确定车辆装卸油品点具体位置、实际油品运输总量，并测算出该销售点的销售总额及应纳税税额，进而与税务部门纳税监管数据进行碰撞分析，精准锁定偷逃税款违法行为线索。以嵊州市某民营加油站为例，通过模型测算出该加油站卸货并销售 6240 吨，实际查实销售量为 5750 吨，准确率达92%，但该加油站仅申报销售油品约 406 吨，交税占比仅 7%，现已查实偷逃税费共计 328 余万元，罚款 251 余万元。

### 📖 线索发现

2021 年，根据浙江省检察院部署开展违规使用非标油专项监督治理行动的要求，嵊州市检察院在深化办案过程中发现，一些加油站不开发票现象较为普遍，有的民营加油站开票率甚至不足 20%，加油站偷逃税款问题较为突出。为破解此类案件中资金交易隐蔽、发票难以反映真实交易情况的难题，嵊州市检察院经综合研判，认为有必要对非标油监督模式进行迭代升级，将检察机关的监督视野从终端消费市场延伸至前端销售市场。经进一步研究分析发现，非标油按照第三类危险化学品标准进行运输，且 12 吨以上重载运输车辆必须安装卫星定位系统。该院根据危化品运输车辆在装卸货点需配备储油设施以及停留时间较长的规律，将 12 吨以上重型货车（含危化品运输车辆）运行轨迹与卫星遥感技术有机结合，成功研发非标油监督模型。通过该模型可以发现以下案件线索：一是通过测算可疑违法加油站销售总量及应纳税额，与税务部门自行申报数据进行碰撞分析，深挖偷逃税款违法线索；二是定向核实自备用油企业增值税进项发票违规抵扣问题，挖掘上游企业"变票"销售偷逃税款违法线索；三是对于既非加油站又非自备用油企业的卸货点，可以排查无证无照黑加油点线索；四是对于海边码头或者是内陆一些不具备大型储罐设施的装货点，可以排查油品走私违法线索。

## 数据分析方法

### 数据来源

1. 危化品运输车辆荷载数、运行轨迹等数据（源于交通运输部门）；

2. 加油站自行申报销售数据（源于税务部门）；

3. 企业增值税发票往来数据（源于税务部门）；

4. 卫星遥感数据（源于中国科学院空天信息创新研究院）。

### 数据分析关键词

分析研判危化品运输车辆路线轨迹、停留时间、停留次数、车辆荷载数等数据，进而与税务部门纳税监管数据进行碰撞分析，结合轨迹信息时间、空间信息，可视化锁定偷逃税款违法行为线索。

### 数据分析步骤

第一步：分析危化品运输车辆轨迹，确定装、卸货次数。危化品车辆在运行过程中每 25 秒自动上报轨迹数据，熄火状态每 15 分钟自动上报轨迹数据，故将危化品车辆在运行过程中在某一特定位置停留时间超过 30 分钟的，作为一次装、卸货点进行统计。

如图 1 所示，危化品车辆进入该加油点的时间为 15:21，离开时间为 16:10，其间停留时间为 49 分钟，可计算为一次卸货次数。另外，由于大型危化品运输车辆必然需要储油设施用于卸载大量油品，故所有停留时间较长的地点均可确定为储油设施点。

第二步：预计卸货总量。通过同步危化品运输车辆时间、空间地理信息，计算获得停留次数，结合车辆荷载数，可预估确定卸货总量。预计卸货总量 = 停留次数 × 车辆荷载数，预计卸货总量即加油站预计销售量或自备用油企业预计消耗量。

如图 2 所示，各卸货点的累计卸货总量。

图 1　危化品运输车辆进出民营加油站时间点

图 2　危化品运输车辆停留点卸货量示意图

第三步：线下核实企业情况。如图 3 所示，对卸货企业予以分析。卸货企业可划分为正规加油站、自备用油企业以及黑加油站点等。卸载总量较多的一般为正规加油点，数量较少的一般为终端用油企业，不属于上述两种企业的可排查是否属于无证无照黑加油点。

图 3　卸货点线下核实图

如图 4 所示，对装货企业予以分析。装货企业可划分为成品油生产、储存企业，违规生产调和企业以及疑似走私油上岸点等。

图 4　成品油生产、储存企业

第四步：与税务数据碰撞，锁定偷逃税数额。如图 5 所示，以嵊州市某民营加油点为例，该加油站同期税务申报销售额为 2037896.22 元，折合油品数量约 406 吨（以每吨 5000 元计），与非标油监督模型显示预计销售量 6240 吨相比，存在巨大差值，偷逃税违法可能性极大。

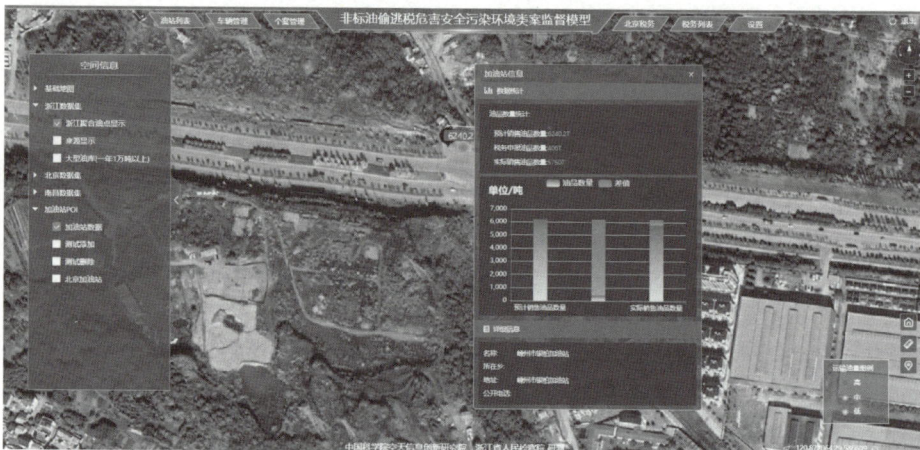

图5　民营加油点偷逃税情况（以货币计算）

第五步：通过调取自备储油设施企业增值税发票往来信息，锁定购买非标油终端消费企业以及不同非标油增值税发票品名，确定用油企业存在违规抵扣增值税行为，且上游经销商存在"变票"违法行为。

如图6所示，碰撞获得不同增值税发票品名9种，终端购买非标油消费企业72家。

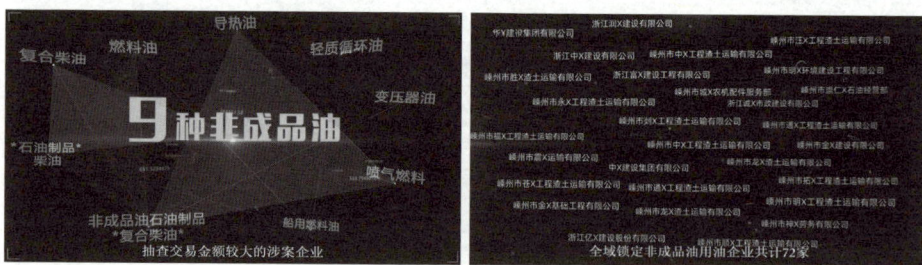

图6　非标油终端消费企业及不同发票品名

## 思维导图

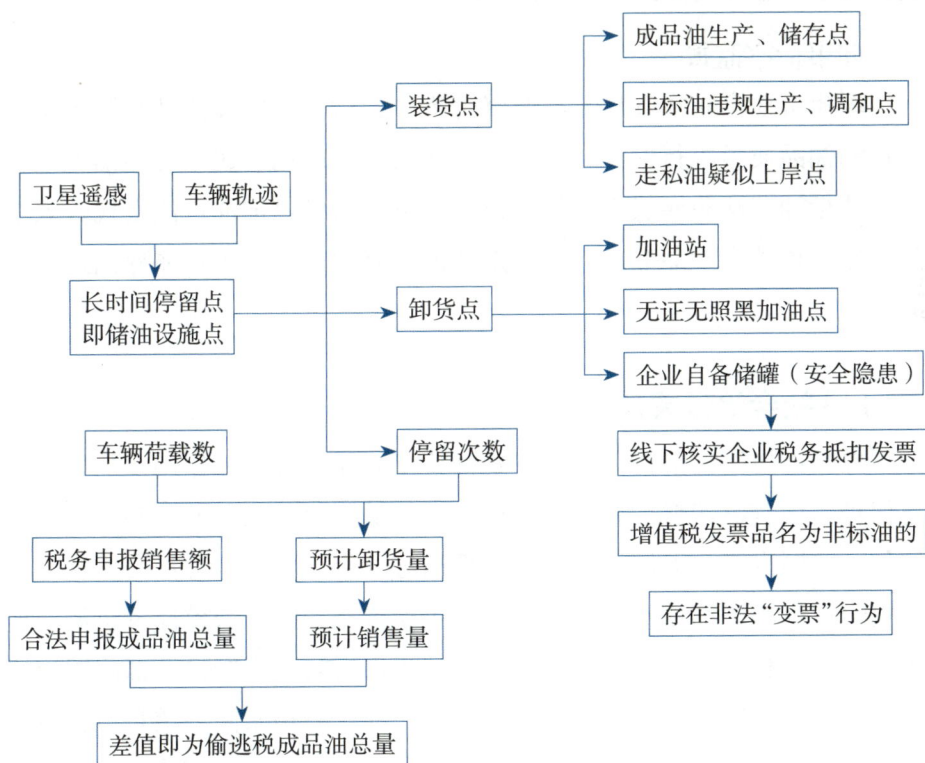

装货点 → 成品油生产、储存点
装货点 → 非标油违规生产、调和点
装货点 → 走私油疑似上岸点

卫星遥感 车辆轨迹 → 长时间停留点即储油设施点 → 装货点、卸货点、停留次数

卸货点 → 加油站
卸货点 → 无证无照黑加油点
卸货点 → 企业自备储罐（安全隐患）

线下核实企业税务抵扣发票 → 增值税发票品名为非标油的 → 存在非法"变票"行为

车辆荷载数 → 税务申报销售额 → 合法申报成品油总量
停留次数 → 预计卸货量 → 预计销售量
→ 差值即为偷逃税成品油总量

## 📖 检察融合监督

### 公益诉讼检察监督

通过非标油监督模型的应用推广，能够全面掌握非标油储存设施分布点以及交易数量，实现可视化、数字化闭环管理，与税务监管数据进行碰撞，快速锁定偷逃税违法行为，破解税务监管"老大难"问题。该模型既能从销售端依法严惩加油站偷逃税违法行为，还能精准锁定用油企业违规抵扣非标油增值税发票，企图以"变票"方式偷逃税违法行为，有效规范成品油市场消费终端，实现打击销售端与规范消费端双管齐下，大力挤压非标油市场空间。此外，针对部分违法经营主体非法销售硫含量超标的非标油，用油企业燃烧使用污染大气的情形，嵊州市检

察院还通过民事公益诉讼，要求侵权行为人承担污染环境生态损害赔偿金，用于生态环境保护、修复及治理。

### 刑事检察监督

嵊州市检察院在开展专项监督过程中，对辖区内加油站和终端用油企业的油品质量进行检测，并督促市场监督管理局移送一处加油点违规销售非标油违法犯罪线索，依法审查起诉，最终该加油点法定代表人丁某某犯销售伪劣产品罪被判处有期徒刑，有力震慑了销售非标油违法犯罪行为。

### 📖 社会治理成效

嵊州市检察院坚持最大限度发挥检察公益诉讼职能作用，从生态环境保护、国有财产保护和安全生产三大领域同时切入，助力多部门相互协作、共同推进，促使市场监督管理局等七部门联合出台油品质量监管和打击取缔黑加油站点联合执法行动工作方案，建立长效监管机制，取得了双赢多赢共赢的良好监督成效。绍兴市检察院会同税务部门建立协作机制，开展非标油涉税问题专项整治。浙江省检察院在绍兴市检察机关办案基础上，向省委报送关于整治走私和地下成品油市场一件事多跨场景改革的报告，得到省委批示肯定，并推动由省税务局总牵头，省级相关部门成立工作专班，整合各部门之间物流、票流、资金流等大数据，建设"成品油综合智治"数字化多跨场景应用，被列为省政府2022年数字政府系统"浙政智治"的重点应用，为省域治理现代化贡献数字检察治理方案。

### 📖 法律法规依据

1.《中华人民共和国税收征收管理法》第二十五条第一款　纳税人必须依照法律、行政法规规定或者税务机关依照法律、行政法规的规定确定的申报期限、申报内容如实办理纳税申报，报送纳税申报表、财务会计报表以及税务机关根据实际需要要求纳税人报送的其他纳税资料。

**第六十三条第一款** 纳税人伪造、变造、隐匿、擅自销毁帐簿、记帐凭证，或者在帐簿上多列支出或者不列、少列收入，或者经税务机关通知申报而拒不申报或者进行虚假的纳税申报，不缴或者少缴应纳税款的，是偷税。对纳税人偷税的，由税务机关追缴其不缴或者少缴的税款、滞纳金，并处不缴或者少缴的税款百分之五十以上五倍以下的罚款；构成犯罪的，依法追究刑事责任。

2.《中华人民共和国发票管理办法》第二十二条第一款 开具发票应当按照规定的时限、顺序、栏目，全部联次一次性如实开具，并加盖发票专用章。

**第三十五条** 违反本办法的规定，有下列情形之一的，由税务机关责令改正，可以处 1 万元以下的罚款；有违法所得的予以没收：

（一）应当开具而未开具发票，或者未按照规定的时限、顺序、栏目，全部联次一次性开具发票，或者未加盖发票专用章的；

（二）使用税控装置开具发票，未按期向主管税务机关报送开具发票的数据的；

（三）使用非税控电子器具开具发票，未将非税控电子器具使用的软件程序说明资料报主管税务机关备案，或者未按照规定保存、报送开具发票的数据的；

（四）拆本使用发票的；

（五）扩大发票使用范围的；

（六）以其他凭证代替发票使用的；

（七）跨规定区域开具发票的；

（八）未按照规定缴销发票的；

（九）未按照规定存放和保管发票的。

3.《中华人民共和国发票管理办法实施细则》第二十八条 单位和个人在开具发票时，必须做到按照号码顺序填开，填写项目齐全，内容真实，字迹清楚，全部联次一次打印，内容完全一致，并在发票联和抵扣联加盖发票专用章。

第三十四条 税务机关对违反发票管理法规的行为进行处罚，应当将行政处罚决定书面通知当事人；对违反发票管理法规的案件，应当立案查处。

对违反发票管理法规的行政处罚，由县以上税务机关决定；罚款额在2000元以下的，可由税务所决定。

4.《道路运输车辆动态监督管理办法》第三条 本办法所称道路运输车辆，包括用于公路营运的载客汽车、危险货物运输车辆、半挂牵引车以及重型载货汽车（总质量为12吨及以上的普通货运车辆）。

第八条 道路旅客运输企业、道路危险货物运输企业和拥有50辆及以上重型载货汽车或者牵引车的道路货物运输企业应当按照标准建设道路运输车辆动态监控平台，或者使用符合条件的社会化卫星定位系统监控平台（以下统称监控平台），对所属道路运输车辆和驾驶员运行过程进行实时监控和管理。

第十一条第一款 旅游客车、包车客车、三类以上班线客车和危险货物运输车辆在出厂前应当安装符合标准的卫星定位装置。重型载货汽车和半挂牵引车在出厂前应当安装符合标准的卫星定位装置，并接入全国道路货运车辆公共监管与服务平台（以下简称道路货运车辆公共平台）。

第三十五条 违反本办法的规定，道路运输企业有下列情形之一的，由县级以上道路运输管理机构责令改正。拒不改正的，处1000元以上3000元以下罚款：

（一）道路运输企业未使用符合标准的监控平台、监控平台未接入联网联控系统、未按规定上传道路运输车辆动态信息的；

（二）未建立或者未有效执行交通违法动态信息处理制度、对驾驶员交通违法处理率低于90%的；

（三）未按规定配备专职监控人员，或者监控人员未有效履行监控职责的。

第三十六条 违反本办法的规定，道路运输经营者使用卫星定位装置不能保持在线的运输车辆从事经营活动的，由县级以上道路运输管理机构对其进行教育并责令改正，拒不改正或者改正后再次发生同类违反规定情形的，处 200 元以上 800 元以下罚款。

## 办案心得体会

嵊州市检察院始终秉承"在办案中监督，在监督中办案"监督理念，积极延伸法律监督触角，坚持做好源头治理、综合治理，强化数字检察理念，依托数字化改革，赋能检察法律监督，助推省域治理体系和治理能力现代化。

### 一、为什么关注非标油市场领域

非标油市场领域具有相当成熟且利益巨大的黑色产业链，违法行为隐蔽性极强，很难有效斩断违法链条，国家利益和社会公共利益持续遭受侵害。为此，检察机关应当予以重点关注。

一是造成国有财产流失。走私油、非标油流入终端消费市场，大量偷逃成品油消费税，仅此一项税种国家每年税收流失超千亿元。同时为避免税务监管，违规销售非标油往往以不带票形式交易，进而导致国家少征增值税、个人所得税等。加油站偷逃税问题一直以来都是困扰税务执法的"老大难"问题。

二是危害公共安全。价格低廉的非标油以次充好，迅速挤占正规成品油市场，但因无法在正规渠道进行销售，进而衍生出黑加油点、流动加油车等供油服务，随之而来的是公共安全风险隐患问题。嵊州市检察院调查发现的一处黑加油点距离居民区不足 10 米，严重危害人民群众人身财产安全。此外，还发现诸多皮卡车、厢式货车，甚至一些洒水车均被改装用于运输非标油，在大街小巷流窜作案，成为一个个移动的定时炸弹。

三是污染生态环境。2019 年，嵊州市检察院对辖区内 10 处涉嫌销售、使用非标油企业同步开展油品质量检测，发现硫含量超标的 8 个样品均值超 52.4 倍，其中最高超国家限制标准 183.2 倍，大量燃烧使用非标油，超标排放的二氧化硫等废气已成为大气污染的重要污染源。

四是行政监管困难重重。由于非标油黑色产业链隐蔽性强、流动性大、交易时间短等特性，嵊州市检察院在案件办理初期，花费了大量时间精力，从生态环境、公共安全等多领域同时切入，并主动联合商务、市场监督管理、交通运输等多个部门开展专项行动，但不仅打击效果不佳、收效甚微，甚至明知一些企业可能存在大量违规使用非标油情况，却仍然无法有效开展监管。

五是涉及刑事犯罪追诉。由于非标油质量不稳定，对于违规销售、使用非标油均存在不同程度的刑事犯罪风险。如嵊州市检察院组织协调行政机关对油品质量进行检测时发现，两个样本闭杯闪点低于 60℃，属于危险化学品，不符合国标柴油闪点高于 60℃ 的标准，遂以生产、销售伪劣产品罪追究某正规加油点的刑事责任。如果用油企业购买、储存闭杯闪点低于 60℃ 的非标油，将涉嫌危险作业的刑事犯罪。

## 二、利用车辆运行轨迹破解监管难题

嵊州市检察院在确定调查对象后，如何查清一家企业实际经营状况，离不开发票流、资金流和物流"三流"的调查，但是在调查加油站偷逃税款案件过程中发现两个特殊情况。一方面，上游非标油批发商以不带成品油增值税发票销售为常态，实际上嵊州市检察院查实的一处民营加油站只开具增值税发票且总额不足总销售额的 5%，也足以证实发票流基本上是空白的；另一方面，加油站购买非标油往往以现金方式进行交易，该院在核实民营加油站银行收入明细时也注意到，现金支取数量较大，与上家发生直接转账交易的次数极少，金额不大，大致与开具的增值税发票总额相当，导致利用资金流也较难查清与上家批发商之间的实际交易总量。为此，嵊州市检察院跳开传统办案思路，将调查思路放在非标油物流上。根据《道路运输车辆动态监督管理办法》规定，所有危化品运输车必须强制安装卫星定位系统，故利用车辆运行轨迹破解税收监管难题具有行政监管基础，可行性较高。

### 三、非标油监督模型设计逻辑基础

一是非标油均按照第三类危化品标准进行运输，且所有危化品运输车辆均安装卫星定位系统。

二是非标油装、卸货时间明显长于正常运行，且在高速服务区配套设施不断完善的前提下，长距离运输的休息点基本集中在高速服务区。所以，根据不同荷载数的危化品运输车辆装、卸货时间的不同，设置一定的时间间隔，超出时间的可确定为装、卸货次数。如根据荷载数为10吨的危化品运输车卸油时间需30分钟以上的实际情况，非标油监督模型初步设置时间为30分钟，可有效锁定10吨以上运输车辆卸货的地点和次数。

三是危化品运输成本较高，在人员配备、车辆安全防护等方面要求均高于普通货物，如在人员配备方面需同时配备驾驶员和押运员，所以长距离运输必然满荷载运输，否则运输成本不符合经济最大化原则。

四是大型危化品运输车辆由于装载量较大，卸载非标油必须有大型储油设施予以储存，极少存在运输车辆直接卸货的情况。因此，所有的装、卸货点应当有大型储油设施。

五是加油站能够容纳的非标油总量有限，不具备大型车辆再次进行二次运输的可能，有且只有5吨或者更小型非标油在特定区域内进行转运，才具有一定的可能性。故非标油监督模型主要分析10吨以上危化品运输车辆。

六是企业税务自行申报数额能够与卸货量进行数据碰撞。由于成品油市场价格波动较大，从有利于违法行为人的角度考虑，可以适当调低成品油零售价格。如嵊州市检察院在评估某民营加油点税务申报销售额204万元的过程中，以每吨5000元的价格进行评估，折合油品数量约406吨，如果以实际成品油批发价均在6000元以上作为标准，折合后非标油数量将更少。

七是国家强制要求车辆、非道路移动机械使用国六标准汽柴油，且大型物流运输、工程基建企业不具备大规模合法消耗非标油的可能，为维持企业正常运营，必然需要大量购进、使用非标油。故大型物流运输、工程基建企业如果大量抵扣非标油发票，可以推断用油企业存在违规抵扣问题，而上游销售企业还存在"变票"违法行为，以此偷逃成品油消费税。

基于上述七点逻辑基础，嵊州市检察院在中国科学院空天信息创新研究院的支持下，成功研发了非标油监督模型，通过研究分析危化品运输车辆运行轨迹信息，实现对非标油生产、销售、储存、使用全链条可视化监督、闭环管理，切实堵塞偷逃税款漏洞，有效遏制销售、使用非标油的违法行为。

### 四、车辆轨迹数据如何获取

根据卫星定位服务商提供的信息，服务商在收集车辆运行信息后，在本地服务器保存的同时，还要向交通运输部同时报送相关的信息，如果其他部门有需要，在征得运输企业同意的前提下，也可以向指定的 IP 报送相应的轨迹数据，所以目前获取车辆运行轨迹数据的主要途径有两个方式。第一种方式是向定位服务商直接调取有关车辆数据的轨迹信息，如嵊州市检察院在调查之初是以电子运单为突破口，因为每次危化品运输必须有电子运单且电子运单必须注明卸货企业（但后续发现电子运单填录受人为影响比较大，人工随意填录的比例非常高），故向省交通运输厅调取了卸货企业为本地一家民营加油点的所有电子运单，分析锁定两家危化品运输企业为案涉某民营加油点提供非标油运输服务，最终从为该两家运输公司提供定位服务的服务商处调取了 12 辆车一年的运行轨迹数据。第二种方式是直接向交通运输部门调取车辆运行轨迹，但是各地交通运输部门因为执行程度不一，是否具有车辆运行轨迹数据存在一定的差异。如浙江省交通运输厅自 2020 年 4 月才开始收集浙江省内运行的危化品车辆运行轨迹信息，而绍兴市综合执法局因管理需要，也在收集辖区内渣土运输车辆运行轨迹信息。

经过对非标油监督模型一段时间的实际应用和分析研究发现，由于非标油跨区域运输较为频繁，县、市级交通运输部门一般不具备收集全部入境车辆信息的能力，除非能够十分明确且精准地锁定调查对象的每一次运输车辆的信息，否则以电子运单的方式去调取特定车辆的运行轨迹，并通过非标油监督模型运算的结果可能会与实际交易情况有较大出入。因此，最佳的途径是直接收集全省乃至全国一定时期内的全部危化品运输车辆数据，在非标油监督模型上进行统一运算，不仅有利于掌握一个省域内非标油物流信息，还能可视化查看所有储油设施分布情况。在碰撞税务数据后，比对发现数据相差较大的，以线索移送的方式再交由各地检察机关和税务部门跟进调查核实。各地可以根据卸货地点的不同，排查是否存在无证无照黑加油点或者自备用油企业违规抵扣问题，从销售端、消费端同步打击销售、使用非标油的违法行为。

### 五、如何利用数据开展法律监督

非标油监督模型既能用于个案办理，也能实现类案监督，但是在数据量齐全的前提下，应更加倾向于对整体数据的分析研判，推动类案监督为宜。

一是如何推进类案监督。首先，根据非标油监督模型对运输车辆轨迹的汇总数据，将特定地点所在的卫星定位位置和数量以结构化数据方式导出，对上述卫星定位位置的企业名称进行线下核实（对于一些地方已经收集企业定位数据的，可以直接引用），整理出一份涵盖具体加油站点名称、系统统计数据、卫星定位位置以及是否为一般纳税人的汇总表。其次，根据已经整理出的加油站点清单，利用市场监管部门成品油经销场所市场主体登记数据或者线下核实的方式，完善清单上的实际经营企业全称，并向税务部门调取车辆停留点时间同时期的税务申报数据（最好以一年车辆轨迹信息和税务申报数据统计为宜）。最后，比对发现数据相差较大的，以线索移送的方式再交由各地检察机关和税务部门跟进调查核实。需要注意的还有两点：第一，如果加油站非一般纳税人，属于子公司的，其税务申报由母公司统一申报，需要对该母公司下属所有子公司数量进行统一汇总，才能查实该母公司实际经营情况，难度较大。第二，如果税务申报数据与非标油监督模型统计数据相差无几的，还应该主动调取该加油站的进项发票，查看发票流和物流是否一致，可能存在虚开增值税发票的问题。例如，浙江省查实从山东地区大量购进柴油，但是涉案加油站成品油增值税发票的开票方均在宁波地区，经进一步深入调查，核实存在虚开增值税发票问题，企业以低价收购成品油增值税发票予以抵扣。除此之外，各地还可以根据卸货地点的不同，排查是否存在无证无照黑加油点或者自备用油企业。对于自备用油企业，可以调取该公司进项增值税发票，如果物流运输、工程基建企业存在大量非成品油增值税发票的，则可以确定增值税发票品名与实际用途不符，用油企业存在违规抵扣问题，进而从销售端、消费端同步打击销售、使用非标油的违法行为。

二是个案办理角度分析。对于如何确定可疑加油站，既可以从质检部门对加油站销售假冒伪类商品的行政处罚角度出发，大概率锁定曾销售非标油的加油站，也可以向中石化、中石油等正规成品油销售企业索取疑似加油站目录，上述企业对非标油销量非常敏感，一旦某地出现以低价挤占其市场的，会立刻进入它们视野。调取上述可疑加油站点的税务申报数据与非标油监督模型统计数据进行比对，分析是否存在偷逃税问题。

对于如何核实加油站实际销售数量的问题，目前只能通过调查加油站相关人员的银行流水予以确认。嵊州市检察院的调查思路如下：首先，数字支付已成为最主要的支付方式，故以加油站张贴的收款二维码为切入口，大概率锁定主要银行账户，并且二维码也是大部分散户的主要支付方式。其次，对上述银行账户的关联账户和加油站主要股东的银行流水进行分析，由于民营加油站与车队会存在长期供油业务，车队的部分油款会在车队报销后分批支付，故银行流水中出现车队或者与物流运输有关的人员的资金转入的，大概率可以锁定为销售收入。最后，还可以通过对主要支付油款的账户进行分析，锁定实际进货量，进而确定实际销售量。

## 六、非标油监督模型的探索延伸

非标油监督模型是对交通运输部门的车辆轨迹进行分析，故对于《道路运输车辆动态监督管理办法》规定的公路营运的载客汽车、危险货物运输车辆、半挂牵引车以及重型载货汽车（总质量为12吨及以上的普通货运车辆），均能实现对运输环节外的上下游进行定点、定量，模型可在此基础上探索延伸。

一是精准锁定危化品储存设施，为切实加强危化品监管提供重要数据支撑。由于柴油不属于危险化学品，不具有特别的参考价值，故以甲醇为例，如果能够掌握甲醇运输车辆的全部运行轨迹，与应急管理部门监管数据进行比对，一旦卸货点不具有相应的资质，即可锁定可能存在非法利用危险化学品违法行为，甚至可能是调制醇基燃料。反观非标油也一样，如果卸货点既不是加油站，也不是物流运输等终端用油企业的，即可排除在该点卸货的非标油自用的可能，那么大的体量只能对外销售，可以基本锁定为无证无照黑加油点。

二是延伸拓展保护自然资源、生态环境。非法采矿案件的销售金额无法确定，渣土、危险废物等固体废物来源不明等问题是长期困扰行政执法、刑事司法的痛点难点问题，非标油监督模型可以利用车辆轨迹信息予以有效"破题"。以非法采矿案为例，通过对采矿运输车辆运行轨迹进行分析，可以锁定矿产资源破坏地、销赃地的具体运输车次数和数量，实现调查、侦查方向从传统的由供到证转为由证到供，破解非法采矿、倾倒危废等调查难题。

案件承办人、案例撰写人：

温一浩（嵊州市人民检察院）

案例审核人：

应旭君（浙江省人民检察院）

# 政府补（救）助资金监管类案监督

◇ 仙居县人民检察院

📖 **关键词**

行政公益诉讼　政府补（救）助资金　信息共享　专项监督

📖 **要旨**

运用数据碰撞手段，将来源于十多个行政主管部门的9类补（救）助资金领取者数据与涉刑、死亡、高收入、由第三人承担医疗费等不符合领取资格的特定人员数据进行比对分析，精准锁定违规领取人名单。针对法律监督过程中发现的资金监管漏洞，推动有关行政部门建章立制，破除数据壁垒，完善资金核查系统，实现资金闭环监管。

📖 **基本情况**

2018年至2022年，仙居县检察院围绕政府补（救）助资金违规领取问题，通过走访调研、数据归集、分析比对，发现由于存在信息壁垒、资金监管缺位、案件移送机制缺失等原因，导致大量涉刑、死亡、高收入、由第三人承担医疗费等人群违规领取养老金、医保金、低保、残疾人两项补助、计划生育奖扶、抚恤优待金、精减退职人员生活困难补助、机关事业单位工作人员死亡后遗属生活困难补助等9类政府补（救）助资金。台州市两级检察机关发挥上下一体优势，在全市开展政府补（救）助资金的专项监督，调取辖区内60多个党政机关和事业单位共计 200 万余条数据，办理行政公益诉讼共计 623 件 1317 人，涉案总金额达到 2245 余万元，追回金额共计 718 余万元。

## 📖 线索发现

仙居县检察院从一则关于服刑人员违规领取养老金的新闻入手，深入研究相关政策法规，通过比对检察业务应用系统与社保养老金查询系统的数据，最终发现并办理了一批服刑人员违规领取养老金的案件。在此基础上，该院总结办案经验，又陆续调研走访民政局、财政局等十多个政府补（救）助资金主管部门，排查发现部分服刑人员违规领取低保、残疾人两项补助、计划生育奖扶、抚恤优待金、两项生活困难补助等其他政府补（救）助资金，并将该类资金违规被领取的排查范围扩展到死亡、较高收入群体。此外，该院民事检察部门在对法院民事生效裁判案件监督过程中，发现应由第三人承担的医疗费用由被侵权人从基本医疗保险基金中报销领取的线索，主动移送公益诉讼检察部门，促成相关公益诉讼案件的办理。

## 📖 数据分析方法

### 数据来源

第一类，政府补（救）助资金领取者信息：

1. 基本养老金领取人员信息（源于人社局）；

2. 医保基金结算信息（源于医保局）；

3. 低保领取人员信息（源于民政局）；

4. 计划生育奖扶领取人员信息（源于卫健局）；

5. 残疾人两项补贴信息（源于残联）；

6. 抚恤优待金领取人员信息（源于退役军人事务局）；

7. 精减退职人员生活困难补助、机关事业单位工作人员死亡之后遗属生活困难补助领取人员信息（源于财政局财政国库支付中心及各党政机关）。

第二类，不符合政府补（救）助资金领取资格者信息：

1. 刑事裁判信息（源于检察业务应用系统、中国裁判文书网、浙江裁判文书检索系统）；

2.民事裁判文书（源于中国裁判文书网、浙江裁判文书检索系统）；

3.死亡人员信息（源于民政局浙里逝安系统）；

4.基本养老金领取人员信息（源于人社局浙江数字人社工作台）。

### 数据分析关键词

整体运用数据碰撞分析的方法，即服刑人员信息与领取养老金、低保、残疾人两项补助、计划生育奖扶、抚恤优待金、两项生活困难补助8类政府补（救）助资金人员信息碰撞分析；[①] 死亡人员信息、较高固定经济收入人员（领取职工养老金人员）信息与两项生活困难补助资金领取人员信息碰撞分析；民事生效裁判案件、刑事生效裁判案件被侵权人信息与医保金报销人员信息碰撞分析。

### 数据分析步骤

第一步：根据监督领域，收集资金领取者数据，建立数据表格 A。调取人社局基本养老金、医保局医保金结算、民政局低保、卫健局计划生育奖扶、残联残疾人两项补贴、退役军人事务局抚恤优待金、党政机关生活困难补助领取人和报销人的数据，以 Excel 数据表格 A 呈现（包含姓名、身份证、当月资金领取或报销金额等基本信息）。

第二步：根据监督情形，收集领取资格核查数据，建立数据表格 B。调取法院或检察院刑事判决系统判刑人员数据，用来核查被判刑人员是否被停发或调整低保、残疾人两项补助、计划生育奖扶、抚恤优待金、生活困难补助、养老金等政府补（救）助资金；调取法院民事裁判系统民事案件、检察业务应用系统刑事案件中被侵权人数据，用来核查由第三人承担的医疗费是否从基本医疗保险基金中支付；调取民政局死亡人员数据，可用来核查各党政机关是否违规向已经死亡的人员发放生活困难补助；调取人社局基本养老金数据，可用来核查各党政机关是否

---

① 在 9 类政府补（救）助金中，服刑人员涉及其中养老金、低保、残疾人两项补助等 8 类。

违规向已经领取企业职工养老金的人员发放生活困难补助。调取的涉刑人员、民事和刑事案件被侵权人员、死亡人员、享受企业职工养老金人员的数据，以 Excel 数据表格 B 呈现（包含姓名、身份证等基本信息）。

第三步：制作分析编程，导入数据表格 A 与 B，进行碰撞。将资金领取者 Excel 数据表格 A，与领取资格核查（涉刑、死亡、高收入、民事刑事案被侵权人员信息）Excel 数据表格 B，一同导入数据分析软件，碰撞出存在涉刑、死亡、高收入、第三人担责情形的政府补（救）助资金领取者。

第四步：根据碰撞出的不符合政府补（救）助资金领取条件的人员名单，调取其资金领取材料和刑事判决书、民事判决书、死亡证明、企业养老金领取明细等书面材料，再逐一核实资金发放与停发情况，最终确定违规领取政府补（救）助资金人员。

## 思维导图

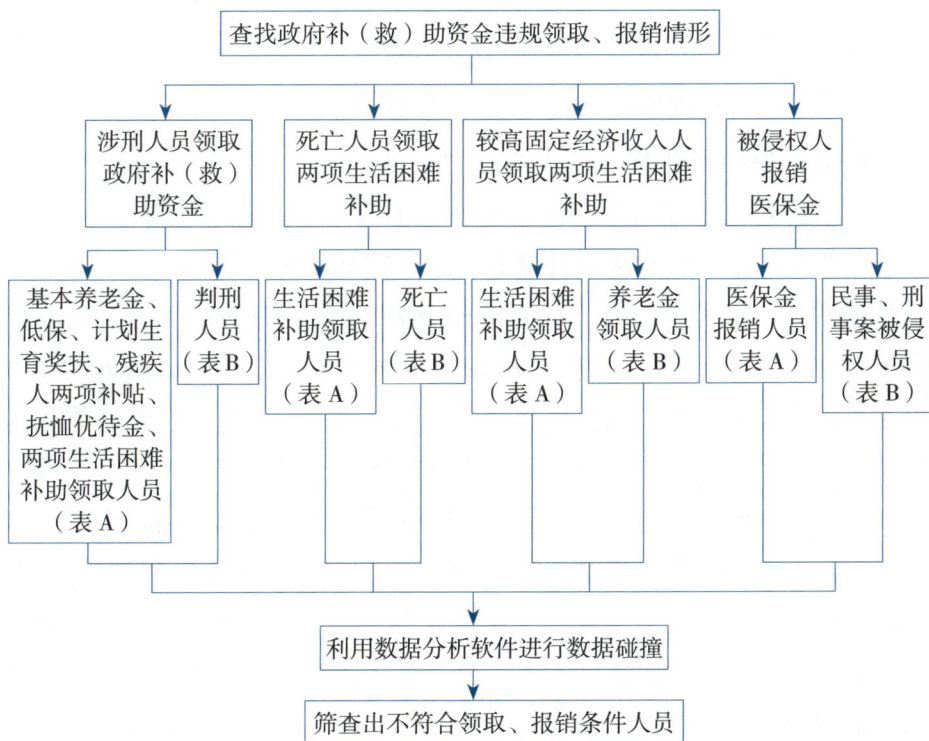

## 📖 检察融合监督

### 刑事检察监督

刑事检察部门依托审查起诉、执行监督职责，移送监督线索，配合公益诉讼检察部门开展涉刑人员违规领取 8 类资金调查，对已判决的案件，提供起诉后的刑事判决信息、收监执行证明；对未判决的案件，联合案管部门实时移送有价值的信息进行分析研判；对涉刑案件中被害人用基本医疗保险基金支付医疗费的情形，同步移送监督线索到公益诉讼检察部门开展调查。

### 民事检察监督

民事检察部门依托对法院民事生效裁判案件监督职责，移送监督线索，配合公益诉讼检察部门开展被侵权人违规领取医保资金调查。在审查生命权、健康权、身体权纠纷，提供劳务者受害责任纠纷，交通事故责任纠纷，动物致人损害赔偿纠纷，堆放物倒塌致害责任纠纷等民事诉讼生效裁判案件时，民事检察部门发现被侵权人以基本医疗保险基金支付医疗费情形的，移送公益诉讼检察部门开展调查。

### 公益诉讼检察监督

公益诉讼检察部门依托国有财产保护行政公益诉讼职责，对刑事、民事检察部门移送的线索展开调查，并深挖其他违规领取资金情形。仙居县检察院对 9 类政府补（救）助资金 10 万余条资金领取者信息进行数据对比分析后发现，共涉及 24 家行政机关，需停发、追回 143 人违规领取的政府补（救）助资金 300 余万元。其中，刑事检察部门移送的线索中有 91 人涉刑后仍在违规领取养老金、抚恤优待金、低保、残疾人两项补助、计划生育奖扶、生活困难补助等 7 类政府补（救）助资金，民事检察部门移送的线索中有 11 人应当由第三人承担医疗费的仍以基本医疗保险基金支付。此外，公益诉讼检察部门调查后发现，有 21 人死亡后仍在领取生活困难补助费，20 人属于较高固定经济收入者仍在领取生活困难补助。为保障政府补（救）助资金安全，仙居县检察院以制发行政公益诉讼诉前检察建议方式开展监督。

### 📖 社会治理成效

#### 上下一体扩面提质开展类案专项监督

台州市两级检察机关发挥上下一体优势，归纳总结出此类案件的人员特定属性和资金范围属性，将监督的特定人员范围从涉刑人员扩大到领取政府补（救）助的其他社会人员，将监督的领域从基本养老保险扩大到包括最低生活保障、精减退职人员生活困难补助、抚恤优待金等9类政府补（救）助专项资金，不断拓宽监督范围和领域，已办理行政公益诉讼案件623件1317人，涉案总金额达到2245余万元，追回资金718余万元。

#### 自下而上与自上而下良性互动堵塞监管漏洞

仙居县检察院先行先试，将案件办理与促进行业整治、区域治理有机结合，深挖办案中发现问题的深层次原因，以专项监督为契机，与人社、法院等部门共同出台联合工作机制，建立常态化的信息沟通渠道，实现信息共享。相关经验做法先后被台州市、浙江省级相关部门肯定，并引起中央部委的高度重视。人社部到台州调研，以仙居县和台州市为样本，出台相关政策文件，建立长效机制，推动形成全国范围内防范和查处涉刑人员违规领取养老保险待遇问题的治理闭环。

#### 行业部门重塑线上线下一体贯通审核系统

仙居县检察院坚持以解决问题为目标，抓住部门之间的信息沟通不畅这一问题症结，加强和行政机关的沟通协调，推动政府补（救）助资金管理数据系统线上升级和相互贯通，打破部门之间的数据壁垒，实现核查数据源"部门间最多跑一次"，深化部门间"一站式"集成服务。同时，该院督促行业主管部门完善线下领取资格审核程序，要求各资金发放和监管部门及时开展资金领取资格年度动态复核表、暂停发放表、资金退还表的填报，建立起严密的线下资金监管系统，线上线下结合，进一步完善政府补（救）助资金闭环监管体系。

## 📖 法律法规依据

### 一、服刑期间停发相关政府补（救）助资金类案监督的法律法规依据

（一）退休人员服刑期间停发基本养老金

**1.《劳动和社会保障部关于进一步规范基本养老金社会化发放工作的通知》** 七、离退休人员发生下列情形之一，社会保险经办机构应停发或暂时停发其基本养老金：

（一）无正当理由不按规定提供本人居住证明或其他相关证明材料的；

（二）下落不明超过 6 个月，其亲属或利害关系人申报失踪或户口登记机关暂时注销其户口的；

（三）被判刑收监执行或被劳动教养期间的；

（四）法律、法规规定的其他情形。

发生以上第（一）、（二）、（四）项情形的离退休人员，经社会保险经办机构确认仍具有领取基本养老金资格的，应从停发之月起补发并恢复发放基本养老金；发生以上第（三）项情形的离退休人员，服刑或劳动教养期满后可按服刑或劳动教养前最后一次领取的标准继续发给基本养老金。

**2.《劳动和社会保障部办公厅关于退休人员被判刑后有关养老保险待遇问题的复函》** 退休人员被判处拘役、有期徒刑及以上刑罚或被劳动教养的，服刑或劳动教养期间停发基本养老金，服刑或劳动教养期满后可以按服刑或劳动教养前的标准继续发给基本养老金，并参加以后的基本养老金调整。退休人员在服刑或劳动教养期间死亡的，其个人帐户储存额中的个人缴费部分本息可以继承，但遗属不享受相应待遇。退休人员被判处管制、有期徒刑宣告缓刑和监外执行的，可以继续发给基本养老金，但不参与基本养老金调整。退休人员因涉嫌犯罪被通缉或在押未定罪期间，其基本养老金暂停发放。如果法院判其无罪，被通缉或羁押期间的基本养老金予以补发。

（二）抚恤优待对象服刑期间中止其抚恤优待

**《军人抚恤优待条例》第五十条** 抚恤优待对象被判处有期徒刑、剥夺政治权利或者被通缉期间，中止其抚恤优待；被判处死刑、无期徒刑的，取消其抚恤优待资格。

（三）最低生活保障人员服刑期间停发低保

**《浙江省社会救助家庭经济状况认定办法》第五条** 共同生活的家庭成员包括：

（一）配偶。

（二）父母和未成年子女。

（三）已成年但不能独立生活的子女，包括在校接受本科及以下学历教育的成年子女。

（四）其他具有法定赡养、扶养、抚养义务关系并长期共同居住的人员。

下列人员不计入共同生活的家庭成员：

（一）连续3年（含）以上脱离家庭独立生活的宗教教职人员、与家庭失去联系的人员。

（二）在监狱内服刑的人员。

（三）县级以上人民政府根据有关规定认定的其他人员。

（四）残疾人服刑期间停发困难残疾人生活补贴

**《浙江省困难残疾人生活补贴实施办法》第四条** 申请困难残疾人生活补贴的残疾人，应为家庭人均收入在低保标准150%以下的残疾人或本人收入在低保标准150%以下的劳动年龄段残疾人。

下列残疾人不享受困难残疾人生活补贴：

（一）违法犯罪，正在执行监禁刑罚的；

（二）纳入特困人员供养的；

（三）领取工伤保险生活护理费的；

（四）享受困境儿童基本生活补贴政策的；

（五）其他规定不能享受困难残疾人生活补贴的。

（五）残疾人服刑期间停发重度残疾人护理补贴

**《浙江省重度残疾人护理补贴实施办法》第四条** 申请重度残疾人护理补贴，应为生活不能自理且需要长期照护的重度残疾人和其他精神、智力残疾人。长期照护是指因残疾产生的特殊护理消费品和照护服务支出持续 6 个月以上的。

下列残疾人不享受重度残疾人护理补贴：

（一）违法犯罪，正在执行监禁刑罚的；

（二）纳入特困人员供养的；

（三）领取工伤保险生活护理费的；

（四）60 周岁以上已经享受养老服务补贴政策的；

（五）其他规定不能享受重度残疾人护理补贴的。

（六）计划生育家庭奖励扶助对象服刑期间停发计划生育家庭奖励

**《浙江省农村部分计划生育家庭奖励扶助对象确认条件的政策性解释》** 三、下列人员不属于奖励扶助对象：

1. 享受城镇职工基本养老保险待遇的；

2. 未婚单亲收养的；

3. 受到刑事处罚，尚在服刑期的；

4. 2006 年 1 月 1 日后由非农业户口转为农业户口的；

5. 农业户口的国家机关和事业单位人员（含退休）及配偶。

（七）机关事业单位工作人员死亡后遗属判刑期间停发生活困难补助

**《浙江省人事厅、浙江省财政厅关于机关事业单位工作人员死亡后遗属生活困难补助问题的通知》** 三、对以下几种人员应及时停发或不发生活困难补助费：

（一）死者遗属已经去世。

（二）死者配偶改嫁或另娶后

（三）死者遗属被判刑、剥夺政治权利、劳动教养的。

（四）死者的父母、弟妹，原由死者与其他亲属共同供养、已作为其他亲属的遗属领取了遗属生活困难补助费的。

（五）死者生前供养的子女中，系违反《计划生育条例》超生的。

## 二、死亡人员停发生活困难补助类案监督的法律法规依据

（一）精减退职人员死亡后停发生活困难补助

**《浙江省劳动人事厅、浙江省财政厅关于对一九六〇年底以前经组织动员回家的职工给予生活困难补助的通知》** 七、各地各单位对此项生活困难补助费的发放情况，每年要进行一、二次检查，凡发现有固定经济收入或死亡等失去补助条件的，要及时停止发给补助费。

（二）机关事业单位工作人员死亡后遗属死亡的停发生活困难补助

1.**《浙江省人事厅、浙江省财政厅关于机关事业单位工作人员死亡后遗属生活困难补助问题的通知》** 三、对以下几种人员应及时停发或不发生活困难补助费：

（一）死者遗属已经去世。

（二）死者配偶改嫁或另娶后。

（三）死者遗属被判刑、剥夺政治权利、劳动教养的。

（四）死者的父母、弟妹，原由死者与其他亲属共同供养、已作为其他亲属的遗属领取了遗属生活困难补助费的。

（五）死者生前供养的子女中，系违反《计划生育条例》超生的。

2.**《浙江省劳动人事厅、浙江省财政厅关于国家机关、事业单位工作人员牺牲病故后遗属生活困难补助的规定》** 三、对以下几种人员，不发或减发生活困难补助：

1.死者遗属已经独立生活（如参军、招工、从事个体经营、农业劳动等）或者去世，其生活困难补助费即不再发给；遗属是普通高校、中专、技校、中学学生，享受奖学金的，可酌情减发。

2.死者的配偶改嫁或者另娶后，其本人生活困难补助费不再发给。

3.死者的父母、弟妹，原由死者与其他亲属共同供养的，补助标准可视情况适当降低。

4.死者生前供养的子女中，如系一九八二年三月省人大常委会公布《浙江省计划生育条例（试行草案）》后超计划生育的，不得列入补

助范围。

5.死者遗属被判处徒刑、剥夺政治权利、劳动教养期间，不得享受遗属生活困难补助。

### 三、较高固定经济收入人员停发生活困难补助类案监督的法律法规依据

（一）精减退职人员属于较高固定经济收入的停发生活困难补助

**《浙江省劳动人事厅、浙江省财政厅关于对一九六〇年底以前经组织动员回家的职工给予生活困难补助的通知》** 七、各地各单位对此项生活困难补助费的发放情况，每年要进行一、二次检查，凡发现有固定经济收入或死亡等失去补助条件的，要及时停止发给补助费。

（二）机关事业单位工作人员死亡后遗属属于较高固定经济收入的停发生活困难补助

**《台州市人民政府关于完善台州市区被征地农民基本生活保障与职工基本养老保险衔接办法的通知》** 二、衔接办法。（六）被征地农民衔接为职工基本养老保险后，符合按月领取基本养老金条件时，按职工基本养老保险规定计发养老待遇，不再重复享受城乡居民基本养老保险、农村社会养老保险、精减退职人员生活困难补助费、遗属生活困难补助费、工亡职工供养亲属抚恤金等其他各类社会保障待遇。

### 四、他人致伤的医疗费基本医疗保险基金不予支付类案监督的法律法规依据

**《中华人民共和国社会保险法》第三十条** 下列医疗费用不纳入基本医疗保险基金支付范围：

（一）应当从工伤保险基金中支付的；

（二）应当由第三人负担的；

（三）应当由公共卫生负担的；

（四）在境外就医的。

医疗费用依法应当由第三人负担，第三人不支付或者无法确定第三

人的，由基本医疗保险基金先行支付。基本医疗保险基金先行支付后，有权向第三人追偿。

## ⫻ 办案心得体会 ⫻

政府补（救）助资金的发放，具有资金种类众多、主管部门分散、资金拨付量大等特点，一旦出现资金支付漏洞，将导致一批不符合条件的人员违规领取相关资金，损害国家和社会公共利益。仙居县检察院开展专项监督面临的困难和问题主要有：一是违规领取面广、隐蔽性强，如何依托"四大检察"融合监督深入挖掘违规领取监督线索；二是部分停发依据系行政机关内部文件，而且规定分散、体系庞大，如何全面收集、补强资金停发有关法律法规、政策文件等依据；三是数据是办理此类案件的基础，如何获取且高效利用由行政机关掌握的领取人员信息；四是如何将检察法律监督成果转化为社会治理成效，探索出一条政府补救（助）资金发放领域"个案办理—类案监督—系统治理"路径。

### 一、一则新闻，引出服刑人员违规领取养老金案

（一）新闻就是线索：《今日头条》上一则新闻引发思考

2018年9月，一条"临海市社保中心根据临海市食安办提供的名单，依法对4名涉食品安全犯罪人员在刑期执行期间停发基本养老金"的新闻出现在《今日头条》上，该条简短的新闻隐含了太多引人深思的信息，出于职业敏感性，公益诉讼检察人员产生了几个疑问：一是为什么要停发；二是停发有没有依据；三是行政机关是否履职到位；四是与公益诉讼国有财产保护是否有关。

（二）异常代表问题：未曾听闻引发猜测和深入调研

公益诉讼检察办案组与刑事检察部门检察官深入交流后，发现在办理审查起诉、刑事执行监督检察业务中未曾碰到过"收监执行期间要停发养老金"的情况，也未遇到有人为避免停发养老金到检察院争取缓刑的。

"未听闻就极有可能存在未履职，未履职就有可能会导致国有财产流失，找到停发规定、未履职的证据是关键"的猜测和破案思路逐渐形成。

（三）办案依据规定：全方位查找职责部门停发依据

办案组在与人社部门沟通前，通过网络搜索、查找相关文件，找到了20多个涵盖机关事业单位工作人员、企业职工、城乡居民三类人员的基本养老金政策，这些中央各部委、省级政府、市县级政府的基本养老金政策，都明确规定了"判刑收监执行期间停发基本养老金"。因此，明确了"停发服刑人员收监执行期间养老金"的规定，而且是一项国家层面的政策规定。

（四）数据可以说话：找数据验证未停发资金的事实

在刑事检察部门的协助下，办案组利用检察业务应用系统初步筛选出50周岁以上判处实刑的人员80余人，再在刑事执行监督部门协助下，剔除了部分判实刑未被收监执行人员，将剩余收监执行人员名单与社保中心的基本养老金发放系统里的名单进行比对，最终发现辖区内判实刑的有36人应停发基本养老金，而基本养老金发放系统里只停发了3人，确定了33人应该停发而未停发的事实。

（五）刨根才能问底：发现未停发是系统性问题

办案组对在社保中心系统里发现的有3人因判刑而停发养老金的情况，是既高兴又好奇。高兴的是，"停发服刑人员收监执行期间养老金"的规定确实是由人社局在执行，公益诉讼检察监督的对象选择并没有错。好奇的是，人社部门是如何发现这3位养老金违规领取人是服刑人员的？在向社保中心询问后，相关工作人员指出"人社局有向公安机关要过数据，但是效果不是很好，目前人社局没有更好的涉刑人员数据来源，这3个人的数据也是省人社厅提供的"。办案组经研判认为，大范围未停发涉刑人员养老金的问题极有可能是系统性问题。该院对此高度重视，统一部署协调指挥，打通内部"四大检察"有关监督线索移送通道，并向台州市检察院汇报，争取支持和指导，形成横纵联动贯通的工作格局。台州市检察院将服刑人员违规领取养老金专项监督作为一项重点工作推进，在全市各基层检察院全面铺开，2018年至2019年台州市两级检察机关共办理了447人需停发、追回560万元的养老金公益诉讼案，已追回360余万元。

## 二、一个猜想，牵出服刑人员停发8类资金系列案

### （一）反问："停发服刑人员养老金合理吗"

办案组在办结服刑人员违规领取养老金案后，对"停发服刑人员收监执行期间养老金"的规定进行了探讨——为什么要停发服刑人员收监执行期间的养老金？办案组从《监狱法》《看守所经费开支范围和管理办法的规定》中得到启发，法律和相关规定中明确"国家保障改造罪犯所需经费，罪犯改造经费、罪犯生活经费、医疗费等列入国家预算"。据此，办案组得出了一个判断：基本养老金制度的设计是为了保障退休人员的基本生活，退休人员因犯罪被关押在看守所、监狱，其吃穿住用由看守所、监狱负责，其基本生活有监狱、看守所等"另外一套国家经费系统"的保障，从而停发判刑人员收监执行期间养老金就有了合理性。

### （二）疑问："服刑人员需要停发哪些资金"

办案路线要有向导。在明确了"停发服刑人员养老金具有合理性"之后，办案组并没有停下思考，拓展延伸到服刑人员的其他政府补（救）助类资金是否也要停发。为明确服刑人员的哪些资金需要停发，办案组认为先要调研清楚发给个人的政府补（救）助类资金有多少种，由哪些单位发放？办案组最终选定向县财政局社会保障科了解相关情况。社会保障科负责对各单位社会保障类资金的使用进行监督和使用效益考核。经了解，发给个人的各种社会保障类资金多达上百种，如果服刑人员需要停发相关政府类资金，则多数是由民政局、残联、卫健局、退役军人事务局等发放主管单位停发，但社会保障科没有各类资金的领取人员名单，还需要到各资金发放主管部门调取。

### （三）部门联合调取多类政府补助资金明细，筛选核查问题资金

如何让各资金主管部门提供相关数据成为亟须突破的关键性问题。仙居县检察院检察长多次带队与司法局沟通协商，建立联动协作机制，

形成攻坚合力，为打开各部门数据端口奠定基础。该院与司法局联合发布《关于对县人社局、县民政局、县退役军人事务局、县卫健局、县残疾人联合会开展行政给付专项监督检查的通知》，要求各部门提供资金发放的详细名单，并将资金专项检查结果及时反馈给各部门。检察院和司法局联合到民政局、残联、卫健局、退役军人事务局等部门调研，并在调研过程中专门询问是否有规定需要停发"服刑人员相关行政给付类资金"，相关单位表示确实存在资金领取对象判刑的需要停发相关资金的规定，但由于缺少涉刑人员数据，故难以对不符合条件人员停发补（救）助资金。仙居县检察院在将服刑人员数据与各类资金领取人员数据碰撞比对后，发现了相关案件线索〔2021年浙江省一体化数字资源系统上线后，绝大多数的政府补（救）助资金发放数据可以从该系统中申请调取，基本解决了数据调取难的问题〕。

（四）未停发服刑人员各类资金属系统性问题，向全域推广极具价值

办案组发现其他7类资金案和服刑人员违规领取养老金案存在诸多共同之处，都是由于部门之间信息不通畅导致服刑人员违规领取补（救）助资金。因此，此类问题属于部门之间的系统性问题。台州市检察院在此基础上推动全市开展这类专项监督，各基层院都有办理上述7类资金服刑人员违规领取的公益诉讼监督案件。

## 三、一大跨步，迈向政府补（救）助资金全面监督

（一）从现有8类资金数据中查找问题，发现案中有新案

办案组发现服刑人员违规领取8类资金中的生活困难补助比较特殊，生活困难补助包括精减退职人员生活困难补助、机关事业单位人员死亡后遗属生活困难补助。其特殊之处在于：一是这两种补贴社会知晓度不高；二是补助发放由各个机关事业单位自行负责；三是从各单位申报补助并经人社部门审核通过后就可长期发放资金；四是补助的发放并未开展大范围的专项监督检查。既然这两种社会知晓度不高的补助长期由各机关事业单位自行发放，那么因各种原因丧失领取资格的人很有可能还在领取。办案组调取了民政部门的死亡人员数据、人社部门的企业职工养老金领取人员

数据，重点排查死亡人员、有较高固定经济收入人员仍在违规领取补助的情况。经数据碰撞分析发现，有 21 人死亡后仍在领取生活困难补助费，有 20 人属于较高固定经济收入者在领取生活困难补助。

（二）民事检察部门移送医保金案，第三人担责是关键

2021 年 1 月，仙居县检察院民事检察部门收到民事检察申请监督案件，当事人对民事诉讼判决中的动物伤人的责任认定不服，同时对被侵权人在报销医保金后，还通过法院判决要求其承担医药费表示不服。办案组会同民事检察部门对该案进行研究，认为根据我国医保制度关于"应当由第三人负担的医疗费用不纳入基本医疗保险基金支付范围"的规定，被侵权人不应当享受"双份"赔偿，否则就侵害了国有财产，该案存在公益诉讼检察监督的必要。经过对法院相关民事判决的排查，该院发现 11 人应该由第三人承担医疗费的仍违规报销医保金 7 余万元。

（三）民事行政刑事案中巧挖医保金案，他人致伤获赔不应报销

办案组在对医保报销范围进行全面了解后发现交通肇事、他人故意伤害、流氓斗殴、第三人担责等他人致伤情况下，不应当报销医保金，并深入排查相关案件线索。民事案件通过法院第三人侵权民事判决排查，行政案件通过调取公安机关交通事故、故意伤害等治安案件排查，刑事案件则通过筛选故意伤害、交通肇事、寻衅滋事等致人受伤案件排查。经排查发现，交通肇事案中的 2 位被害者、寻衅滋事案中的 1 位被害者，既获得了赔偿又未将报销的医保金退还的情形。

## 四、一番深耕，做实政府补救助资金后半篇文章

（一）市域推广公益诉讼专项监督，扩大法律监督效果

台州市检察院在 2018 年指导仙居县检察院开展涉刑人员养老保险专项监督案件办理后，于 2019 年至 2021 年期间，在全市范围相继开展了基本养老保险待遇、最低生活保障金等待遇、精减退职人员生活困难补助等政府补（救）助资金领域的公益诉讼检察专项监督。截至 2022 年 3 月，台州市两级院开展的政府补（救）助资金专项监督涉案资金种类 9 类、涉案人员 1317 人、涉案资金 2245 万元，现已经追回金额 718 余万元。

（二）自下而上推动信息共享，实现行业制度重塑

2018 年至 2020 年，仙居县检察院与相关行政机关先后建立《关于建立基本养老金监管协作配合工作机制暂行办法》《关于防范和查处涉刑人员违规领取困难残疾人生活补贴等问题联合工作机制》等 5 项信息共享机制。2019 年 6 月，台州市检察院与市人社局、市法院等部门共同出台《台州市涉刑退休人员养老保险待遇处置联合工作机制》。2019 年 9 月，浙江省人社厅与省检察院、省法院、省大数据发展管理局等部门联合下发《关于防范和查处涉刑等人员违规领取养老保险待遇问题的通知》。2020 年 9 月，人社部与司法部联合下发《关于做好监狱在押罪犯信息共享和社会保险待遇问题核查处理工作的通知》，建立常态化的信息沟通渠道，有效破解社保经办机构对涉刑人员信息收集难的问题。

（三）深化社会治理成效，软件调研宣传齐助力

为了更快速、便捷、高效地碰撞分析案件相关数据，仙居县检察院研发出"云金盾"数据分析软件，成为检察办案人员实现精准监督的利器。该款软件帮助分析数据 50 余次，移送有价值办案线索共计 900 余件。此外，该院还进一步加强检察宣传，通过《检察日报》《半月谈》等媒体宣传相关典型案例，引起各级政府重视，凝聚各方面的监管合力，形成全社会知法守法的良好氛围。


案件承办人、案例撰写人：

　　朱贵亚（仙居县人民检察院）

案例审核人：

　　应旭君（浙江省人民检察院）

# 醇基燃料全链条安全监管类案监督

◇ 海宁市人民检察院

## 📖 关键词

醇基燃料　安全隐患　长效监管　行政公益诉讼

## 📖 要旨

解析餐饮单位使用醇基燃料个案线索，提取数据中的名称、姓名、地址、电话、送气量等关键要素，锁定违规使用醇基燃料餐饮单位户数。通过审查个案书证，调查违规使用的当事人，引导公安机关侦查，有效斩断醇基燃料运输、经营、生产和储存黑色产业链，促进建立醇基燃料全流程闭环监管机制。

## 📖 基本情况

醇基燃料是以甲醇、乙醇等醇类物质为主体配置的液体燃料总称，具有闪点低、高挥发性、易燃等特性，但安全性较差，属于危险化学品，近年来引发了多起安全事故。① 同时，醇基燃料具有一定的毒性，人体吸入一定量挥发气体后刺激鼻、喉、肺，会引起咳嗽、肺组织肿胀、头痛、恶心、

---

① 液体醇基燃料事故：2015年9月14日，福建省莆田市涵江区涵东街道新区社区建成路阿海私房菜在一楼厨房加注醇基液体燃料过程中发生爆燃事故，造成1人死亡；2017年4月2日，在肇庆高新区农贸市场川味熟食店发生一起闪爆事故，造成2人受伤；2017年4月29日，福建省厦门市湖里区五通仓后277号重庆川菜馆发生燃爆事故，造成1死1伤。

虚弱、昏睡、昏迷等症状，甚至死亡，损害人体健康。与液化气、柴油、煤油等相比，因其热能效率高、价格相对便宜而被餐饮单位广泛使用。

2021年6月，海宁市检察院发现辖区内多家餐饮单位违规使用醇基燃料，存在重大安全隐患，同时醇基燃料的运输、经营、储存等环节安全管理亦不规范，威胁人民群众的生命、财产安全。海宁市检察院以买方市场餐饮单位入手，通过调取餐饮单位工商登记在册数、非居民用水量、餐饮单位用气数量等数据，经大数据归集、筛选、比对、碰撞，精准锁定183家违规使用醇基燃料的餐饮单位，并从打击违法犯罪全链条出发，运用"审查+侦查"思维，自下而上排摸违规运输、经营、储存醇基燃料线索，发现处于监管空白地带的醇基燃料黑色产业链，通过制发检察建议督促多部门开展联合执法，移送公安机关查明非法经营醇基燃料犯罪事实，彻底斩断醇基燃料黑色产业链，全面消除醇基燃料危化品安全隐患。

### 📖 线索发现

2021年6月13日，湖北省十堰市张湾区一集贸市场发生天然气爆炸事故，造成重大人员伤亡。各地区和有关部门深刻吸取教训，全面排查液化石油气、天然气等安全隐患。海宁相关行政执法部门重点对餐饮行业厨房内液化石油气、天然气安全使用情况进行了检查。海宁市检察院在对上述执法检查活动开展专项监督过程中，发现3家餐饮单位存在醇基燃料和液化石油气或天然气"油气混用"现象，但由于违规使用醇基燃料问题执法层面存在争议，导致一直以来无人监管。海宁市检察院经委托鉴定，确定上述使用的醇基燃料的闪点①仅为11℃，属于易燃易爆危险化学品。既然醇基燃料属于危险化学品，其在使用过程中应当纳入危化品安全管理，但是这些餐饮单位却存在储存容器容量超过规定数量，储存容器、输送管线、阀门等产品未经检验机构检验合格，储存容器露天存放，未配备消防器材，未设置明显的危险性、危害性及安全措施的告知标志牌

---

① 闪点是指在规定的试验条件下，使用某种点火源造成液体汽化的最低温度。闪点越低危险性越大。

等安全隐患问题。上述问题稍有不慎，极有可能造成严重的安全事故，危害公共安全。经进一步调查，海宁市检察院又发现上述餐饮单位均没有与卖家签订正规的买卖协议，也无法提供卖家合法经营醇基燃料的资质证明，餐饮单位使用的醇基燃料很有可能是从无危化品经营许可的卖家处购买，非法经营是否带来非法运输、生产、储存等问题？海宁市检察院初步推断，这绝非只是违规使用醇基燃料的安全隐患问题，很有可能涉及非法使用、运输、经营、生产和储存全环节的安全隐患问题，而且该黑色产业链并非个别现象。经综合研判，海宁市检察院认为有必要运用数字化调查手段，摸清违规使用醇基燃料底数，实现精准监督。

## 📖 数据分析方法

### 数据来源

1. 餐饮单位登记在册信息（源于市场监管部门）；

2. 非居民用水信息（源于水务集团）；

3. 餐饮单位用气信息（源于住建部门智慧燃气系统）。

### 数据分析关键词

采集餐饮单位登记在册信息、非居民用水信息、餐饮单位用气信息数据后，针对数据字段繁多的问题可以进行预筛选，根据三项数据之间的共性，餐饮单位登记在册信息可保留名称、法定代表人姓名、经营地址、联系电话等字段，非居民用水信息可保留用户名称、用户地址、联系人姓名、联系电话、用水量等字段，餐饮单位用气信息可保留用户姓名、用户地址、送气时间、联系电话等字段。经预筛选后，确定以名称、姓名、地址、联系人、联系电话、送气时间等为要素进行分析。

### 数据分析步骤

第一步：将全市餐饮单位登记在册信息数据与全市非居民用水信息数据进行比对，通过输入名称、姓名、地址、联系人、联系电话等关键词，经循环碰撞后筛选出正常经营的餐饮单位数据。

第二步：将第一步筛选出的正常经营的餐饮单位数据与餐饮单位用气信息数据进行比对，得出正常经营用气单位、正常经营未用气单位数据，其中正常经营未用气单位标注为异常数据 A。

第三步：提取第二步筛选出的正常经营用气单位自 2019 年 1 月至 2021 年 6 月的用气量（根据需求可缩短或者延长时间段），统计上述餐饮单位 2021 年 1 月至 6 月每月的用气量与 2020 年 1 月至 6 月每月的用气量，通过今年与去年的同期相比，排除疫情、春节等影响因素，筛选出用气量明显减少的餐饮单位数据，该部分数据标注为异常数据 B。

第四步：合并异常数据 A、B，通过进一步的人工核查，最终锁定辖区内违规使用醇基燃料的餐饮单位户数。

**思维导图**

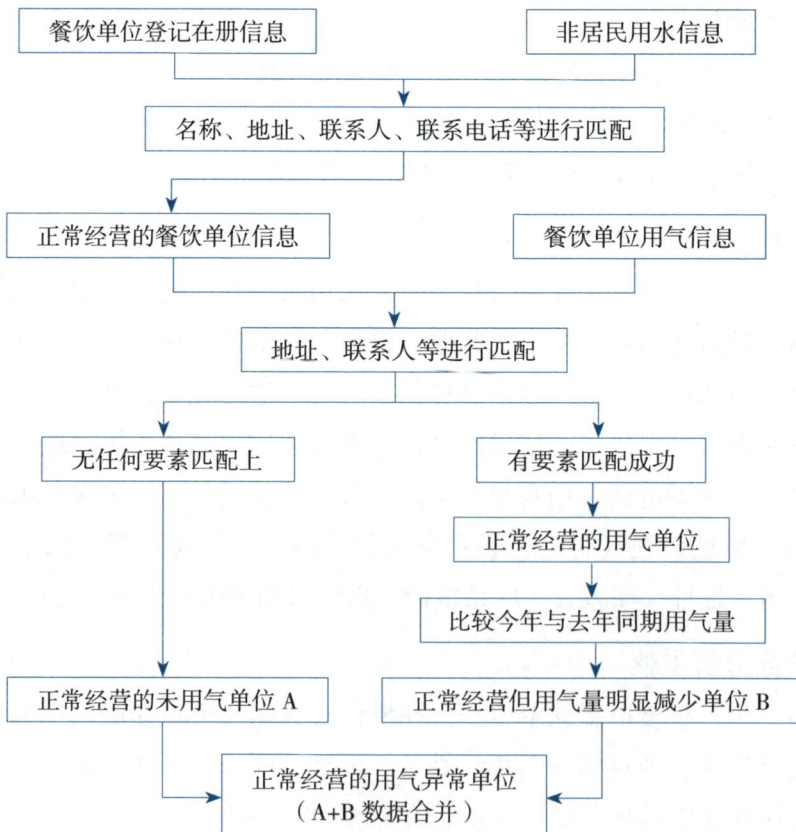

## 📖 检察融合监督

### 公益诉讼检察监督

经过"智能排查＋人工调查＋第三方鉴定"后，海宁市检察院锁定全市违规使用醇基燃料餐饮单位 183 家、非法经营醇基燃料嫌疑人员 4 人、非法运输醇基燃料车辆 6 辆、违规储存醇基燃料地点 1 个。在把握各环节违法线索的基础上，海宁市检察院依据法律法规及权力清单，及时厘清各行政机关的监管职责，明确应急管理部门负责对醇基燃料的特性进行鉴定，对餐饮单位使用醇基燃料的安全实施监督管理，对未取得安全许可生产、经营、储存醇基燃料的行为予以查处；交通运输部门负责对从事醇基燃料运输企业的道路运输、水路运输和运输工具依法实施许可和监督管理，查处非法运输行为；公安机关负责对危害公共安全的非法运输行为进行监督管理，对构成犯罪的非法生产、经营、储存、使用和运输醇基燃料的行为依法追究刑事责任。据此，针对醇基燃料使用、运输、经营和储存等环节存在的重大安全隐患问题，海宁市检察院分别向三部门制发了行政公益诉讼诉前检察建议，督促开展联合执法，扫除醇基燃料监管盲区，消除危化品安全隐患。三部门收到检察建议后积极履职尽责，第一时间成立联合执法小组并开展联合执法，累计开展联合执法 10 次，查处违法运输、经营醇基燃料 4 人，违法储存点 2 个，非法改装运输车辆 6 辆，无证运输危险化学品违法行为 41 件，并责令 183 家使用醇基燃料的餐饮单位全部整改到位，有效消除了醇基燃料带来的安全隐患，有力净化了醇基燃料市场。

### 刑事检察监督

海宁市检察院通过向餐饮单位询问醇基燃料的来源以及向部分餐饮单位调取送货收据、网络支付记录、微信聊天记录等证据后，经过细致审查、深入调查后断定醇基燃料的经营模式为片区"垄断"式经营，并及时向公安机关移送非法经营犯罪线索。同时，积极引导公安机关侦查，建议公安机关根据该行业特点自下而上进行链条式分解剖析，要求公安机关以使用醇基燃料的餐饮单位为突破口，通过从餐饮单位调取的送货收据、微信聊天记录关联相关嫌疑人员、嫌疑车辆，结合技术侦查手段跟踪运输车辆并发现违法储存、生产点。另外，通过微信、支付宝交易记录关联嫌疑人员的收付款账号，及时固定非法经营数额等证据。公安机关在海宁市检察院的引导下，成立了由法制、经侦、食药环、派出所、交警等部门组成的工作专班，通过地毯式排摸，立案侦查非法经营案件2件10人，其中2人被刑事拘留，现场查扣醇基燃料540余公斤，查实非法经营数额达116余万元，有效斩断了非法经营犯罪链条。

### 📖 社会治理成效

安全生产是人民群众反映强烈的难点痛点问题。海宁市检察院在督促行政机关整改醇基燃料安全隐患的同时，全力做好"监督促进治理"后半篇文章，在争取市委、市政府支持监督的基础上，积极推动海宁市安全生产与应急管理委员会办公室（以下简称市安委办）联合14个职能部门出台《海宁市"油气混用"专项治理工作方案》（以下简称《方案》），明确了醇基燃料的治理范围、治理原则、治理内容、职责分工、方法步骤及工作要求。14个职能部门按照《方案》联合开展醇基燃料专项整治，并从单一的餐饮行业治理拓展到工业企业、各类食堂等全域场所治理，形成"我管"促"都管"的良好格局，真正建立起醇基燃料使用、运输、经营、生产和储存各环节全流程闭环长效监管机制。

### 📖 法律法规依据

1.《中华人民共和国安全生产法》第十条第一款 国务院应急管理部门依照本法，对全国安全生产工作实施综合监督管理；县级以上地方各级人民政府应急管理部门依照本法，对本行政区域内安全生产工作实施综合监督管理。

2.《中华人民共和国治安管理处罚法》第二条 扰乱公共秩序，妨害公共安全，侵犯人身权利、财产权利，妨害社会管理，具有社会危害性，依照《中华人民共和国刑法》的规定构成犯罪的，依法追究刑事责任；尚不够刑事处罚的，由公安机关依照本法给予治安管理处罚。

**第三十条** 违反国家规定，制造、买卖、储存、运输、邮寄、携带、使用、提供、处置爆炸性、毒害性、放射性、腐蚀性物质或者传染病病原体等危险物质的，处十日以上十五日以下拘留；情节较轻的，处五日以上十日以下拘留。

**第三十九条** 旅馆、饭店、影剧院、娱乐场、运动场、展览馆或者其他供社会公众活动的场所的经营管理人员，违反安全规定，致使该场所有发生安全事故危险，经公安机关责令改正，拒不改正的，处五日以下拘留。

**3.《危险化学品安全管理条例》第六条** 对危险化学品的生产、储存、使用、经营、运输实施安全监督管理的有关部门（以下统称负有危险化学品安全监督管理职责的部门），依照下列规定履行职责：

（一）安全生产监督管理部门负责危险化学品安全监督管理综合工作，组织确定、公布、调整危险化学品目录，对新建、改建、扩建生产、储存危险化学品（包括使用长输管道输送危险化学品，下同）的建设项目进行安全条件审查，核发危险化学品安全生产许可证、危险化学品安全使用许可证和危险化学品经营许可证，并负责危险化学品登记工作。

（二）公安机关负责危险化学品的公共安全管理，核发剧毒化学品购买许可证、剧毒化学品道路运输通行证，并负责危险化学品运输车辆的道路交通安全管理。

（三）质量监督检验检疫部门负责核发危险化学品及其包装物、容器（不包括储存危险化学品的固定式大型储罐，下同）生产企业的工业产品生产许可证，并依法对其产品质量实施监督，负责对进出口危险化学品及其包装实施检验。

（四）环境保护主管部门负责废弃危险化学品处置的监督管理，组织危险化学品的环境危害性鉴定和环境风险程度评估，确定实施重点环境管理的危险化学品，负责危险化学品环境管理登记和新化学物质环境管理登记；依照职责分工调查相关危险化学品环境污染事故和生态破坏事件，负责危险化学品事故现场的应急环境监测。

（五）交通运输主管部门负责危险化学品道路运输、水路运输的许可以及运输工具的安全管理，对危险化学品水路运输安全实施监督，负责危险化学品道路运输企业、水路运输企业驾驶人员、船员、装卸管理人员、押运人员、申报人员、集装箱装箱现场检查员的资格认定。铁路监管部门负责危险化学品铁路运输及其运输工具的安全管理。民用航空主管部门负责危险化学品航空运输以及航空运输企业及其运输工具的安全管理。

（六）卫生主管部门负责危险化学品毒性鉴定的管理，负责组织、协调危险化学品事故受伤人员的医疗卫生救援工作。

（七）工商行政管理部门依据有关部门的许可证件，核发危险化学品生产、储存、经营、运输企业营业执照，查处危险化学品经营企业违法采购危险化学品的行为。

（八）邮政管理部门负责依法查处寄递危险化学品的行为。

**第二十四条** 危险化学品应当储存在专用仓库、专用场地或者专用储存室（以下统称专用仓库）内，并由专人负责管理；剧毒化学品以及储存数量构成重大危险源的其他危险化学品，应当在专用仓库内单独存放，并实行双人收发、双人保管制度。

危险化学品的储存方式、方法以及储存数量应当符合国家标准或者国家有关规定。

**第八十五条** 未依法取得危险货物道路运输许可、危险货物水路运输许可，从事危险化学品道路运输、水路运输的，分别依照有关道路运输、水路运输的法律、行政法规的规定处罚。

**4.《道路危险货物运输管理规定》第七条** 交通运输部主管全国道路危险货物运输管理工作。

县级以上地方人民政府交通运输主管部门负责组织领导本行政区域的道路危险货物运输管理工作。

县级以上道路运输管理机构负责具体实施道路危险货物运输管理

工作。

　　**第五十六条**　违反本规定，有下列情形之一的，由县级以上道路运输管理机构责令停止运输经营，有违法所得的，没收违法所得，处违法所得 2 倍以上 10 倍以下的罚款；没有违法所得或者违法所得不足 2 万元的，处 3 万元以上 10 万元以下的罚款；构成犯罪的，依法追究刑事责任：

　　（一）未取得道路危险货物运输许可，擅自从事道路危险货物运输的；

　　（二）使用失效、伪造、变造、被注销等无效道路危险货物运输许可证件从事道路危险货物运输的；

　　（三）超越许可事项，从事道路危险货物运输的；

　　（四）非经营性道路危险货物运输单位从事道路危险货物运输经营的。

## 办案心得体会

　　醇基燃料作为新型燃料，具有热值高、火力猛、无烟、无味、无污染等特点，因此被广泛应用于工业热源、集中供暖、酒店食堂、餐饮厨房等领域，但其作为危险化学品暴露出的安全隐患问题，却长期处于监管空白地带，在利益驱使之下，黑色产业链更是严重威胁公共安全。海宁市检察院以大数据为引领，坚持能动履职，融合运用审查、调查、侦查"三查融合"方式，抽丝剥茧、深挖细研、层层突破，成功实现了对醇基燃料使用、运输、经营、生产和储存各环节全流程闭环监管。在办理该案过程中，要特别注意"案件线索怎么破""基础数据调取需注意什么""异常数据如何变类案线索""检察机关监督障碍如何克服"等四个方面的问题。

### 一、案件线索怎么破

　　由于行政执法层面对于醇基燃料违规使用问题的处罚存在争议，

导致其一直以来处于无人监管状态，而违法运输、经营、生产、储存醇基燃料等行为又存在发现难、取证难、打击难等问题，行政机关仅依靠"发现一起，打击一起"，很容易"死灰复燃"，导致醇基燃料安全隐患和黑色产业链长期存在。海宁市检察院经分析后，决定从以下三个步骤着手：

第一步是确定醇基燃料的性质。海宁市检察院专门组织检察技术人员对餐饮单位使用的醇基燃料进行了抽样，并委托第三方进行了鉴定，经鉴定确定醇基燃料属于易燃易爆危险化学品。

第二步是找准使用醇基燃料的违规违法点。醇基燃料既然属于危险化学品，其在使用过程中应当符合《危险化学品安全管理条例》及相应的国家标准和行业标准。但是海宁市检察院经调查后发现，使用醇基燃料的餐饮单位均不符合危险化学品安全管理要求。一是储存容器大部分为普通白色塑料桶，其材质、型式、规格、重量等均不符合规定，且未经检验机构检验合格。二是使用的灶具、输送管线、阀门等产品由经营醇基燃料的卖家赠送并安装，产品没有合格证明，属于来源不明类型。三是存放醇基燃料的场所不符合专用仓库的要求，未独立设置防火隔断，没有与其他场所、设备保持足够的防火安全距离，大多在公共场所、露天存放。四是厨房内外未设置液体燃料泄漏报警器，未配备必要、足够、合格的消防器材。五是未根据使用的危险化学品的种类、危险特性以及使用量和使用方式，建立相应的规章制度和安全操作流程。

第三步是锁定监督办案的切入点。海宁市检察院经研判后，认为直接查处违法运输、经营、生产、储存环节的人员难度较大，那么是否可以以买方市场餐饮单位为切入点，再由下而上进行排摸？餐饮单位开业需要工商在册登记，正常经营需要用水、用电，使用液化石油气、天然气等需要实名制，因此从工商登记在册数据、用水（用电）数据、用气数据着手，查清餐饮单位违规使用醇基燃料的户数，无疑是可行的，最终证明也是可行的。

### 二、基础数据调取需注意什么

本案中，醇基燃料使用单位的关联要素包括工商登记在册信息、用水信息、用电信息、用气信息等"物"要素，也包括住建、市监、应急、消防、乡镇（街道）等监管部门，这些数据通过沟通后都可以从行政部门或其他单位直接调取。其中，全市餐饮单位工商登记在册信息包括了正常开店和已关店两部分数据，而用水或用电信息可实时反映餐饮单位的经营现状。因此，办案中可从以下三个方面调取基础数据：一是向市场监管部门调取全市餐饮单位登记在册信息（包括名称、法定代表人姓名、成立日期、核准日期、经营范围、经营地址、联系方式等）。二是向水务集团公司调取全市非居民用水信息（包括用户名称、用户地址、联系人姓名、联系电话、用水量①）。三是向住建部门自主开发的"智慧燃气系统"调取全市餐饮单位的用气信息（包括钢瓶编号、用户姓名、用户地址、送气时间②、联系电话）等基础数据。

调取基础数据需要特别注意的问题：一是为了匹配的精准性，调取数据的字段越多越好；二是用水信息无法调取也可以向供电公司调取用电信息代替，其目的都是证明餐饮单位经营现状；三是智慧燃气系统系海宁市住房和城乡建设局自主研发的数字化系统，归集了海宁市辖区内所有的用气信息，如行政部门未归集，可直接向供气单位调取。

### 三、异常数据如何变类案线索

经大数据系统筛查分析后，海宁市检察院发现全市 255 家餐饮单位存在异常点：一是通过用水（用电）数据可判定其正常经营，但是未使用液化石油气或燃气，分析认为这些餐饮单位极有可能只使用醇基燃料；二是通过用水（用电）数据可判定其正常经营，但是根据今年和去年的同期相比，存在一段时间用气量骤减后又保持平衡的情形，分析认为这些餐饮单位极有可能存在"油气"混用的情况。但是，以上只是智能排

---

① 截至办案时间往前推半年以上为宜。
② 截至办案时间往前推两年以上为宜。

查阶段，发现的只是可疑线索，并不代表这些餐饮单位必然存在违规使用醇基燃料的现象，这就需要人工的进一步调查。海宁市检察院将大数据反复筛查列出的255家异常使用醇基燃料的餐饮单位名单，按照12个镇（街道）进行分类，并协调市安委办。市安委办作出统一部署，12个镇（街道）下属安全管理部门以属地为单位，逐一实地走访排查，最终锁定辖区内违规使用醇基燃料的餐饮单位共计183家。

### 四、检察机关监督障碍如何克服

在把握各环节违法线索的基础上，海宁市检察院依据《危险化学品安全管理条例》，及时厘清各行政机关的监管职责，并发出行政公益诉讼诉前检察建议。但行政机关也有各自顾虑：如应急管理部门认为，对于违规使用醇基燃料的执法依据不足；交通运输部门认为，对于道路旅客运输经营和道路货物运输经营有监管权，但是对于其他客运车辆进行改装后无监管权，而运输醇基燃料的车辆大多为小型面包车改装；公安机关认为，检察机关移送的线索过于简单，侦查方向不明，案件无从下手，刑事立案存在难度。

针对行政机关提出的问题，海宁市检察院主动加强与各部门对接，邀请各方多次召开圆桌会议，共同研讨并制定整改方案。一是针对行政机关提出的醇基燃料使用监管处于真空地带，且尚无明文规定具体监管部门的问题，海宁市检察院认为，行政机关应当从醇基燃料属于危险化学品入手，按照《危险化学品安全管理条例》及醇类危化品的储存、使用国家和行业标准等，建议由市安委办牵头多部门联合对醇基燃料使用存在的条件标准、产品安全、消防安全、索票索证、安全制度建立等方面问题进行细化分解，细致划分应急、公安、交通、住建、市监、综合执法、消防大队等部门之间的职责分工。在执法过程中，考虑餐饮单位大多不知情醇基燃料系危化品，因此以提醒和督促餐饮单位整改为主。二是针对交通运输部门和公安交通部门关于非法改装车辆存在职责上的交叉问题，海宁市检察院建议分工不分家，可以联合执法共同打击违法运输醇基燃料的行为。三是针对刑事犯罪案件线索简单、难以立案问题，海宁市检察院刑事检察部门重点引导侦查，建议公安机关根据该行业特点自下而上进行了排摸，公安机关以使用醇基燃料的餐饮单位为突破口，通过从餐饮单位处调取送货收据、微信聊天记录以及询问使用醇基燃料的当事人，关联相关嫌疑人员、嫌疑车辆，再结合技术侦查手段查询运输车辆行踪轨迹，发现非法储存、生产点。另外，通过调取微信、支付宝交易记录关联嫌疑人员的收付款账号，及时固定非法经营数额等客观性证据。

### 五、本案的借鉴意义

一是监督理念上，要从被动监督转向主动监督。长期以来，检察机关法律监督的线索主要来自诉讼程序之中和案件当事人的举报申诉，在这种"坐等上门"的线索获取方式下，线索来源不稳定、线索有限成为常态。数字化改革要充分利用数据对法律监督工作的"放大、叠加、倍增"作用，从海量的数据中主动挖掘监督线索，尤其是在当前信息共享尚未完全畅通的情况下，必须摒弃"等""靠"线索的思想，尽可能多去挖掘现有的和可以调集的数据。本案中，海宁市检察院主动向行政部门和其他单位调取现有的比较容易获取的工商登记在册数据、用水（用电）数据和用气数据，再通过大数据分析研判系统，实现数据归集、筛选和运用，从而发现行政机关不履职的盲区和管理的空白区，实现高效和有效的监督。

二是办案方式上，要从个案监督转向类案监督。长期以来，检察机关法律监督主要采取个案监督的方式，监督的重点往往局限于个案证据标准、审查认定、法律适用等方面的对错。数字检察模式下，要充分利用大数据打开检察监督的案源渠道，善于从偶发个案中发现背后普遍存在的监管或者制度层面缺失。本案中，海宁市检察院从个别餐饮单位违规使用醇基燃料的个案线索出发，通过数据归集、数据研判，精准锁定上百家违规使用醇基燃料的餐饮单位，并发现处于监管空白地带的醇基燃料黑色产业链监督线索，通过制发检察建议督促多部门进行专项整治并建立长效监管机制，从而斩断了醇基燃料的非法交易，真正实现了

"办一案、牵一串、治一片"的社会效果。

三是办案手段上，要从单兵作战转向融合作战展开。数字检察模式下，要求树立"跳出检察看检察"的全局观念，以"双赢多赢共赢"的法律监督理念，重新审视监督者与被监督者的关系。本案中，海宁市检察院更加注重发挥"人"的主观能动作用，强化人和机器的结合，通过加强与行政职能部门的沟通协调，融合运用初步审查、深入调查、引导侦查的"三查融合"方式，发现了处于监管空白地带的醇基燃料黑色产业链监督线索，并向公安机关移送犯罪线索，最终实现线索成案。

四是治理效果上，要从就案办案转向社会治理。长期以来，检察机关局限于个案办理，更多仍停留于办案本身，促进社会治理的实际效果一直不够理想。数字检察模式下，更多地强调通过类案监督，发现监管漏洞，通过制发检察建议促进社会治理，从而解决人民群众反映强烈的难点痛点问题。本案中，海宁市检察院从人民群众反映急切的安全生产问题出发，全力做好"监督促进治理"后半篇文章，推动市安委办联合14个职能部门印发《方案》，建立海宁市醇基燃料使用、运输、经营、生产和储存各环节全流程闭环监管机制，织密醇基燃料安全监管保护网，全面消除醇基燃料公共安全隐患，提升了党委政府认同感和人民群众获得感。

案件承办人：

章小平　林小芳（海宁市人民检察院）

案例撰写人：

林小芳（海宁市人民检察院）

案例审核人：

应旭君（浙江省人民检察院）

# 非法储存危险化学品
# 危害公共安全类案监督

◇ 嵊州市人民检察院

## 📖 关键词

危险化学品　非法储存　公共安全　行政公益诉讼

## 📖 要旨

通过解析借用资质非法经营危险化学品个案，梳理危险化学品经营链条，提取危险化学品许可证、企业涉危险化学品进销项发票等数据要素，发现非法储存、分装危险化学品类案线索。针对危险化学品在销售、运输、储存等环节存在的重大安全隐患，全链条开展调查核实工作，联合相关职能部门查处违法犯罪，督促落实整改，有效加强危险化学品经营的源头治理。

## 📖 基本情况

国家对危险化学品经营实行许可制度，经营危险化学品必须取得危险化学品经营许可证。持有无仓储危险化学品经营许可的单位只能进行单据交易，不得擅自储存危险化学品。嵊州市检察院在履职中发现，屠某某借用其他企业的危险化学品经营资质非法销售、储存甲醇，经初步调查、综合研判，该类违规存储危险化学品的情况并非个案，有必要通过大数据分析排查类案线索。遂以此为切入点，充分贯彻"三查融合"工作理念，通过大数据碰撞分析，最终发现非法储存、分装危险化学品类案线索 50 余条。

## 📖 线索发现

嵊州市检察院在开展燃气安全领域专项监督行动中发现，屠某某借用嵊州市某化工有限公司危险化学品经营许可证，非法储存、销售甲醇等危险化学品。《危险化学品经营许可证管理办法》第 3 条第 1 款规定，"国家对危险化学品经营实行许可证制度。经营危险化学品的企业，应当依照本办法取得危险化学品经营许可证。未取得经营许可证，任何单位和个人不得经营危险化学品"。《浙江省安全生产条例》第 24 条规定，"取得不带储存的危险化学品经营许可证的单位，不得将危险化学品储存在供货单位和用户单位符合安全条件的专用仓库、专用场地或者专用储存室之外的场所。危险化学品商店内只能存放民用小包装的危险化学品"。该公司危险化学品经营许可证中许可范围为"不带储存设施经营（票据经营）：甲醇等"，但其经营的甲醇增值税发票电子底账数据中，销项发票数量明显多于进项发票数量。由此可以推断，该公司可能存在违规带储存设施超范围经营的行为。

## 📖 数据分析方法

### 数据来源

1. 危险化学品经营许可证数据（源于应急管理局）；

2. 企业税务进销项发票数据（源于税务局"增值税专用发票电子底账系统"）。

### 数据分析关键词

以"经营场所不得存放危险化学品""票据经营"为关键词，从危险化学品经营许可证数据中筛选出不带储存设施经营的危险化学品企业，从税务系统中导出上述危险化学品企业的发票电子底账数据，比对企业进销项发票数据，筛选销项发票数量明显大于进项发票数量的企业，分析是否存在非法储存、分装行为的线索。

### 数据分析步骤

第一步：以危险化学品经营许可证数据为基础，从"许可范围"字段中筛选出"经营场所不得存放危险化学品""票据经营"等不带储存设施经营的危险化学品企业。

第二步：在税务部门"增值税专用发票电子底账系统"中导出以上企业"本地""异地"进销项电子发票底账，比对近一年内进销项增值税发票数量、金额。

第三步：如企业销项发票数量显著多于进项发票数量，则人工核查发票具体内容，确定疑似非法从事储存、分装危险化学品企业。

### 思维导图

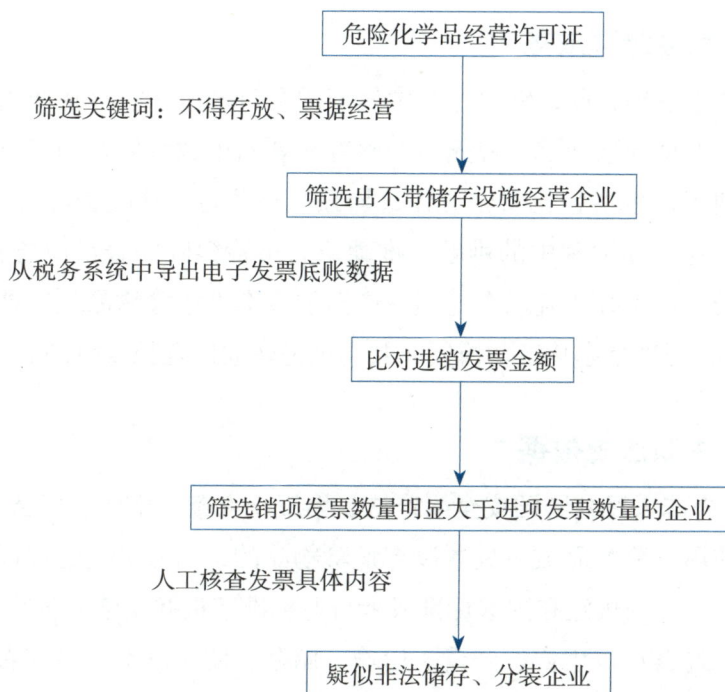

### 📖 检察融合监督

#### 刑事检察监督

在绍兴市检察院的统一部署下，全市检察机关通过运用数字模型，共摸排出绍兴市范围有 57 家危险化学品经营企业可能存在非法储存、分装危险化学品的违法乱象，涉及越城区、上虞区、新昌县等多个地区，遂将上述监督线索分别移送应急管理部门和公安机关开展调查，目前已查明涉案人员 13 人，违法分装销售金额高达 300 余万元。

#### 公益诉讼检察监督

针对违规出借危险化学品许可资质行为与使用私有车辆违规运输危险化学品的行为，嵊州市检察院制发行政公益诉讼诉前检察建议 2 份，督促相关部门依法履职。在检察机关推动下，嵊州市应急管理局在全市范围内开展专项整治行动，排查范围覆盖区域内所有危险化学品经营企业。目前已责令限期整改 12 家，立案处罚 2 家，合计处罚 14 万元。

### 📖 社会治理成效

在社会治理方面，针对办案中发现的全市多所学校存在使用甲醇作为燃料的安全隐患问题，嵊州市检察院向嵊州市教育体育局发出社会治理检察建议，督促强化安全责任，加强风险防范，切实消除安全隐患。针对危险化学品治理中的难题，推动绍兴市检察院联合市应急管理局、市公安局、市中级法院出台《绍兴市涉刑事案件危险物品先行处置办法（试行）》，开展常态化工作协同，共同推进建立健全长效机制。

### 📖 法律法规依据

1.《中华人民共和国安全生产法》第三十九条　生产、经营、运输、储存、使用危险物品或者处置废弃危险物品的，由有关主管部门依照有关法律、法规的规定和国家标准或者行业标准审批并实施监督管理。

生产经营单位生产、经营、运输、储存、使用危险物品或者处置废弃危险物品，必须执行有关法律、法规和国家标准或者行业标准，建立专门的安全管理制度，采取可靠的安全措施，接受有关主管部门依法实施的监督管理。

**第一百条** 未经依法批准，擅自生产、经营、运输、储存、使用危险物品或者处置废弃危险物品的，依照有关危险物品安全管理的法律、行政法规的规定予以处罚；构成犯罪的，依照刑法有关规定追究刑事责任。

**第一百零一条第一项** 生产经营单位有下列行为之一的，责令限期改正，处十万元以下的罚款；逾期未改正的，责令停产停业整顿，并处十万元以上二十万元以下的罚款，对其直接负责的主管人员和其他直接责任人员处二万元以上五万元以下的罚款；构成犯罪的，依照刑法有关规定追究刑事责任：

（一）生产、经营、运输、储存、使用危险物品或者处置废弃危险物品，未建立专门安全管理制度、未采取可靠的安全措施的。

**第一百零三条第一款** 生产经营单位将生产经营项目、场所、设备发包或者出租给不具备安全生产条件或者相应资质的单位或者个人的，责令限期改正，没收违法所得；违法所得十万元以上的，并处违法所得二倍以上五倍以下的罚款；没有违法所得或者违法所得不足十万元的，单处或者并处十万元以上二十万元以下的罚款；对其直接负责的主管人员和其他直接责任人员处一万元以上二万元以下的罚款；导致发生生产安全事故给他人造成损害的，与承包方、承租方承担连带赔偿责任。

2.《危险化学品安全管理条例》第三十三条第一款 国家对危险化学品经营（包括仓储经营，下同）实行许可制度。未经许可，任何单位和个人不得经营危险化学品。

3.《危险化学品经营许可证管理办法》第三条第一款 国家对危险化学品经营实行许可制度。经营危险化学品的企业，应当依照本办法取得危险化学品经营许可证（以下简称经营许可证）。未取得经营许可证，任何单位和个人不得经营危险化学品。

第二十一条　任何单位和个人不得伪造、变造经营许可证，或者出租、出借、转让其取得的经营许可证，或者使用伪造、变造的经营许可证。

第三十一条　伪造、变造或者出租、出借、转让经营许可证，或者使用伪造、变造的经营许可证的，处 10 万元以上 20 万元以下的罚款，有违法所得的，没收违法所得；构成违反治安管理行为的，依法给予治安管理处罚；构成犯罪的，依法追究刑事责任。

4.《浙江省安全生产条例》第二十四条　取得不带储存的危险化学品经营许可证的单位，不得将危险化学品储存在供货单位和用户单位符合安全条件的专用仓库、专用场地或者专用储存室之外的场所。危险化学品商店内只能存放民用小包装的危险化学品。

第五十九条　违反本条例第二十四条规定，取得不带储存的危险化学品经营许可证的单位违法储存危险化学品的，责令限期改正，处五万元以上十万元以下罚款；逾期未改正的，责令停产停业整顿直至吊销危险化学品经营许可证。

## 办案心得体会

安全生产，重于泰山。危险化学品领域是安全生产监管的重点领域之一。嵊州市检察院以开展专项监督为契机，针对危险化学品治理中的难题，以非法储存危险化学品为切入口，充分发挥"四大检察"职能，依托数字检察构建数字监督模型，从而实现对危险化学品安全隐患的精准监督和源头治理。

### 一、为何聚焦危险化学品安全问题

党中央历来高度重视安全生产工作，习近平总书记强调，要针对安全生产事故主要特点和突出问题，层层压实责任，狠抓整改落实，强化风险防控，从根本上消除事故隐患，有效遏制重特大事故发生。2022年2月18日，最高人民检察院结合当前全国安全生产形势，立足检察工作实际，制发了安全生产诉源治理方面的检察建议（"八号检察建议"）。

经营危险化学品必须取得危险化学品经营许可证，这是国家法律为保障生产安全作出的强制性规定。嵊州市检察院在办案中发现，部分危险化学品经营企业为谋取利益，不惜钻法律的空子，违规出借危险化学品经营许可证，实际经营者则未经许可擅自非法储存并经营甲醇，明显违反国家对危险化学品经营许可制度。实践中，鉴于危险化学品经营许可证的发放条件和程序较为严格，部分法律意识淡薄的经营者为了牟利，违规储存、运输、销售危险化学品，已经成为当前安全生产领域比较突出的问题。一旦发生安全事故，后果将不堪设想。

## 二、如何对危险化学品安全进行数字监督

（一）锁定"非法储存"行为特征，明确监督思路

根据国家规定，经营者不得擅自储存危险化学品。在该案中，经营者借用危险化学品经营许可证，非法储存、经营危险化学品。但是该公司甲醇的经营许可为"不带储存设施经营"。从甲醇增值税发票电子底账数据中发现，涉案的销项发票数量明显多于进项发票数量，鉴于此类异常普遍存在，以个案办理为切入点，利用此类"非法存储"行为特征的普遍性开展类案监督，是完全合理可行的。

（二）调取关键数据，夯实模型基础

嵊州市检察院在构建监督模型的过程中，一方面向应急管理部门调取危险化学品企业许可名单，具体列明项目包括经营单位名称、经营品种、经营方式、许可证有效期等，重点筛选出"经营场所不得存放危化学品""票据经营"等危险化学品企业。另一方面从税务部门"增值税专用发票电子底账系统"调取危险化学品企业进项发票、销项发票，具体列明项目包括发票代码、发票号码、开票日期、销方（购方）名称、货物名称、金额等，比对近一年内进销项增值税发票数量、金额。

此外，嵊州市检察院还调取了嵊州市某化工有限公司税务申报数据，这家不带储存经营的企业，从供货方宁波市某化工有限公司支付 29 余万元购买 7 次甲醇，制作成醇基燃料销售至 9 家学校食堂，金额高达 78 余万元，销售次数达 200 余次，据此可以推断该公司存在非法储存、分装的违法犯罪嫌疑。

（三）运用数字模型，实现融合监督

通过对关键数据信息进行比对、碰撞，嵊州市检察院先后摸排出越城区、上虞区范围内可能存在的非法储存、分装危险化学品等违法犯罪线索共计 57 条，并移送应急管理部门。其中在绍兴某化工产品有限公司现场查获 6.6 吨二甲基甲酰胺（属危险化学品），该公司及主要负责人涉嫌危险作业罪，绍兴市越城区检察院已建议应急管理部门移送公安机关立案侦查。目前共计已查明涉案人员 13 人，违法分装销售 300 余万元。此外，在办案中还发现存在危险化学品经营企业违法出借危险化学品经营许可资质和超许可范围非法经营的行为，未采取任何安全措施的情况下使用改装面包车、小货车违法运输危险化学品的行为，分别向应急管理局和交通运输局发出行政公益诉讼诉前检察建议。针对危险化学品治理中的制度漏洞，推动绍兴市检察院联合相关部门出台危险化学品治理长效机制。

### 三、如何对危险化学品领域进行延伸监督

在目前数字监督模型基础上，增加危险化学品专用车辆运行轨迹、企业地点等数据，精准排查停靠点、卸货点以及停靠时间，从而可以分析判断是否存在实施非法储存、分装的异常地点。

目前，嵊州市检察院正在积极利用中科院空天院的时空信息技术，结合危险化学品运输车辆轨迹，可实现追溯危险化学品来源和去向。从交通运输部门调取的危险化学品运输车辆的行驶轨迹、电子运单、车辆核载等数据，结合装卸危险化学品的时间规律，以"车辆一次停留时间超过一定时间"为要素，分析计算出停留点和停留次数，并将

轨迹的时间、空间信息投射至卫星地图上，可视化地展示危险化学品装卸货点和总量，通过分析研判危险化学品运输车辆停留地点，发现多起无证照经营危险化学品违法犯罪线索。

下一阶段，嵊州市检察院拟将法律监督领域从危险化学品延伸扩展至特种行业，从面上进一步扩大法律监督范围，通过迭代更新大数据分析手段，努力打造更广泛、更强效的监督范式，为推进安全生产治理体系和治理能力现代化贡献力量。

案件承办人、案例撰写人：

　　周芳　盛俊辉（嵊州市人民检察院）

案例审核人：

　　黄有富　李根（浙江省人民检察院）

# 外卖平台虚假健康证类案监督

◇ 台州市黄岩区人民检察院

### 📖 关键词

外卖平台　虚假健康证　伪造事业单位印章罪　食品安全

### 📖 要旨

从外卖平台配送站点的骑手信息中提取外卖骑手上岗所持有的健康证制发信息，以身份证号码、健康证有效日期、制发机构名称等数据要素特征，与本地在册健康证持有人身份信息进行大数据碰撞，发现批量骑手使用虚假健康证线索。通过线索移送、调查核实，引导公安机关分层次、区分化处理骑手入刑问题，并就外卖站点管理人员伪造事业单位印章犯罪开展刑事立案监督，追诉上游制假犯罪。通过融合贯通检察职能，有效推进外卖平台虚假健康证问题治理。

### 📖 基本情况

台州市黄岩区检察院刑事检察部门在个案办理中发现国内某知名外卖平台黄岩站点可能存在大范围健康证造假、用假线索。通过调取 3 万余条数据进行建模碰撞，刑事检察部门发现两大外卖平台黄岩站点 144 名骑手健康证存在异常，依法向公安机关移送违法犯罪线索。台州市黄岩区检察院组建数字办案专班，形成"四大检察""三查融合"办案机制，引导公安机关分层次、区分化开展办案活动，积极发挥自行补充侦查职能，联合公安机关全链条穿透式打击上游制假犯罪；融合刑事检察、公益诉讼检察、行政检察职能，从"制证、用证、监管"三个维度，高效推动虚假健康证问题治理。

## 📖 线索发现

2021 年 7 月，台州市黄岩区检察院在办理左某某涉嫌伪造事业单位印章犯罪案件中发现，左某某供述其曾是国内某知名外卖平台的骑手，该外卖平台存在其他骑手使用假健康证和站点工作人员主动帮助办理假健康证的情况。为核实线索真实性，办案组拨打外卖客服电话、暗访外卖站点、与该外卖平台在浙江省、台州市两级区域的相关负责人开展座谈沟通，实地察看外卖平台入职审核系统，发现外卖平台与健康证制发机构之间数据信息并不互通，平台只对求职者上传的健康证图片进行形式审查，为伪造、冒用健康证等相关违法犯罪的发生埋下了隐患。鉴于外卖配送行业的健康资质监管事关区域内食品安全和卫生防疫防控大局，黄岩区检察院遂依托大数据分析手段及时启动监督工作。

## 📖 数据分析方法

### 数据来源

1. 某外卖公司黄岩配送站点所有骑手身份信息（源于某外卖总公司——北京某在线科技有限公司）；

2. 台州市黄岩区在册健康证持有人身份信息（源于台州市黄岩区卫生健康局）。

### 数据分析关键词

本次数据碰撞的主要关键词是：骑手身份信息，含身份证号码、健康证有效日期等。

### 数据分析步骤

第一步：在骑手健康证数据中，筛选出制发地为黄岩的健康证数据，若该健康证制发机构非黄岩六家有健康证体检资质的机构，则标注为异常数据；

第二步：骑手健康证数据中，其"身份证号码"未在官方数据中出现的，则标注为异常数据；

第三步：骑手健康证"有效日期"数据与官方数据不一致的，则标注为异常数据。

第四步：结合人工核实，确定监督线索。

## 思维导图

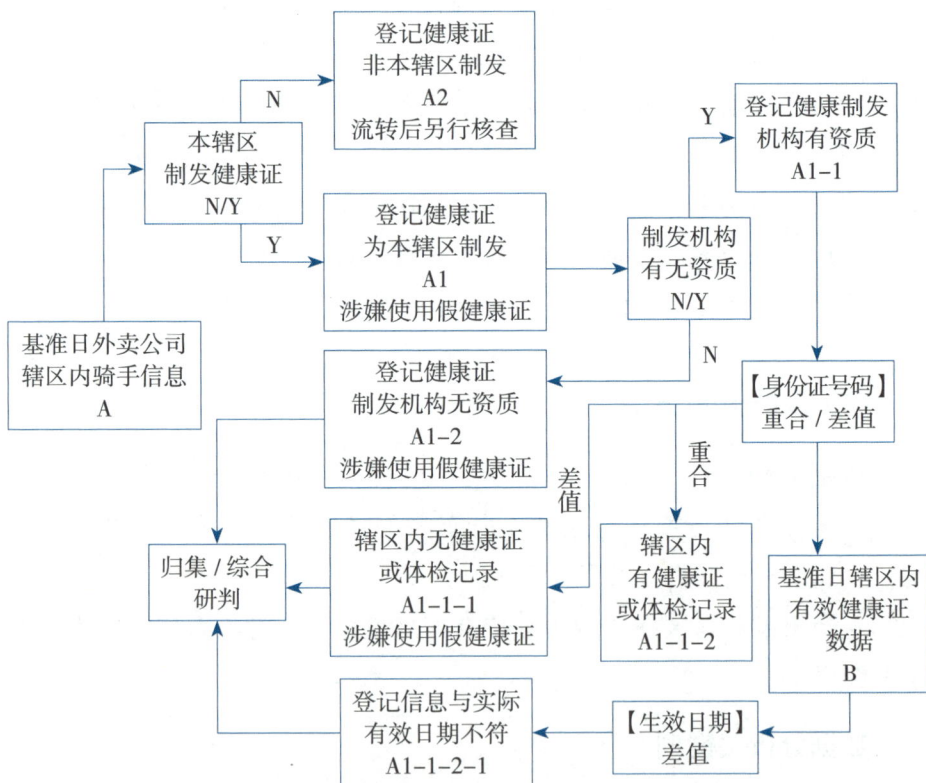

## 📖 检察融合监督

### 刑事检察监督

线索移送后，刑事检察部门提前介入侦查，引导公安机关对144名普通外卖骑手分层处理，审慎把握入罪标准。目前，4 名外卖骑手已被行政处罚，29 名外卖骑手不构成犯罪，不予处罚；3 名外卖站点管理人员被依法立案监督，均获有罪判决并已生效。为穿透式打击健康证造假犯罪，刑事检察办案组多次赴腾讯、支付宝公司和银行调取数据，对上游制假犯罪进行大数据研判、追查，移送违法犯罪线索 1 件 6 人；立案监督 1 件 1 人，追诉 2 件 2 人，目前该 3 人均已到案且认罪认罚，其中 1 人被查实制作假健康证 4000 余份，非法获利 17 万元，售假范围覆盖全国十余个城市，已被依法提起公诉。

### 公益诉讼检察监督

公益诉讼检察部门根据刑事检察部门移送的监督线索，依法对台州市黄岩区沿街餐饮、外卖站点等进行走访调查，并联合该院刑事检察部门、公安机关共同对外卖平台乡镇站点开展全面检查，对发现普遍存在的健康证没有上墙、一些食品从业人员未持证上岗等情况，台州市黄岩区检察院依法向黄岩区市场监督管理局制发公益诉讼诉前检察建议，督促其依法履行食品安全监管职责，依法加强对辖区内网络餐饮服务从业人员健康证明的执法检查工作，落实常态化监管。

### 行政检察监督

行政检察部门全程、同步跟进专班工作推进，有效发挥行政检察部门对行政机关履职的监督作用，保障了健康证对应主管部门在健康证协同治理过程中有效、积极、协同履职。

## 📖 社会治理成效

针对辖区健康证管理中存在的堵点、盲点，台州市黄岩区检察院牵头黄岩区卫健局、区市场监管局、区商务局等相关主管部门制定《台州市黄岩区预防性健康体检合格证明管理办法》，形成区域健康证制发主体、监管主体、用证主体"三位共管"的良好局面。同时，黄岩区卫健局加快打造电子健康证信息管理系统，并在"浙里办"开通健康证查询功能，实现电子健康证的数据信息共享。推动落实健康证免费办理政策，台州市黄岩区每年列支 500 万元专项财政资金，在全区范围内落实办理健康证免费体检，惠及餐饮、外卖、保育等行业从业人员 4 万余人。

### 市域专项监督

台州市检察院在全市范围开展健康证专项监督行动。全市范围内共发现两大外卖平台 1454 名骑手健康证数据异常，向公安机关移送犯罪线索 5 件 146 人，开展立案监督 8 人，3 人已判决，制发公益诉讼诉前检察建议 2 份。

### 📖 法律法规依据

1.《中华人民共和国刑法》第二百八十条第二款　伪造公司、企业、事业单位、人民团体的印章的，处三年以下有期徒刑、拘役、管制或者剥夺政治权利，并处罚金。

2.《中华人民共和国食品安全法》第六条　县级以上地方人民政府对本行政区域的食品安全监督管理工作负责，统一领导、组织、协调本行政区域的食品安全监督管理工作以及食品安全突发事件应对工作，建立健全食品安全全程监督管理工作机制和信息共享机制。

县级以上地方人民政府依照本法和国务院的规定，确定本级食品安全监督管理、卫生行政部门和其他有关部门的职责。有关部门在各自职责范围内负责本行政区域的食品安全监督管理工作。

县级人民政府食品安全监督管理部门可以在乡镇或者特定区域设立派出机构。

第四十五条　食品生产经营者应当建立并执行从业人员健康管理制度。患有国务院卫生行政部门规定的有碍食品安全疾病的人员，不得从事接触直接入口食品的工作。

从事接触直接入口食品工作的食品生产经营人员应当每年进行健康检查，取得健康证明后方可上岗工作。

第一百一十四条　食品生产经营过程中存在食品安全隐患，未及时采取措施消除的，县级以上人民政府食品安全监督管理部门可以对食品生产经营者的法定代表人或者主要负责人进行责任约谈。食品生产经营者应当立即采取措施，进行整改，消除隐患。责任约谈情况和整改情况应当纳入食品生产经营者食品安全信用档案。

第一百二十六条第一款第六项　违反本法规定，有下列情形之一的，由县级以上人民政府食品安全监督管理部门责令改正，给予警告；拒不改正的，处五千元以上五万元以下罚款；情节严重的，责令停产停业，直至吊销许可证：

（六）食品生产经营者安排未取得健康证明或者患有国务院卫生行政部门规定的有碍食品安全疾病的人员从事接触直接入口食品的工作。

3.《网络餐饮服务食品安全监督管理办法》第三条　国家市场监督管理总局负责指导全国网络餐饮服务食品安全监督管理工作，并组织开展网络餐饮服务食品安全监测。

县级以上地方市场监督管理部门负责本行政区域内网络餐饮服务食品安全监督管理工作。

第十三条　网络餐饮服务第三方平台提供者和入网餐饮服务提供者应当加强对送餐人员的食品安全培训和管理。委托送餐单位送餐的，送餐单位应当加强对送餐人员的食品安全培训和管理。培训记录保存期限不得少于2年。

第十四条　送餐人员应当保持个人卫生，使用安全、无害的配送容器，保持容器清洁，并定期进行清洗消毒。送餐人员应当核对配送食品，保证配送过程食品不受污染。

4.《网络食品安全违法行为查处办法》第三条　国家市场监督管理总局负责监督指导全国网络食品安全违法行为查处工作。

县级以上地方市场监督管理部门负责本行政区域内网络食品安全违法行为查处工作。

第二十七条　网络食品交易第三方平台提供者和入网食品生产经营

者有下列情形之一的，县级以上市场监督管理部门可以对其法定代表人或者主要负责人进行责任约谈：

（一）发生食品安全问题，可能引发食品安全风险蔓延的；

（二）未及时妥善处理投诉举报的食品安全问题，可能存在食品安全隐患的；

（三）未及时采取有效措施排查、消除食品安全隐患，落实食品安全责任的；

（四）县级以上市场监督管理部门认为需要进行责任约谈的其他情形。

责任约谈不影响市场监督管理部门依法对其进行行政处理，责任约谈情况及后续处理情况应当向社会公开。

被约谈者无正当理由未按照要求落实整改的，县级以上地方市场监督管理部门应当增加监督检查频次。

5.《网络订餐配送操作规范》（浙江省市场监督管理局 DB33/T2251-2020） 5.3 配送人员应持有效健康证明，在显著位置佩戴每日健康情况展示卡（证），必要时应进行临时健康检查。

## 办案心得体会

食品安全问题关乎"舌尖上的安全"，是人民群众关注的重要民生问题。习近平总书记指出，"要贯彻《食品安全法》，完善食品安全体系，加强食品安全监管，严把从农田到餐桌的每一道防线"。当下，外卖行业与千家万户接轨，成为农田到餐桌的"最后一公里"，外卖骑手连接着餐饮商家和消费者，既直接接触食品，又与消费者近距离接触。因此，外卖骑手的健康问题涉及广大人民群众的切身利益。台州市黄岩区检察院在个案办理中通过数据碰撞、比对、分析发现监督线索，探索出一条"解析个案、梳理要素、构建模型、融合监督、类案治理"的大数据检察监督路径。

## 一、线索核实的关键要点

### （一）准确把握外卖行业健康证问题的监督依据

健康证全称《预防性健康体检合格证明》，是指根据《食品安全法》等相关法律法规，对需要进行预防性健康体检的从业人员，体检合格后所发放的证明，有效期为一年。从事餐饮食品生产经营、公共场所服务、医疗卫生服务等人员必须办理健康证。办理健康证需要到所在地有资质的诊疗机构进行预防性健康体检，不同行业的从业人员体检项目及要求不同，食品从业者的体检项目一般包括血常规、胸透、肝功能等，体检通过后一周左右可取得有效证明。

办案组在查阅相关法律规定中发现，外卖行业作为新兴行业，现行法律法规尚未明确外卖骑手必须持有健康证上岗。2017年，国内某知名外卖平台开始在行业内提出骑手持健康证上岗作为入职必备条件。此后，各大外卖平台先后设立该入职条件，骑手持健康证上岗逐渐成为外卖行业统一规范，部分平台还继续深化骑手健康证管理措施。浙江省先行出台规范，规定外卖骑手必须配备健康证，如《浙江省电子商务条例》《网络订餐配送操作规范》中均规定，配送人员应持有效健康证，在显著位置佩戴每日健康情况展示卡（证），必要时应进行临时健康检查。可见，对外卖骑手配备健康证的认识已逐渐趋同，该要求也更符合相关法律法规保障公共场所消费者及从业人员卫生安全的本意。

### （二）先行深入区域调查的必要性

调查先行，可以提前厘清和掌握区域外卖平台和健康证管理问题，为后续对症监督、治理打下基础。前期调查需从外卖行业和健康证区域管理现状两个途径同步进行。

对区域外卖行业调查期间，办案组通过多途径掌握外卖平台骑手基本构成和入职审核流程，明确外卖行业健康入职审查无法进行官方真伪验证，存在健康证制假用假的违法空间。据了解，各地外卖平台对健康证入职审核操作情况不一，有些地区外卖平台已委托第三方机构整合数据、提供数据网上查询服务等。此种情况下，本地制发的健康证造假空间被消除，但因健康证效力全国互认，也不排除使用其他地区假健康证的可能。核实非本地制发健康证真伪无法使用大数据碰撞，只能通过单个核实真伪，缺乏批量操作性。

在对健康证区域管理现状调查期间，办案组发现各地在健康证管理上存在的问题各有不同，需要及时厘清监督思路，有针对性地开展检察监督。如个别地区健康证上没有印制当地医疗制发机构印章，此种情况下，就不涉及伪造事业单位印章犯罪，需要及时调整刑事检察和公益诉讼检察的监督侧重。

## 二、监督数据获取的关键要点

健康证监督路径清晰，数据源明确，仅需要区域外卖人员信息和卫健局健康证信息。如何获取数据是我们面临的第一道难题。既要通过数据核实监督线索，又要审慎关注案件办理对于国内知名企业的经营可能造成的影响。办案组通过邀请座谈、远程沟通、多级沟通等方式充分向外卖行业、主管部门说明外卖骑手虚假健康证问题治理的紧迫性和必要性，围绕外卖平台方在对案件办理可能引发负面舆情、造成商业信息泄露等方面的顾虑，深入开展释法说理，努力争取对方配合支持。另外，加强与区卫健局沟通协商，由卫健局从黄岩区六个健康证制发医疗机构将信息数据归集后统一提供，提高健康证数据的调取效率。

## 三、检察机关融合治理的关键要点

（一）统筹履职，以"三查融合"的思维指导合力监督

台州市黄岩区检察院高度重视案件背后重要的社会治理意义，抽调刑事检察、公益诉讼检察、行政检察部门的骨干成立案件专班，由检察长任组长，以部门为单位组建办案单元，统筹发挥每个办案单元的业务优势，以"三查融合"思维合力研判，以圆桌分析、进度推进、阶段汇报等方式，动态、统筹式推进健康证监督办理。台州市黄岩区检察院以

该案办理为依托，出台《关于建立"四大检察""三查融合"办案机制的实施办法》，以融合办案机制推动检察职能行使最优化。

（二）宽严适度，以"分层"的打击尺度保障行业运行

针对骑手健康证异常线索多、范围广、社会影响大的特点，刑事检察部门提前介入，引导侦查机关分层处理，最大程度释放司法善意，保障外卖行业良好运行。对于主观明知系假健康证仍自购、自用或少量代办的骑手，不认定构成伪造事业单位印章罪，依法予以行政处罚；对于多次、长期实施代办代购或者获取返利的骑手，认定系制假犯罪的固定延伸，与上游制假人员构成共同犯罪，依法追究刑事责任。对于集中、长期为骑手代买代办的外卖站点管理人员，鉴于其行为具有严重的社会危害性，依法追诉犯罪的同时从重处罚。为从严打击上游制假犯罪，办案组充分进行自行补充侦查，以检察监督保证健康证办理全链条得到有效整治。

（三）合力共治，以"全行业"的治理高度推进监督

在检察履职和社会治理工作深入推进过程中，办案组逐步将外卖行业假健康证问题升级到全行业健康证治理的高度。健康证涉及多头管理，制发、监管、用证主体均需高度重视健康证工作，深入分析当下区域的健康证管理机制、工作措施上的不足，立足职能，积极回应群众诉求，打破数据壁垒，借助数据赋能，突出健康证全域、互联式数字化改革，从"监管、制发、使用"三个维度进行全方位治理，真正让人民群众吃得放心、安心。

案件承办人：

陈晓风　王欣童　王枥申　郑秋月（台州市黄岩区人民检察院）

案例撰写人：

王欣童　王枥申（台州市黄岩区人民检察院）

案例审核人：

桂淑娟　李根（浙江省人民检察院）

# "劳动者权益保护 + 失业保险基金安全监管" 类案监督

◇ 海盐县人民检察院

## 关键词

失业保险金　恶意骗取　国有财产保护　劳动者权益

## 要旨

通过提取失业保险金发放数据、个人银行资金流水数据、市场主体数据中的时间段、姓名、身份证号码等数据要素，经比对筛查发现批量违法不参加社会保险、恶意骗取失业保险金线索。督促监管部门监督企业为当事人缴纳社会保险，追缴违规领取的失业保险待遇，健全失业保险基金监管体系；向公安机关移送犯罪线索，追究相关人员的刑事责任。

## 基本情况

海盐县检察院在个案办理中发现有企业未依法为职工缴纳社会保险，且该名职工正在享受失业保险待遇的个案线索。通过对该线索的特性进行分析、归纳，认为"故意不缴纳社会保险、恶意骗领国家失业保险金"的问题可能普遍存在。海盐县检察院融合运用刑事检察、公益诉讼检察职能，分析失业保险金发放数据、市场主体数据、个人银行资金流水数据，筛查出就业人员或自主创业人员虚构失业身份，恶意领取失

434

业保险金的数据。通过向公安机关移送犯罪线索等手段，依法打击恶意骗取失业保险金犯罪人员；通过制发诉前检察建议，推动人社部门开展失业保险金领域专项整治，停发、追缴失业保险金的同时督促企业为劳动者依法缴纳社会保险，维护劳动者合法权益。

### 📖 线索发现

2021 年 9 月，海盐县检察院接群众举报，某企业没有为新入职员工张某依法缴纳社会保险。经调查发现，员工张某已入职该企业数月，但仍在持续领取失业保险金，经对照人社部门失业保险金发放审核程序，发现该名员工通过故意不参加社会保险的方式逃避监管，导致社会保险经办机构无法通过社会保险缴纳系统认定其已就业从而停发失业保险金，造成国有财产流失。经综合研判分析，该情形非个案，还可能存在虚开离职证明、故意停缴社会保险等恶意骗取失业保险金的情况，有必要通过大数据排查分析，并开展专项治理。

### 📖 数据分析方法

#### 数据来源

1. 失业保险金发放数据（源于人力资源和社会保障局）；

2. 享受失业保险待遇人员的开户行信息（源于中国人民银行）；

3. 享受失业保险待遇人员的个人银行资金流水数据（源于银行机构）；

4. 市场主体数据（源于市场监督管理局）。

#### 数据分析关键词

根据就业形式不同，违规领取失业保险金案件数据特征也不同。在开办企业就业形式下，通过"法定代表人""负责人""身份证号码""同一时间段"等关键字段，将失业保险金发放数据与市场主体数据进行碰撞对比。在企业劳动就业形式下，通过"工资""批量代发""同一时间段"等关键字段，将失业保险金发放数据与个人银行资金流水数据进行碰撞对比。

### 数据分析步骤

第一步：从人力资源和社会保障局调取近一年的失业保险金发放数据，列出姓名、身份证号码、失业保险金发放年月、享受月数，以数据表呈现。

第二步：从市场监督管理局调取近一年本地市场主体数据（存续状态），将失业保险金发放数据与市场主体数据进行比对，经碰撞后筛选出同一时段内，既领取失业保险金又进行工商登记的人员信息，作为疑似违规领取失业保险金人员。

第三步：筛选第二步剩余人员的银行卡交易记录，设定"工资"或"批量代发"筛选项，过滤出具有资金收入的数据。

第四步：将上述数据与失业保险金发放数据进行碰撞、比对，按照个人银行流水交易记账日期与发放失业保险金月份部分重合的条件，筛选出同一时段内既领取失业保险金又领取工资的人员信息，作为疑似违规领取失业保险金人员。

第五步：对个人银行资金流水未备注资金交易性质的剩余人员，进行综合筛选，筛选出连续三个月以上、基本固定日期从一个账户获得资金收入，且收入不低于3000元的人员信息，作为疑似违规领取失业保险金人员。

第六步：经人工核查，确认违规领取失业保险金的人员信息、金额，依法停发、追缴失业保险金，对伪造证明材料骗取失业保险金的，移送公安机关处理。

## 思维导图

```
┌──────────────────────┐        ┌──────────────────┐
│   失业保险金发放数据    │        │   市场主体数据     │
└──────────────────────┘        └──────────────────┘
            │                            │
            │         ┌──────────────────────────────┐
            │         │  同一时段既领取失业保险金        │
            │         │  又自主创业的人员               │
            │         └──────────────────────────────┘
            │                    │
    ┌──────────────────┐   ┌──────────────────────────────┐
    │   剩余人员数据     │   │  个人银行流水数据(一次筛查)     │
    └──────────────────┘   └──────────────────────────────┘
            │                    │
    ┌──────────────────────────────────────────────┐
    │  同一时段既领取失业保险金又获取工资收入的人员      │
    └──────────────────────────────────────────────┘
            │
    ┌──────────────────┐   ┌──────────────────────────────┐
    │   再剩余人员数据   │   │  个人银行流水数据(二次筛查)     │
    └──────────────────┘   └──────────────────────────────┘
            │                    │
    ┌──────────────────────────────────────────────┐
    │  同一时段既领取失业保险金又获取固定收入的人员      │
    └──────────────────────────────────────────────┘
```

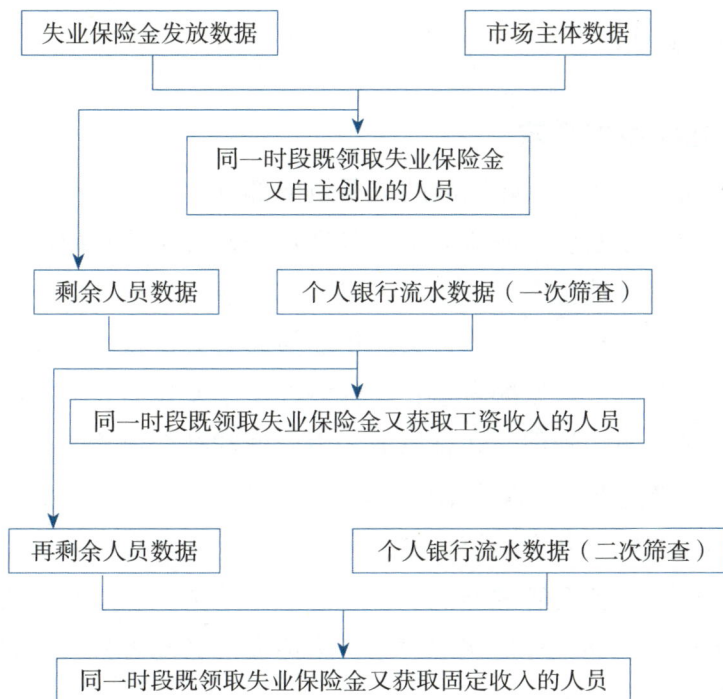

### 📖 检察融合监督

#### 公益诉讼检察监督

海盐县检察院经大数据筛查、比对、碰撞,形成监督线索,对恶意骗取失业保险金行为开展类案监督,通过向人社部门制发检察建议,共督促 35 家企业为 38 名职工依法缴纳社会保险,追回被骗领的失业保险金 101 余万元,并推动全市人社系统开展失业保险金领域专项整治,实现"办理一件、影响一片、带动一类问题解决"的法律监督成效。

#### 刑事检察监督

通过数据的碰撞比对,发现部分劳动者在工作期间故意采用停缴社保、出具虚假离职证明等方式虚构失业状态，恶意骗取失业保险金的情况，向公安机关移送犯罪线索 3 条，后经侦查、审查起诉、审判，3 人被追究刑事责任。

### 📖 社会治理成效

失业保险是社会保险制度的重要组成部分，也是确保民生民利和社会稳定的重要制度。海盐县检察院立足公益诉讼检察职能依法保护国有财产，针对社会保险"应保未保"及恶意骗取失业保险金行为开展类案监督，既打击了犯罪，又维护了劳动者合法权益，较好实现刑事检察和公益诉讼检察融合监督。针对办案中发现的失业保险制度漏洞问题，注重职能延伸，联合属地人力资源和社会保障部门、公安机关出台《关于建立失业保险基金监督部门协同机制的意见》，建立跨业务、跨部门的数据共享预警机制，构建失业保险基金风险管理大监管格局，及时堵塞社会管理漏洞。针对恶意骗取失业保险金行为，融合运用刑事检察职能，移送犯罪线索，最终实现劳动者权益和失业保险基金安全双保护。

### 📖 法律法规依据

1.《中华人民共和国社会保险法》第五十一条第一项　失业人员在领取失业保险金期间有下列情形之一的，停止领取失业保险金，并同时停止享受其他失业保险待遇：

（一）重新就业的。

第八十八条　以欺诈、伪造证明材料或者其他手段骗取社会保险待遇的，由社会保险行政部门责令退回骗取的社会保险金，处骗取金额二倍以上五倍以下的罚款。

第九十四条　规定违反本法规定，构成犯罪的，依法追究刑事责任。

2.《中华人民共和国劳动法》第七十二条　社会保险基金按照保险

类型确定资金来源，逐步实行社会统筹。用人单位和劳动者必须依法参加社会保险，缴纳社会保险费。

3.《就业服务与就业管理规定》第六十六条第一项至第三项　登记失业人员出现下列情形之一的，由公共就业服务机构注销其失业登记：

（一）被用人单位录用的；

（二）从事个体经营或创办企业，并领取工商营业执照的；

（三）已从事有稳定收入的劳动，并且月收入不低于当地最低工资标准的。

## 办案心得体会

社会保障制度是促进经济发展的重要机制，是实现社会发展成果共享的重要途径，健全社会保障制度是扎实推进共同富裕的实质性行动。失业保险作为社会保障体系的重要组成部分，具有保生活、防失业、稳就业"三位一体"功能。近年来，人社部深化服务改革，推进失业保险"畅通领、安全办"，为疫情常态化背景下失业群体提供了便捷、可靠的兜底保障。但部分劳动者故意不依法参加社会保险，以"假失业""瞒就业"等方式违规领取失业保险金，致使失业保险基金流失，也造成自身劳动权益受损。海盐县检察院立足公益诉讼检察职能，运用数字思维提升履职能力，针对社会保险"应保未保"及违规领取失业保险金的情形开展融合监督，助推社会保障事业走深走实，为扎实推进共同富裕保驾护航。

### 一、以数字办案为抓手，赋能推动类案监督

海盐县检察院收到劳动者合法权益受损个案线索后，通过走访调查全面掌握案情，解析发现除不依法参加社会保险的违法表象外，还同时存在违规领取失业保险金的深层次问题。在基数评估、规则量化后，依

托浙江检察数据应用平台建立数据模型，调取失业保险金发放数据、个人银行资金流水数据、市场主体数据，综合运用数据归集、比对、碰撞，高效筛选出一批违规领取失业保险金及不依法参加社会保险的人员信息，结合人工核查，精准锁定类案监督线索 63 条。通过制发诉前检察建议，督促职能部门加大社会保险参保监管力度，并开展失业保险基金安全监管，职能部门据此督促 35 家企业为 38 名劳动者依法缴纳社会保险并补缴社会保险费，向全县 813 家劳动密集型企业电子送达案例剖析和风险提示函，累计追回被冒领的失业保险金 101 余万元。

## 二、以融合监督为导向，一体办案提质增效

运用"三查融合"的思维和方法，深层次推进数字检察办案，进一步释放检察机关法律监督的体系化和整体性力量。成立由检察长任组长，公益诉讼检察部门、刑事检察部门业务骨干和技术人员为成员的办案团队。公益诉讼检察部门人员开展调取数据、公益损害调查取证工作，刑事检察部门从行为人主观故意、用人单位主观明知及提供帮助行为等方面开展刑事指导工作。经初步调查后，发现恶意骗取失业保险金犯罪线索，由公益诉讼检察部门将线索移送刑事检察部门，经刑事检察部门进一步全面调查后，依法向公安机关移送恶意骗取失业保险金犯罪线索 3 条，后经侦查、审查起诉、审判，3 人被追究刑事责任。同时，为充分发挥检察一体化机制优势，嘉兴市检察院在全市推广海盐县检察院办案经验和方法，嘉兴市域范围内 6 家基层检察院成功开展类案监督，累计追回失业保险金 300 余万元。

## 三、以社会治理为目标，提升民生保障能级

海盐县检察院聚力民生福祉，以"治未病"的理念能动履职。检察长带队前往职能部门，就检察建议落实进展、存在的问题、长效举措等方面开展会商，引导其解决类案背后的社会治理风险隐患。在检察建议推动下，职能部门强化失业保险基金安全监管力度，不断压实责任，采取各项措施切实提高失业保险金问题管控率。同时，针对办案中发现的

社会治理问题，深入剖析并提出对策建议，推动建立跨业务、跨部门的数据共享预警机制和多跨场景建设，及时发现和处置民生公益领域社会保障风险隐患，为破解治理难题贡献检察智慧。

案件承办人：

　　张震宇（海盐县人民检察院）

案例撰写人：

　　叶海华（海盐县人民检察院）

案例审核人：

　　胡卫丽　李根（浙江省人民检察院）

# 性侵害未成年人犯罪类案监督

◇ 湖州市人民检察院

📖 **关键词**

未成年人　性侵犯罪　异常就医　强制报告

📖 **要旨**

聚焦强制报告落实不到位问题，以医疗领域责任主体为切口，立足"未检融合监督"职能，挖掘立案监督线索并推动数据资源共建共享。分析研判强制报告制度关键要素，系统归集涉未成年人异常诊疗记录、涉未成年人性侵报案及立案记录等核心数据，批量发现涉未成年人性侵立案监督线索。通过刑事立案监督、民事监护干预以及行政检察监督，加大对性侵害未成年人犯罪的打击力度，推行未检业务办案、监督、治理的一件事改革。针对涉未成年人性侵领域的共性问题，推动数字化应用场景建设，推进强制报告制度落地落实，形成未成年人保护的社会综合治理。

📖 **基本情况**

湖州市人民检察院在办理涉未成年人案件过程中发现，部分强制报告责任主体未履行报告义务，导致侵害持续发生、启动立案程序滞后等问题。为此，湖州市人民检察院以医疗领域责任主体为切口，对强制报告制度的关键要素进行分析研判，系统归集涉未成年人异常诊疗记录、涉未成年人性侵报案记录、立案记录等核心数据，运用浙江省数据分析平台进行建模筛查，集中发现强制报告制度中的突出问题，批量发现涉未成年人侵害案件的立案监督线索。检察机关对筛查发现的案件线索，及时移交公安机关并相应开展立案监督；对于涉及违法履职问题，督促依法履职。为形成长效治理机制，检察机关牵头建设强制报告一件事应用场景，通过开发自动预警报告系统、打通部门壁垒形成闭环治理，促使制度从依靠个体自觉向程序必经的方式转变，通过数字赋能保障强制报告制度落实，对被侵害未成年人形成全面司法保护。

## 📖 线索发现

王某在给女儿董某某（9周岁）洗澡时发现其下身红肿，遂将其带至湖州市某医院就诊，其间董某某自诉曾经被人欺负。在王某声称会自己报警情况下，医院医生未依法履行报告义务。后王某丈夫考虑与加害人存在亲属关系，因此未及时报警。本案因医生未依法履行强制报告义务、家属未及时报警导致发案滞后，部分证据灭失，影响办案质效。

检察官在办案过程中发现该问题并非个例。通过大数据分析发现，近两年本地区存在大量司法机关尚未掌握的涉未成年人异常诊疗记录，有必要在全市范围内开展专项监督活动，促进侵害未成年人案件强制报告一件事应用场景建设。

## 📖 数据分析方法

### 数据来源

1. 未成年人异常诊疗记录，如怀孕、流产、感染严重性病、感染艾滋病、患上严重心理疾病或精神疾病等（源于卫健委及各医疗机构）；

2. 性侵害未成年人违法治安处罚案件信息，涉及猥亵、卖淫嫖娼等违法行为（源于公安机关）；

3. 检察机关受理的性侵害未成年人刑事案件中的未成年被害人信息，包括强奸、强制猥亵以及卖淫类案件（源于检察业务应用系统）。

### 数据分析关键词

1. 异常程度。（1）明显异常；（2）不明，需高度注意／持续关注。

2. 异常内容。A 类：遭受或疑似遭受性侵害，如（1）怀孕、流产；（2）生殖器官等隐私部位遭受或疑似遭受性侵害或其他非正常损伤。B 类：遭受或疑似遭受家庭暴力、校园欺凌等侵害，如（1）身体存在多处损伤存在异常，存在或疑似存在受到家庭暴力、欺凌、虐待、殴打等；（2）身体多次受到损伤存在异常（如有多次类似就诊记录）；（3）严重营养不良；（4）遭受或疑似遭受被人麻醉、存在意识不清或其他精神异常情况。C 类：其他异常，如（1）自杀、自残；（2）感染性病或艾滋等疾病；（3）因工伤、中毒等非正常原因导致伤残、死亡；（4）未成年人被遗弃、长期处于无人照料状态或被组织乞讨；（5）未成年人来源不明或可能系被拐卖、收买；（6）未成年人或陪同人员行为异常等。

### 数据分析步骤

第一步：根据《未成年人保护法》《最高人民检察院、国家监察委员会、教育部关于建立侵害未成年人案件强制报告制度的意见》等相关规定，制定归集未成年人异常诊疗记录的规则，联合卫健委在医院诊疗系统上归集涉未成年人异常诊疗数据。

第二步：归集已发案的未成年被害人名单，含刑事案件被害人、治安处罚案件被害人及当事人。

第三步：在浙江检察数据应用平台上清洗数据、上传数据，建立专项监督模型。

第四步：将数据 1、2、3 做差集比对，得出司法机关尚未掌握的涉未成年人异常诊疗记录数据。

第五步：数据比对碰撞后，做单表进行过滤，以"14 周岁以下与他人发生性关系""同一人员存在多次异常就诊记录""感染严重性病"等为要素，梳理刑事案件基础线索。

第六步：针对筛查出的案件线索，调取就诊资料，人工比对核实，综合分析研判，视情开展融合监督。

**思维导图**

```
                    ┌──────────┐
                    │  数据归集  │
                    └──────────┘
              ┌───────────┴───────────┐
              ▼                       ▼
    ┌──────────────┐   多表差集   ┌──────────────┐
    │ 未成年人异常诊疗 │──────────│ 性侵害未成年人违法 │
    │   记录数据    │            │ 犯罪案件被害人数据 │
    └──────────────┘            └──────────────┘
              │        ┌──────────┐        │
              └───────▶│  数据碰撞  │◀───────┘
                       └──────────┘
                            │
                            ▼
                  ┌──────────────────┐
                  │  司法机关未掌握的    │
                  │ 涉未成年人异常诊疗数据 │
                  └──────────────────┘
                       单表过滤
         ┌──────────────┼──────────────┐
         ▼              ▼              ▼
  ┌────────────┐ ┌────────────┐ ┌────────────┐
  │14周岁以下与他人│ │同一人员存在多次│ │感染严重性病数据│
  │发生性关系人员数据│ │异常就诊记录数据│ │            │
  └────────────┘ └────────────┘ └────────────┘
                       │
                       ▼
              ┌────────────────┐
              │ 调查核实，分析研判，│
              │    依法处理     │
              └────────────────┘
                       │
                       ▼
              ┌────────────────┐
              │ 四大检察融合监督   │
              │涉未成年人权益综合治理│
              └────────────────┘
   ┌──────┬──────┬──────┬──────┬──────┐
   ▼      ▼      ▼      ▼      ▼
┌──────┐┌──────┐┌──────┐┌──────┐┌──────┐
│刑事立案││民事监护││行政不作为││ 参与 ││其他综合│
│ 监督 ││ 监督 ││ 监督 ││社会治理││保护举措│
└──────┘└──────┘└──────┘└──────┘└──────┘
```

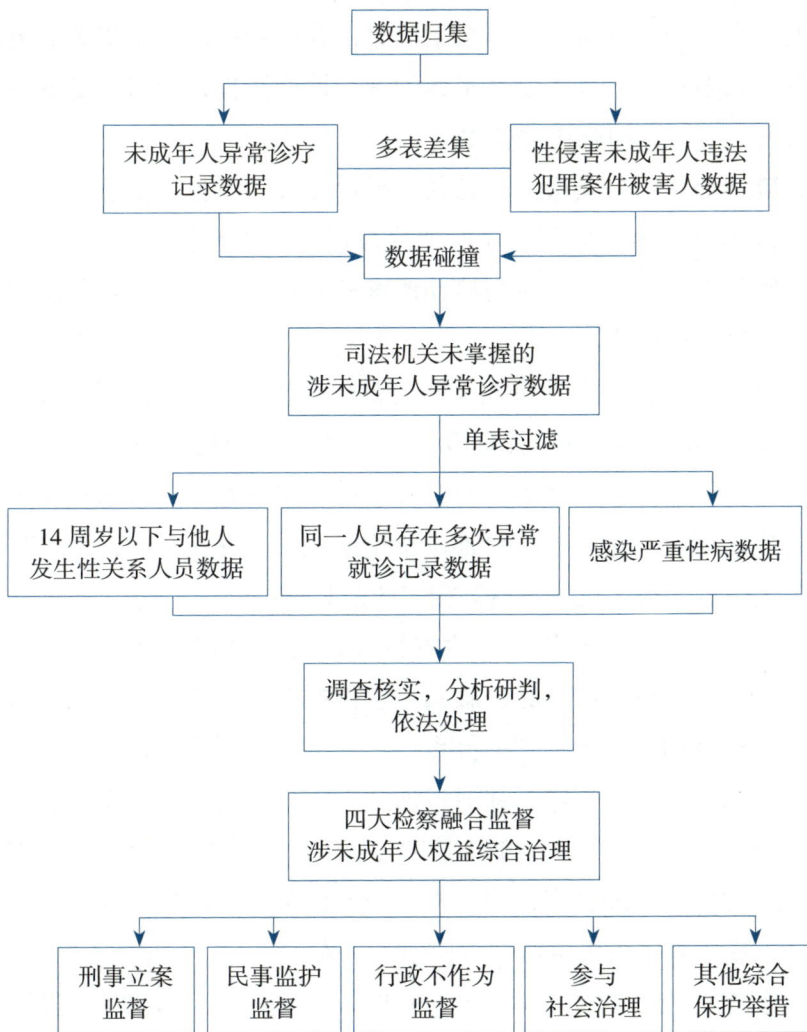

**应用场景建设**

1.自动监测：在医院诊疗系统统一建设强制报告自动监测预警系统，增加自动弹窗模块，设置识别标签供医疗人员依法依规对关键信息进行线上勾选和填充，如不填录则无法进入下一流程。

2. 发现报告：建设数据采集分发平台，适时归集各医院诊疗系统的上报数据。对属于应当立即上报的异常诊疗数据，通过大数据局 IRS 接口即时、自动向公安机关推送报案信息，并同步推送检察机关监督以及卫健部门备案；针对仅需定期报备的异常诊疗数据，项目将定期推送数据至公安、卫健、检察机关备案。

3. 应急处置：公安机关信息共享平台接收实时报案信息后，应第一时间将线索分流至未成年人住所地或被侵害地等有管辖权的公安机关，应按报警处置流程，第一时间启动调查核实；对于存在紧迫危险的，应当做好应急处置措施。

4. 研判转介：符合刑事立案条件的，公安机关应当立即立案侦查，并同步通知同级检察机关提前介入，在政法一体化办案系统内流转办案。不符合刑事立案条件的，公安机关也应将调查和处置意见及相关材料通过执法司法信息共享平台推送给检察机关。在 7 日内，如果公安机关未反馈信息，检察机关应启动相应的监督程序。

5. 帮扶干预：公安机关、检察机关联合启动以"刑事办案 + 民事支持起诉"为内核，以"心理救助、法律援助、司法救助、亲职教育指导等"为外延的办案救助"一件事"工作流程。联合司法、民政、妇联等部门启动综合救助程序，并通过浙政钉（检察智慧未检）或浙江检察（春燕工作室）等工作平台流转救助信息；对因案件影响产生心理损害的，应及时启动心理损害评估工作；公安机关等部门应积极配合检察机关做好未成年被害人民事赔偿支持起诉工作。

6. 督查追查：检察机关在一件事应用场景中全程履行监督职责，对公安机关刑事立案工作依法开展立案监督；对卫健部门、医疗机构及其工作人员的失职行为，通过制发检察建议予以监督；对履职过程中发现监护人侵害未成年人合法权益的，督促、支持有关组织和个人提起诉讼。

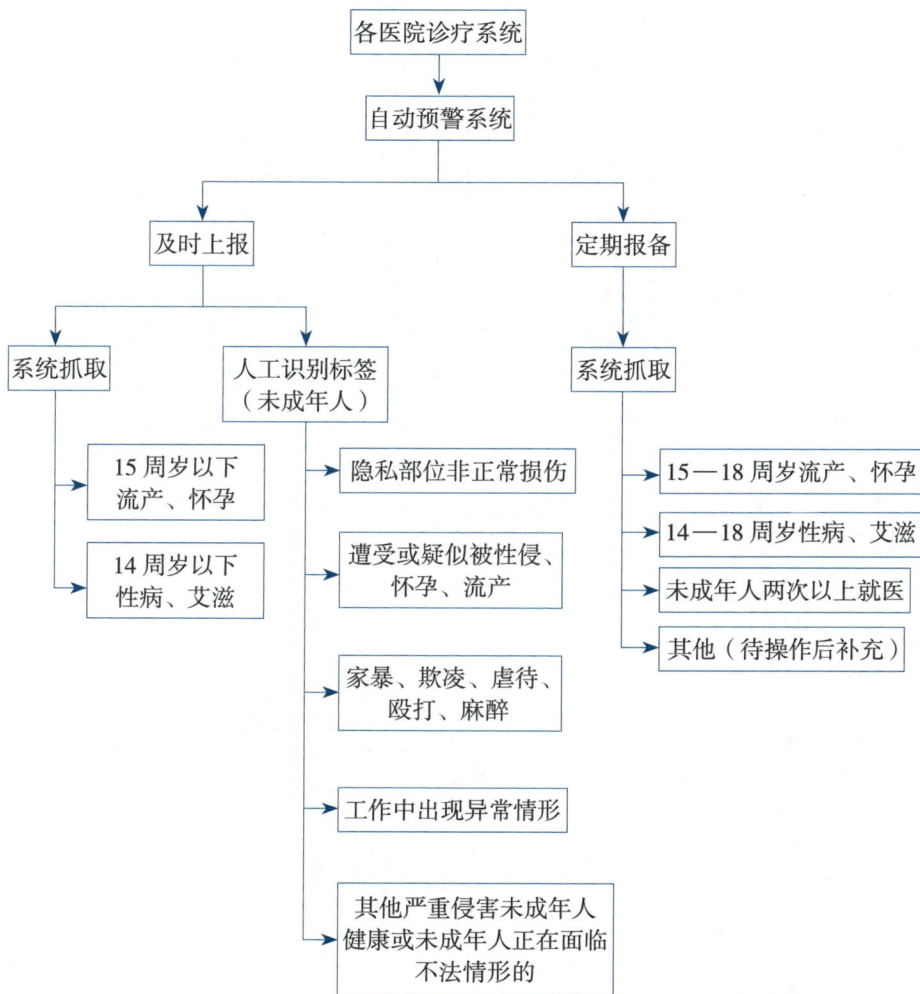

```
                  侵害未成年人案件强制报告
                  多跨协调治理系统示意图

      ┌──────────┬──────────┬──────────┬──────────┐
   各医院诊疗系统    公安机关      检察院      帮扶干预

   ┌────┬────┐     │           │            │
 医生及时  系统定期   大数据局     大数据局      浙政钉
 上报     报备      IRS 平台    IRS 平台    （检察智慧未检）

  医院诊疗  医院诊疗    公安大       12309
  系统     系统      治理平台
                            ┌──────┬──────┐
 数据采集  为其他案                未检部门  7 日内未反馈
 平台     件办理、
         社会治理              归集监督   启动监督
 大数据局  提供线索
 IRS 平台
```

立案（被害人     不立案       询问         联合    联合民政   心理    一般心理
救助一件事）     （其他救助）   被害人       司法局   妇联      损害    问题

政法一体化      浙政钉（检    询问告知      司法  法律  经济  教育  心理损害   南太
办案系统       察智慧未检）   检察院       救助  援助  救助  指导  评估     湖心航

发现救助                                        民事支持
线索                                           起诉

浙政钉
（检察智慧未检）

### 📖 检察融合监督

#### 刑事立案监督

通过大数据的归集比对发现，司法机关尚未掌握的涉未成年人异常诊疗记录 517 条；第一阶段以就诊时怀孕年龄推断发生性关系时不满 14 周岁为过滤标准，过滤案件信息 58 条；以"多次异常就诊记录"为标准，过滤案件信息 21 条；将上述案件线索移交公安机关后，同步启动自主调查，通过调查病历资料人工比对核实等，对公安机关怠于侦查的，现已立案监督 11 人。

#### 民事监护干预

对大数据比对归集的重点线索，一方面要集中审查法定代理人或者其他监护人，有无性侵害未成年人、体罚或变相体罚、虐待未成年人等 8 类监护侵害情形。对有上述情形且符合《民法典》第 36 条规定的，应在依法办理刑事案件基础上提起支持起诉变更或者撤销监护权。另一方面需集中审查法定代理人或者其他监护人，有无监护缺失、监护不当情形，如果存在依法发出督促监护令，并责令其接受家庭教育指导。现阶段已集中梳理监护缺失、监护不当的案件线索 9 条，对个案中监护人未及时报警等监护不当行为，制发督促监护令并监督落实监护职责。

#### 行政履职违法、不当监督

通过数据归集，督促各医疗机构启动强制报告制度落实自查、自纠，系统梳理医疗领域落实强制报告制度的重难点问题。对未履行报告职责，造成严重后果的，监督行政主管部门依法依规作出处分，可能构成犯罪的，做好线索移送和跟踪监督工作；对于行政机关（主管部门）不重视强制报告工作、不依法行使职权的，依照法律法规制发检察建议予以督促；对于公职人员有上述情形的，可根据其情节、后果等情况，依法需要对相关单位和人员进行问责的，移送纪检监察机关调查处理。

### 强制报告制度执行监督

通过数据归集，督促各医疗机构启动强制报告制度落实自查、自纠，系统梳理医疗领域强制报告制度落实的重点问题；联合市卫健委对问题突出单位进行督促整改，健全完善侵害未成年人案件医疗领域强制报告信息的常态化报告机制，建立强制报告制度联络员名单，探索线上自动预警、报告、反馈的数字化路径建设。

## 📖 社会治理成效

浙江省检察院借鉴湖州经验，于2022年3月底在全省检察机关部署开展"性侵害未成年人犯罪暨强制报告制度执行监督"未检数字监督专项行动。该项行动要求各地检察机关立足未检"四大检察"融合监督职能，深入推进与相关部门的信息联动和资源共享，努力实现数字办案与数据共享的相互转化、相互驱动；围绕涉未成年人监督治理的焦点短板，重点提炼性侵害未成年人案事件的线索标签，聚焦未成年人异常就诊记录、未成年人被性侵报警记录等数据，构建性侵害未成年人犯罪类案监督模型，进而构建未检监督助推落实强制报告制度多跨场景，努力实现"一域突破、全省共享"协同工作成效。截至2022年4月底，专项行动取得初步成效，全省检察机关共收集到包括怀孕、流产、罹患严重心理疾病等在内的未成年人异常诊疗记录13000余条，经碰撞比对、筛查过滤，向公安机关移送可疑线索50余条，公安机关立案侦查9件，对公安机关怠于侦查的立案监督14件，其中1件移送审查起诉；同步梳理并获取监护缺失、监护不当线索9条，通过制发督促监护令等方式落实监护职责；梳理行政主管部门未依法履行强制报告主体责任等行政履职违法、不当线索2条，通过行政公益诉讼、制发检察建议等方式予以监督落实。全省已建成湖州"侵害未成年人案件强制报告一件事"应用、金华885未成年人保护联动平台、衢州"吹哨人"应用等多个落实强制报告制度多跨场景，通过多部门协同联动，破除数据壁垒，发挥集成效应，促推整体智治。

### 📖 法律法规依据

1.《中华人民共和国刑法》第二百三十六条第一款、第二款  以暴力、胁迫或者其他手段强奸妇女的，处三年以上十年以下有期徒刑。

奸淫不满十四周岁的幼女的，以强奸论，从重处罚。

**第二百三十六条之一**  对已满十四周岁不满十六周岁的未成年女性负有监护、收养、看护、教育、医疗等特殊职责的人员，与该未成年女性发生性关系的，处三年以下有期徒刑；情节恶劣的，处三年以上十年以下有期徒刑。

有前款行为，同时又构成本法第二百三十六条规定之罪的，依照处罚较重的规定定罪处罚。

2.《中华人民共和国未成年人保护法》第十一条  任何组织或者个人发现不利于未成年人身心健康或者侵犯未成年人合法权益的情形，都有权劝阻、制止或者向公安、民政、教育等有关部门提出检举、控告。

国家机关、居民委员会、村民委员会、密切接触未成年人的单位及其工作人员，在工作中发现未成年人身心健康受到侵害、疑似受到侵害或者面临其他危险情形的，应当立即向公安、民政、教育等有关部门报告。

有关部门接到涉及未成年人的检举、控告或者报告，应当依法及时受理、处置，并以适当方式将处理结果告知相关单位和人员。

**第二十条**  未成年人的父母或者其他监护人发现未成年人身心健康受到侵害、疑似受到侵害或者其他合法权益受到侵犯的，应当及时了解情况并采取保护措施；情况严重的，应当立即向公安、民政、教育等部门报告。

**第一百零六条**  未成年人合法权益受到侵犯，相关组织和个人未代为提起诉讼的，人民检察院可以督促、支持其提起诉讼；涉及公共利益的，人民检察院有权提起公益诉讼。

**第一百一十七条**  违反本法第十一条第二款规定，未履行报告义务造成严重后果的，由上级主管部门或者所在单位对直接负责的主管人员和其他直接责任人员依法给予处分。

3.《最高人民法院、最高人民检察院、公安部、司法部关于依法惩治性侵害未成年人犯罪的意见》 7.各级人民法院、人民检察院、公安机关和司法行政机关应当加强与民政、教育、妇联、共青团等部门及未成年人保护组织的联系和协作，共同做好性侵害未成年人犯罪预防和未成年被害人的心理安抚、疏导工作，从有利于未成年人身心健康的角度，对其给予必要的帮助。

4.《最高人民检察院、国家监察委员会、教育部关于建立侵害未成年人案件强制报告制度的意见（试行）》第二条　侵害未成年人案件强制报告，是指国家机关、法律法规授权行使公权力的各类组织及法律规定的公职人员，密切接触未成年人行业的各类组织及其从业人员，在工作中发现未成年人遭受或者疑似遭受不法侵害以及面临不法侵害危险的，应当立即向公安机关报案或举报。

第七条　医疗机构及其从业人员在收治遭受或疑似遭受人身、精神损害的未成年人时，应当保持高度警惕，按规定书写、记录和保存相关病历资料。

第二十条　强制报告责任单位的主管部门应当在本部门职能范围内指导、督促责任单位严格落实本意见，并通过年度报告、不定期巡查等方式，对本意见执行情况进行检查。注重加强指导和培训，切实提高相关单位和人员的未成年人保护意识和能力水平。

5.《浙江省侵害未成年人案件强制报告制度实施办法（试行）》第二条　侵害未成年人案件强制报告，是指国家机关、法律法规授权行使公权力的各类组织及法律规定的公职人员，密切接触未成年人行业的各类组织及其从业人员，在工作中发现未成年人遭受或者疑似遭受不法侵害以及面临不法侵害危险的，应当立即向公安机关报案或举报。

报案或举报一般应当通过当面报告的方式进行，由公安机关按照相关办案程序的规定处理。紧急情况下，可以使用公安机关110接警平台或者人民检察院12309举报平台、检察监督小程序转处。

**第七条**　教育、民政、卫生健康等部门和妇联、共青团等组织应当对侵害未成年人合法权益的情形，加强排摸走访，受理群众信访投诉，发挥基层网格化管理优势，充分运用网络信息技术，对发现未成年人遭受或者疑似遭受不法侵害以及面临不法侵害危险的情况，及时报告。

**第九条**　医疗机构及其从业人员在收治遭受或疑似遭受人身、精神损害的未成年人时，应当保持高度警惕，按规定书写、记录和保存相关病历资料。

## 办案心得体会

近年来，侵害未成年人犯罪持续高发，未成年人的自我保护意识和能力较弱，使得该类案件普遍存在发现难、取证难、保护难等问题。侵害未成年人案件强制报告制度的建立是为解决上述问题的一项有力举措，但检察官在办案中发现，该项制度的推进过程中存在相关组织、部门及人员履行义务时责任意识不强、流程不规范、报告内容不明确、缺乏监督渠道等诸多问题，导致仍有一定数量的涉未成年人性侵案件未被及时发现，未成年人合法权益仍未得到及时救助和维护。为此，本案的基本办理思路就是为了回应这一突出难点问题，以医疗领域为切入口，践行"个案线索—类案梳理—融合监督—系统治理"工作路径，重点解决强制报告制度落实过程中存在的突出问题，同时通过构建强制报告一件事应用系统对发生问题的根源进行源头防控，不仅实现抓末端、治已病，更抓前端、治未病。

### 一、"个案系统审查"挖掘线索

在未检业务统一集中办理的基础上，率先变革传统刑事审查模式，出台全省首个《涉未刑事案件系统性审查办案指引（试行）》，明确要求以"四大检察"系统审查的方式办理涉未刑事案件。如涉未刑事案件的民事监督线索审查中，列明需重点审查是否存在监护侵害、监护不当、事实无人抚养以及精神损害赔偿、困境儿童救助等情形。在涉未刑事案件的公益诉讼审查中，需重点审查案件中是否存在向未成年人销售劣质产品、违规向未成年人销售烟酒的行为；营业性娱乐场所、酒吧、互联网上网服务营业场所等不适宜未成年人活动的场所是否落实未成年人管理规定等情形。在涉未成年人综合治理审查中，明确要求审查有无违反入职查询及强制报告规定的问题线索，侵害未成年人案件"是否报告"每案必查。

本案的线索来源于未成年人董某某被强奸一案，检察人员起初只是觉得案件证据证明力较弱，很多关键性证据未能提取到位。随着"一体化监督"的推进，检察人员发现，在事发之初，被害人的父母就曾带她去医院就诊，而这种情况明显属于强制报告制度规定的应当报告的情形，但医生为什么没有向公安机关报告？这是政策传达不到位，还是制度落实有偏差？面对这一社会治理类线索，检察人员深入事发医院进行实地调查，原因是医生轻信被害人父母自己会报警，从而未能正确履行强制报告义务，最终导致性侵害未成年人刑事犯罪发案滞后，关键证据未能及时留存。

## 二、"多措并举"获取数据

在发现上述个案线索后，湖州市检察院立即就相关类案进行梳理，初步排查即掌握了一定异常线索。由于性侵害行为具有很强隐蔽性，未成年人的身体、智力还处在发育阶段，自我保护意识和能力不强，无法有效认识到侵害行为并及时求助。同时，很多家长出于保护未成年人名誉的原因，不愿意将被侵害结果曝光，导致犯罪行为不能被及时发现和制止。正如在董某某案件中，发案时已很难找到客观证据，严重影响了打击犯罪和救助未成年人的效果。经过初步调查分析，湖州市检察院基于遭受侵害的未成年人往往需要到医院就诊、医疗机构具备及时发现未成年人遭受侵害的先期条件这一特点，决定以医疗领域作为切入口，灵活运用多种手段，向大数据充分借力。

首先，检察机关通过消除行政机关顾虑，联合市卫健委开展医疗领域强制报告制度落实情况的专项行动，让对方主动系统归集全市未成年人诊疗数据，并提供给检察机关。其次，依托湖州市执法司法信息共享试点的先发优势，获取性侵害未成年人违法治安处罚案件行政处罚信息。再次，利用检察业务应用系统掌握的涉未成年人性侵刑事案件记录，获取未成年被害人信息。最后，运用浙江检察数据应用平台进行建模筛查，系统梳理了强制报告推行以来在医疗领域存在的突出问题。

### 三、"融合式监督"取得实效

未成年人检察业务统一集中办理以来，具备自身跨部门、跨条线、全流域体系化的一体化监督治理优势。

一是审慎开展立案监督，确保刑事监督质效。重系统研判，锁定重点范围。对批量发现应立案未立案的监督线索，湖州市检察机关两级联动，对全部异常诊疗记录进行梳理、研读，按照成案可能性，分层、分级锁定线索，突出重点，制定工作推进计划表。重亲历调查，调取病历等客观性证据。为保护当事人隐私，避免引发负面舆情，检察人员取证时讲究方式方法，杜绝驾驶警车、穿着制服或者采取其他可能暴露被害人身份、影响被害人名誉、隐私的方式。重方式方法，制定个性化预案。如针对一起在校学生的线索，湖州市检察机关与学校进行充分沟通，利用午休时间，带着心理咨询师，与被害人进行深度沟通，取得被害人信任，从而有效固定犯罪事实，避免二次伤害。

二是规范开展融合式监督，系统治理履职漏洞。突出"严"字，在刑事打击领域强调"零容忍"，与公安机关形成打击合力；在强制报告制度执行领域同样强调违法责任，在与卫健部门开展联合检查、归集数据时同步强调了报告主体的法律责任，明确不报、瞒报、漏报的处罚。突出"密"字，为织密未成年人保护网，湖州市检察机关对上述线索同步开展系统审查，有序推进刑事立案监督、强制报告制度执行监督的同时系统归集上述案件中民事监护干预线索、行政履职违法、不当监督线索，全方位防范涉案风险，监督治理漏洞。突出"合"字，在开展融合式监督的同时注重形成工作合力，融入"六大保护"，借力"南太湖心航"等平台，联合妇联、民政等部门为涉案未成年人提供身心康复、生活安置、复学就业等多元综合救助，全方位维护未成年人合法权益。

## 四、"一件事应用"推进治理

防未成年人性侵工作，不只是单纯的法律问题，检察机关应当充分运用数字赋能，加强诉源治理，坚持质效为本。

为确保强制报告制度的落地、落实，湖州市检察院立足湖州市未成年被害人办案救助"一件事"改革，以提升未成年人全面综合保护水平为目标，聚焦侵害未成年人案件强制报告制度落地的路径优化，以医疗领域为切入口，牵头构建了"侵害未成年人案件强制报告一件事"应用场景。该项目突破了两大难点问题：一是解决报告主体该如何填录以及向谁报告的问题，湖州市检察院牵头技术部门，在医院"HIS"系统中上线运行强制报告预警模块，从而实现对医务人员填录的诊疗数据进行自动采集分析、自动预警报警功能；二是解决如何打通各部门、各系统之间的壁垒，实现信息共享的问题。该场景运用依托湖州市大数据局，打通卫生信息专网、公安机关110指挥中心、检察12309、浙政钉（检察智慧未检）等平台，实现多部门、多场景应用的互联互通，织密未成年人保护网。

与此同时，为有序高效推进医疗领域强制报告协同监督项目的建设工作，由相关职能部门共同成立工作小组，工作小组下设办公室，办公室设在湖州市检察院。工作小组成员单位有政法委、检察院、公安局、卫健局、大数据局、民政局、妇联。各成员单位指定专门工作人员作为工作小组联络员。工作小组实行例会制，及时汇总各项工作开展情况，进行分析研讨。

强制报告制度是侵害发生后的一种及时补救，能有效破解未成年人受侵害案件线索发现难、追责难的问题，避免瞒报、漏报、迟报情况的发生，它的有效实施，有利于震慑侵害未成年人的违法犯罪，推动社会形成保护未成年人合力，因此，检察机关应当加强统筹，推动部门之间、体制机制和工作上的联运，合力打造好未成年人保护的"防火墙"，坚持打通强制报告制度落实的"最后一公里"。

案件承办人、案例撰写人：

　　章春燕　董婷婷（湖州市人民检察院）

案例审核人：

　　王亮（浙江省人民检察院）

# 涉未成年人药品安全监管类案监督

◇ 湖州市人民检察院
◇ 安吉县人民检察院

## 关键词

未成年人　药物滥用　涉未成年人公益诉讼　融合式监督

## 要旨

归集未成年人购买药物时间间隔短、数量大、非医用用途等数据，比对异常购买记录、未成年人违法犯罪记录等，挖掘一定区域内存在的未成年人滥用药物问题和线索。通过厘清个案基本规律，实现从个案办理到类案监督的转变，并统筹运用机制构建、工作信息层报等方式，推动涉未成年人药物滥用的数字化监管和行业系统治理，进一步健全涉未成年人药品管理体系。

## 基本情况

湖州市检察机关在办案中发现多名涉案未成年人因滥用氢溴酸右美沙芬药物（以下简称右美沙芬）而实施违法犯罪或被侵害情况，通过"三查融合＋大数据分析"手段，依法查明了涉未成年人公益受损和监督管理缺位的基础事实。依据上述事实，湖州市检察机关通过制发检察建议督促职能部门以数字化监管方式落实监督管理职责，帮助破除OTC药物监管难题。同时通过体制机制完善、撰写问题类信息，最终推动涉未案药物管制级别提升。

## 📖 线索发现

2020 年 12 月，安吉县检察院在办理李某某等人寻衅滋事、聚众斗殴一案时，通过系统审查发现李某某存在右美沙芬滥用的情形，用药后产生暴躁不安、兴奋冲动、醉酒样等身体表现。通过"三查融合"办案查实，职能部门怠于履行监督管理职责，致使不特定未成年人因滥用药物受到严重损害。案件上报至湖州市检察院后，经大数据分析评估发现，全市普遍存在滥用右美沙芬药物的情况，有必要开展市域范围内的专项治理。

## 📖 数据分析方法

### 数据来源

1. 未成年犯罪嫌疑人、被害人信息（源于检察业务应用系统）；

2. 涉未成年人行政违法案件未成年人信息（源于公安机关）；

3. 实体店线下药品流通情况数据（源于市场监督管理部门）；

4. 网络购物平台等线上药品流通情况数据（源于市场监督管理部门、公安机关）；

5. 市场监督管理局行政处罚记录（源于市场监督管理部门）；

6. 未成年人关注涉案药物的关联数据（源于互联网基础数据）。

### 数据分析关键词

经大数据分析，全市大量存在涉案药物销售监管不力致青少年滥用问题，数据研判的关键词：一是购买时间间隔短；二是购买数量，存在同一人在不同药店或同一药店大量购买情况；三是购买身份系多名未成年人；四是购买用于非医用用途；五是未成年人药物关注异常。

### 数据分析步骤

第一步：在浙江检察大数据法律监督平台运用算子系统，开展数字建模，启动大数据分析。将 2020 年 1 月起实体店、网络购药平台等线下线上药品流通数据集中归集导入系统，重点筛选购买右美沙芬时间间隔短、频次高、数量大的人员，与检察业务应用系统内的涉案未成年人名单以及公安机关行政违法案件中的未成年人名单进行数据碰撞，经清洗、筛查、比对后发现，有 46 名涉案未成年人有右美沙芬滥用史。同步审查发现，当地部分实体、网络药店存在销售右美沙芬未落实监测药品实名登记、登记未实质性审查、未履行用药风险提示和指导用药义务等问题。

第二步：借助技术力量分组对上述未成年人的手机进行勘验取证，通过购买渠道、购买记录等发现微商违法销售、加价销售情况普遍存在。

第三步：将该违法销售情况与市场监督管理局的行政处罚情况碰撞，发现市场监督管理局未对该违法情况处罚，存在怠于监管情况。

第四步：运用爬虫技术分析互联网关联数据，发现未成年人群体对右美沙芬药物关注异常，与该类药物相关话题的关注度呈上升趋势，且排名靠前话题与成瘾、兴奋、致幻、毒品、嗑美沙等有关，进一步判定未成年人滥用该类药物的现象具有普遍性。

## 思维导图

```
┌──────────┐  ┌────────┐  ┌────────┐  ┌────────┐
│ 刑事案件  │  │ 行政案件│  │ 网络购物│  │ 实体店线下│
│涉案未成年人│  │ 涉案   │  │平台等线上│  │药品流通情况│
│(含犯罪嫌疑│  │未成年人 │  │药品流通 │  │         │
│人、被害人)│  │        │  │ 情况   │  │         │
└──────────┘  └────────┘  └────────┘  └────────┘
```

```
┌────────────┐  ┌────────────┐
│ 右美沙芬存   │  │ 登记记录部   │
│在大量的异    │  │分缺失,登    │
│常购销记录    │  │记监管不力    │
└────────────┘  └────────────┘
```

```
                          ┌────────────┐
                          │ 市场监督管理局│
                          │ 行政处罚记录 │
                          └────────────┘
┌────────────────────┐                   ┌──────────┐
│多名涉案未成年人有长期滥用右美沙│              │ 微商售药   │
│芬药品情况,未成年人公益受损    │  ┌────────┐  │ 行为监管   │
└────────────────────┘  │从涉案未成年人购销│  │ 不力     │
┌────────────────────┐  │记录中发现存在微商│  └──────────┘
│对比药物成瘾关联研究报告,未成年│  │销售、加价销售等情况│  ┌──────────┐
│人滥用该类药物致瘾的现象有一定的│  └────────┘  │市场监督管理│
│普遍性           │              │局对右美沙芬│
└────────────────────┘              │药物监管不力│
                                    └──────────┘
```

```
        ┌──────────────────────────────┐
        │ 涉案药物销售监管不力致青少年滥用药物, │
        │ 且滥用药物与发生案件存在关联        │
        └──────────────────────────────┘
```

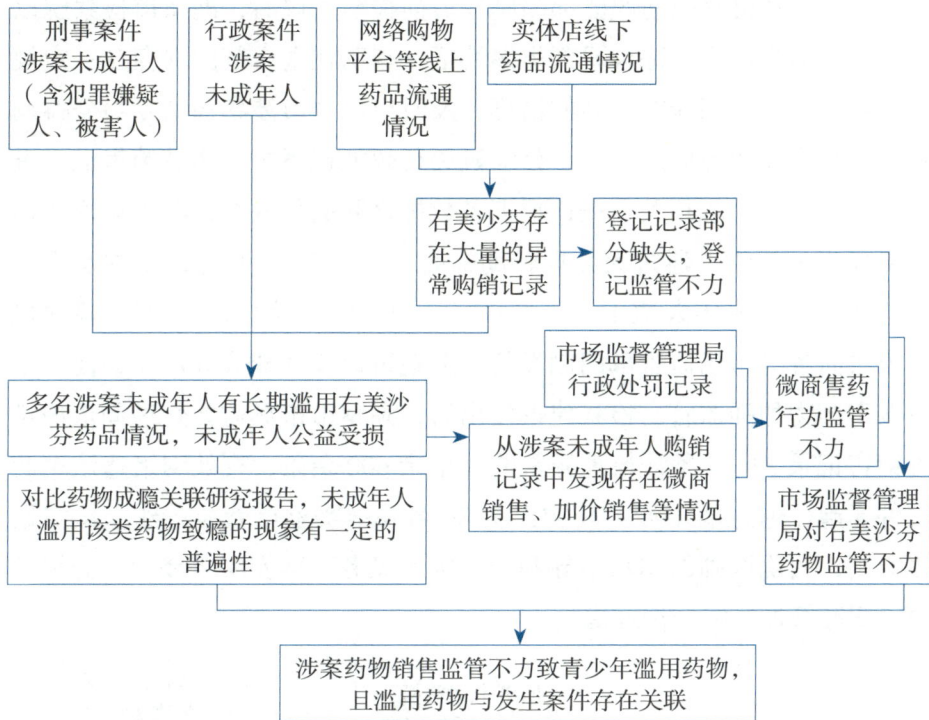

## 📖 检察融合监督

### "三查融合"办案

安吉县检察院在系统审查一起刑事案件时,发现犯罪嫌疑人李某某长期滥用右美沙芬药物,且与刑事案件发生存在一定关联,随即进行自行补充侦查,调取了该案及系列案件的卷宗材料,发现13名涉案未成年人存在滥用右美沙芬药物情况。通过仔细核查涉案手机并进行电子勘验后,发现部分涉案未成年人系通过微商购买到此药物,存在微商违规销售药品的违法情形。遂同步开展公益案件调查,通过实地走访、论文查阅、数据碰撞等方式固定案件事实,发现该案同时存在涉未成年人公益受到侵害和有监督管理职责的行政机关未依法行使职权的情形,可以启动公益诉讼程序。

### 推动全域治理

在安吉县检察院向职能部门制发诉前检察建议后，湖州市检察院以该典型个案为抓手，综合研判类案特征，查明在全市范围内存在一定规模的未成年人滥用涉案药品的情形，及时启动全市涉案药品专项公益调查。借助检察业务应用系统、公安机关行政处罚系统、药品销售记录查询系统等平台获取相关数据；根据各数据之间的关联性，深入排摸受损害未成年人线索。通过大数据辅助筛查，从1970条购药记录中发现滥用药物涉案未成年人达46人。2021年3月至5月期间，湖州市检察机关依法向各级市场监管部门制发行政公益诉讼检察建议6件，督促对全市涉案药物加强监管。检察建议发出后，湖州市市场监督管理局依法排查销售记录34112条，梳理异常购药记录600余条，查处网络违法销药案件8起，追踪滥用涉案药物人员89名并落实重点管控；建立按需销售原则，明确医师的用药指导和安全提示义务；落实实名登记、分级预警、跟踪管控等综合治理措施。

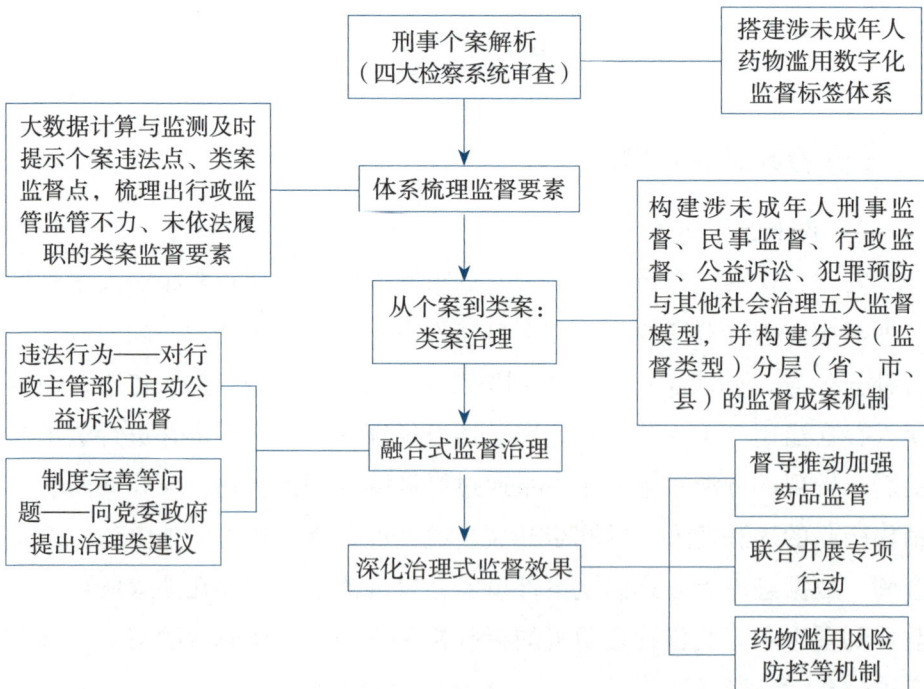

## 📖 社会治理成效

### 出台风险管控意见，形成工作合力

针对案件中集中体现的未成年人群体特质，湖州市检察机关在深入了解药物监管难点、痛点的基础上，会同市场监督管理部门、药学会、药品经营企业代表围绕未成年人药物滥用风险防控深入研讨、凝聚共识，推动职能部门出台全省首个《未成年人药物滥用风险管控实施意见（试行）》（以下简称《意见》），加强对实体、网络药品销售企业的监督管理，健全涉未成年人药物滥用事件应急预警处置机制。

### 层报问题类信息，推动提升管制级别

针对涉案药物滥用普遍和非处方药物监管难等突出问题，湖州市检察机关向党委政府逐级上报《警惕成瘾性非处方药"围猎"青少年》问题类信息。信息先后获浙江省委、省政府、省检察院主要领导批示，推动全省多部门的联动整治。最终，在各部门的共同努力和推动下，国家药品监督管理局组织论证和审定，最终将氢溴酸右美沙芬口服单方制剂由非处方药转换为处方药。

## 📖 法律法规依据

1.《中华人民共和国未成年人保护法》第五十五条　生产、销售用于未成年人的食品、药品、玩具、用具和游戏游艺设备、游乐设施等，应当符合国家或者行业标准，不得危害未成年人的人身安全和身心健康。上述产品的生产者应当在显著位置标明注意事项，未标明注意事项的不得销售。

第一百零六条　未成年人合法权益受到侵犯，相关组织和个人未代为提起诉讼的，人民检察院可以督促、支持其提起诉讼；涉及公共利益的，人民检察院有权提起公益诉讼。

2.《中华人民共和国预防未成年人犯罪法》第四条　预防未成年人犯罪，在各级人民政府组织下，实行综合治理。

国家机关、人民团体、社会组织、企业事业单位、居民委员会、村民委员会、学校、家庭等各负其责、相互配合，共同做好预防未成年人犯罪工作，及时消除滋生未成年人违法犯罪行为的各种消极因素，为未成年人身心健康发展创造良好的社会环境。

3.《中华人民共和国药品管理法》第三条 药品管理应当以人民健康为中心，坚持风险管理、全程管控、社会共治的原则，建立科学、严格的监督管理制度，全面提升药品质量，保障药品的安全、有效、可及。

第五十二条 从事药品经营活动应当具备以下条件：

（一）有依法经过资格认定的药师或者其他药学技术人员；

（二）有与所经营药品相适应的营业场所、设备、仓储设施和卫生环境；

（三）有与所经营药品相适应的质量管理机构或者人员；

（四）有保证药品质量的规章制度，并符合国务院药品监督管理部门依据本法制定的药品经营质量管理规范要求。

第五十七条 药品经营企业购销药品，应当有真实、完整的购销记录。购销记录应当注明药品的通用名称、剂型、规格、产品批号、有效期、上市许可持有人、生产企业、购销单位、购销数量、购销价格、购销日期及国务院药品监督管理部门规定的其他内容。

4.《中华人民共和国药品管理法实施条例》第十五条 国家实行处方药和非处方药分类管理制度。国家根据非处方药品的安全性，将非处方药分为甲类非处方药和乙类非处方药。

经营处方药、甲类非处方药的药品零售企业，应当配备执业药师或者其他依法经资格认定的药学技术人员。经营乙类非处方药的药品零售企业，应当配备经设区的市级药品监督管理机构或者省、自治区、直辖市人民政府药品监督管理部门直接设置的县级药品监督管理机构组织考核合格的业务人员。

第十九条 通过互联网进行药品交易的药品生产企业、药品经营企业、医疗机构及其交易的药品，必须符合《药品管理法》和本条例的规定。互联网药品交易服务的管理办法，由国务院药品监督管理部门会同国务院有关部门制定。

5.《**药品流通监督管理办法**》**第八条**  药品生产、经营企业不得在经药品监督管理部门核准的地址以外的场所储存或者现货销售药品。

6.《**药品经营许可证管理办法**》**第四条**  按照《药品管理法》第14条规定，开办药品批发企业，应符合省、自治区、直辖市药品批发企业合理布局的要求，并符合以下设置标准：

（一）具有保证所经营药品质量的规章制度；

（二）企业、企业法定代表人或企业负责人、质量管理负责人无《药品管理法》第75条、第82条规定的情形；

（三）具有与经营规模相适应的一定数量的执业药师。质量管理负责人具有大学以上学历，且必须是执业药师；

（四）具有能够保证药品储存质量要求的、与其经营品种和规模相适应的常温库、阴凉库、冷库。仓库中具有适合药品储存的专用货架和实现药品入库、传送、分检、上架、出库现代物流系统的装置和设备；

（五）具有独立的计算机管理信息系统，能覆盖企业内药品的购进、储存、销售以及经营和质量控制的全过程；能全面记录企业经营管理及实施《药品经营质量管理规范》方面的信息；符合《药品经营质量管理规范》对药品经营各环节的要求，并具有可以实现接受当地食品药品监督管理部门监管的条件；

（六）具有符合《药品经营质量管理规范》对药品营业场所及辅助、办公用房以及仓库管理、仓库内药品质量安全保障和进出库、在库储存与养护方面的条件。

国家对经营麻醉药品、精神药品、医疗用毒性药品、预防性生物制品另有规定的，从其规定。

7.《**处方药与非处方药分类管理办法（试行）**》**第二条**  根据药品品种、规格、适应症、剂量及给药途径不同，对药品分别按处方药与非处方药进行管理。

处方药必须凭执业医师或执业助理医师处方才可调配、购买和使用；非处方药不需要凭执业医师或执业助理医师处方即可自行判断、购买和使用。

**第三条** 国家药品监督管理局负责处方药与非处方药分类管理办法的制定。各级药品监督管理部门负责辖区内处方药与非处方药分类管理的组织实施和监督管理。

**第八条** 根据药品的安全性，非处方药分为甲、乙两类。

经营处方药、非处方药的批发企业和经营处方药、甲类非处方药的零售企业必须具有《药品经营企业许可证》。

经省级药品监督管理部门或其授权的药品监督管理部门批准的其它商业企业可以零售乙类非处方药。

## 办案心得体会

近年来，我国正加速医疗保障制度改革，实施非处方药（OTC）与处方药分类管理制度，促进了自我医疗或者自我药疗的蓬勃发展。在药品购买日益便利、毒品得到有效防控打击的双重背景下，越来越多人瞄准了廉价易得、大量服用后可产生类似吸食毒品效果的精神麻醉类非处方药。其中未成年人群体受认知因素局限，难以理解药品说明，相比于成年人更容易滥用非处方药物。除药店等正规销售商未规范履行登记职责向未成年人大量销售药品外，"微商""博主带货"等隐蔽的网络销售新业态又成为未成年人违法药品交易的温床，织密未成年人药物滥用"防控网"已刻不容缓。但药物滥用的问题涉及医疗保障制度改革的体系性问题，非处方药的购买渠道广泛且购药记录数量庞大，给检察机关办案和职能部门监管带来了双重障碍，致使无法对该问题进行有效的监管处置。"检察大数据＋三查融合"为药物滥用的根治提供了解题思路，湖州市检察机关在实践中有效助推了药物滥用风险防控问题的社会治理。

### 一、如何推进涉未成年人"三查融合"

未成年人检察融合发展过程中，刑事检察始终处于基础性地位，刑事案件背后反映的突出问题、治理的缺失地带也应是民事检察、行政检察和公益诉讼检察监督履职的重点。检察机关在办理涉未成年人刑事案件中应实行"四大检察"监督线索的系统审查，深度解析刑事个案，挖掘案件背后各类侵害未成年人权益的监督线索，以系统治理的观念推进在办案中监督、在监督中办案，"三查融合"、一体化运用四大检察工作职能，在依法办理刑事案件的基础上同步防控涉未成年人风险，同步推动标本兼治。

（一）系统审查，挖掘未成年人滥用药物线索

在受理李某某等寻衅滋事、聚众斗殴一案后，安吉县检察院改变以往单一的刑事案件审查方式，以融合式监督理念，对该起案件开展了系统审查，注意到李某某等存在右美沙芬药物的滥用情形，用药后产生暴躁不安、兴奋冲动、醉酒样等身体表现，且与引发犯罪存在一定关联。在与李某某等人交流时，他们均表示已深刻认识右美沙芬药物的危害，不会再服用该药物。结合李某某犯罪情节，安吉县检察院对其作出了附条件不起诉决定，并在其附条件不起诉考察协议中附加了禁止服用右美沙芬药物的义务。但在监督考察期间，李某某再次因滥用药物实施违法行为。至此，安吉县检察院发现涉案药物滥用带来的危害远非考察帮教协议所能解决，需要检察机关能动履职，全面厘清药物危害，于是积极融合"四大检察"监督职能开展系统治理。

（二）细致侦查，摸排涉未成年人公益诉讼案件线索

在发现上述个案线索后，安吉县检察院立即对相关的刑事案件开展了自行补充侦查。一是核实滥用药物群体。对涉案未成年人滥用何种药物及服用情况展开讯问，了解到多名涉案人员在大量服用同种药物——右美沙芬。二是查明滥用药物症状。经系统摸排发现滥用群体均伴随"兴奋""暴躁""意识不清"等与李某某相同的症状。三是核实滥用药物来源。根据讯问了解到除药店购得外，部分药品系从微商处取得，并得到涉案手机电子勘验报告的印证，报告显示微商存在违规加价销售情况。针对

案件中反映的未成年人大量购得药物、微商的药品销售资质等问题，安吉县检察院认为可能存在涉未成年人公益受到侵害和有监督管理职责的行政机关可能未依法行使职权的情形，需要启动公益诉讼程序。

**（三）亲历调查，固定涉未成年人公益损害基础事实**

在自行补充侦查确认可能存在侵害线索后，安吉县检察院对"监管不力以致涉未成年人公益受损"等基础事实开展深入调查。一是海量查阅医药学研究理论成果。从中确认在非医疗目的下过量服用右美沙芬，会产生极度兴奋，且容易产生药物依赖性。而成瘾后若停止使用，会全身乏力、情绪低落，严重损害药物滥用者的身心健康。二是实地走访涉案药店。2020 年 1 月起根据浙江省医保局、省药监局《关于建立疫情防控期间零售药店发热、止咳药品人员信息登记报告制度的通知》，右美沙芬属于止咳类药物，其购买均需登记。但调查发现具有药店付款记录的犯罪嫌疑人在多家药店购买登记记录缺失，职能部门怠于履行登记监管责任。三是调查职能部门履职情况。分析行政处罚数据，未发现违法销售右美沙芬的微商受到处罚记录。据此，查明市场监督管理局怠于履行监督管理职责致使不特定未成年人滥用药物受到严重损害。

## 二、如何进行大数据分析

针对个案中发现的问题，检察机关可以归纳个案办理的基本规律，运用数据归集、数据比对等方法，系统挖掘一定区域内存在的同类型问题和线索。统筹运用"三查融合"手段，助力实现从个案办理到类案监督的系统转变，推动监督效能的最大化，综合保护效益的最大化。

该案经安吉县检察院上报湖州市检察院后，湖州市检察院随即启动了大数据分析，在市域范围内推动了涉未成年人药物滥用公益诉讼案件的类案办理。具体分析思路如下：

**（一）敲定数据来源，精准开展数据清洗**

经对上述个案的研判，敲定全市范围内前文数据分析中来自 4 个数据载体 6 类数据源的搜集。为精准进行数据清洗，办案组多次讨论，邀请了禁毒民警以及执业医师参与讨论,梳理出了五个主要关键词:(1)购买时间,反映购买时间间隔短、频率高;(2)购买数量,反映存在同一人在不同药店或同一药店大量购买情况;(3)购买身份,反映系未成年购买人;(4)购买用途,反映非医用用途;(5)未成年人药物关注异常。

**(二)建立数据模型,启动数据碰撞筛查**

湖州市检察机关充分运用算子系统,首先将2020年1月起实体店、网络购药平台等线下线上药品流通情况集中导入系统,运用上述关键词,过滤出右美沙芬药品异常购买记录,并筛选出2002年以后出生购买人(即购买时不超过18周岁未成年人)。其次将未成年人购药人名单与2020年至今的检察业务应用系统内的未成年犯罪嫌疑人名单及未成年被害人名单、公安局行政违法案件未成年违法人员名单数据碰撞,得出89条高频、多次的异常购买数据。经过清洗去重,得出滥用人员中有未成年犯罪嫌疑人12名、未成年被害人5名、未成年行政违法人员29名。最后,根据筛查名单综合运用侦查、调查、审查手段进行核实,认定长期滥用右美沙芬药品致该46名未成年人出现亢奋、躁狂情绪以及精神恍惚、记忆混乱现象,与案件发生均存在关联性。

**(三)依托大数据分析技术,查明损害事实**

在数据筛查的基础上,湖州市检察机关深入准确调查事实。首先,通过互联网爬虫软件分析关联数据。利用爬虫软件对涉案药物话题高频关联词进行分析,确定未成年人滥用该类药物致瘾的现象具有普遍性。其次,细致调查行政机关的履职情况。对侦查查明的具有药店购买支付记录的滥用药物未成年人,依据模型一一分析核实,找出无登记的情形;对涉案未成年人手机勘验中微商购买记录,依据市场行政处罚系统分析核实,发现处罚履职缺失情形。

综上,湖州市检察院查明:(1)涉案药物具有耐受性和潜在致瘾性。青少年服用后,如需再次获得快感需增加剂量,停用后出现头痛头晕等不良戒断反应,严重损害未成年人的身心健康。(2)市域范围内均一定程度存在微信朋友圈、微商违法加价销售,实体零售药店未依规登记、登记不实等违法违规行为，职能部门怠于履职。（3）全市都有线下药店存在涉案药物销售异常记录，线上网店普遍未尽到提示义务，青少年群体对药物用途的关注异常，且存在一定数量滥用情形。在依法查明上述事实基础上，湖州市检察院在全市统筹启动涉未成年人药品滥用专项公益诉讼行动，依法从四个维度向全市市场监管部门制发检察建议6份，均获采纳，并落实了整改措施。

### 三、如何深化社会治理

检察机关在办理涉未成年人公益诉讼案件过程中，应当用足用好法律赋予的监督职能，督促行政机关依法充分履职。但是对于案件中尚未发现但可能存在的其他同类型风险，检察机关可以在案件办理的基础上，发挥综合保护职能，通过推动健全制度完善管理，实现从一类风险的防控扩展到其他同类风险的系统防控。对因国家层面法律、政策不完善等问题，检察机关可以通过层报工作信息、提出完善建议等方式，从根源上推动完善治理路径，深化社会治理。

（一）完善体制机制，实现监测、报告"双轨制"

在办理该起公益诉讼案件过程中，市场监管部门多次提及因右美沙芬药物系非处方药，在监管上存在较大难度。目前在依法依规层面落实监管尚不能系统解决未成年人药物滥用问题。据此，湖州市检察院在深入了解药物监管难点、痛点的基础上，牵头职能部门出台全省首个《未成年人药物滥用风险管控实施意见（试行）》。根据未成年人药物滥用风险防控的特殊要求，督促职能部门运用数字化监管平台，依托数字化应用实现未成年人药物滥用的智能监测预警。一方面，在涉案药品基础上，建议职能部门扩大涉未成年人药品监管范围，对零售药店、网上售药企业销售止（镇）咳类药物、紧急避孕药、性药、含麻黄碱类等常见易滥用药物加强管控，形成涉未成年人药物滥用事件应急预警处置，建立涉事未成年人的诊疗防治、心理援助转介机制。另一方面，积极督促多部门联合，开发系统应用集成，在微信聊天软件上开发药品登记小程序，对未成年人药物滥用线索"一键式"收集，将监测人群自动纳入平台基础数据库用于数据碰撞，配置预警等级"三色码"（"红色码""橙色码""黄色码"）。重点管控红色码人员是否有涉案可能、是否需要心理援助，及时跟进橙色码人员动态，防止危害进一步扩大等，有效地进行了风险提示和程序流转，充分落实了分级预警、重点管控、跟踪戒断、心理支持等综合防治工作，推动形成防控未成年人滥用药物风险的工作合力。截至目前，通过运用该系统，检察机关已会同相关责任部门对89名滥用右美沙芬药物人员开展重点管控，并对其中的涉未成年人群体联合家长共同做好诊疗防治工作。

（二）层报问题信息，实现保护"多部门""全方位"

检察机关应当意识到公益诉讼案件背后折射的是深层次的社会治理问题。在此次监督履职中发现的未成年人滥用右美沙芬药物现象在浙江省乃至全国范围内均可能存在，但该类药物系非处方药，要从根源上解决该问题，难度极大。作为法律监督部门，检察机关应当配合党委政府，从提升监管维度等方面提出社会治理类检察建议。为此，湖州市检察机关撰写问题类信息逐级层报党委政府，建议浙江省教育厅、省市场监督管理局等单位开展涉案药物的交易监测、专项检查、成瘾性研究，提请人大代表、政协委员提交相关建议、提案，推动将氢溴酸右美沙芬口服单方制剂由非处方药转为处方药管理。


案件承办人：

戴立新　章春燕　卢腾（湖州市人民检察院）

竺炜　汪超（安吉县人民检察院）

案例撰写人：

章春燕（湖州市人民检察院）

竺炜　蒋丹妮（安吉县人民检察院）

案例审核人：

王永　余雁泽（浙江省人民检察院）

# 涉未成年人网约房、电竞酒店业态治理类案监督

◇ 杭州市临平区人民检察院
◇ 诸暨市人民检察院

📖 **关键词**

未成年人保护　新业态治理　网约房　电竞酒店　融合式监督

📖 **要旨**

通过对网约房、电竞酒店业态相关数据与未成年人异常入住记录和罪错、不良行为、严重不良行为未成年人数据等信息进行碰撞比对，排查出涉未成年人异常线索，搭建网约房、电竞酒店业态监督模型。联合相关部门开展分级干预、矫治教育，牵头研发网约房业态治理多跨应用场景，为未成年人营造无毒绿色、清朗健康的成长环境。

📖 **基本情况**

网约房、电竞酒店系近年来互联网共享经济的产物，存在监管信息不全、入住人员不登记、接纳未成年人入住未履行强制报告制度等行业治理问题，导致网约房、电竞酒店成为涉未成年人违法犯罪行为频发的隐蔽场所。杭州市临平区检察院、诸暨市检察院从个案切入，制定监督规则，调取相关数据，搭建网约房、电竞酒店业态监督模型，对网约

房、电竞酒店业态相关数据进行碰撞、比对，将数字化手段贯穿运用到线索挖掘、调查核实、长效治理全流程，融合运用四大检察职能，搭建网约房业态监督多跨应用场景，将电竞酒店业态监督模型转化为特色场景纳入全省数字化改革最佳应用——"浙里预防青少年新型违法犯罪应用"，全面保障未成年人合法权益。

## 📖 线索发现

2021 年 11 月底，杭州市临平区检察院在办理未成年人张某某贩卖毒品案中发现，下家购买毒品后到临平辖区内某网约房吸毒。调查后发现该网约房未纳入行业管理系统，长期处于公安机关监管之外，且接纳未成年人入住不登记、不询问、不报告，甚至存在容纳青少年（包含部分未成年人）吸毒的情况。

诸暨市检察院在办理未成年人陈某某等人盗窃案中发现，涉案电竞酒店存在接纳未成年人上网的问题。调查后了解因电竞酒店是否属于互联网上网服务营业场所尚未明确，电竞酒店以酒店之名接纳未成年人进入、无限制上网成为普遍现象，引发未成年人沉迷网络、夜不归宿、逃学辍学等问题，甚至导致涉未成年人违法犯罪案件频发。

杭州市临平区检察院、诸暨市检察院认为有必要通过大数据建模开展网约房、电竞酒店专项治理监督，为未成年人营造无毒绿色、清朗健康的成长环境。

## 📖 数据分析方法

### 数据来源

1. 工商登记信息（源于市场监管部门、公安机关）；

2. 旅馆业特种行业登记信息（源于公安机关）；

3. 网约房登记记录（源于公安机关）；

4. 电竞酒店信息（源于美团、携程等 App）；

5. 未成年人住宿记录（源于浙江省旅馆业治安管理信息系统）；

6. 涉案人员基本信息（源于公安执法办案系统、检察业务应用系统、110 接处警系统）；

7. 不良行为、严重不良行为未成年人数据（源于公安执法办案系统、教育部门）。

### 数据分析关键词

为有效锁定监督目标，精准筛查线索，临平、诸暨两地检察机关重点围绕以下三类关键词构建大数据分析模型：一是网约房、电竞酒店经营主体姓名、身份证号码、地址、统一社会信用代码；二是网约房、旅馆业等特种登记在册经营主体的姓名、身份证号码、地址、统一社会信用代码；三是涉案人员的姓名、身份证号码、前科劣迹信息、登记入住的网约房、电竞酒店名称。

### 数据分析步骤

第一步：以"住宿业"为关键词，检索工商登记信息中网约房等住宿业主体信息，整理出网约房经营主体信息；以"电竞"为关键词从美团、携程等旅游 App 中查询电竞酒店名称清单，再根据名称从市场监管部门或公安机关处获取电竞酒店经营主体信息。

第二步：将网约房经营主体信息与从公安机关处获取的网约房登记记录、电竞酒店经营主体信息与旅馆业特种行业登记信息进行比对，梳理出办理住宿业工商登记注册后未办理网约房登记的网约房经营主体信息，以及未办理旅馆业特种行业登记的电竞酒店经营主体信息。

第三步：通过浙江省旅馆业治安管理信息系统，以网约房、电竞酒店工商登记名查询本地区网约房、电竞酒店接纳未成年人登记入住的清单。

第四步：根据涉未成年人案件的特点结合办案经验，整理出"同住人员数量多、年龄和地域分布广""同时同地聚集性同住""长期住宿""入住时间为深夜和凌晨""入住时间和退房时间间隔很短"等未成年人入住异常标签，依托未成年人住宿记录，筛查出网约房、电竞酒店涉未成年人异常入住信息。

第五步：将网约房、电竞酒店涉未成年人异常入住线索中的人员信息与涉案人员基本信息碰撞、比对，锁定曾被追究刑事责任的重点人员。

第六步：将电竞酒店接纳未成年人登记入住的数据与罪错、不良行为、严重不良行为未成年人身份信息进行比对，获取上述未成年人入住电竞酒店频率，联合相关部门开展分级干预、矫治教育。

### 思维导图

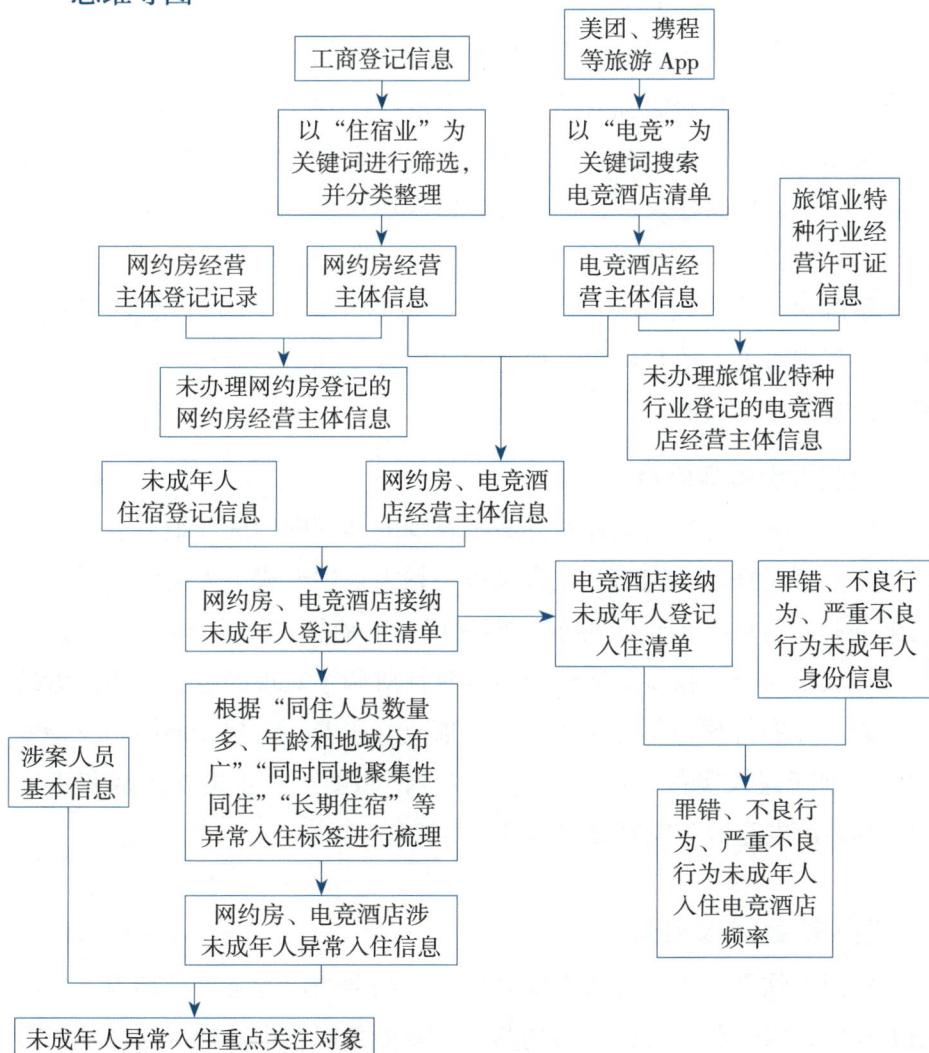

## 📖 检察融合监督

### 刑事检察监督

杭州市临平区检察院通过上述数据之间的碰撞、对比、梳理，排查出 30 余条涉未成年人异常线索，发挥检察官自行侦查主动性，通过询问证人等方式，层层深挖，依法立案监督 3 起涉嫌容留未成年人吸毒案件，向公安机关移送 3 条涉新型毒品、5 条涉侵害未成年人的违法犯罪线索。

### 民事、行政检察监督

运用该模型，杭州市临平区检察院办理 2 起涉未成年人网约房民事支持起诉案件，均获法院采纳，同时发现辖区内大量网约房经营主体未按规定纳入公安机关行业管理系统，遂向公安机关制发检察建议。公安机关积极落实检察建议，督促涉嫌容留未成年人吸毒的网约房经营者停止经营，督促应纳而未纳的 30 家网约房经营主体补办纳管手续。诸暨市检察院对调查发现的 3 例电竞酒店未取得《特种行业许可证》《烟草专卖零售许可证》擅自经营，而监管部门未予处罚的线索，向相关部门制发检察建议要求依法处罚。

### 公益诉讼检察监督

杭州市临平区检察院针对办案中发现的部分网约房容纳多名未成年人入住未落实登记、询问、报告义务，且为上述未成年人提供无限制上网服务制发行政公益诉讼诉前检察建议，推动相关职能部门依法履职，保障未成年人合法权益。诸暨市检察院针对调查发现的电竞酒店监管缺位问题，开展行政公益诉讼监督，明晰监管职责，向相关部门制发检察建议，创新建议实行"住宿上网"双登记制度，禁止接纳未成年人上网，为破解电竞酒店监管难题提供可行路径。

## 📖 社会治理成效

杭州市临平区检察院从类案办理中总结网约房业态治理堵点，以问题为导向，联合公安机关、市场监管等职能部门，推动辖区网约房经营主体制定行业自治规范，在规范中明确网约房接纳未成年人入住应当实名登记、询问情况、联系法定监护人以及发现涉嫌侵害未成年人违法犯罪情况应当报告相关部门等未成年人权益保护规定，同时牵头研发网约房业态治理多跨应用场景，通过数字手段实现长效监督治理。诸暨市检察院联合市委政法委、文化、公安、市场监管、商务、烟草、消防等相关部门，在全市范围内开展电竞酒店专项整治行动，实现全市电竞酒店依法接纳未成年人住宿但禁止未成年人上网的良性发展，真正实现"查办一案、影响一片"。专项行动后，诸暨市检察院还联合十部门就电竞酒店新业态共建协同治理机制，出台《"电竞酒店"新业态专项治理工作实施方案》，并推动商务、公安、文化、市场监管四部门联合制定《"电竞酒店"行业管理规范（试行）》，推动行业治理，彻底堵塞电竞酒店借住宿之名行"网吧"之实的漏洞。

浙江省检察院以临平、诸暨经验为引领，于2022年3月底在全省检察机关部署开展"网约房、电竞酒店等不宜未成年人进入场所监督"未检数字监督专项行动。专项行动要求各地检察机关立足未检"四大检察"融合监督职能，深入推进与相关部门的信息联动和资源共享，努力实现数字办案与数据共享的相互转化、相互驱动；聚焦电竞酒店、网约房等场所违规接纳未成年人引发违法犯罪等问题，以涉未成年人违法犯罪案件发生地为切口，系统归集未成年人违法犯罪或者侵害未成年人犯罪发生地信息、电竞酒店、网约房等不适宜未成年人进入场所登记信息、涉案未成年人上网登记信息等核心数据，运用浙江检察数据应用平台进行建模筛查、比对梳理场所未纳入监管、违规接纳未成年人、发生涉未成年人违法犯罪等情况，通过刑事立案监督、制发督促监护令、民事支持起诉、公益诉讼等形式，督促相关职能机关履职，开展社会综合治理。截至2022年年底，专项行动取得明显成效，全省共归集数据121.5万余条，核查可疑线索2003条，向公安机关移送线索51条，对公安机关立案监督9件；督促相关监护主体落实监护职责，开展民事检察监督20件；督促相关职能部门依法履职，开展行政违法监督10件、公益诉讼 64 件。

### 📖 法律法规依据

1.《中华人民共和国未成年人保护法》第五十七条　旅馆、宾馆、酒店等住宿经营者接待未成年人入住，或者接待未成年人和成年人共同入住时，应当询问父母或者其他监护人的联系方式、入住人员的身份关系等有关情况；发现有违法犯罪嫌疑的，应当立即向公安机关报告，并及时联系未成年人的父母或者其他监护人。

第五十八条　学校、幼儿园周边不得设置营业性娱乐场所、酒吧、互联网上网服务营业场所等不适宜未成年人活动的场所。营业性歌舞娱乐场所、酒吧、互联网上网服务营业场所等不适宜未成年人活动场所的经营者，不得允许未成年人进入；游艺娱乐场所设置的电子游戏设备，除国家法定节假日外，不得向未成年人提供。经营者应当在显著位置设置未成年人禁入、限入标志；对难以判明是否是未成年人的，应当要求其出示身份证件。

第五十九条　学校、幼儿园周边不得设置烟、酒、彩票销售网点。禁止向未成年人销售烟、酒、彩票或者兑付彩票奖金。烟、酒和彩票经营者应当在显著位置设置不向未成年人销售烟、酒或者彩票的标志；对难以判明是否是未成年人的，应当要求其出示身份证件。

任何人不得在学校、幼儿园和其他未成年人集中活动的公共场所吸烟、饮酒。

2.《中华人民共和国预防未成年人犯罪法》第三十一条　学校对有不良行为的未成年学生，应当加强管理教育，不得歧视；对拒不改正或者情节严重的，学校可以根据情况予以处分或者采取以下管理教育措施：

（一）予以训导；

（二）要求遵守特定的行为规范；

（三）要求参加特定的专题教育；

（四）要求参加校内服务活动；

（五）要求接受社会工作者或者其他专业人员的心理辅导和行为干预；

（六）其他适当的管理教育措施。

**第四十一条** 对有严重不良行为的未成年人，公安机关可以根据具体情况，采取以下矫治教育措施：

（一）予以训诫；

（二）责令赔礼道歉、赔偿损失；

（三）责令具结悔过；

（四）责令定期报告活动情况；

（五）责令遵守特定的行为规范，不得实施特定行为、接触特定人员或者进入特定场所；

（六）责令接受心理辅导、行为矫治；

（七）责令参加社会服务活动；

（八）责令接受社会观护，由社会组织、有关机构在适当场所对未成年人进行教育、监督和管束；

（九）其他适当的矫治教育措施。

**3.《中华人民共和国行政诉讼法》第二十五条第四款** 人民检察院在履行职责中发现生态环境和资源保护、食品药品安全、国有财产保护、国有土地使用权出让等领域负有监督管理职责的行政机关违法行使职权或者不作为，致使国家利益或者社会公共利益受到侵害的，应当向行政机关提出检察建议，督促其依法履行职责。行政机关不依法履行职责的，人民检察院依法向人民法院提起诉讼。

**4.《互联网上网服务营业场所管理条例》第二条** 本条例所称互联网上网服务营业场所，是指通过计算机等装置向公众提供互联网上网服务的网吧、电脑休闲室等营业性场所。

学校、图书馆等单位内部附设的为特定对象获取资料、信息提供上网服务的场所，应当遵守有关法律、法规，不适用本条例。

**第二十一条** 互联网上网服务营业场所经营单位不得接纳未成年人

进入营业场所。

互联网上网服务营业场所经营单位应当在营业场所入口处的显著位置悬挂未成年人禁入标志。

**5.《最高人民法院、最高人民检察院关于检察公益诉讼案件适用法律若干问题的解释》第二十一条** 人民检察院在履行职责中发现生态环境和资源保护、食品药品安全、国有财产保护、国有土地使用权出让等领域负有监督管理职责的行政机关违法行使职权或者不作为，致使国家利益或者社会公共利益受到侵害的，应当向行政机关提出检察建议，督促其依法履行职责。

行政机关应当在收到检察建议书之日起两个月内依法履行职责，并书面回复人民检察院。出现国家利益或者社会公共利益损害继续扩大等紧急情形的，行政机关应当在十五日内书面回复。

行政机关不依法履行职责的，人民检察院依法向人民法院提起诉讼。

**6.《文化和旅游部关于进一步优化营商环境推动互联网上网服务行业规范发展的通知》** 二、规范新发展业态。（一）加强综合性上网服务场所管理。以提供互联网上网服务为主营业务或主要招揽手段的综合性上网服务场所，应当依照《互联网上网服务营业场所管理条例》申请取得《网络文化经营许可证》，实施经营管理技术措施和未成年人保护措施。其中，单独设置上网服务区域的，应当进行物理隔离，配置独立的消费者登记系统并禁止未成年人进入该区域。支持有关全国性行业协会制定相关技术标准和运营规范，推进上网服务场所经营服务标准化、规范化。

## 办案心得体会

近年来，随着互联网经济的不断发展，网约房、电竞酒店等新业态越来越受到年轻人的青睐。装修新颖、价格较低、网络预定、入住方便外加"电竞"元素,让新兴住宿业态成了包括未成年人在内的青少年频繁出入的场所。但是,法律法规不完善、监管履职不到位、经营管理不规范等粗放型发展模式下的诸多问题,让新业态客观上给未成年人健康成长带来了隐患和威胁。

## 一、如何在办案中发现网约房、电竞酒店监管缺位问题

杭州市临平区检察院在办理张某某贩卖毒品案件时发现辖区内某网约房存在未纳入行业管理系统、接纳未成年人入住不登记、不询问、不报告、容纳青少年吸毒等问题,违反了《未成年人保护法》《浙江省公安厅网络预约居住房屋信息登记办法(试行)》的相关规定,为未成年人违法犯罪和侵害未成年人行为的滋生提供了空间,亟须开展网约房业态专项治理,保护未成年人的合法权益。诸暨市检察院在办理一起未成年人盗窃案时注意到电竞酒店配置非正常酒店的电脑,可能成为未成年人网络保护的盲区,通过进一步走访调查,发现这类酒店存在经营许可不全、内部管理不当、外部监管不力等问题,接纳大量未成年人无限制上网,导致刑事、治安案件多发,有待监管部门规范电竞酒店业态的发展,保护未成年人健康成长。

## 二、如何运用数字化手段提升涉未成年人检察监督质效

杭州市临平区检察院聚焦涉未成年人网约房业态失范问题,一方面积极打通数据壁垒,扩大数据集合,分别从检察业务应用系统中提取犯罪嫌疑人基本信息,从公安机关登记系统中提取未成年人相关住宿登记记录、网约房登记信息、旅馆业特种行业经营许可信息,从市场监管工商登记系统中提取住宿行业工商登记信息;另一方面,深度运用相关数据,挖掘成案线索,通过比对、碰撞住宿业工商登记信息、网约房登记信息、特种行业登记信息等数据,梳理出网约房经营主体未办理行业纳管手续、未进行住宿人员身份核验、未履行强制报告义务等违法经营行为,并依据侵害未成年人案件的特点和办案经验,整理出未成年人入住异常标签,依托未成年人住宿记录,运用大数据碰撞、分析加人工审核

的方式，梳理出涉未成年人异常入住线索，经过对上述线索的进一步比对和运用，同步推进涉未成年人刑事、民事、行政、公益诉讼检察监督履职。诸暨市检察院围绕未成年人入住电竞酒店变相上网问题，利用美团、携程等网络平台排查辖区内的电竞酒店，协同市场监管、公安、文旅等部门查询对应的工商登记信息、相关资质情况及配置电脑数量，发现了普遍存在的违规经营行为，并在旅馆住宿登记信息中筛选出未成年人登记入住数据，分析未成年人入住电竞酒店上网的人数、次数及经常出入电竞酒店的人员情况。在此基础上，通过比对公安执法办案系统中违法犯罪未成年人的数据，梳理出罪错、不良行为、严重不良行为未成年人入住电竞酒店频率，借此开展对电竞酒店的专项整治和对未成年人的分级干预、帮教矫治。另外，诸暨市检察院还通过"星海守望"未成年人违法犯罪预防治理平台的在线问卷功能，向纳入平台管理的罪错未成年人发布电竞酒店调查问卷，从问卷反馈中求证了去电竞酒店上网已是未成年人群体中的共识。

### 三、如何开展未检融合式监督促进社会治理

杭州市临平区检察院立足未成年人检察业务集中统一办理模式，切实发挥"四大检察"监督职能，利用数字化手段发掘出的案件线索，协同开展融合式监督：通过开展刑事立案监督，移送涉未成年人违法犯罪线索，有力打击涉未成年人犯罪；积极督促行政机关依法履行监管职责，确保涉嫌违法犯罪的网约房经营主体停止经营、应纳而未纳的网约房经营主体补齐纳管手续；发挥民事检察支持起诉职能，办好涉未成年人网约房民事支持起诉案件，为当事人的司法诉求及时提供司法帮助；深入开展公益诉讼检察监督，向公安、文广旅体部门制发诉前检察建议，强化网约房业态监管，维护公共利益。诸暨市检察院则是通过开展未检融合式监督，促推"六大保护"，提升社会综合治理水平，助力社会治理体系和治理能力的现代化。在检察监督上，针对电竞酒店违规经营的问题，建议各职能部门依法处罚并加强监管，发挥行政检察职能，

同时制发诉前检察建议，督促实行"住宿＋上网"双登记制度，采取安装管理软件、实施网络封锁等有效措施，禁止接纳未成年人上网，履行公益诉讼检察职能；在社会治理上，联合政法委、教体局等部门出台《"电竞酒店"新业态专项治理工作实施方案》和《"电竞酒店"行业管理规范（试行）》，明晰各方责任，建立共通机制，引导电竞酒店业态规范发展，形成了"检察先行、部门联动、社会协同、齐抓共管"的治理格局。

面对层出不穷、蓬勃发展的新业态，检察机关运用数字化手段，开展融合式监督，有助于查找到新业态发展的"症结"，引导新业态良善发展，构画出检察机关参与社会治理的新格局，彰显检察机关服务经济社会高质量发展的担当。

案件承办人、案例撰写人：

柏君（杭州市临平区人民检察院）

钱路璐（诸暨市人民检察院）

案例审核人：

王亮　余雁泽（浙江省人民检察院）

# 后　记

时光荏苒，腊雪消融，草木蔓发，春山可望。犹记得 2021 年春节假期后的第一个工作日，浙江省委紧锣密鼓召开全省数字化改革大会，全面铺开浙江省数字化改革工作。两年来，浙江省勇立数字化时代潮头，沿着习近平总书记擘画的数字中国宏伟蓝图，开启了治理体系与治理能力的全方位变革和系统性重塑。在省委数字化改革浪潮的推动下，浙江省检察机关牢记习近平总书记在浙江工作期间对检察工作提出的"敢于监督、善于监督、勇于开展自我监督"的谆谆嘱托，率全国之先，以建设"数字检察"为总牵引，深入探索实践"数字赋能监督，监督促进治理"的法律监督模式重塑变革，变被动监督、个案监督为主动监督、类案监督，实现了技术理性向制度理性的跃迁、从职能延伸到价值重塑的跨越式发展。

小园新枝初破萼，千里问道尽春晖。浙江数字检察改革的成绩，离不开最高人民检察院特别是张军检察长的鼎力指导和支持推动。2021 年 6 月，张军检察长率最高人民检察院调研组一行来到浙江调研，听取了数字检察办案工作汇报后，高度赞扬了浙江在数字检察改革上敢为人先的首创精神，认为"这无异于执法司法领域一场深刻的数字革命"！而后，张军检察长以贯彻落实习近平总书记"奋力推进政法工作现代化"的要求为主线，在浙江数字检察改革经验的基础上提出了"数字检察战略"，紧紧锚定以数字化改革全面撬动法律监督的目标，带领全国检察机关深入实践"个案办理—类案监督—系统治理"的数字检察之路。2022 年 6 月，全国数字检察工作会议在浙江召开，最高人民检察院全面推进数字检察战略，对检察工作高质量发展更好服务保障经济社会高质量发展作出部署。

张军检察长在会上强调，要把大数据运用充分融入检察履职全过程，实现新时代检察工作质的嬗变。时任浙江省委书记袁家军同志在会上充分肯定浙江数字检察工作，要求加快打造法律监督最有力的示范省份。在最高人民检察院的指导下，我们选取了较为成熟且可操作性和可推广性较强的18个案例，在会前编写出版了《大数据法律监督办案指引》一书，并以最高人民检察院党组副书记、分管日常工作的副检察长童建明同志的署名文章作为全书的开篇，向全国检察机关展示浙江数字检察改革的探路经验。在最高人民检察院的统筹推进下，数字检察战略呈星火燎原之势。最高人民检察院设立数字检察工作领导小组及其办公室，加快推进数字检察改革；全国各地检察机关乘势而上，形成了一大批具有复制推广应用价值的数字检察监督模型，以"智慧监督"推动解决了一批社会治理深层次问题，新时代检察机关法律监督能力稳步提升。

海阔凭鱼跃，天高任鸟飞。为全面贯彻党的二十大精神，在最高人民检察院的指导下，我们对《大数据法律监督办案指引》进行了修订，增加了不同领域数字检察案例，并更名为《数字检察办案指引》，力求博观约取，厚积薄发，总结展示浙江数字检察先行经验与最新成果。张军检察长署名文章作为全书开篇，系统论述数字检察战略。数字检察战略是检察工作面向未来、面向人民、面向中国式现代化的重大战略，是对法律监督理念、模式和价值"牵一发而动全身"的系统性变革。《中共中央关于加强新时代检察机关法律监督工作的意见》明确要求："加强检察机关信息化、智能化建设，运用大数据、区块链技术推进公安机关、检察机关、审判机关、司法行政机关等跨部门大数据协同办案。"对标中央的期望要求，祝愿数字检察战略全面深入实施，成为法律监督质效飞跃的"金钥匙"，更好服务保障中国式现代化和法治中国建设！

贾　宇

2022 年 12 月于杭州西子湖畔